Rousseau
RELIGIOUS WRITINGS

Rousseau
RELIGIOUS WRITINGS

Edited by

RONALD GRIMSLEY

PROFESSOR OF FRENCH LANGUAGE AND LITERATURE
IN THE UNIVERSITY OF BRISTOL

CLARENDON PRESS · OXFORD

1970

Oxford University Press, Ely House, London W.1

GLASGOW NEW YORK TORONTO MELBOURNE WELLINGTON
CAPE TOWN SALISBURY IBADAN NAIROBI DAR ES SALAAM LUSAKA ADDIS ABABA
BOMBAY CALCUTTA MADRAS KARACHI LAHORE DACCA
KUALA LUMPUR SINGAPORE HONG KONG TOKYO

PRINTED IN GREAT BRITAIN BY
WILLIAM CLOWES AND SONS, LIMITED
LONDON AND BECCLES

FOREWORD

The principal purpose of the present volume is to make available in convenient form writings which have hitherto remained dispersed among the many volumes of Rousseau's complete works and correspondence. It is hoped that a useful feature of this edition will be the inclusion of both letters and formal writings, for Rousseau's correspondence often throws valuable light upon the development of his religious ideas. Moreover, certain letters, such as those to Voltaire in 1756 and to Franquières in 1769, are equivalent to small treatises and represent the result of Rousseau's serious reflection upon religious matters at important stages of his career.

Since this is intended to be a practical rather than a critical edition, it does not contain an exhaustive list of textual variants, although significant ones have been included when they seem likely to clarify the meaning of the published text. More detailed information of this kind is to be found in the new Pléiade edition of the complete works and in single critical editions such as P. M. Masson's remarkable *Profession de foi du Vicaire savoyard*. Further documentary evidence about the background and intention of particular letters is given in the Dufour-Plan edition of the *Correspondance générale* and especially in Dr. R. A. Leigh's new edition of the complete correspondence now in course of publication. I am glad to acknowledge my indebtedness to these and other editors, both past and present, without whose painstaking researches this edition would not have been possible.

Since the main aspects of Rousseau's religion have already been discussed in my *Rousseau and the Religious Quest*, I have not judged it necessary to preface this volume with a summary of points which have already been dealt with in that work. (The notes refer the student to the earlier book for a clarification of particular difficulties.) The introductory comments to each section are meant simply to indicate its place in Rousseau's religious development; a fuller analysis of individual works is to be found in Masson's classic book on *La Religion de J. J. Rousseau*. Details of other studies of his religious ideas are included in the bibliography at the end of the volume.

As there seems to be no particular point in retaining Rousseau's original spelling and accents, these have been modernized throughout.

I am greatly indebted to Mrs. J. Hurley, Mrs. J. Ferrier and Mrs. B. Richards for their secretarial help.

R. G.

CONTENTS

ABBREVIATIONS

OC   *Œuvres complètes de Jean-Jacques Rousseau*, ed. B.
               Gagnebin and M. Raymond, Bibliothèque de la
               Pléiade, 1959–

CG   *Correspondance générale de Jean-Jacques Rousseau*, ed.
               T. Dufour and P. P. Plan, 20 vols., Paris, 1924–34.

CC   *Correspondance complète de Jean-Jacques Rousseau*, ed.
               R. A. Leigh, Geneva, 1965–

Masson   P.-M. Masson, *La Religion de J. J. Rousseau*, 3 vols.,
               Paris, 1916.

Masson *PF*   *La 'Profession de Foi du Vicaire Savoyard' de Jean-
               Jacques Rousseau*, ed. P.-M. Masson, Fribourg and
               Paris, 1914.

Annales   *Annales de la Société Jean-Jacques Rousseau*, Geneva,
               1905–

Religious Quest Ronald Grimsley, *Rousseau and the Religious Quest*,
               Oxford, 1968.

Rousseau's notes are indicated by roman numerals, textual variants by
scientific signs and editorial comments by arabic numerals.

I

AN EARLY PRAYER

In spite of the vicissitudes of Rousseau's religious life—he was born a Genevan Protestant, became a Roman Catholic at the age of sixteen, returned to Protestantism in 1754, and finally developed a personal form of 'natural religion'—he never completely escaped from the influence of his early environment.[1] Although the religious atmosphere of the Geneva in which he grew up had lost much of its old Calvinist severity in doctrinal matters, the general theological temper being for the most part very liberal, the Genevan authorities still attached great importance to righteous living and kept a vigilant eye upon the citizens' moral well-being. In this respect Geneva still considered itself to be a zealous defender of Protestant values, and Jean-Jacques grew up in an environment noteworthy for its moral earnestness.

His mother having died a few days after his birth on 28 June 1712, he depended for his early education upon an unstable father who brought him up on seventeenth-century sentimental novels and a translation of Plutarch's *Lives*—works representing the romantic and heroic ideals which were to play an important role in his later life. When he was ten years old, he was entrusted, along with his cousin Abraham Bernard, to the care of a country clergyman, M. Lambercier—'a minister full of wisdom and religion', who was to be praised in the *Confessions* for his 'discreet' and 'reasonable' attitude towards the religious education of his young charges. In later years Rousseau recalled the first months of his sojourn at Bossey with M. Lambercier and his sister as a period of perfect happiness; there he enjoyed the affectionate companionship of his cousin and his guardians' benevolent protection amid

---

[1] An excellent detailed account of the various phases of Rousseau's religious development is given in P.-M. Masson's *La Religion de J.-J. Rousseau*, 3 vols., Paris, 1916. Further biographical details are also to be found in Jean Guéhenno, *Jean-Jacques*, 3 vols., Paris, 1948–52 (English translation by J. and D. Weightman under the title of *Jean-Jacques Rousseau*, 2 vols., London, 1966), and F. C. Green, *Jean-Jacques Rousseau*, Cambridge, 1958. A brief survey of Rousseau's religious experience is also to be found in Ronald Grimsley, *Rousseau and the Religious Quest*, Oxford, 1968.

rural surroundings which were henceforth always to be associated with the expression of deep religious feelings.

On his return to Geneva in 1724–5 Jean-Jacques stayed for a few months with his uncle and aunt, Gabriel and Théodora Bernard. If adequate financial resources had been available, he would probably have been trained for the ministry. Instead of becoming a minister, however, he was eventually apprenticed to a brutal engraver who made his life so wretched that in 1728 he decided to leave Geneva and seek his fortune in the world. His first step was to become a Roman Catholic, although he later admitted that his conversion owed little to spiritual considerations, being inspired for the most part by the desire to secure his survival in a foreign country.

The most decisive influence of this youthful period was undoubtedly that of Mme de Warens, to whom he was sent by the Roman Catholic authorities, and it was mainly his affection for her which helped to secure his continued attachment to his new religion. A convert like him, she received for her proselytizing zeal a pension from the King of Savoy and the Roman Catholic Church. At the same time she managed to combine outward piety with the acceptance of personal beliefs which were at complete variance with traditional orthodoxy. Rousseau's lifelong indifference to the niceties of theological dogmas may have been partly due to her influence, although it also owed a great deal to his temperament and the general cultural climate of his time.

After making a formal abjuration of Protestantism at the Hospice for catechumens at Turin, he spent a short time working as a lackey in that town, returning to Mme de Warens at Annecy in 1729. His ecclesiastical protectors' intention was to prepare him for the priesthood, but as he was soon judged unsuitable for this vocation, he was given some training as a musician. After a period of restless wandering he returned to a more settled life with Mme de Warens, first of all at Annecy and then at Chambéry. It was during his life with her that he made his first serious attempt to educate himself through the acquisition of a 'storehouse of ideas'. The reading of Jansenist works tormented him for a short time with the fear of damnation, but his anxiety soon yielded to the peaceful atmosphere of an idyllic rural existence which was to be vividly described—and probably idealized—in the *Confessions*. His life in these surroundings was full of a 'quiet enjoyment' reminiscent of the bliss of 'paradise'. Religious feelings also manifested themselves during this period of intense intellectual activity, for he showed a definite predilection for works which combined science with piety and morality.

A striking page of the *Confessions* shows the close link between his religious experience and his reactions to natural beauty at this time:

Je me levais tous les matins avant le soleil. Je montais par un verger voisin dans un très joli chemin qui était au-dessus de la vigne, et suivait la côte jusqu'à Chambéry. Là, tout en me promenant, je faisais ma prière qui ne consistait pas en un vain balbutiement de lèvres, mais dans une sincère élévation de cœur à l'auteur de cette aimable nature dont les beautés étaient sous mes yeux. Je n'ai jamais aimé à prier dans la chambre; il me semble que les murs et tous ces petits ouvrages des hommes s'interposent entre Dieu et moi. J'aime à le contempler dans ses œuvres tandis que mon cœur s'élève à lui. Mes prières étaient pures, je puis le dire, et dignes par là d'être exaucées. Je ne demandais pour moi et pour celle dont mes vœux ne me séparaient jamais, qu'une vie innocente et tranquille, exempte du vice, de la douleur, des pénibles besoins, la mort des justes, et leur sort dans l'avenir. Du reste, cet acte se passait plus en admiration, et en contemplation qu'en demandes, et je savais qu'auprès du dispensateur des vrais biens le meilleur moyen d'obtenir ceux qui nous sont nécessaires est moins de les demander que de les mériter (*OC*, I, 236).

Valuable contemporary evidence of his religious attitude is provided by the prayers which he composed at this time. Two of the main themes developed in the following prayer—the spiritual grandeur of the universe as God's handiwork and the need for personal virtue—were to figure prominently in Rousseau's later religious outlook. It is worth noting that the prayer makes no mention of Christ, although the emphasis on solitude, resignation, mortification, forgiveness of sins, and chastity testify, as Masson observes, to the influence of the Christian ideal.[1] As the same critic also points out, the tone and movement of the prayer recall the Geneva of Rousseau's childhood rather than the Roman Catholic tradition to which he officially belonged. At the very end he also asks for God's blessing on his 'fatherland' and 'the whole human race in general'.

---

[1] op. cit., I, 123 f.

Prayer[1]

Dieu tout puissant, Père éternel, mon cœur s'élève en votre présence, pour vous y offrir les hommages et les adorations qu'il vous doit; mon âme, pénétrée de votre immense majesté, de votre puissance redoutable et de votre grandeur infinie, s'humilie devant vous, avec les sentiments de la plus profonde vénération et du plus respectueux abaissement. O mon Dieu, je vous adore de toute l'étendue de mes forces, je vous reconnais pour le créateur, le conservateur, le maître et le souverain absolu de tout ce qui existe, pour l'être absolu et indépendant qui n'a besoin que [de] soi-même pour exister,[2] qui a tout créé par sa puissance et sans le soutien duquel tous les êtres rentreraient aussitôt dans le néant. Je reconnais que votre divine providence soutient et gouverne le monde entier,† sans que ces soins, pleins de bonté, soient capables d'altérer le moins du monde votre auguste tranquillité. Enfin, quelque magnificence qui règne dans la construction de ce vaste univers, je conçois qu'il n'a fallu, pour le sortir du néant dans toute sa perfection, qu'un instant de votre volonté et que, bien loin d'être le dernier effort de votre puissance, toute la vigueur de l'esprit humain n'est pas seulement capable de concevoir combien vous pourriez étendre au delà les effets de votre pouvoir infini. J'adore tant de grandeur et de majesté, et puisque la faiblesse de mes lumières ne me permet pas de concevoir toute l'étendue de vos perfections divines, mon âme, pleine de soumission et de respect, en révère l'auguste et immense profondeur, se reconnaissant incapable de la pénétrer.

Mais, ô Dieu du ciel, si votre puissance est infinie, votre divine bonté ne l'est pas moins. O mon Père, mon cœur se plaît à méditer sur la grandeur de vos bienfaits; il y trouve mille sources intarissables de zèle et de bénédictions. Quelle bouche pourrait faire dignement l'énumération de tous les biens que j'ai reçus de vous? Vous m'avez tiré du néant, vous m'avez donné l'existence, vous m'avez doué d'une âme raisonnable, vous avez gravé dans le fond

---

† Var. tous les êtres (cet univers).

[1] The prayer was first published by Théophile Dufour in the *Annales*, I (1905), 224–9, and is now in *OC*, IV, 1036–9. Some helpful comments are to be found in Masson, I, 120–8.
[2] Rousseau was always to be fascinated by the idea of God's self-sufficiency. Cf. *Religious Quest*, pp. 34, 93, 98–9, etc.

de mon cœur[1] des lois à l'exécution desquelles vous avez attaché le prix d'un bonheur éternel, lois pleines de justice et de douceur et dont la pratique tend à me rendre heureux, même dès cette vie. Vous avez attaché des douceurs à mon sort sur cette terre, et en exposant devant mes yeux le spectacle touchant et magnifique de ce vaste univers, vous n'avez pas dédaigné d'en destiner une grande partie à ma commodité et à mes plaisirs. O sublime bienfaiteur, vos bienfaits sont infinis comme vous; vous êtes le Roi de la nature, mais vous êtes le père des humains. Quels cœurs s'enflammeront assez pour vous témoigner un amour et une reconnaissance dignes de vos bontés. Mes hommages et mon zèle, tout faibles qu'ils sont, oseront-ils se présenter à vous pour satisfaire à ma gratitude? Oui, mon Dieu, vous daignez les agréer, en considération de ma faiblesse; vous acceptez des sentiments bien indignes de vous, à la vérité, mais qui sont cependant le fruit de tous les efforts de mon cœur; ma reconnaissance, mon zèle et mon amour, tout faibles qu'ils sont, ne sont pas dédaignés de votre divine bonté. O mon créateur, mon cœur s'excite, par la contemplation de toutes vos grâces et de tous vos bienfaits, à vous offrir des actions de grâces et des remercîments proportionnés: agréez-le[s] dans la plénitude de votre miséricorde.

O mon Dieu, pardonnez tous les péchés que j'ai commis jusqu'à ce jour, tous les égarements où je suis tombé; daignez avoir pitié de mes faiblesses, † daignez détruire en moi tous les vices où elles m'ont entraîné. Ma conscience me dit combien je suis coupable: je sens que tous les plaisirs que mes passions m'avaient représentés dans l'abandon de la sagesse sont devenus pour moi pires que l'illusion et qu'ils se sont changés en d'odieuses amertumes; je sens qu'il n'y a de vrais plaisirs que ceux qu'on goûte dans l'exercice de la vertu et dans la pratique de ses devoirs. Je suis pénétré de regret d'avoir fait un si mauvais usage d'une vie et d'une liberté que vous ne m'aviez accordées que pour me donner les moyens de me rendre digne de l'éternelle félicité. Agréez mon repentir, ô mon Dieu! Honteux de mes fautes passées, je fais une ferme résolution de les réparer par une conduite pleine de droiture et de sagesse. Je rapporterai désormais toutes mes actions à vous, je vous

† et de tous les vices.

---

[1] Rousseau was to make this a favourite expression, which he usually associated with the idea of natural law and universal order. Cf. *infra*, pp. 8, 152.

méditerai, je vous bénirai, je vous servirai, je vous craindrai; j'aurai toujours votre loi dans mon cœur et toutes mes actions en seront la pratique; j'aimerai mon prochain comme moi-même; je le servirai en tout ce qui dépendra de moi, tant par rapport au corps que par rapport à l'âme; je me souviendrai toujours que vous ne voulez pas moins son bonheur que le mien propre; j'aurai pitié des malheureux et je les secourrai de toutes mes forces; je tâcherai de bien connaître tous les devoirs de mon état et je les remplirai avec attention. Je me souviendrai que vous êtes témoin de toutes mes actions et je tâcherai de ne rien faire d'indigne de votre auguste présence.[1] Je serai indulgent aux autres et sévère à moi-même, je résisterai aux tentations, je vivrai dans la pureté, je serai tempérant, modéré en tout, et je ne me permettrai jamais que les plaisirs autorisés par la vertu. Surtout je réprimerai ma colère et mon impatience, et je tâcherai de me rendre doux à l'égard de tout le monde; je ne dirai du mal de personne, je ne me permettrai ni jugements téméraires, ni † mauvaises conjectures sur la conduite ‡ d'autrui; je me détacherai, autant qu'il me sera possible, du goût du monde, des aises et des commodités de la vie, pour m'occuper uniquement de vous et de vos perfections infinies. Je pardonnerai toujours du fond de mon cœur à tous ceux qui pourraient m'offenser, comme je pardonne, dès à présent et sans réserve, à tous ceux qui peuvent m'avoir fait quelque offense: je vous prie, ô mon Dieu, de leur pardonner de même et de leur accorder votre grâce. J'éviterai avec soin de jamais offenser personne et, si j'avais ce malheur, je ne rougirai point de leur faire les réparations les plus satisfaisantes. Je serai toujours parfaitement soumis à tout ce qu'il plaira à votre divine providence d'ordonner de moi, et je recevrai toujours avec une § résignation parfaite à votre suprême volonté tous les biens ou les maux qu'il vous plaira de m'envoyer. Je me préparerai à la mort, comme au jour où je devrai vous rendre compte de toutes mes actions, et je l'attendrai sans effroi, comme l'instant qui doit me délivrer de l'assujettissement au corps et me rejoindre à vous pour jamais. En un mot, ô mon souverain maître, j'emploierai ma vie à vous servir, à obéir à vos lois et à remplir mes devoirs: j'implore vos bénédictions sur ces résolutions, que je forme de tout mon cœur et avec un ferme propos de les exécuter,

† fausses. ‡ des prochain. § soumission et une.

[1] On God's 'look' see *Religious Quest*, pp. 108 f., and *OC*, IV, 1764 (n. 1 to p. 1038).

sachant par une triste expérience que, sans les secours de votre grâce, les plus fermes projets s'évanouissent, mais que vous ne la refusez jamais à ceux qui vous la demandent du cœur et avec humilité et ferveur.

J'implore les mêmes grâces, ô mon Dieu, sur ma chère maman, sur ma chère bienfaitrice, et sur mon cher père. Accordez-leur, Père des miséricordes,[1] tous les secours dont ils ont besoin, pardonnez-leur tout le mal qu'ils ont fait, inspirez-leur le bien qu'ils doivent faire, et leur donnez la force de remplir et les devoirs de leur état et ceux que vous exigez d'eux. Souvenez-vous généralement de tous mes bienfaiteurs; faites retomber sur leurs têtes tous les biens qu'ils m'ont faits; accordez de même l'assistance de vos bénédictions divines à tous mes amis, à ma patrie et à tout le genre humain en général; souvenez-vous, ô mon Dieu, que vous êtes le Père commun de tous les hommes, et ayez pitié de nous tous dans la plénitude de vos miséricordes.

---

[1] Masson (I, 128) considers this expression to be a reminiscence of Rousseau's childhood experience of the Genevan liturgy.

2
A FRAGMENT ABOUT GOD

THE FOLLOWING fragment, which perhaps dates from the same period,[1] reveals Rousseau's earnest desire to grapple with religious problems at the philosophical level. The idea that God in his infinite power and wisdom has established 'order' in both man and nature and that happiness can be obtained only through a free and grateful acquiescence in that order was to provide one of the main principles of Rousseau's religious 'system' as elaborated in the *Profession de foi du Vicaire savoyard*.

Nous croyons tous d'être persuadés de l'existence d'un Dieu: il est cependant inconcevable d'accorder cette persuasion avec les principes sur lesquels nous réglons notre conduite dans cette vie. L'idée de Dieu est inséparable des idées d'éternel, d'infini en intelligence, en sagesse, en justice et en pouvoir. Il serait plus aisé d'anéantir en soi le sentiment de la divinité que de concevoir un Dieu sans lui reconnaître ces attributs, dont l'assemblage forme la seule manière dont il puisse se représenter à notre esprit. Or, par une conséquence nécessaire de sa puissance infinie, il faut qu'elle s'étende sur nous, et, si elle s'étend sur nous, comme il est la source de toute sagesse, il prétend que nous nous gouvernions suivant les principes de sagesse qu'il a mis dans notre esprit. Il a donc pu nous y contraindre et nous mettre dans la nécessité de suivre l'ordre de ses décrets, qui sont les fondements de la vertu et de la religion. Mais en jetant les yeux sur la manière dont les hommes se conduisent ici-bas, nous sommes bientôt convaincus qu'ils ne suivent point du tout cet ordre, dont les principes sont gravés dans le fond de leurs cœurs.[2] Il faut donc que Dieu n'ait pas employé sa puissance infinie pour les y forcer, car il serait absurde d'imaginer qu'ils eussent pu s'y soustraire en aucune manière. Maintenant si nous examinons ce qu'il s'ensuit de là, nous allons découvrir la source immense de[s] bienfaits qu'il a plu à Dieu de verser sur les hommes et des moyens qu'il leur a mis en main pour pouvoir devenir heureux.

Puisque nous ne [nous] sommes pas donné l'être nous-mêmes, nous devons être l'ouvrage d'autrui; c'est un raisonnement simple et clair par lui, au lieu qu'il nous serait impossible de concevoir comment quelque chose pourrait être produit par le néant.

---

[1] This fragment was first published in the *Annales*, I (1905), 207–8, by Théophile Dufour who suggested 1735 as a possible date of composition; it is now in *OC, IV*, 1033. [2] Cf. *supra*, p. 5, n. 1.

3

VERS À LA LOUANGE DES RELIGIEUX
DE LA GRANDE CHARTREUSE

IN SPITE of their mediocre poetic value the following *Vers*, which
may have been written between 1736 and 1740, throw interesting
light on Rousseau's religious feelings during his years with Mme
de Warens. The yearning for the calm simplicity of rural solitude,
so evident in the poem, persisted throughout Rousseau's life, and
was also apparent in the other early poems, *Le Verger de Mme de
Warens* and the *Épitre à Bordes* (*OC.*, III. 1124–33). These verses,
however, reveal another important side of Rousseau's religious
outlook at this period—and one that was to disappear almost completely in later years: his fear of possible damnation, about which
he wrote half-seriously, half-humorously in the *Confessions*:

> Les écrits de Port-Royal et de l'Oratoire, étant ceux que je lisais le
> plus fréquemment, m'avaient rendu demi-janséniste, et malgré toute ma
> confiance, leur dure théologie m'épouvantait quelquefois. La terreur de
> l'enfer, que jusque-là j'avais très peu craint, troublait peu à peu ma
> sécurité, et si Maman ne m'eût tranquillisé l'âme, cette effrayante
> doctrine m'eût enfin tout à fait bouleversé...
> ...Au milieu de mes études et d'une vie innocente autant qu'on la
> puisse mener, et malgré tout ce qu'on m'avait pu dire, la peur de l'enfer
> m'agitait encore. Souvent je me demandais: En quel état suis-je? Si je
> mourais à l'instant même, serais-je damné? Selon mes jansénistes la
> chose était indubitable; mais selon ma conscience il me paraissait que
> non. Toujours craintif, et flottant dans cette cruelle incertitude, j'avais
> recours pour en sortir aux expédients les plus risibles, et pour lesquels je
> ferais volontiers enfermer un homme si je lui en voyais faire autant. Un
> jour, rêvant à ce triste sujet, je m'exerçais machinalement à lancer des
> pierres contre les troncs des arbres, et cela avec mon adresse ordinaire,
> c'est-à-dire, sans presque en toucher aucun. Tout au milieu de ce bel
> exercice, je m'avisai de m'en faire une espèce de pronostic pour calmer
> mon inquiétude. Je me dis: Je m'en vais jeter cette pierre contre l'arbre
> qui est vis-à-vis de moi; si je le touche, signe de salut; si je le manque,
> signe de damnation. Tout en disant ainsi, je jette ma pierre d'une main
> tremblante et avec un horrible battement de cœur, mais si heureusement
> qu'elle va frapper au beau milieu de l'arbre; ce qui véritablement

n'était pas difficile, car j'avais eu soin de le choisir fort gros et fort près.
Depuis lors je n'ai plus douté de mon salut...(*OC*, I, 242–3)

Vers à la louange des Religieux de la grande Chartreuse[1]

Illustres habitants de ces demeures saintes,
D'où n'approchent jamais ni les pleurs, ni les plaintes!
Que vos chastes plaisirs surpassent les douceurs
Du jus dont le poison enivre tant de cœurs![2]
Que de mortels fondraient dans vos déserts affreux,
S'ils connaissaient combien vos pareils sont heureux!
Aux plus vives douleurs mon cœur semble être en proie,
Et vous nagez toujours dans la plus pure joie.
Tranquilles sur le sort de votre éternité,
Vous voyez commencer votre félicité;
Et de mille remords mon âme déchirée,
Aux flammes, aux Démons craint d'être un jour livrée.
Vous fuyez le grand monde, et lui-même vous fuit;
Mais plus je m'en éloigne, et plus il me poursuit.
L'or, l'honneur, le plaisir, tout tend à me surprendre,[3]
Je ne sais, je ne veux, ni ne peux m'en défendre.
J'aime ce qui me nuit, je hais ce qui m'est bon,
Sans cesse je combats la grâce et la raison.
Hélas! que n'ai-je vu le monde par vos yeux.
Ou que n'ai-je plutôt approché de ces lieux!
Vous en avez banni la fraude et l'imposture,
La grâce seule y règne et la simple nature.
Là, chacun consultant la raison et la foi,
Fuit le mal, fait le bien, et vit selon la loi.
O mœurs! ô saintes mœurs! qu'une vertu si rare
Mérite le bonheur que le Ciel vous prépare!
Occupés de Dieu seul auprès de ses autels,
Vous vivez inconnus au reste des mortels.
Votre ennemi vaincu, honteux de sa défaite,

---

[1] These verses were first published by P.-M. Masson (*Annales*, V, 1909, 247–58) and are now included in *OC*, II, 1120–2. *La grande Chartreuse* is the monastery near Grenoble famous especially for its liqueur.

[2] As Masson points out, this must be a reference to wine in general, for the liqueur of that name was not made until 1840.

[3] A significant admission of the fascination exerted by wordly values upon Rousseau at this period of his life.

Ne revient plus troubler cette douce retraite.
On ne voit point ici la molle oisiveté
Dans les bras du sommeil nourrir la volupté:
Ni l'avide fureur de quelque bien fragile,
Faire tout entreprendre, et rendre tout facile.
Tout est changé pour vous, les biens sont sans appas,
La gloire et les plaisirs comme s'ils n'etaient pas;
La faim, le froid, le chaud, le silence, les larmes,
Les veilles, les travaux n'ont pour vous que des charmes.
Quels hommes, Juste Ciel! qui n'ont plus rien d'humain!
Seroient-ils devenus ou de bronze, ou d'airain?
Vieux sapins, qui voyez revivre l'innocence,
Que le monde autrefois connut dès sa naissance,
Cachez-moi tellement sous un feuillage épais,
Que mon guide égaré ne me trouve jamais:
Que moi-même écarté dans vos routes perdues,
Je n'en puisse jamais retrouver les issues:
Oui, je consacre à Dieu le reste de mes jours,
Qu'il en règle à son gré l'heureux, ou triste cours;
Trop heureux si je puis, en vivant comme vous,
Obtenir ses faveurs, et calmer son courroux.

4

A LETTER ABOUT POPE'S *ESSAY*
ON MAN (1742)

DURING HIS autodidactic years Rousseau's fondness for works combining intellectual instruction with moral edification led him to study authors whose scientific interests were accompanied by a strong attachment to metaphysics and theology and who believed that a careful observation of the universe would reveal it to be the creation of an all-wise and omnipotent God. Rousseau held in very high esteem Father Bernard Lamy's *Entretiens sur les Sciences* (1683) which he adopted as his 'guide' and still re-read 'with pleasure' in later years. Lamy taught that the proper use of the sciences could produce 'an accurate mind and a righteous heart'; he frequently referred to Socrates, Plato, Descartes and Male-branche as thinkers who, sometimes unknown to themselves, were working for the 'glory of God' and the Christian Church. Another work which contained an uplifting mixture of science and theology was the abbé de la Pluche's very popular *Spectacle de la Nature* (1732–42); according to this author, 'la vue de la nature est une théologie populaire où tous les hommes peuvent apprendre ce qu'ils ont intérêt de connaître'. Writers like these treated scientific progress as unmistakable evidence of divine goodness and intelligence. Some accorded man a very high position in the universal scheme and even those who admitted that the world had not been made for man's benefit but was part of a much vaster divine plan, believed that a human being could find satisfaction in the contemplation of a universal order in which he occupied a small but significant place.[1]

Jean-Jacques readily favoured this edifying view of the universe and like so many of his contemporaries, he did not hesitate to give his support to authors who had little in common save a broad sympathy for some kind of optimism. Such was the case with Leibniz and Pope who, in spite of their very different outlooks, were considered to be typical representatives of philosophical optimism.[2]

---

[1] Cf. Masson, I, 83–129, for a fuller account of Rousseau's reading at this time.
[2] Cf. W. H. Barber, *Leibniz in France from Arnauld to Voltaire* (Oxford, 1955), for a detailed account of this question.

Whereas the former was a metaphysician in the rationalist tradition, Pope was a poet who had adopted the philosophical ideas of others. His *Essay on Man* (1733) had been quickly translated into French and no fewer than three translations appeared before the end of the 1730s—a prose version by Étienne de Silhouette, published anonymously in 1736, and verse translations in 1737 by the abbé du Resnel, who had already translated the *Essay on Criticism* in 1730, and in 1739 by J. de Seré de Rieux. Pope expressed his disapproval of Du Resnel's version but gave his blessing to Seré's.

In many ways the *Essay on Man* is a synthesis of sometimes incompatible ideas. The philosophical starting-point was probably provided by Viscount Bolingbroke, an enthusiastic supporter of Locke's empiricism, who urged Pope to humble man's pride by stressing the limitations of human reason. Consequently, the *Essay on Man* frequently displays a very marked hostility to metaphysics and the claims of scientific rationalism. At the same time Pope remained under the influence of thinkers like Cudworth and the Cambridge Platonists, the Earl of Shaftesbury and Archbishop King, the author of the famous treatise, *De Origine Mali*, all of whom adopted a metaphysical approach to moral questions;[1] in spite of its empiricist strain, Pope's poem contains pronounced Platonist elements. His admiration for Nature as a principle of order and harmony and guarantor of the organic unity of the universal system led him to lay great stress on an important theme of traditional European thought—the 'Chain of Being'—which went back to Plato, Aristotle and the neo-Platonists.[2] According to this notion, the universal creation consisted of a continuous chain of beings extending from the lowest form of material existence to the highest spiritual beings. When God, in his infinite wisdom, created the universe, he chose from among all possible systems the best— the one which manifested the greatest amount of good. If evil existed, it was as a necessary ingredient in the best of all possible worlds, an indispensable condition for the existence of a higher

---

[1] Cf. on the philosophical content of Pope's *Essay on Man*, R. L. Brett, *Reason and Imagination, A Study of Form and Meaning in Four Poems* (Oxford, 1960); John Laird, *Philosophical Incursions into English Literature*, (Cambridge, 1946); G. Wilson Knight, *Laureate of Peace; On the Genius of Alexander Pope* (London, 1954); Maynard Mack's introduction to the *Essay* in the Twickenham edition of Pope's poems, edited by John Butt, Vol. III, i (London, 1950).

[2] See the classic study by A. O. Lovejoy, *The Great Chain of Being* (Harvard, 1936).

good to which it must always be subordinated. In Pope's words:

> All Discord, Harmony not understood,
> All partial Evil, universal Good.

To the idea of the 'Chain of Being' was added another principle—that of plenitude: as the best of all possible worlds, the universe actualized the maximum number of existents; it was a *plenum formarum* containing the fulfilment of every true potentiality. Although difficulties might be involved in this idea of a chain of beings remarkable for its diversity and multiplicity, the general effect was to produce an optimistic outlook which saw good as easily outweighing evil in the universe as a whole.

> One truth is clear, Whatever is, is right.

In expressing such a view Pope was drawing on a long philosophical tradition and there were sufficient points of similarity between his views and those of Leibniz for both writers to be accepted as advocates of philosophical optimism—a tendency that was encouraged by the fact that Leibniz's work was not known in its original form, but only through simplified and often inaccurate adaptations.

In view of the great popularity of Pope's *Essay*, it is not surprising that it should have come to Rousseau's attention at a comparatively early stage in his intellectual development. The letter which he sent in 1742 to François Joseph de Conzié, comte des Charmettes, a friend of Mme de Warens and the owner of an impressive library to which he may have had access, not only testifies to Jean-Jacques' interest in Pope's *Essay* but also reveals his desire to make his own contribution to the critical discussion of its contents. He readily defends the poet against the irreligion of which he had often been accused by Roman Catholics, and especially the Jesuits, but he makes serious reservations about this 'absurd but interconnected system'. However, his criticism tends to concentrate on a point that is more prominent in Du Resnel's translation than in the original poem—the idea that the 'Chain of Being' ends with God. This, insists Rousseau, would suppose an impossible leap from the finite to the infinite. The second part of his comments, on the other hand, is much more favourable. Vigorously defended by Rousseau against the charge of Epicureanism, Pope is extolled as the eloquent defender of virtue and, more especially, of the principle so ardently advocated by Rousseau in his later work—that the source of all true happiness lies in man's satisfaction with his own being rather than in the enjoyment of external things.[1]

Je vous suis bien obligé, Monsieur, de la bonté que vous avez eue deme prêter Pope avec les *Sentiments Critiques*.[2] Cette feuille contient d'assez bonnes choses. Cependant, à son style néologique, je la prendrais pour être de quelque membre de l'Académie, si deux ou trois incorrections de langage, comme par exemple, des idées étincelantes *de feu*, et la mort *pesée* dans un certain *goût*, ne m'en faisaient douter.

Que peut-on penser d'un critique qui ose louer la vivacité, le tour et la force de l'expression de cette traduction anonyme, copie méprisable de celle de Mr du Resnel,[3] et, partout où elle s'en écarte, chargée de tours forcés, d'expressions dures, sans grâces, sans ornements, et ressentant mieux la déclamation sèche d'un régent de collège, que les peintures riantes d'un poète. Le critique peut être fort bon philosophe, sans se connaître en poésie: mais en pareil cas, on se borne à faire des raisonnements, et on ne se mêle point des choses de goût.

Il y a bien d'autres reproches à faire à Monsieur Pope que ceux que contient cette feuille, desquels plusieurs même portent à faux. Il n'est pas vrai, par exemple, que l'ouvrage de cet auteur ne soit qu'un tissu d'idées et d'imaginations dénuées d'accords et de solidité. C'est un système très absurde, mais très lié, et quiconque n'en voit pas la chaîne et les conséquences, doit s'en prendre à ses propres yeux.

Il n'est pas vrai non plus, que, suivant M. Pope, l'homme, dans le système général, soit inférieur à la bête, ni même en égalité avec elle. Il enseigne le contraire en mots très pompeux.

> *Quelle gradation trouvons-nous établie*
> *Depuis les vermisseaux dont la terre est remplie,*
> *Jusqu'à l'homme, ce chef, ce Roi de l'Univers!*[4]

[1] The letter was first published by Jean Nicolas in the *Annales historiques de la Révolution française*, 1962, pp. 385–96, and has subsequently been included, along with manuscript variations and a useful commentary, in *CC*, I, 132–9.
[2] Nothing is known about this work.
[3] J. F. du Bellay du Resnel (1694–1761), poet, translator and member of the French Academy (1742). His translations of the *Essay on Criticism* (1730) and the *Essay on Man* (1737) were republished together in 1745 under the title of *Les Principes de la Morale et du Goût*.
[4] Cf. *Essay on Man* (I, vv. 199–202):
Far as creation's ample range extends,

C'est un sophisme de supposer que l'homme soit égal à la bête parce qu'ils ont besoin l'un de l'autre. Des besoins réciproques lient le maître et le domestique, sans les rendre égaux pour cela.

Tout est lié. Qui sait où la chaîne se perd?[1]

Le sens de ce vers est très obscur. Mr de Crousaz[2] lui-même déclare qu'il ne l'entend pas. Notre critique qui n'y a rien compris du tout, le taxe à cause de cela d'impiété; c'est l'ordinaire. Le cardinal de Retz[3] disait un jour à Ménage,[4] apprenez-moi un peu à me connaître en poésie. Cela demanderait trop de temps, dit Ménage, mais quand on vous montrera des vers, dites toujours que cela ne vaut rien, vous ne vous tromperez guère. On dirait que la plupart des professeurs donnent une leçon à peu près semblable, à leurs écoliers: quand on vous fera quelque argument où vous n'entendrez rien, criez aussitôt que cela est impie: ce sera autant de gagné.

Ah! Quelle impie incertitude! Si le critique a voulu dire quelque chose par là, c'est assurément qu'on ne doit point douter que la chaîne des êtres n'aboutisse immédiatement à Dieu: j'ose le défier de donner un autre tour à son exclamation sans tomber dans le galimatias. Or cela étant, je dis que c'est sur lui-même que doit porter le reproche d'impiété.

C'est ici le nœud gordien du système de Mr Pope, et je me flatte, Monsieur, que vous ne serez pas fâché que je tâche de le dénouer: d'autant plus que de tous les critiques de ce poète, nul ne paraît y avoir fait assez d'attention.

The scale of sensual, mental powers ascends;
Mark how it mounts, to man's imperial race,
From the green myriads in the peopled grass.

[1] The Chain holds on, and where it ends, unknown. (III, 26)

[2] Jean-Pierre de Crousaz (1663–1750), the Swiss writer and philosopher, published two criticisms of Pope's *Essay on Man: Examen de l'essai de Monsieur Pope sur l'homme* (Lausanne, 1737), and *Commentaire sur la traduction en vers de M. l'abbé du Resnel de l'essai sur l'homme* (Geneva, 1738).

[3] Paul de Gondi, Cardinal de Retz (1613–79), is famous chiefly for his *Mémoires* which were not published until 1717. He was also the author of an interesting early work, *La Conjuration de Fiesque* (1655). He was politically involved in the conspiracy of the Fronde.

[4] Gilles Ménage (1613–92) was a scholar interested especially in philology. He was the author of an important work on French etymology, *Origines de la langue française* (1650–94). He lived for some years in Cardinal de Retz's household.

Mr Pope suppose

> *Que des décrets divins la sage profonaeur*
> *Au plan le plus parfait donnant la préférence*
> *Doit enfanter un monde où brille sa puissance.*[1]

C'est l'hypothèse de tous les mondes possibles, laquelle fait partie de ce fameux système de Leibniz[2] qui a causé tant de disputes; disputes qui même ne sont pas prêtes à finir, puisqu'elles sont la plupart entre des théologiens.

Mr Pope continue, et dit que ce monde préféré, c'est-à-dire, celui que Dieu a créé réellement, doit être construit de manière

> *Que, quoique séparé rien n'y soit désuni;*
> *Que croissant par degrés jusques à l'infini*
> *Les êtres différents, sans laisser d'intervalle,*
> *Gardent dans leur progrès une justesse égale.*[3]

Voilà donc une chaîne composée de tous les êtres, où chaque espèce occupe son rang à proportion du degré d'excellence et de perfection dont elle est douée: car c'est ainsi que l'entend Mr Pope:

> *Parcourez, rassemblez tous les êtres divers;*
> *Commencez par ce Dieu qui leur donna la vie.*
> *Quel spectacle étonnant, quelle chaîne infinie!*
> *Esprits purs dans les cieux, hommes, poissons, oiseaux,*
> *Habitants de la terre, et des airs, et des eaux,*
> *Insectes différents que l'œil découvre à peine.*[4]

A l'égard de anneaux de cette chaîne, nous en pouvons soupçonner deux ou trois seulement des plus voisins de nous, encore avec assez de difficulté: car, malgré tous les soins que Montaigne et Pope se donnent pour ennoblir l'instinct, il reste toujours un furieux saut de là à la raison, et je doute fort que leurs paralogismes

---

[1]   Of systems possible, if 'tis confest
    That wisdom infinite must form the best. (I, 43–5)

[2] Cf. Leibniz, *Essais de Théodicée sur la bonté de Dieu, la liberté de l'homme et l'origine du mal*, 1710. Rousseau returns to this theme in 1756 in his letter to Voltaire on Providence (cf. *infra*, pp. 31 f).

[3]   Where all must fall or not coherent be,
    And all that rises, rise in due degree. (I, 45–6)

[4]   Vast chain of Being! which from God began,
    Nature's aethereal, human angel, man,
    Beast, bird, fish, insect; what no eye can see,
    No glass can reach!   (I, 237–40)

aient pu les persuader eux-mêmes.[1] Cependant, nous ne connaissons aucun être entre les animaux et nous, pour en remplir l'intervalle. De nous, aux natures angéliques, nos lumières ne sont pas moins bornées, et quand on conviendrait avec Montaigne qu'il y a plus de différence de tel homme à tel homme, que de tel homme à telle bête, cela ne conclurait encore rien jusqu'à ce qu'on eût aussi prouvé qu'il y a plus de différence de tel homme à tel homme, que de tel homme à tel ange.[2]

A la vérité, Cardan[3] n'aurait pas vu là grand embarras, lui qui trouvait en soi-même une si haute excellence qu'il soupçonnait son âme de tenir le milieu entre les substances humaines et la nature divine, ce qui me fait ressouvenir aussi de Galien[4] qui se comparait à l'Empereur Trajan, et de Paracelse[5] qui assurait qu'un de ses cheveux était beaucoup plus savant que toutes les universités. A la modestie de ces trois messieurs les reconnaîtriez-vous pour des médecins?[6] Mais revenons à notre chaîne.

Admettons, si l'on veut, une gradation proportionnelle des plantes aux insectes, des insectes aux animaux, des animaux à l'homme, de l'homme aux anges, et remontons par l'imagination jusqu'à l'ordre le plus sublime de la hiérarchie angélique. Ne sentez-vous pas, Monsieur, que nous voilà arrêtés tout court, et qu'après avoir donné la torture à notre esprit pour arranger un

[1] Rousseau was always a firm supporter of the fixity of species. R. A. Leigh (*CC*, I, 141, note m) suggests that he may have been thinking in this connection of Montaigne's *Apologie de Raymond Sebond*. Pope says:
Twixt that [instinct] and Reason, what a nice barrier;
For ever separate, yet for ever near! (I, 223-4)

[2] Montaigne, *Essais*, I, xlii, 'De l'inégalité qui est entre nous.' 'Plutarque dict en quelque lieu, qu'il ne trouve point si grande distance de beste à beste, comme il trouve d'homme à homme... J'encherirois volontiers sur Plutarque: et dirois qu'il y a plus de distance de tel à tel homme, qu'il n'y a de tel homme à telle beste.'

[3] Girolamo Cardan (Cardano) (1501-76), a famous Italian mathematician and physician, was the author of *De Subtilitate Rerum* (1551) and its supplement, *De Varietate Rerum* (1557). One of his main ideas was the animate character of every aspect of creation and its continuous development. He was also the author of an autobiography, *De Vita propria*, which is remarkable for its unfavourable observations about its author's character.

[4] Claud Galen (*c.* A.D. 130-200), a Greek physician and author of some five hundred treatises, and, with Hippocrates, the most famous physician of antiquity; he is said to have been the founder of experimental physiology.

[5] Paracelsus (Theophrast von Hohenheim) (1490-1541), famous Swiss physician, who believed that the life of man was inseparable from the rest of the universe. He broke away from the orthodox Galenic school and taught that man's body was a compound of all previously created beings.

[6] Rousseau had a lifelong distrust of doctors.

très petit nombre de chaînons, nous nous trouvons invinciblement ignorants sur les extrémités de la chaîne.

Tout est lié. Qui sait où la chaîne se perd?[1]

Poussons les conjectures et l'hypothèse aussi loin qu'elles peuvent aller, et tenons pour reconnu que le plus vil des insectes, la moins organisée de toutes les plantes, le plus imparfait de tous les minéraux, ou enfin le dernier atome de matière est l'anneau inférieur de cette chaîne. Il s'agit de découvrir l'autre extrémité. Mr Pope suppose qu'elle aboutit à Dieu et le dit en termes formels: mais il ne le suppose pas sans en avoir senti les conséquences, du moins on a lieu de l'inférer de ce retour de réflexion, qui dans un doute forcé lui fait reconnaître comme en tremblant, ou du moins à son traducteur, car effectivement cela n'est pas dans l'anglais, qu'il n'y a que Dieu seul qui sache où finit cette chaîne.

Cette chaîne se suit, réponds, où finit-elle?
Qui peut t'en informer? La puissance éternelle.[2]

C'est ainsi que Mr du Resnel a rendu ce passage: sur quoi vous serez averti que c'est sa traduction que j'ai sous les yeux en examinant la feuille en question, ce qui est indifférent ici, puisque c'est Pope même qu'on y critique.

Encore quelques éclaircissements sur une matière aussi importante. Pourrions-nous occuper notre esprit d'un sujet plus majestueux et plus digne de toute notre attention?

Dire que la chaîne des êtres aboutit immédiatement à Dieu, c'est soutenir un sentiment condamné par la religion comme impie, et comme absurde par la raison.

Vous avez dit, (je parle à Mr Pope),

Que croissant par degrés jusques à l'infini
Les êtres différents, sans laisser d'intervalle,
Gardent dans leur progrès une justesse égale.[3]

---

[1] The Chain holds on, and where it ends, unknown. (III, 26)
[2] It is Du Resnel, not Pope, who invokes the 'eternal power' at this point. It is doubtful, however, whether either Pope or Du Resnel meant that the chain ends with God as the final link. Rousseau's subsequent criticism, though interesting for the light it throws on his own ideas, emphasizes a difficulty which was not perhaps present in Pope's system, at least in this form.
[3]   Where all must fall or not coherent be,
            And all that rises, rise in due degree. (I, 45–6)

Et vous dites ailleurs que cette chaîne commence ou finit à l'Être Suprême, car c'est ici la même chose; c'est-à-dire que tous les intervalles étant proportionnels, il n'y a pas plus de distance de Dieu à l'espèce qui le suit immédiatement, que par exemple, de l'espèce humaine à celle des anges; que non seulement on doit reconnaître un intervalle limité entre un être fini et un infini, mais encore que cet intervalle n'est pas plus considérable que celui de St. Pierre à l'Ange Gabriel. Ou je n'entends rien en fait de raisonnement, ou c'est là votre doctrine.

Que penserez-vous, Monsieur, d'un système qui établit un rapport entre des choses qui n'en peuvent avoir, et qui rapproche même assez ce rapport pour nous en donner une idée?

Vous remarquerez que toutes les raisons qu'on pourrait alléguer en admettant les divinités subalternes et les autres impertinences de Platon, ne détruiraient jamais l'objection: car on les presserait toujours par ce dilemme: ou vos divinités subalternes sont infinies, ou elles ne le sont point. Si elles sont infinies, il faudra pour la liaison de la chaîne admettre un rapport entre elles et les êtres inférieurs, c'est-à-dire, entre l'infini et le fini; c'est le cas que vous vouliez éviter; si vous les reconnaissez finies, c'est encore le même cas, parce que de là il faut toujours arriver à Dieu.

Un mathématicien pourrait être surpris de m'entendre dire qu'il n'y a point de rapport du fini à l'infini; je sais qu'il y en a un: mais ce rapport étant infini, avoir un rapport infini, ou n'en point avoir sont des termes synonymes dans la question dont il s'agit.

Concluons que la chaîne des êtres n'aboutit point à Dieu, du moins par une gradation proportionnelle. La raison ne trouvera jamais de rapport entre Dieu et nul autre être quelconque, entre le Créateur et l'ouvrage, entre le temps et l'éternité, en un mot, entre le fini et l'infini. S'il y a donc de l'irréligion dans la pensée de Mr Pope, c'est quand il dit que la chaîne des êtres aboutit à Dieu, au lieu de dire que la chaîne des êtres créés aboutit on ne sait où: et le critique, qui a laissé passer tranquillement cette proposition pour venir crier à l'impie quand Mr Pope répare son impiété, fait voir qu'il ne conçoit pas ce qu'il dit, et qu'il juge des choses sans les entendre.

Je crois du moins que cela doit paraître ainsi. Car il est impossible de deviner les raisons d'un censeur impérieux qui se contente de décider sans expliquer pourquoi, et qui, du reste, veut apparemment que *sit pro ratione voluntas*.[1]

N'êtes-vous pas indigné de voir Pope taxé d'épicurisme précisément dans les endroits où sa morale s'élève et se met presque de niveau avec celle de l'Évangile? Il est certain que les trois premières Épîtres contiennent des semences d'erreurs extrêmement dangereuses pour quiconque les mettrait au pire; mais quant à la quatrième, il n'y a point d'homme un peu sensible au beau qui ne sente son cœur échauffé par les sublimes maximes qui y sont répandues. Comparez les vers auxquels le critique s'attache et qui, à la vérité, sont extrêmement mal faits, avec ceux-ci de Mr du Resnel qui même rendent beaucoup plus précisément le sens de l'anglais.

> *Sachez que tous les biens dont la Nature sage*
> *En nous donnant le jour, nous procure l'usage,*
> *Le charme séducteur dont s'enivrent les sens,*
> *Les plaisirs de l'esprit encor plus ravissants,*
> *Ces biens qui du bonheur portent le caractère*
> *Sont, la santé, la paix, le simple nécessaire*.[2]

Et dites-moi, Monsieur, si vous reconnaissez là les leçons d'Épicure, telles, du moins, qu'on nous les représente ordinairement. Il y a plus: le grand défaut des critiques est de s'attacher à des pensées particulières qui, susceptibles d'équivoque prises séparément, ne peuvent être déterminées à leur vrai sens qu'en les examinant dans leur liaison avec le corps de l'ouvrage, et à la place où elles doivent être. C'est surtout l'abus ordinaire de tous ceux qui jugent superficiellement des choses, et c'est, sans contredit, celui de notre critique. Pour l'en convaincre pleinement, il n'y aurait qu'à faire l'analyse de cette quatrième Épître. Qu'est-ce qu'y dit Mr Pope? Que quiconque est doué d'un sens droit et d'un bon cœur a la source du bonheur dans son propre fond. Que le bonheur ne consiste point dans les biens extérieurs. Que le bonheur ne peut exister sans la vertu et sans cette douce paix du cœur qu'il appelle la digne fille du ciel.[3] Que, par conséquent, le vice ne peut

---

[1] Cf. Juvenal, *Satires*, vi. 223: Hoc voleo, sic jubeo, sit pro ratione voluntas.
[2]   Know, all the good that individuals find,
   Or God and Nature meant to mere Mankind,
   Reason's whole pleasure, all the joys of Sense,
   Lie in three words, Health, Peace, and Competence (IV, 77–80).
[3] Virtue alone is happiness below (IV, 310).
   God in externals could not place content (IV, 66).

jamais être heureux. Que la vertu livrée à la douleur goûte encore plus de contentement que le vice au milieu des plaisirs, car il le dit en termes exprès.

En proie à la douleur, seule dans sa retraite
Elle goûte toujours une douceur secrète;
Le vice en ressent moins au milieu des plaisirs
Qui sans remplir son cœur irritent ses désirs.[1]

Tout cela est répété plus que vingt fois dans cette Épître avec une force, une véhémence et un pathétique qui touche et qui ravit. Si ce sont là les principes d'Épicure, tout honnête homme doit faire gloire d'être son sectateur.

Il est vrai, par exemple, que Mr Pope ne dit pas absolument que la vertu seule puisse rendre un homme heureux, et qui oserait le dire? Les Stoïciens ont fait semblant de le croire. Quand Possidonius[2] était tourmenté de la goutte et qu'il criait à sa douleur qu'il ne conviendrait jamais qu'elle fût un mal, peut-être était-il assez sot pour s'imaginer qu'il persuaderait à Pompée que ses cris étaient des cris de joie; mais je suis bien sûr qu'en lui-même il se reconnaissait très sincèrement pour un menteur et pour un bavard. Un chrétien qu'on tourmente pour la foi serait réellement très malheureux si la force de son esprit et le secours de la grâce ne lui rapprochaient comme présentes, les récompenses qui seront le prix des peines qu'il souffre. Mais que faut-il suivant Mr Pope avec la vertu, ou la paix du cœur qui en est le fruit, pour mettre le comble à la félicité de l'homme? Deux choses seulement, la santé et le nécessaire. Heureux le cœur assez modéré pour s'en contenter! C'est un triste spectacle de voir les hommes sur la terre s'empresser après des honneurs et des biens chimériques et s'éloigner par là-même des véritables sources du bonheur où Mr Pope cherche à les ramener.

A l'égard du silence de Mr Pope sur les matières de religion, on aurait droit de le lui reprocher au cas qu'il eût promis une somme de théologie. Les philosophes sont bien à plaindre: s'il leur arrive

---

[1]　Without satiety, tho' e'er so blest,
And but more relish'd as the more distress'd:
The broadest Mirth unfeeling Folly wears,
Less pleasing far than Virtue's very tears. (IV, 317–20)

[2] Poseidonius (*c.* 130–*c.* 50 B.C.), Stoic philosopher and learned polymath, whose works were used by Cicero. The anecdote reported by Rousseau is to be found in Cicero's *Tusculanae*, ii. 25.

de parler de quelques points de la foi, la Sorbonne s'élève et leur demande de quoi ils se mêlent? S'ils prennent le parti de n'en dire mot, on ne manque pas de les traiter d'athées et de déistes. En vérité, les sots seraient trop contents de leur sort s'ils savaient quelle misère c'est, que d'avoir de la raison.

Le critique finit son examen par une saillie à laquelle on doit faire grâce en faveur de l'esprit et de l'enjouement. En général, on doit lire ses observations avec plaisir, à peu près comme [on] en prend à admirer la vivacité des couleurs de l'arc-en-ciel, quoiqu'on sache qu'elles n'ont rien de solide.

Je m'aperçois, Monsieur, qu'en voulant vous écrire une lettre, j'ai presque fait une dissertation; je vous en demande pardon, mais c'est votre faute en vérité. Pourquoi n'êtes-vous pas comme les autres, et de quoi vous avisez-vous ici de vouloir être raisonnable? Chambéry est-il le pays de la raison, et quand il arrive à un homme qui pense d'y en rencontrer un autre, est-il possible de ne pas abuser d'un avantage si rare? J'étais, il y a quelque temps, dans une assemblée où se trouva Mr Vaucanson;[1] on parla beaucoup de son flûteur automate, et avec des éloges dont il dut être content, s'il est possible à l'amour-propre de l'être. Vous pouvez juger que les beaux esprits qui se trouvèrent là ne lui épargnèrent pas la comparaison de Prométhée dont Voltaire l'a si pompeusement régalé.[2] Pour moi, dis-je alors, mon admiration doit être d'autant moins suspecte que je suis accoutumé à des spectacles que j'ose appeler encore plus merveilleux. On me regardait avec étonnement. Je viens, ajoutai-je, d'un pays rempli de machines assez bien faites, qui savent jouer le quadrille et le pharaon, qui jurent, boivent du vin de Champagne, et passent la journée à débiter des mensonges à d'autres machines fort jolies qui leur rendent bien le change. On se mit à rire; et ce qui vous aurait diverti, c'est que deux ou trois machines qui étaient là rirent encore plus que les autres.

J'espère, Monsieur, qu'en prenant ma franchise dans le sens où je vous l'offre, elle n'aura rien qui vous déplaise, et que vous la

---

[1] Jacques Vaucanson (1709–82), member of the Académie royale des Sciences, famous for his mechanical inventions. R. A. Leigh suggests that Rousseau may have seen him at Lyons in 1740–1.

[2] Voltaire, *Discours en vers sur l'homme:*

> Le hardi Vaucanson, rival de Prométhée,
> Semblait, de la nature imitant les ressorts,
> Prendre le feu des cieux pour animer les corps.

pardonnerez à un homme qui parle par expérience, et qui a eu plus d'une fois occasion de dire comme Ovide chez les Sarmathes.

Barbarus hic ego sum, quia non intelligor illis:
Et rident stolidi verba latina Getae.[1]

J'ai l'honneur d'être avec un profond respect.

Monsieur

Votre très humble et très
obéissant serviteur

17ᵉ 1742   [signature obliterated]

---

[1] Ovid, *Tristia*, *V*, x, 37–8. Rousseau was particularly fond of the first of these two lines which was used as an epigraph for the *Discours sur les sciences et les arts* and the *Dialogues*, as well as for an early work written about the same year (1742), the *Muse allobroge*. It effectively expresses his sense of isolation from contemporary values.

5

ADVICE TO A COUNTRY PRIEST (1752)

THIS LETTER, which may have been addressed to the abbé
Antoine Cordonnier de l'Étang (1716–92), the parish priest of
Marcoussis, for whom Rousseau also wrote an *Épître*, shows that
by 1752 (the possible date of the letter) Rousseau had given up his
acceptance of traditional Christianity, even though he was still
firmly attached to its moral principles. The influence of the *philosophes* probably accelerated a process which had already begun before his arrival in Paris. Henceforth he considered the Christian
priest to be an *officier de morale*, as he was later to make clear in the
Profession de foi and his letters to the abbé de Carandolet.[1]

Enfin, mon cher Abbé, vous voilà curé; je m'en réjouis de tout
mon cœur et suis charmé d'avoir été pour vous *vates* à tous égards.
Croyez, je vous prie, que mon amitié est à l'épreuve de la fortune.
Malgré mon mépris pour tous les titres et pour les sots qui les
portent, malgré ma haine pour tout ce qu'on appelle place[s] et
pour les fripons qui les occupent, je crois que je vous verrais même
devenir evêque sans cesser de vous aimer.

Assez d'autres vous feront des compliments sans se soucier de
vous. Pour moi, qui suis votre ami, je veux vous donner des conseils. Je crois vous marquer en cela beaucoup mieux mon attachement qu'en vous prodiguant tous les éloges que la flatterie n'ose
refuser à ceux qui en sont indignes, mais que la bienséance interdit
envers ceux qui les méritent. Je serai Gros-Jean,[2] si vous voulez,
mais, malheureusement pour le peuple, il y a beaucoup moins de
ces Gros-Jean là que de curés qui en auraient besoin.

Vous voilà libre enfin, c'est-à-dire assujetti à un seul maître, mais
le plus impérieux de tous, qui est le devoir, car le joug de la raison,

[1] Cf. *infra*, pp. 78, 193, 376. R. A. Leigh (*CC*, II, 179–83) suggests the abbé
Antoine Cordonnier as Rousseau's possible correspondent. Less plausibly the
earlier editors of the correspondence (Théophile Dufour and P. P. Plan) had
named M. Martin, priest at Deuil.
[2] i.e. an ignorant fellow who thinks he is more knowledgeable than his betters.
Cf. 'C'est Gros-Jean qui en remontre à son curé': 'it's like teaching your grand-
mother to suck eggs'.

2—R.R.W.

pour être moins sujet au caprice, n'est pas moins dur que la tyrannie des hommes, et il n'y a point d'esclave qui ait plus de peine à contenter son maître qu'un honnête homme en trouve à se contenter lui-même. C'est encore pis, quand on a d'autres gens sous sa conduite. Alors la liberté n'est qu'apparente; c'est assez pour l'homme libre d'avoir à se gouverner, mais quiconque commande à d'autres a nécessairement des engagements à remplir et n'est pas moins assujetti que ceux mêmes qui lui obéissent.

De tous les tristes liens qui attachent un homme au-dessus des autres, le vôtre me paraît le plus supportable. Vous allez être bienfaisant par état, un magistrat pacifique, un père. Vous serez en droit de faire tout le bien que vous voudrez, sans que personne ose le trouver mauvais, et nul n'aura le pouvoir de vous contraindre à mal faire.

Ces prérogatives, Monsieur, sont grandes, rares, et n'appartiennent peut-être qu'à un curé de campagne, car, outre que les curés de ville me paraissent déjà de bien grands seigneurs pour être d'honnêtes gens, ils sont trop éloignés de trouver dans leurs paroissiens la simplicité, la docilité nécessaires pour pouvoir les faire vivre sagement.†

---

† The following fragments probably did not form part of the original letter:
Car personne n'ignore qu'en obligeant le clergé à la continence on lui a rendu la chasteté impossible.

. . .

Je consens que vous leur appreniez toutes les balivernes du catéchisme, pourvu que vous leur appreniez aussi à croire en Dieu et à aimer la vertu. Faites-en des chrétiens, puisqu'il le faut, mais n'oubliez pas le devoir plus indispensable d'en faire d'honnêtes gens...

6

LETTER TO VOLTAIRE ON PROVIDENCE
(1756)

ROUSSEAU'S ARRIVAL in Paris in 1742 was followed by a period of rapidly deteriorating moral and spiritual values and by 1747–8 he had probably abandoned all conventional religious belief and practice. His desire for glory, his friendship with the *philosophes*, especially Diderot who invited him to write the musical articles for the *Encyclopédie*, and the general influence of his new environment are likely to have dissipated any lingering sympathy for Christian orthodoxy; at times he even gave vent to strongly anti-clerical feelings, as the fragments quoted at the end of the last letter already show. His liaison with Thérèse Levasseur and the abandonment of his illegitimate children to a Foundlings' Home did further serious damage to his moral outlook. Later on, it is true, he insisted that he had never been completely convinced by his new friends' ideas and that he had always clung to his belief in God; even though the *philosophes* had 'disturbed' him without 'persuading' him, his reactions at the time were those of a man who was drawn more to the seductions of the present than to the morality of the past.

After a difficult period of struggle and frustration—he failed among other things to maintain the position he had obtained in 1743 as secretary to the French ambassador in Venice—he suddenly attained fame with his *Discours sur les sciences et les arts*. The 'illumination' which was responsible for this work led to the crystallization of all his secret misgivings about contemporary society and henceforth he saw himself as a writer called upon to make his fellow men aware of the dangers involved in the disastrous corruption of their true 'nature'. Vigorously resisting the fascination of French society, he turned back once more to the values of his earlier days—to the heroic ideal embodied in the ancient republics of Rome and Sparta and, in more modern times, in his own native Geneva. In 1754, the year preceding the publication of his *Discours sur l'origine de l'inégalité*, he decided to seek readmission to the Church of Geneva—a step which he later admitted to have been due to 'patriotic zeal' rather than religious conviction. Even so, his return to Protestantism was a personal gesture through which he actively and publicly identified himself with the moral and civic values of an old tradition.

Thanks to the generosity of Mme d'Épinay, he was able to withdraw in 1756 to a rural retreat near Paris where he earnestly set about completing his literary mission. In the summer of the same year he was given the opportunity of reconsidering the basis of his religious beliefs when he received a copy of two of Voltaire's poems, *Sur le désastre de Lisbonne* and *Sur la loi naturelle*, the former of which, inspired by the famous Lisbon earthquake of 1755, contained a fierce attack upon the principles of philosophical optimism. Voltaire sent copies of his poems to Diderot, d'Alembert and Rousseau. Rousseau's previous attitude towards him had been respectful, even deferential. In 1745 he had eagerly accepted the mundane task of putting together the various parts of *Les Fêtes de Ramire*, a work upon which Voltaire and the musician Rameau had collaborated. Although he resented the subsequent omission of any public reference to his own contribution, Rousseau had gladly accepted a piece of hack-work which brought him into contact with two of the best-known artists of the day. On learning of Rousseau's participation, Voltaire had sent him a courteous letter complimenting him on his talents. With the passing of time, however, Rousseau became increasingly aware of the differences between them and he was alarmed for the welfare of his native Geneva when he heard of Voltaire's decision to install himself at Les Délices in 1755. The publication of the second *Discours* in 1755 produced a witty and malicious letter in which Voltaire thanked him for 'his new book against the human race', regretting only that he himself was too old to start going about 'on all fours'. Rousseau may not have been sorry to have the opportunity of making a lengthy reply to Voltaire's latest publication, which dealt with issues affecting the basis of both men's religious outlook. Voltaire made only a brief acknowledgement of the letter on Providence, but Rousseau believed (perhaps mistakenly) that the real reply appeared with the publication of *Candide* in 1759.

The letter on Providence offers valuable evidence of Rousseau's religious position in 1756 and takes up some of the themes already discussed in the 1742 letter on Pope's *Essay on Man*. It contains a curious combination of personal and philosophical elements, beginning with the expression of personal feelings, going on to a lengthy intellectual discussion and finally returning to a statement of Rousseau's own situation and attitude. In the *Confessions* Rousseau speaks of his hope of effecting a change of heart in his pessimistic correspondent:

Frappé de voir ce pauvre homme, accablé, pour ainsi dire, de prospérités et de gloire, déclamer amèrement contre les misères de cette vie, et trouver toujours que tout était mal, je formai l'insensé projet de le faire rentrer en lui-même, et de lui prouver que tout était bien... Autorisé plus que lui à compter et peser les maux de la vie humaine, j'en fis l'équitable examen, et je lui prouvai que de tous ces maux, il n'y en avait pas un dont la Providence ne fût disculpée, et qui n'eût sa source dans l'abus que l'homme a fait de ses facultés plus que dans la nature humaine. (*OC*, I, 429)

At the very outset he criticized the 'master' for depriving an unhappy sufferer of the only beliefs which could console him in adversity; if he accepted Voltaire's argument, Jean-Jacques declared that he would be left without hope. He then went on to make his first main point, one which he had already stressed in the second *Discours*—that the source of evil and human suffering did not lie in nature but in man himself who had refused to heed her lessons. Admittedly, the Lisbon earthquake, was a natural catastrophe, but it would have had no disastrous consequences, insisted Rousseau, had it not been for men's foolish and obstinate determination to live huddled together in cities instead of dispersing themselves in the country. Typical of their false values was the way in which, at the very moment of the earthquake, many had invited death by concerning themselves with rescuing their material possessions instead of trying to save their lives. Modern man had adopted an entirely wrong perspective, seeing nature through his own limited and distorted vision and not as a whole. Voltaire's pessimistic rejection of existence as an evil was probably due to his having frequented wealthy aristocrats and professional writers. Had he consulted real people—simple country-dwellers, for example, content with their uneventful daily lives—he would have discovered the vital truth that for most men existence is an undoubted good.

At this point Rousseau took up a theme already discussed in his earlier letter about Pope—the 'chain of being'. Voltaire's suggestion that the earthquake should have happened at some uninhabited spot ignored the fundamental fact that it was impossible to remove one link in the chain of being without destroying it entirely. Individual men could not expect the whole scheme of things to be modified for their own petty purposes. Every part of the universal system was dependent on the rest, although to human eyes this might not seem to be the case. Sometimes it was necessary to sacrifice individuals for the sake of the whole. Rousseau recalled the belief commonly held by the defenders of optimism—that the universe probably contained other inhabited worlds with which God was also rightly concerned.

It was thus necessary, according to Rousseau, to distinguish between the undoubted existence of particular evils and the erroneous supposition of the existence of general evil. An event which appeared to be an evil when taken in isolation might well prove to be a good when seen within the total context of the universal system. Rousseau then made a distinction which played an important part in his later thought—between the relativity of physical facts and the absolute character of moral events; physical entities existed, he believed, only in relation to other aspects of the material world, whilst moral beings had absolute value in their own right. It was irrational to expect Providence to occupy itself with merely incidental features of the universal order since its primary concern was with the good of the whole. Ultimately, insisted Rousseau, all discussion had to be brought back to the question of God's existence, for until this had been decided all argument was futile. Of itself reason was incapable of resolving the problem and once again Rousseau invoked his own experience. It was impossible for him to leave unanswered the question of God's existence, for he found doubt intolerable. That was why he had made a definite decision and chosen to believe in God.

After wandering a little from the main theme, he put in a plea for religious tolerance, condemning fanaticism and urging the establishment of a 'civil religion' as a means of avoiding religious disorder and controversy within the state. Rousseau then returned for the last time to his own particular situation: he stressed his overwhelming need to believe in God and the immortality of the soul as the only means of making life bearable.[1]

---

[1] The complicated history of the text of this letter has been thoroughly discussed by R. A. Leigh in an important article, 'Rousseau's letter to Voltaire on optimism', *Studies on Voltaire and the Eighteenth Century*, xxx (1964), 247–309, as well as in *CC*, IV, 37–84. I am grateful to Dr. Leigh for permission to use his edition as the basis of the present text. For the various manuscript variants and drafts the student is referred to the *Correspondance complète*. The text as finally

Le 18 août 1756

1.   Vos deux derniers poèmes,[(1)] Monsieur, me sont parvenus
dans ma solitude, et quoique tous mes amis connaissent
l'amour que j'ai pour vos écrits, je ne sais de quelle part
ceux-ci me pourraient venir, à moins que ce ne soit de la
vôtre. J'y ai trouvé le plaisir avec l'instruction et reconnu la
main du maître. Ainsi je crois vous devoir remercier à la fois
de l'exemplaire et de l'ouvrage. Je ne vous dirai pas que tout
m'en paraisse également bon, mais les choses qui m'y blessent†
ne font que m'inspirer‡ plus de confiance pour celles qui me
transportent; ce n'est pas sans peine que je défends quelquefois ma raison contre les charmes de votre poésie, mais c'est
pour rendre mon admiration plus digne de vos ouvrages que je
m'efforce de n'y pas tout admirer.

2.   Je ferai plus, Monsieur: je vous dirai sans détour, non les
beautés que j'ai cru sentir dans ces deux poèmes, la tâche
effraierait ma paresse, ni même les défauts qu'y remarqueront
peut-être de plus habiles gens que moi, mais les déplaisirs qui
troublent en cet instant le goût que je prenais à vos leçons; et
je vous les dirai encore attendri d'une première lecture où
mon cœur écoutait avidement le vôtre, vous aimant comme
mon frère, vous honorant comme mon maître, me flattant
enfin que vous reconnaîtrez dans mes intentions la franchise §
d'une âme droite, et dans mes discours le ton d'un ami de la
vérité parlant|| à un philosophe. ¶ D'ailleurs, plus votre second
poème m'enchante, plus je prends librement parti contre le
premier, car, si vous n'avez pas craint de vous opposer à
vous-même, pourquoi craindrais-je d'être de votre avis? Je
dois croire que vous ne tenez pas beaucoup à des sentiments
que vous réfutez si bien.

3.   Tous mes griefs sont donc contre votre *Poème sur le désastre*

published differed in important respects from the letter actually sent to Voltaire.
Rousseau's account of the letter is given in the *Confessions*, IX (*OC*, I, 429–40).
Voltaire's *Poèmes sur le désastre de Lisbonne et sur la loi naturelle* appeared in
1756. Rousseau's text was first published in 1759. See *OC*, IV, 1771–3, for
further details.

[(1)] Sur la loi naturelle et sur le désastre de Lisbonne (Rousseau's later note).

† déplaisent   ‡ m'imposer   § first draft: pureté (simplicité) || qui parle
¶ first draft: la simplicité dont on doit user avec un grand homme

de Lisbonne, parce que j'en attendais des effets plus dignes de l'humanité qui paraît vous l'avoir inspiré. Vous reprochez à Pope et à Leibniz d'insulter à nos maux en soutenant que tout est bien,[1] et vous amplifiez† tellement le tableau de nos misères que vous en aggravez le sentiment: au lieu des consolations que j'espérais, vous ne faites que m'affliger; on dirait que vous craignez que je ne voie pas assez combien je suis malheureux, et vous croiriez, ce semble, me tranquilliser beaucoup en me prouvant que tout est mal.

4. Ne vous y trompez pas, Monsieur, il arrive tout le contraire de ce que vous vous proposez. Cet optimisme, que vous trouvez si cruel, me console pourtant dans les mêmes douleurs que vous me peignez comme insupportables. Le poème de Pope[2] adoucit mes maux et me porte à la patience; le vôtre aigrit mes peines, m'excite au murmure, et m'ôtant tout, hors une espérance ébranlée, il me réduit au désespoir. Dans cette étrange opposition qui règne entre ce que vous prouvez‡ et ce que j'éprouve, calmez la perplexité qui m'agite, et dites-moi qui s'abuse, du sentiment ou de la raison.

5. «Homme, prends patience,» me disent Pope et Leibniz, «tes maux sont un effet nécessaire de ta nature et de la cons-«titution de cet univers. L'Être éternel et bienfaisant qui le «gouverne eût voulu t'en garantir: de toutes les économies «possibles, il a choisi celle qui réunissait le moins de mal et «le plus de bien, ou, pour dire la chose encore plus crûment, «s'il le faut, s'il n'a pas mieux fait, c'est qu'il ne pouvait mieux «faire.»[3]

6. Que me dit maintenant votre poème? «Souffre à jamais, «malheureux. S'il est un Dieu qui t'ait créé, sans doute il est «tout puissant, il pouvait prévenir tous tes maux: n'espère «donc jamais qu'ils finissent, car on ne saurait voir pourquoi «tu existes, si ce n'est pour souffrir et mourir.» Je ne sais ce qu'une pareille doctrine peut avoir de plus consolant que l'optimisme et que la fatalité même; pour moi, j'avoue qu'elle

---

† chargez   ‡ établissez

[1] Voltaire had written in the preface to his poem: 'Le mot "Tout est bien"'... n'est qu'une insulte aux douleurs de la vie.'
[2] The *Essay on Man* already discussed in the 1742 letter about Pope (cf. *supra,* pp. 12 f.)
[3] This paragraph summarizes the well-worn tenets of the optimists' position.

mé paraît plus cruelle encore que le manichéisme.[1] Si l'embarras de l'origine du mal vous forçait d'altérer quelqu'une
des perfections de Dieu, pourquoi vouloir justifier sa puissance
aux dépens de sa bonté? S'il faut choisir entre deux erreurs,
j'aime encore mieux la première.

7.   Vous ne voulez pas, Monsieur, qu'on regarde votre ouvrage
comme un poème contre la Providence,[2] et je me garderai bien
de lui donner ce nom, quoique vous ayez qualifié de livre
contre le genre humain[3] un écrit[(1)] où je plaidais la cause du
genre humain contre lui-même. Je sais la distinction qu'il
faut faire entre les intentions d'un auteur et les conséquences
qui peuvent se tirer de sa doctrine. La juste défense de moi-
même m'oblige seulement à vous faire observer qu'en peignant
les misères humaines, mon but était excusable et même
louable, à ce que je crois, car je montrais aux hommes comment ils faisaient leurs malheurs eux-mêmes, et par conséquent comment ils les pouvaient éviter.

8.   Je ne vois pas qu'on puisse chercher la source du mal moral
ailleurs que dans l'homme libre, perfectionné, partant corrompu; et quant aux maux physiques, si la matière sensible
et impassible est une contradiction, comme il me le semble,
ils sont inévitables dans tout système dont l'homme fait partie;
et alors la question n'est point pourquoi l'homme n'est pas
parfaitement heureux, mais pourquoi il existe. De plus, je
crois avoir montré qu'excepté la mort, qui n'est presque un
mal que par les préparatifs dont on la fait précéder, la plupart
de nos maux physiques sont encore notre ouvrage.[4] Sans
quitter votre sujet de Lisbonne, convenez, par exemple, que
la nature n'avait point rassemblé là vingt mille maisons de six

---

[(1)] Le Discours sur l'origine de l'inégalité (Rousseau's note).

---

[1] The religion of Mani or Manes which spread through Europe in the third
and fourth centuries A.D. took the form of a rigid dualism, which treated both
good and evil, God and Satan, as co-equal and co-eternal. In *Candide* Voltaire
was to introduce a Manichaeist in the person of Martin. In spite of his pessi-
mism there is no reason to suppose that Voltaire himself ever accepted the Manichaeist point of view.

[2] 'Je ne m'élève point contre la Providence', says Voltaire in his *Poème* (v. 222).

[3] Voltaire had begun his letter to Rousseau (30 August 1755): 'J'ai reçu,
Monsieur, votre nouveau livre contre le genre humain...'.

[4] In the *Discours sur l'inégalité* Rousseau tries to show that the diseases and
disorders of modern man are due to his preoccupation with artificial values and
that primitive peoples, on the other hand, are ignorant of such problems.

à sept étages, et que, si les habitants de cette grande ville eussent été dispersés plus également et plus légèrement logés, le dégât eût été beaucoup moindre et peut-être nul. Tout eût fui au premier ébranlement, et on les eût vus le lendemain à vingt lieues de là, tout aussi gais que s'il n'était rien arrivé. Mais il faut rester, s'opiniâtrer autour des masures, s'exposer à de nouvelles secousses, parce que ce qu'on laisse vaut mieux que ce qu'on peut emporter. Combien de malheureux ont péri dans ce désastre pour vouloir prendre, l'un ses habits, l'autre ses papiers, l'autre son argent? Ne sait-on pas que la personne de chaque homme est devenue la moindre partie de lui-même, et que ce n'est presque pas la peine de la sauver quand on a perdu tout le reste?

9.   Vous auriez voulu† que le tremblement se fût fait au fond d'un désert[1] plutôt qu'à Lisbonne. Peut-on douter qu'il ne s'en forme aussi dans les déserts? Mais nous n'en parlons point, parce qu'ils ne font aucun mal aux messieurs des villes, les seuls hommes dont nous tenions compte. Ils en font peu même aux animaux et sauvages qui habitent épars ces lieux retirés, et qui ne craignent ni la chute des toits, ni l'embrasement des maisons. Mais que signifierait un pareil privilège? Serait-ce donc à dire que l'ordre du monde doit changer selon nos caprices, que la nature doit être soumise à nos lois, et que pour lui interdire un tremblement de terre en quelque lieu, nous n'avons qu'à y bâtir une ville?

10.   Il y a des événements qui nous frappent souvent plus ou moins selon les faces par lesquelles on les considère, et qui perdent beaucoup de l'horreur qu'ils inspirent au premier aspect, quand on veut les examiner de près. J'ai appris dans *Zadig*,[2] et la nature me confirme de jour en jour, qu'une mort accélérée n'est pas toujours un mal réel, et qu'elle peut quelquefois passer pour un bien relatif. De tant d'hommes

---

† Vous auriez voulu (et qui ne l'eût pas voulu de même?)

[1]   'Je désire humblement, sans offenser mon maître,
         Que ce gouffre enflammé de souffre et de salpêtre
         Eût allumé ses feux dans le fond des déserts.'
                                        (*Poème*, vv. 53-5)
[2] *Zadig ou la Destinée, Histoire orientale* (1748), was written at a time when Voltaire was much closer to the optimists' position. The hermit of the story is finally revealed to be the angel Jesrad who shows that apparent evils may be real goods.

écrasés sous les ruines de cette malheureuse ville,† plusieurs,
sans doute, ont évité de plus grands malheurs; et malgré ce
qu'une pareille description a de touchant et fournit à la poésie,
il n'est pas sûr qu'un seul de ces infortunés ait plus souffert
que si, selon le cours ordinaire des choses, il eût attendu dans
de longues angoisses la mort qui l'est venue surprendre. Est-il
une fin plus triste que celle d'un mourant qu'on accable de
soins inutiles, qu'un notaire et des héritiers ne laissent pas
respirer, que les médecins assassinent dans son lit à leur aise, et
à qui des prêtres barbares font avec art savourer la mort?[1] Pour
moi, je vois partout que les maux auxquels nous assujettit la
nature sont moins cruels que ceux qu'il nous plaît d'y ajouter.‡

11.   Mais, quelque ingénieux que nous puissions être à fomenter
nos misères à force de belles institutions, nous n'avons pu
jusqu'à présent nous perfectionner au point de nous rendre
généralement la vie à charge, et de préférer le néant à l'être §,
sans quoi le découragement et le désespoir se seraient bientôt
emparés du plus grand nombre, et le genre humain n'eût pu
subsister longtemps. Or s'il est mieux pour nous d'être que de
n'être pas, c'en serait assez pour justifier notre existence,
quand même nous n'aurions aucun dédommagement à
attendre des maux que nous avons à souffrir, et que ces maux
seraient aussi grands que vous les dépeignez. Mais il est difficile de trouver, sur ce sujet,‖ de la bonne foi chez les hommes
et de bons calculs chez les philosophes, parce que ceux-ci,
dans la comparaison des biens et des maux, oublient toujours
le doux plaisir d'exister ¶ indépendant de toute autre sensation,
et que la vanité de mépriser la mort engage les autres à calomnier la vie, à peu près comme ces femmes qui, avec une robe
tachée et des ciseaux, prétendent aimer mieux des trous que
des taches.[2]

12.   Vous pensez, avec Érasme, que peu de gens voudraient

---

† Lisbonne   ‡ que nous y ajoutons.   § notre existence   ‖ point
¶ sentiment de l'existence

---

[1] This is only one of a number of anti-clerical observations scattered through
the letter. Rousseau's hostility to doctors was already apparent in the earlier
letter on Pope (cf. *supra*, p. 18).
[2] This paragraph expresses a very important aspect of Rousseau's mature
religious outlook.

renaître aux mêmes conditions qu'ils ont vécu;[1] mais tel tient
sa marchandise fort haute, qui en rabattrait beaucoup s'il avait
quelque espoir de conclure le marché. D'ailleurs, Monsieur,
qui dois-je croire que vous avez consulté sur cela? Des riches,
peut-être, rassasiés de faux plaisirs, mais ignorant les véritables; toujours ennuyés de la vie et toujours tremblants de la
perdre; peut-être des gens de lettres, de tous les ordres d'hommes le plus sédentaire, le plus malsain, le plus réfléchissant, et
par conséquent le plus malheureux. Voulez-vous trouver des
hommes de meilleure composition, ou du moins, communément plus sincères, et qui, formant le plus grand nombre, doivent
au moins pour cela être écoutés par préférence? Consultez un
honnête bourgeois, qui aura passé une vie obscure et tranquille, sans projets et sans ambition; un bon artisan, qui vit
commodément de son métier; un paysan même, non de
France, où l'on prétend qu'il faut les faire mourir de misère
afin qu'ils nous† fassent vivre, mais du pays, par exemple, où
vous êtes, et généralement de tout pays libre. J'ose poser en
fait qu'il n'y a peut-être pas dans le Haut Valais un seul mon-
tagnard mécontent de sa vie presque automate, et qui n'ac-
ceptât volontiers, au lieu même du paradis,‡ le marché de
renaître sans cesse pour végéter ainsi perpétuellement.[2] Ces
différences me font croire que c'est souvent l'abus que nous
faisons de la vie qui nous la rend à charge, et j'ai bien moins
bonne opinion de ceux qui sont fâchés d'avoir vécu que de
celui qui peut dire avec Caton:[3] *Nec me vixisse pænitet, quoniam
ita vixi, ut frustra me natum non existimem.* Cela n'empêche pas
que le sage ne puisse quelquefois déloger volontairement, sans
murmure et sans désespoir, quand la nature ou la fortune lui

---

† 'vous' in the original only   ‡ du paradis qu'il attend et qui lui est dû

[1] Voltaire had said (*Poème*, v. 210):
     'Nul ne voudrait mourir, nul ne voudrait renaître'.
Erasmus is not mentioned by Voltaire, but Rousseau probably had in mind a
passage from one of Erasmus's *Colloquia*, the *Convivium religiosum* (cf. *CC*, IV,
66).
   [2] The happiness of simple people is a theme to which Rousseau frequently
returns. The life of primitive man had been praised in the second *Discours*,
whilst the *Lettre à d'Alembert* was to contain a fulsome eulogy of the Swiss
'Montagnons'. Rousseau had also planned to write a history of Le Valais, which
is the subject of a well-known letter in *La Nouvelle Héloïse* (Part I, letter xxiii).
   [3] Cicero, *Cato major, seu De Senectute*, XXIII, 84. R. A. Leigh points out that
Rousseau took this quotation from Erasmus, not from Cicero himself.

portent bien distinctement l'ordre du ciel.†[1] Mais, selon le cours ordinaire des choses, de quelques maux que soit semée la vie humaine, elle n'est pas, à tout prendre, un mauvais présent et si ce n'est pas toujours un mal de mourir, c'en est fort rarement un de vivre.

13. Nos différentes manières de penser sur tous ces points m'apprennent pourquoi plusieurs de vos preuves sont peu concluantes pour moi, car je n'ignore pas combien la raison humaine prend plus facilement le moule de nos opinions que celui de la vérité, et qu'entre deux hommes d'avis contraire ce que l'un croit démontré n'est souvent qu'un sophisme pour l'autre.

14. Quand vous attaquez, par exemple, la chaîne des êtres si bien décrite par Pope,[2] vous dites qu'il n'est pas vrai que, si l'on ôtait un atome du monde, le monde ne pourrait subsister. Vous citez là-dessus M. de Crousaz;[3] puis vous ajoutez que la nature n'est asservie à aucune mesure précise ni à aucune forme précise; que nulle planète ne se meut dans une courbe absolument régulière; que nul être connu n'est d'une figure précisément mathématique; que nulle quantité précise n'est requise pour nulle opération; que la nature n'agit jamais rigoureusement; qu'ainsi on n'a aucune raison d'assurer qu'un atome de moins sur la terre serait la cause de la destruction de la terre. Je vous avoue que sur tout cela, Monsieur, je suis plus frappé de la force de l'assertion que de celle du raisonnement, et qu'en cette occasion je céderais avec plus de confiance à votre autorité qu'à vos preuves.

15. A l'égard de M. de Crousaz, je n'ai point lu son écrit contre Pope,[4] et ne suis peut-être pas en état de l'entendre; mais ce qu'il y a de très certain, c'est que je ne lui céderai pas ce que je vous aurai disputé, et que j'ai tout aussi peu de foi à son

---

† de mourir.

[1] Suicide was to be the subject of two long letters in *La Nouvelle Héloïse* (III, xxi and xxii).

[2] Cf. *supra*, pp. 15 f, for Rousseau's earlier comments on this theme of the 'Chain of Being'.

[3] Crousaz, the Swiss writer, had published two works against Pope (cf. *supra*, p. 16, n. 2 and the criticism of Crousaz in *La Nouvelle Héloïse*, II, xviii, *OC*, II, 261).

[4] This affirmation scarcely accords with Rousseau's references to Crousaz in his earlier letter. (cf. *supra* p. 16 f).

autorité qu'à ses preuves.† Loin de penser que la nature ne soit asservie à la précision des quantités et des figures, je croirais, tout au contraire, qu'elle seule suit à la rigueur cette précision, parce qu'elle seule sait comparer exactement les fins et les moyens, et mesurer la force à la résistance. Quant à ces irrégularités prétendues, peut-on douter qu'elles n'aient toutes leur cause physique, et suffit-il de ne la pas apercevoir pour nier qu'elle existe? Ces apparentes irrégularités viennent sans doute de quelques lois que nous ignorons, et que la nature suit tout aussi fidèlement que celles qui nous sont connues; de quelque agent que nous n'apercevons pas, et dont l'obstacle ou le concours a des mesures fixes dans toutes ses opérations; autrement il faudrait dire nettement qu'il y a des actions sans principe et des effets sans cause, ce qui répugne à toute philosophie.

16.   Supposons deux poids en équilibre et pourtant inégaux; qu'on ajoute au plus petit la quantité dont ils diffèrent; ou les deux poids resteront encore en équilibre, et l'on aura une cause sans effet, ou l'équilibre sera rompu, et l'on aura un effet sans cause; mais si les poids étaient de fer, et qu'il y eût un grain d'aimant caché sous l'un des deux, la précision de la nature lui ôterait alors l'apparence de la précision, et à force d'exactitude, elle paraîtrait en manquer. Il n'y a pas une figure, pas une opération, pas une loi dans le monde physique‡ à laquelle on ne puisse appliquer quelque exemple semblable à celui que je viens de proposer sur la pesanteur.§

---

† à ses preuves qu'à son autorité. MS adds: Géomètre ordinaire, mauvais raisonneur, esprit dur et pédant, obscur et lâche écrivain, cet homme acquit je ne sais comment quelque réputation qu'il aurait bientôt perdue si l'on s'était avisé de le lire.

‡ Crossed out from MS: de la nature, de l'univers

§ The following note was added later:

M. de Voltaire ayant avancé que la nature n'agit jamais rigoureusement, que nulle quantité précise n'est requise pour nulle opération, il s'agissait de combattre cette doctrine, et d'éclaircir mon raisonnement par un exemple. Dans celui de l'équilibre entre deux poids, il n'est pas nécessaire, selon M. de Voltaire, que ces deux poids soient rigoureusement égaux pour que cet équilibre ait lieu. Or je lui fais voir que, dans cette supposition, il y a nécessairement effet sans cause, ou cause sans effet. Puis, ajoutant la seconde supposition des deux poids de fer et du grain d'aimant, je lui fais voir que, quand on ferait dans la nature quelque observation semblable à l'exemple supposé, cela ne prouverait encore rien en sa faveur, parce qu'il ne saurait s'assurer que quelque cause naturelle et secrète ne produit pas en cette occasion l'apparente irrégularité dont il accuse la nature.

17.   Vous dites que nul être connu n'est d'une figure précisément mathématique; je vous demande, Monsieur, s'il y a quelque figure possible† qui ne le soit pas, et si la courbe la plus bizarre n'est pas aussi régulière aux yeux de la nature qu'un cercle parfait aux nôtres. J'imagine, au reste, que, si quelque corps pouvait avoir cette régularité,‡ ce ne serait que l'univers même, en le supposant plein et borné; car les figures mathématiques, n'étant que des abstractions, n'ont de rapport qu'à elles-mêmes, au lieu que toutes celles des corps naturels sont relatives à d'autres corps et à des mouvements qui les modi-fient; ainsi cela ne prouverait encore rien contre la précision de la nature, quand même nous serions d'accord sur ce que vous entendez par ce mot de *précision*.

18.   Vous distinguez les événements qui ont des effets de ceux qui n'en ont point: je doute que cette distinction soit solide. Tout événement me semble avoir nécessairement quelque effet, ou moral, ou physique, ou composé des deux, mais qu'on n'aperçoit pas toujours, parce que la filiation des événements est encore plus difficile à suivre que celle des hommes. Comme en général on ne doit pas chercher des effets plus considérables que les événements qui les produisent, la petitesse des causes rend souvent l'examen ridicule, quoique les effets soient cer-tains; et souvent aussi plusieurs effets presque imperceptibles se réunissent pour produire un événement considérable. Ajou-tez que tel effet ne laisse pas d'avoir lieu, quoiqu'il agisse hors du corps qui l'a produit. Ainsi, la poussière qu'élève un car-rosse peut ne rien faire à la marche de la voiture et influer sur celle du monde: mais comme il n'y a rien d'étranger à l'uni-vers, tout ce qui s'y fait agit nécessairement sur l'univers même.§[1]

19.   Ainsi, Monsieur, vos exemples me paraissent ingénieux

---

† 'possible' omitted
‡ apparente régularité
§ Crossed out: Ajoutez qu'il y a quelque distinction à faire entre le moral et le physique quoiqu'ils agissent très souvent l'un sur l'autre dans la chaîne des événements.

---

[1] 'Les roues d'un carrosse servent à le faire marcher; mais qu'elles fassent voler un peu plus ou un peu moins de poussière, le voyage se fait également. Tel est donc l'ordre général du monde que les chaînons de la chaîne ne seraient pas dérangés par un peu plus ou un peu moins de matière, par un peu plus ou un peu moins d'irrégularité.' (Voltaire, *Œuvres*, Moland edition, IX, 473.)

et non convaincants.† Je vois mille raisons plausibles pourquoi il n'était peut-être pas indifférent à l'Europe qu'un certain jour l'héritière de Bourgogne fût bien ou mal coiffée, ni au destin de Rome que César tournât les yeux à droite et‡ à gauche, et crachât de l'un ou de l'autre côté, en allant au sénat le jour qu'il y fut puni.¹ En un mot, en me rappelant le grain de sable cité par Pascal,² je suis, à quelque égard,§ de l'avis de votre bramine;³ et, de quelque manière qu'on envisage les choses, si tous les événements n'ont pas des effets sensibles, il me paraît incontestable que tous en ont de réels, dont l'esprit humain perd aisément le fil, mais qui ne sont jamais confondus par la nature.

20.   Vous dites qu'il est démontré que les corps célestes font leur révolution dans l'espace non résistant:⁴ c'était assurément une très belle chose à démontrer; mais, selon la coutume des ignorants, j'ai peu‖ de foi aux démonstrations qui passent ma portée. J'imaginerais que, pour bâtir celle-ci, l'on aurait à peu près raisonné de cette manière. Telle force, agissant selon telle loi, doit donner aux astres tel mouvement dans un milieu non résistant; or les astres ont exactement le mouvement calculé, donc il n'y a point de résistance. Mais qui peut savoir s'il n'y a pas, peut-être, un million d'autres lois possibles, sans compter la véritable, selon lesquelles les mêmes mouvements s'expliqueraient mieux encore dans un fluide que dans le vide par celle-ci? L'horreur du vide n'a-t-elle pas longtemps expliqué la plupart des effets qu'on a depuis attribués à l'action de l'air? D'autres expériences ayant ensuite détruit l'horreur du vide, tout ne s'est-il pas trouvé plein? N'a-t-on pas rétabli le vide sur de nouveaux calculs? Qui nous répondra qu'un système encore plus exact ne le détruira pas derechef? Laissons les difficultés sans nombre qu'un physicien ferait peut-être sur la nature de la lumière et des espaces éclairés; mais croyez-

---

† plus ingénieux que convaincants.   ‡ ou   § quelques égards   ‖ très peu

¹ These are the examples given by Voltaire.
² Pascal had also stressed the fact that small causes could sometimes produce mighty effects and gave as examples Cleopatra's nose and 'le petit grain de sable' in Cromwell's urethra. Cf. *Pensées* (ed. Brunschvicg, No. 176, p. 410.)
³ Rousseau is perhaps referring to the hermit in *Zadig* (cf. *supra*, p. 34, n. 2).
⁴ Voltaire had asserted (op. cit., IX, 473 note): 'La chaîne n'est pas dans un plein absolu; il est démontré que les corps célestes font leurs révolutions dans l'espace non résistant. Tout le monde n'est pas rempli.'

vous de bonne foi que Bayle, dont j'admire avec vous la sagesse et la retenue en matière d'opinions, eût trouvé la vôtre si démontrée?[1] En général, il semble que les sceptiques s'oublient un peu sitôt qu'ils prennent le ton dogmatique, et qu'ils devraient user plus sobrement que personne du terme de *démontrer*. Le moyen d'être cru quand on se vante de ne rien savoir, en affirmant tant de choses!

Au reste, vous avez fait un correctif très juste au système de Pope, en observant qu'il n'y a aucune gradation proportionnelle entre les créatures et le Créateur, et que si la chaîne des êtres créés aboutit à Dieu, c'est parce qu'il la tient, et non parce qu'il la termine.[2]

21.   Sur le bien du tout préférable à celui de sa partie, vous faites dire à l'homme: Je dois être aussi cher à mon maître, moi être pensant et sentant, que les planètes, qui probablement ne sentent point.[3] Sans doute cet univers matériel ne doit pas être plus cher à son auteur qu'un seul être pensant et sentant; mais le système de cet univers qui produit, conserve et perpétue tous les êtres pensants et sentants, doit lui être plus cher qu'un seul de ces êtres. Il peut donc, malgré sa bonté, ou plutôt par sa bonté même, sacrifier quelque chose du bonheur des individus à la conservation du tout.[4] Je crois, j'espère valoir mieux aux yeux de Dieu que la terre d'une planète, mais si les planètes sont habitées, comme il est probable, pourquoi vaudrais-je mieux à ses yeux que tous les habitants de Saturne? On a beau tourner ces idées en ridicule, il est certain que toutes les analogies sont pour cette population, et qu'il

---

[1] 'La balance à la main, Bayle enseigne à douter' (*Poème*, v. 92). Voltaire also praised Bayle in a note to the poem (*Œuvres*, IX, 476–7).

[2] The whole of this section involves a reference to the long note which Voltaire had added to verse 75 of his poem ('Dieu tient en main la chaîne, et n'est point enchaîné'). The idea that God was not the end of the chain of beings had been developed at length by Rousseau in his 1742 letter on Pope. On this particular point Voltaire wrote in his note: 'La chaîne universelle n'est point, comme on l'a dit, une gradation suivie qui lie tous les êtres. Il y a probablement une distance infinie entre l'homme et la brute, entre l'homme et les substances supérieures; il y a l'infini entre Dieu et toutes les substances' (IX, 472).

[3] 'Cela n'empêche que l'homme ne puisse dire: Je dois être aussi cher à mon maitre, moi être pensant et sentant, que les planètes, qui probablement ne sentent point.' (Voltaire, *Œuvres*, IX, 465 n.)

[4] This idea was frequently advocated by the supporters of philosophical optimism. Fontenelle had also helped to popularize it with his *Entretiens sur la pluralité des mondes* (1686).

n'y a que l'orgueil humain qui soit contre. Or, cette population supposée, la conservation de l'univers semble avoir pour
Dieu même une moralité qui se multiplie par le nombre des
mondes habités.

22.   Que le cadavre d'un homme nourrisse des vers,[1] des loups,
ou des plantes, ce n'est pas, je l'avoue, un dédommagement de
la mort de cet homme; mais si dans le système de cet univers il
est nécessaire à la conservation du genre humain qu'il y ait une
circulation de substance entre les hommes, les animaux et les
végétaux, alors le mal particulier d'un individu contribue au
bien général. Je meurs, je suis mangé des vers, mais mes enfants,
mes frères vivront comme j'ai vécu, [mon cadavre engraisse la
terre dont ils mangeront les productions],† et je fais, par
l'ordre de la nature et pour tous les hommes, ce que firent
volontairement Codrus, Curtius, les Décies, les Philènes, et
mille autres, pour une petite partie des hommes.[2]

23.   Pour revenir, Monsieur, au système que vous attaquez, je
crois qu'on ne peut l'examiner convenablement sans distinguer avec soin le mal particulier, dont aucun philosophe n'a
jamais nié l'existence, du mal général que nie l'optimisme.‡ Il
n'est pas question de savoir si chacun de nous souffre ou non,
mais s'il était bon que l'univers fût, et si nos maux étaient
inévitables dans sa constitution. Ainsi, l'addition d'un article
rendrait, ce semble, la proposition plus exacte, et, au lieu de

---

† words in brackets in 1782 text only.   ‡ optimiste

1   'Ce malheur, dites-vous, est le bien d'un autre être.
        De mon corps tout sanglant mille insectes vont naître;
        Quand la mort met le comble aux maux que j'ai soufferts,
        Le beau soulagement d'être mangé des vers!'
                                        (*Poème*, vv. 97-100)
[2] These are legendary and historical heroes who sacrificed themselves for
others.
   Codrus was the last king of Athens. After it had been prophesied that only a
king's death could ensure the Athenians' victory, Codrus managed to enter the
enemies' camp and get himself killed.
   Marcus Curtius threw himself into the gulf which opened in the Forum in
362 B.C. The seers had said that it would never close until Rome's most valuable
treasure (a brave citizen) was cast into it.
   Leonidas, famous king of Sparta, was killed at Thermopylae (480 B.C.)
   Publius Decius Mus and his son Publius sacrificed themselves in battle in
order to secure victory for their side.
   The Philenes were Carthaginian brothers whose patriotic zeal caused them to
be buried alive. (Cf. Sallust, *Bellum Jugurthinum*, lxxix, for details.)

tout est bien, il vaudrait peut-être mieux dire, *le tout est bien*, ou *tout est bien pour le tout*. Alors il est très évident qu'aucun homme ne saurait donner de preuves directes ni pour, ni contre, car ces preuves dépendent d'une connaissance parfaite de la constitution du monde, et du but de son auteur, et cette connaissance est incontestablement au-dessus de l'intelligence humaine. Les vrais principes de l'optimisme ne peuvent se tirer ni des propriétés de la matière, ni de la mécanique de l'univers, mais seulement par induction des perfections de Dieu qui préside à tout: de sorte qu'on ne prouve pas l'existence de Dieu par le système de Pope, mais le système de Pope par l'existence de Dieu, et c'est, sans contredit, de la question de la Providence qu'est dérivée celle de l'origine du mal. Que si ces deux questions n'ont pas été mieux traitées l'une que l'autre, c'est qu'on a toujours si mal raisonné sur la Providence, que ce qu'on en a dit d'absurde a fort embrouillé les conséquences† qu'on pouvait tirer de ce grand et consolant dogme.[1]

24. Les premiers qui ont gâté la cause de Dieu sont les prêtres et les dévots, qui ne souffrent pas que rien se fasse selon l'ordre établi,‡ mais font toujours intervenir la justice divine à des événements purement naturels, et pour être sûrs de leur fait, punissent et châtient les méchants, éprouvent ou récompensent les bons indifféremment avec des biens ou des maux, selon l'événement.[2] Je ne sais, pour moi, si c'est une bonne théologie, mais je trouve que c'est une mauvaise manière de raisonner, de fonder indifféremment sur le pour et le contre les preuves de la Providence, et de lui attribuer sans choix tout ce qui se ferait également sans elle.

---

† tous les corollaires ‡ crossed out: le simple ordre de la nature

[1] It is worth noting that Rousseau fully accepts the *a priori* character of philosophical optimism as a deduction from the nature of God and not as an induction from empirical observations.

[2] Yet another strongly anti-clerical comment. In the following paragraph, however, the philosophers are also criticized for their failure to see evil in its proper perspective. With the passing of time Rousseau's attitude towards the philosophers became more severe, as is apparent in the following note (first published by R. A. Leigh, *CC*, IV, 69, note tt): 'J'impute aux dévots un bon tiers du mal qui se fait sur la terre et sûrement je ne charge pas un second tiers à l'orgueil des philosophes et à leurs pernicieuses doctrines. Enfin l'autre tiers aux vices, aux faiblesses, et aux sottises de toute espèce de nous autres bonnes gens.' This note was prompted by some observations of Samuel Formey who had blamed the 'dévots' for all the evils on earth.

25.   Les philosophes, à leur tour, ne me paraissent guère plus raisonnables, quand je les vois s'en prendre au ciel de ce qu'ils ne sont pas impassibles, crier que tout est perdu quand ils ont mal aux dents, ou qu'ils sont pauvres, ou qu'on les vole, charger Dieu, comme dit Sénèque, de la garde de leur valise.[1] Si quelque accident tragique eût fait périr Cartouche[2] ou César dans leur enfance, on aurait dit: quel crime avaient-ils commis? Ces deux brigands ont vécu, et nous disons: pourquoi les avoir laissé vivre? Au contraire, un dévot† dira, dans le premier cas: Dieu voulait punir le père en lui ôtant son enfant; et dans le second: Dieu conservait l'enfant pour le châtiment du peuple. Ainsi, quelque parti qu'ait pris la nature, la Providence a toujours raison chez les dévots et toujours tort chez les philosophes. Peut-être, dans l'ordre des choses humaines, n'a-t-elle ni tort ni raison, parce que tout tient à la loi commune, et qu'il n'y a d'exception pour personne. Il est à croire que les événements particuliers ne sont rien aux yeux du maître de l'univers, que sa providence est seulement universelle; qu'il se contente de conserver les genres et les espèces, et de présider au tout, sans s'inquiéter de la manière dont chaque individu passe cette courte vie. Un roi sage, qui veut que chacun vive heureux dans ses États, a-t-il besoin de s'informer si les cabarets y sont bons? Le passant murmure une nuit quand ils sont mauvais, et rit toute sa vie‡ d'une impatience aussi déplacée. *Commorandi enim natura diversorium nobis, non habitandi dedit.*[3]

26.   Pour penser juste à cet égard, il semble que les choses devraient être considérées relativement dans l'ordre physique et absolument dans l'ordre moral: de sorte que la plus grande idée que je puis me faire de la Providence est que chaque être matériel soit disposé le mieux qu'il est possible par rapport au tout, et chaque être intelligent et sensible le mieux qu'il est possible par rapport à lui-même; ce qui signifie en d'autres

† crossed out from MS: cafard   ‡ tout le reste de ses jours

---

[1] Seneca, *De Providentia*: 'Numquid hoc quoque aliquis a Deo exigit, ut honorum virorum etiam sarcinas servet?'
[2] Louis-Dominique Bourguignon, known as Cartouche (1693–1721), was a famous criminal and leader of a band of robbers.
[3] Cicero, *Cato Major, seu De Senectute*, XXIII, 84. The words are also quoted by Erasmus. Cf. *supra*, p. 36, n. 3.

termes que pour qui sent son existence il doit valoir mieux être que n'être pas.† Mais il faut appliquer cette règle à la durée totale de chaque être sensible, et non à quelque instant particulier de sa durée tel que la vie humaine; ce qui montre combien la question de la Providence tient à celle de l'immortalité de l'âme que j'ai le bonheur de croire, sans ignorer que la raison peut en douter, et à celle de l'éternité des peines que ni vous, ni moi, ni nul‡ homme pensant bien de Dieu, ne croirons jamais.

27.   Si je ramène ces questions diverses à leur principe commun, il me semble qu'elles se rapportent toutes à celle de l'existence de Dieu. Si Dieu existe, il est parfait; s'il est parfait, il est sage, puissant et juste; s'il est sage et puissant, tout est bien; s'il est juste et puissant, mon âme est immortelle; si mon âme est immortelle, trente ans de vie ne sont rien pour moi et sont peut-être nécessaires au maintien de l'univers. Si l'on m'accorde la première proposition, jamais on n'ébranlera les autres; si on la nie, à quoi bon§ disputer sur ses conséquences?

28.   Nous ne sommes ni l'un ni l'autre dans ce dernier cas. Bien loin du moins que je puisse rien présumer de semblable de votre part en lisant le recueil de vos ouvrages, la plupart m'offrent les idées les plus grandes, les plus douces, les plus consolantes de la divinité, et j'aime bien mieux un chrétien de votre façon que de celle de la Sorbonne.[1]

29.   Quant à moi, je vous avouerai naïvement que ni le pour ni le contre ne me paraissent démontrés sur cette importante question‖ par les lumières¶ de la raison, et que, si le théiste ne fonde son sentiment que sur des probabilités, l'athée, moins précis encore, ne me paraît fonder le sien que sur des possibilités contraires. De plus, les objections de part et d'autre sont toujours insolubles, parce qu'elles roulent sur des choses dont les hommes n'ont aucune véritable idée. Je conviens de tout cela, et pourtant je crois en Dieu tout aussi fortement que je croie aucune autre vérité, parce que croire et ne croire pas

---

† en sorte que, pour qui sent son existence, il vaille mieux exister que ne pas exister.
‡ jamais   § il ne faut point   ‖ ce point   ¶ seules lumières

---

[1] This comment, conciliatory as far as Voltaire is concerned, shows Rousseau's hostility to orthodox Roman Catholic theology, and especially to its upholders at the Sorbonne.

sont les choses du monde qui dépendent le moins de moi ; que l'état de doute est un état trop violent pour mon âme ; que, quand ma raison flotte, ma foi ne peut rester longtemps en suspens et se détermine sans elle ; qu'enfin mille sujets de préférence m'attirent du côté le plus consolant, et joignent le poids de l'espérance à l'équilibre de la raison.

†[Je me souviens que ce qui m'a frappé le plus fortement en toute ma vie, sur l'arrangement fortuit de l'univers est la vingt et unième pensée philosophique,[1] où l'on montre par les lois de l'analyse des sorts, que quand la quantité des jets est infinie, la difficulté de l'événement est plus que suffisamment compensée par la multitude des jets, et que par conséquent l'esprit doit être plus étonné de la durée hypothétique du chaos que de la naissance réelle de l'univers. C'est, en supposant le mouvement nécessaire, ce qu'on a jamais dit de plus fort à mon gré sur cette dispute ; et, quant à moi, je déclare que je n'y sais pas la moindre réponse qui ait le sens commun, ni vrai, ni faux, sinon de nier comme faux ce qu'on ne peut pas savoir, que le mouvement soit essentiel à la matière. D'un autre côté, je ne sache pas qu'on ait jamais expliqué par le matérialisme la génération des corps organisés et la perpétuité des germes ; mais il y a cette différence entre ces deux positions opposées, que, bien que l'une et l'autre me semblent également convaincantes, la dernière seule me persuade. Quant à la première, qu'on vienne me dire que, d'un jet fortuit de caractères, la *Henriade* a été composée, je le nie sans balancer ; il est plus possible au sort d'amener qu'à mon esprit de le croire, et je sens qu'il y a un point où les impossibilités morales équivalent pour moi à une certitude physique. On aura beau me parler de l'éternité des temps, je ne l'ai point parcourue ; de l'infinité des jets, je ne les ai point comptés ; et mon incrédulité, tout aussi peu philosophique qu'on voudra, triomphera là-dessus de la démonstration même. Je n'empêche pas que, ce que j'appelle sur cela *preuve de sentiment*, on ne l'appelle *préjugé* ; et je ne donne point cette opiniâtreté de croyance

---

† This paragraph was a later addition.

[1] Diderot, *Pensées philosophiques*, XXI (1746). Diderot himself had quoted *La Henriade* as an epic poem worthy to be coupled with the *Iliad*. At this time and for many years afterwards Voltaire's reputation as a writer rested mainly on his tragedies and epic poetry. Cf. also *infra*, pp. 69 and 387.

comme un modèle; mais, avec une bonne foi peut-être sans exemple, je la donne comme une invincible disposition de mon âme, que jamais rien ne pourra surmonter, dont jusqu'ici je n'ai point à me plaindre, et qu'on ne peut attaquer sans cruauté.]

30.   Voilà donc une vérité dont nous partons tous deux, à l'appui de laquelle vous sentez combien l'optimisme est facile à défendre et la Providence à justifier, et ce n'est pas à vous qu'il faut répéter les raisonnements rebattus, mais solides, qui ont été faits si souvent à ce sujet. A l'égard des philosophes qui ne conviennent pas du principe, il ne faut point disputer avec eux sur ces matières, parce que ce qui n'est qu'une preuve de sentiment pour nous ne peut devenir pour eux une démonstration, et que ce n'est pas un discours raisonnable de dire à un homme: *Vous devez croire ceci parce que je le crois.* Eux, de leur côté, ne doivent point non plus disputer avec nous sur ces mêmes matières, parce qu'elles ne sont que des corollaires de la proposition principale qu'un adversaire honnête ose à peine leur opposer, et qu'à leur tour ils auraient tort d'exiger qu'on leur prouvât le corollaire indépendamment de la proposition qui lui sert de base. Je pense qu'ils ne le doivent pas encore par une autre raison: c'est qu'il y a de l'inhumanité à troubler les âmes paisibles et à désoler les hommes à pure perte, quand ce qu'on veut leur apprendre n'est ni certain ni utile. Je pense, en un mot, qu'à votre exemple on ne saurait attaquer trop fortement la superstition qui trouble la société, ni trop respecter la religion qui la soutient.

31.   Mais je suis indigné comme vous que la foi de chacun ne soit pas dans la plus parfaite liberté, et que l'homme ose contrôler l'intérieur des consciences où il ne saurait pénétrer, comme s'il dépendait de nous de croire ou de ne pas croire dans des matières où la démonstration n'a point lieu, et qu'on pût jamais asservir la raison à l'autorité.† Les rois de ce monde ont-ils donc quelque inspection dans l'autre, et sont-ils en droit de tourmenter leurs sujets ici-bas pour les forcer d'aller en paradis? Non, tout gouvernement humain se borne, par sa nature, aux devoirs civils, et quoi qu'en ait pu dire le

† Rejected draft: où la démonstration ne saurait avoir lieu, et que chacun dût compte à la société (à l'État) d'autre chose que de ses actions.

sophiste Hobbes,[1] quand un homme sert bien l'État, il ne doit compte à personne de la manière dont il sert Dieu.

32.   J'ignore si cet Être juste ne punira point un jour toute tyrannie exercée en son nom; je suis bien sûr au moins qu'il ne la partagera pas, et ne refusera le bonheur éternel à nul incrédule vertueux et de bonne foi. Puis-je sans offenser sa bonté, et même sa justice, douter qu'un cœur droit ne rachète une erreur involontaire, et que des mœurs irréprochables ne vaillent bien mille cultes bizarres prescrits par les hommes et rejetés par la raison? Je dirai plus: si je pouvais, à mon choix, acheter les œuvres aux dépens de ma foi, et compenser, à force de vertu, mon incrédulité supposée, je ne balancerais pas un instant, et j'aimerais mieux pouvoir dire à Dieu, *J'ai fait, sans songer à toi, le bien qui t'est agréable, et mon cœur suivait ta volonté sans la connaître,* que de lui dire, comme il faudra que je fasse un jour, *Je t'aimais†* *et n'ai cessé de t'offenser, je t'ai connu et n'ai rien fait pour te plaire.*

33.   [2]Il y a, je l'avoue, une sorte de profession de foi que les lois peuvent imposer, mais hors les principes de la morale et du droit naturel, elle doit être purement négative, parce qu'il peut exister des religions qui attaquent les fondements de la société, et qu'il faut commencer par exterminer ces religions pour assurer la paix de l'État. De ces dogmes à proscrire, l'intolérance est sans difficulté le plus odieux, mais il faut la prendre à sa source, car les fanatiques les plus sanguinaires changent de langage selon la fortune, et ne prêchent que patience et douceur quand ils ne sont pas les plus forts. Ainsi j'appelle intolérant par principe tout homme qui s'imagine qu'on ne peut être homme de bien sans croire tout ce qu'il croit, et damne impitoyablement ceux qui ne pensent pas

---

† *Hélas! je t'aimais*

[1] Already in the *Discours sur l'inégalité* Rousseau had rejected Hobbes's view of man as naturally wicked. R. A. Leigh suggests that the present observation may refer to the following passage in the *Leviathan* (II, xxx): 'There is a *public*, and a *private* worship. Public is the worship that a commonwealth performeth, as one person. Private is that which a private person exhibiteth. Public, in respect of the whole commonwealth, is free; but in respect of particular men, it is not so. Private is in secret free; but in the sight of the multitude, it is never without some restraint.'

[2] This and the following paragraph are an interesting anticipation of the famous chapter, 'De la religion civile', in the *Contrat social* (cf. *infra*, pp. 202 f.).

comme lui. En effet, les fidèles sont rarement d'humeur à laisser les réprouvés en paix dans ce monde, et un saint qui croit vivre avec des damnés anticipe volontiers sur le métier du diable. Que s'il y avait des incrédules intolérants qui voulussent† forcer le peuple à ne rien croire, je ne les bannirais pas moins sévèrement que ceux qui le veulent forcer à croire tout ce qu'il leur plaît; [car on voit au zèle de leurs décisions, à l'amertume de leurs satires, qu'il ne leur manque que d'être les maîtres pour persécuter tout aussi cruellement les croyants qu'ils sont eux-mêmes persécutés par les fanatiques. Où est l'homme paisible et doux qui trouve bon qu'on ne pense pas comme lui? Cet homme ne se trouvera sûrement jamais parmi les dévots, et il est encore à trouver chez les philosophes].‡

34.   Je voudrais donc qu'on eût dans chaque État un code moral, ou une espèce de profession de foi civile qui contînt positivement les maximes sociales que chacun serait tenu d'admettre, et négativement les maximes fanatiques§ qu'on serait tenu de rejeter, non comme impies,‖ mais comme séditieuses.¶ Ainsi, toute religion qui pourrait s'accorder avec le code serait admise, toute religion qui ne s'y accorderait pas serait proscrite, et chacun serait libre de n'en avoir point d'autre que le code même†. Cet ouvrage, fait avec soin, serait, ce me semble, le livre le plus utile qui jamais ait été composé, et peut-être le seul nécessaire aux hommes. Voilà, Monsieur, un sujet digne de vous; je souhaiterais passionnément que vous voulussiez entreprendre cet ouvrage, et l'orner même‡ de votre poésie, afin que chacun pouvant l'apprendre aisément, il portât dès l'enfance dans tous les cœurs ces sentiments de douceur et d'humanité qui brillent dans vos écrits et qui manquèrent (sic) toujours aux dévots.§ Je vous exhorte à méditer ce projet, qui doit plaire au moins à votre âme.‖ Vous

---

† quant aux incrédules intolérants qui voudraient
‡ bracketed passage, added at Môtiers, appeared only in 1782 text.
§ intolerantes   ‖ hétérodoxes
¶ Ms addition: Au surplus je voudrais que l'État laissât les particuliers disposer librement de leur conscience comme ils en disposeront toujours malgré lui.
† MS addition: Les disputes des prêtres ne pouvant jamais troubler la paix serviraient sans danger d'occupation aux dévots et d'amusement aux sages.
‡ l'embellir   § manquent à tout le monde dans la pratique.
‖ à l'auteur de l'Alzire[1]

---

[1] Voltaire's tragedy, Alzire ou les Américains, appeared in 1736.

nous avez donné, dans votre *Poème sur la religion naturelle*, le catéchisme de l'homme; donnez-nous maintenant, dans celui que je vous propose, le catéchisme du citoyen. C'est une matière au reste à méditer longtemps, et peut-être à réserver pour le dernier de vos ouvrages, afin d'achever, par un bienfait au genre humain, la plus brillante carrière que jamais homme de lettres ait parcourue.

35.   Je ne puis m'empêcher, Monsieur, de remarquer en finissant† une opposition bien singulière entre vous et moi dans le sujet de cette lettre.‡ Rassasié de gloire, et désabusé des vaines grandeurs, vous vivez libre au sein de l'abondance; bien sûr de l'immortalité,§ vous philosophez tranquillement‖ sur la nature de l'âme, et si le corps ou le cœur souffre, vous avez Tronchin pour médecin et pour ami: vous ne trouvez pourtant que mal sur la terre. Et moi, homme obscur, pauvre, seul,¶ tourmenté d'un mal sans remède, je médite avec plaisir dans ma retraite, et trouve que tout est bien. D'où viennent ces contradictions apparentes? Vous l'avez vous-même expliqué: vous jouissez, mais j'espère, et l'espérance embellit tout.

36.   J'ai autant de peine à quitter cette ennuyeuse lettre, que vous en aurez à l'achever. Pardonnez-moi, grand homme, un zèle peut-être indiscret, mais qui ne s'épancherait pas avec vous si je vous estimais moins. A Dieu ne plaise que je veuille offenser celui de mes contemporains dont j'honore le plus les talents, et dont les écrits parlent le mieux à mon cœur, mais il s'agit de la cause de la Providence, dont j'attends tout.† Après avoir si longtemps puisé dans vos leçons des consolations et du courage, il m'est dur que vous m'ôtiez maintenant tout cela pour ne m'offrir qu'une espérance incertaine et vague,

---

† à ce propos
‡ Instead of this sentence first MS has: Vous voyez, Monsieur, que quoique nous n'ayons pas peut-être la même religion, nous nous accordons au moins sur le droit d'avoir chacun la nôtre et qu'il n'est question entre nous que du zèle de la vérité sans que la différence de nos opinions doive influer sur notre sort ni dans ce monde ni dans l'autre. Je trouve, il est vrai, la doctrine que vous attaquez plus consolante que la vôtre, c'est pour cela que je voudrais la défendre, et la différence de nos situations qui semblerait devoir nous faire tous deux changer d'avis est peut-être ce qui nous donne à chacun le nôtre. Rassasié de gloire...
  § votre immortalité ‖ paisiblement ¶ et (instead of 'seul')
  † la providence dont je porte les coups sans murmure et dont j'attends enfin le prix de ma patience.

plutôt comme un palliatif actuel que comme un dédommagement à venir. Non, j'ai trop souffert en cette vie pour n'en pas
attendre une autre. Toutes les subtilités de la métaphysique
ne me feront pas douter un moment de l'immortalité de l'âme,
et d'une Providence bienfaisante.† Je la sens, je la crois, je la
veux, je l'espère, je la défendrai jusqu'à mon dernier soupir, et
ce sera, de toutes les disputes que j'aurai soutenues, la seule où
mon intérêt ne sera pas oublié.

37.   Je suis avec respect, Monsieur, etc.

---

† Toutes les subtilités de la métaphysique pourront bien aigrir mes douleurs,
mais elles n'ébranleront point en moi la foi de l'immortalité de l'âme.

7

LETTRES MORALES (1757-8)

UNFORTUNATELY THE happiness of Rousseau's first months at L'Ermitage did not last. Differences of outlook between the *philosophes* and himself were soon aggravated by personal quarrels with Diderot and Grimm. Since rural solitude also made him aware of the frustrating inadequacy of his emotional relationship with Thérèse, he began to seek compensation in the creation of phantasies which eventually led to the composition of *La Nouvelle Héloïse*. Fiction became tragi-comically involved with real life when in 1757 he fell in love with Mme d'Houdetot, who was already the mistress of his friend, the philosopher-poet Saint-Lambert. In spite of his deep feelings for her, he could not avoid the thought of having behaved in an unworthy and perfidious manner. The onset of physical suffering further demoralized him and for a short time he feared he might die. Everything thus impelled him to undertake a serious re-appraisal of his moral and religious principles. In order to redeem himself in Mme d'Houdetot's eyes and his own, he decided in the autumn of 1757 to compose for her edification some letters on the subject of happiness and morality. Although they were temporarily abandoned when a violent quarrel with Mme d'Épinay compelled him to leave L'Ermitage for a new home at Montmorency, he resumed work on them in the following year. They were never completed, for the cooling of his friendship with Mme d'Houdetot and the composition of *La Nouvelle Héloïse* and the *Lettre à M. d'Alembert sur les Spectacles* diverted his energies into other channels. Moreover, many of the main ideas were later incorporated—often textually—into *Émile*, and especially the *Profession de foi du Vicaire savoyard*. Even so, the *Lettres morales* provide valuable evidence of Rousseau's moral and religious outlook in 1757-8 and are a kind of prelude to more ambitious compositions.

There are six of these letters, the last two being particularly relevant to an understanding of Rousseau's religious views. It is true that the letter to Voltaire on Providence already shows that Rousseau was not very happy or original in metaphysical specu-

lation, but the *Lettres morales*, whilst containing philosophical elements, have the advantage of being less abstruse than the earlier
letter to Voltaire; they are concerned mainly with the question of
happiness and how to attain it on this earth. The didactic tone does
not exclude a strong element of personal feeling and at the outset
Rousseau admits that he is writing as much for himself as for his
correspondent; in urging her to seek 'perfection' he is also thinking of his own needs. 'En vous exposant mes sentiments sur
l'usage de la vie', he says in the first letter, 'je prétends moins vous
donner des leçons que vous faire ma profession de foi.'

In spite of their ingenuity and subtlety of thought, philosophers,
insists Rousseau, have failed to give men adequate guidance in their
search for happiness. Recalling his earlier view that most philosophizing is inspired by pride and vanity, he points out that although thinkers seek to dazzle their public by means of brilliant
theories about the nature of the universe, they never reach any
sound conclusion but merely produce controversy and confusion.
This kind of approach to philosophy is based on the mistaken
assumption that a thinker ought to begin by understanding the
universe instead of himself. In Rousseau's view, the developments
of modern thought and the difficulties raised by discussions about
the nature of 'sensation' reveal the impossibility of basing any solid
philosophy on objective metaphysical principles. Man cannot find
salvation by looking outside himself, but must return to the tradition of Socrates and Montaigne who began their search for truth
by the examination of their own experience. This, indeed, is the
main burden of Rousseau's argument throughout the letters—that
happiness can be found only through the examination and rein-
forcement of man's inner life and not through the indefinite extension of his intellectual horizon beyond himself. To find his way
through the 'maze of human error', man has to 'withdraw into
himself' and discover what is really essential to his existence. If he
is sincere, he will find the innate moral impulse and unique human
characteristic—conscience—which gives his life its security and
meaning and provides him with the only way of attaining lasting
happiness.

Lettre 5[1]

Toute la moralité de la vie humaine est dans l'intention† de l'homme. Ses bonnes actions mêmes en perdent leur prix au fond de son âme par le défaut de motif. S'il est vrai que le bien soit bien, il doit l'être au fond de nos cœurs comme dans nos œuvres, et le premier prix de la justice‡ est de sentir qu'on la pratique. Si la bonté morale est conforme à notre nature, l'homme ne saurait être sain, ni bien constitué, qu'autant qu'il est bon. Si elle ne l'est pas et que l'homme soit méchant naturellement, il ne peut cesser de l'être sans se corrompre. La bonté ne serait en lui qu'un vice contre nature;§ fait pour nuire à ses semblables, comme le loup pour égorger sa proie, un homme humain serait un animal aussi dépravé qu'un loup pitoyable, et la vertu seule nous laisserait des remords.[2]

Croiriez-vous qu'il fût au monde une question plus facile à résoudre? De quoi s'agit-il pour cela, sinon de rentrer en soi-même,[3] d'examiner, tout intérêt personnel à part, à quoi nos penchants naturels nous portent. Quel spectacle nous flatte le plus, celui des tourments ou du bonheur d'autrui? Qu'est-ce qui nous est le plus doux à faire, et nous laisse une impression plus agréable après l'avoir fait, d'un acte de bienfaisance ou d'un acte de méchanceté?‖ Pour qui nous intéressons-nous sur nos théâtres? Est-ce aux forfaits que vous prenez plaisir? Est-ce à leurs auteurs punis que vous donnez des larmes?¶ Entre le héros malheureux et le tyran triomphant, duquel des deux vos vœux secrets vous rapprochent-ils sans cesse? Et qui de vous, forcé de choisir, n'aimerait pas mieux encore être le bon qui souffre, que le méchant qui prospère: tant l'horreur de faire le mal l'emporte naturellement en

---

† volonté   ‡ vertu   § de conformation   ‖ un crime ou une bonne action
¶ Est-ce aux coupables que nous donnons des larmes de tendresse et de pitié?

---

[1] These letters were first published by Eugène Ritter in the *Annales*, II (1906), and subsequently by Théophile Dufour in *CG*, III, 345–74. A critical edition of the fifth and sixth letters, with manuscript variants, is given in Masson, *PF*, pp. 479–99, and *OC*, IV, 1081–1118.

[2] Cf. *infra*, pp. 147 f.

[3] Rousseau frequently insisted on this theme, 'rentrer en soi-même', as an indispensable preliminary to all authentic philosophizing. The expression had already been used in the last paragraph of the *Discours sur les sciences et les arts*: 'Tes [i.e. virtue's] principes ne sont-ils pas gravés dans tous les cœurs? et ne suffit-il pas pour apprendre tes lois de rentrer en soi-même, et d'écouter la voix de sa conscience dans le silence des passions? Voilà la véritable philosophie, sachons nous en contenter' (*OC*, III, 30). Cf. *Religious Quest*, pp. 42 f.

nous sur celle de l'endurer! Voit-on dans une rue ou sur un chemin quelque acte de colère et d'injustice: à l'instant, un mouvement de colère et d'indignation s'élève au fond du cœur, et nous porte à prendre la défense de l'opprimé:† mais un devoir plus puissant nous retient, et les lois nous ôtent le droit de protéger l'innocence.‡

Au contraire, si quelque acte de clémence ou de générosité frappe nos yeux, quelle admiration, quel amour il nous inspire! Qui est-ce qui ne se dit pas à lui-même: j'en voudrais avoir fait autant? Les âmes les plus corrompues ne sauraient perdre tout à fait ce penchant: le voleur qui dépouille les passants couvre pourtant la nudité du pauvre; il n'y a point de féroce assassin qui ne soutienne un homme en défaillance. Les traîtres même, en formant entre eux leurs complots, se touchent dans la main, se donnent leur parole et respectent leur foi. Homme pervers, tu as beau faire; je ne vois en toi qu'un méchant maladroit:§ car la nature ne t'a point fait pour l'être.[1]

On parle du cri des remords qui punit en secret les crimes cachés et les met souvent en évidence. Hélas! qui de nous ne connut jamais cette voix importune? On parle par expérience, et l'on voudrait effacer ce sentiment involontaire qui nous donne tant de tourments. Mais obéissons à la nature, nous connaîtrons avec quelle douceur elle approuve ce qu'elle a commandé, et quel charme on trouve à goûter la paix vertueuse d'une âme contente d'elle-même. Le méchant se craint et se fuit; il s'égaye en se jetant hors de soi, il tourne autour de lui des yeux inquiets, et cherche un objet qui le fasse rire; sans la raillerie insultante, il serait toujours triste. Au contraire, la sérénité du juste est intérieure; son rire n'est point de malignité, mais de joie; il en porte la source en lui-même. Seul, il est aussi gai qu'au milieu d'un cercle. Le contentement inaltérable qu'on voit régner en lui, il ne le tire pas de ceux qui l'approchent, il le leur communique.

Jetez les yeux sur toutes les nations du monde; parcourez toutes les histoires: parmi tant de cultes inhumains et bizarres, parmi cette prodigieuse diversité de mœurs et de caractères, vous trouverez

† MS addition: Un des tourments que l'état civil impose aux particuliers est de voir incessamment le mal et de n'oser ni s'y opposer ni s'en plaindre.

‡ MS addition: et c'est un crime dans l'ordre social de s'opposer au mal qu'on voit faire.

§ méchant inconséquent et maladroit

[1] Cf. *infra*, pp. 156 f., for the development of these and the following points.

partout les mêmes idées de justice et d'honnêteté,† partout
les mêmes principes de morale, les mêmes notions du bien et
du mal. L'ancien paganisme enfanta des dieux abominables,
qu'on eût punis ici-bas comme des scélérats, et qui n'offraient pour
tableau du bonheur suprême que des forfaits à commettre et des
passions à contenter. Mais le vice revêtu d'une autorité sacrée
descendait en vain du séjour éternel, la nature‡ le repoussait du
cœur des humains. On célébrait les débauches de Jupiter, mais on
admirait la tempérance de Xénocrate;[1] la chaste Lucrèce adorait
l'impudique Vénus;[2] l'intrépide Romain sacrifiait à la peur;
jamais divinités plus méprisables ne furent adorées par de si grands
hommes; l'immortelle voix de la vertu, plus forte que celle des
dieux même[s], se faisait§ respecter sur la terre, et semblait
reléguer au ciel le crime avec les coupables.

Il est donc au fond de toutes les âmes un principe inné‖ de justice,
et de vérité morale antérieur à tous les préjugés nationaux, à toutes
les maximes de l'éducation. Ce principe est la règle involontaire
sur laquelle, malgré nos propres maximes, nous jugeons nos actions
et celles d'autrui comme bonnes ou mauvaises, et c'est à ce
principe¶ que je donne le nom de conscience.

Mais à ce mot, j'entends s'élever de toutes parts la voix des
philosophes: «erreurs de l'enfance, préjugés de l'éducation,
s'écrient-ils tous comme de concert. Il n'y a rien dans l'entendement humain que ce qui s'y introduit par l'expérience, et nous ne
jugeons d'aucune chose que sur des idées acquises». Ils font plus:
cet accord évident et universel de toutes les nations, ils l'osent rejeter,
et contre cette éclatante uniformité du jugement des hommes, ils
vont chercher dans les ténèbres quelque exemple obscur et connu
d'eux seuls, comme si les penchants de la nature étaient anéantis
par la dépravation de quelques individus, et que sitôt qu'il est des
monstres, l'espèce humaine ne fût plus rien. Mais que servent au

---

† vertu   ‡ la sainte empreinte de la vertu   § MS addition: en dépit d'eux
‖ éternel, (immortel). ¶ ce principe inné

[1] Xenocrates (396–314 B.C.), Greek philosopher born at Chalcedon, tried to
reconcile the doctrines of his master, Plato, with those of Pythagoras. As a
thinker he was noteworthy for his moral earnestness rather than for his intellectual brilliance. Cf. also *OC*, III, 133.
[2] Lucretia, the beautiful and virtuous Roman lady who killed herself after
being outraged by one of the sons of Tarquinius Superbus. This event is said to
have led to the establishment of the Roman Republic in 510 B.C.

sceptique Montaigne les tourments qu'il se donne pour déterrer en un coin du monde une coutume opposée aux notions† de la justice? Que lui sert de donner au plus méprisable et suspect voyageur‡ une autorité qu'il refuse aux écrivains les plus respectables: quelques usages incertains et bizarres fondés sur des causes particulières qui nous sont inconnues, détruiront-ils l'induction générale tirée du concours de tous les peuples, opposés en tout le reste et d'accord sur ce seul point? O Montaigne, toi qui te piques de franchise et de vérité, sois sincère et vrai,§ si un philosophe peut l'être, et dis-moi s'il est quelque climat sur la terre, où ce soit un crime de garder sa foi, d'être clément, bienfaisant, généreux; où l'homme de bien soit méprisable et le scélérat honoré!‖

Je n'ai pas dessein d'entrer ici dans des discussions métaphysiques qui ne mènent à rien; je vous ai déjà dit que je ne voulais point disputer avec les philosophes, mais parler à votre cœur; quand tous les philosophes du monde prouveraient que j'ai tort, si vous sentez que j'ai raison, je n'en veux pas davantage. Il ne faut pour cela que vous faire distinguer nos perceptions acquises de nos sentiments naturels; car nous sentons nécessairement avant que de connaître, et comme nous n'apprenons point à vouloir notre bien personnel et à fuir notre mal, mais tenons cette volonté de la nature, de même l'amour du bon et la haine du mauvais nous sont aussi naturels que notre propre existence; ainsi, quoique les idées nous viennent du dehors, les sentiments qui les apprécient sont au-dedans de nous, et c'est par eux seuls que nous connaissons la convenance ou disconvenance qui existe entre nous et les choses que nous devons rechercher ou fuir.

Exister, pour nous, c'est sentir; et notre sensibilité est incontestablement antérieure à notre raison même.¶ Quelle que soit la cause de notre existence, elle a pourvu à notre conservation en nous donnant des sentiments conformes à notre nature, et l'on ne saurait nier qu'au moins ceux-là ne soient innés. Ces sentiments, eu égard à l'individu, sont l'amour de soi-même, la crainte de la douleur et de la mort, et le désir du bien-être. Mais si, comme on n'en peut douter, l'homme est un animal sociable par sa nature, ou du moins fait pour le devenir, il ne peut l'être que par d'autres sentiments innés relatifs à son espèce. Et c'est du système moral

---

† notions communes ‡ au premier menteur § sois de bonne foi
‖ où la vertu soit punie et les forfaits récompensés ¶ raisonnement

formé par le double rapport à soi-même et à ses semblables, que naît l'impulsion naturelle† de la conscience.

Conscience, conscience, instinct divin, voix immortelle et céleste,‡ guide assuré§ d'un être ignorant et borné, mais intelligent et libre; juge infaillible du bien et du mal, sublime émanation de la substance éternelle,‖ qui rends l'homme semblable aux dieux, c'est toi seule qui fais l'excellence de sa nature.

Sans toi, je ne sens¶ rien en moi qui m'élève au-dessus des bêtes, que le triste privilège de m'égarer d'erreurs en erreurs à l'aide d'un entendement sans règle et d'une raison sans principe.†

Ne pensez donc pas, ô Sophie, qu'il fût impossible d'expliquer par des conséquences de notre nature le principe actif de la conscience, indépendant de la raison même. Et quand cela serait impossible, encore ne serait-il pas nécessaire. Car les philosophes en combattant ce principe ne prouvent point qu'il n'existe pas, mais se contentent de l'affirmer: quand nous affirmons qu'il existe, nous sommes aussi avancés qu'eux, et nous avons de plus toute la force du témoignage intérieur,‡ et la voix de la conscience qui dépose pour elle-même.

Ma chère amie, que ces tristes raisonneurs sont à plaindre! En effaçant en eux les sentiments de la nature, ils détruisent la source de tous leurs plaisirs; ils ne savent se délivrer du poids de la conscience qu'en se rendant insensibles.§ Si la vertu n'est rien, si l'amitié n'est qu'habitude, intérêt personnel, quels vrais plaisirs pouvons-nous goûter sur la terre? Si la foi des amants n'est qu'une chimère, si la pudeur du sexe consiste en vains préjugés, que deviendront tous les charmes de l'amour? N'est-ce pas un bien maladroit système que celui qui ne sait ôter le remords de la volupté qu'en étouffant à la fois l'un et l'autre? Si nous ne voyons plus dans l'univers que de la matière et du mouvement, où seront donc les biens moraux dont notre âme est toujours avide, et quel sera le prix de la vie humaine, si nous n'en jouissons que pour végéter?

Je reviens à ce sentiment de honte, si charmant et si doux à vaincre, plus doux peut-être encore à respecter, qui combat et enflamme les désirs d'un amant, et rend tant de plaisirs à son cœur, pour ceux

---

† les impulsions   ‡ voix céleste, modèle du beau (vrai)   § unique   ‖ divine
¶ vois   † à l'aide de ma raison.
‡ MS addition: qui confirme notre sentiment
§ et pour se délivrer du poids de la conscience ils ôtent les voluptés mêmes auxquelles il serait doux de s'immoler.

qu'il refuse à ses sens.[1] Pourquoi rejetterions-nous ce reproche†
intérieur qui voile d'une modestie impénétrable les vœux secrets
d'une fille pudique, et couvre ses joues d'une rougeur enchan-
teresse, aux tendres discours d'un amant aimé? Quoi donc?
L'attaque et la défense ne sont-elles pas des lois de la nature?
N'est-ce pas elle qui permet la résistance au sexe qui peut céder
autant qu'il lui plaît? N'est-ce pas elle qui prescrit la poursuite à
celui qu'elle prend soin de rendre discret et modéré? N'est-ce pas
elle qui les remet durant leurs plaisirs à la garde de la honte et du
mystère, dans un état de faiblesse et d'oubli d'eux-mêmes, qui les
livre à tout agresseur? Vous sentez donc combien il est faux que la
pudeur n'ait pas sa raison suffisante, et ne soit qu'une chimère dans
la nature; et comment serait-elle l'ouvrage des préjugés, si les préjugés mêmes de l'éducation la détruisent, si vous la voyez dans
toute sa force chez les peuples ignorants et rustiques, et si sa
douce voix ne s'étouffe, chez les nations plus cultivées, que par
les sophismes du raisonnement?‡

Si les premières lueurs du jugement nous éblouissent, et confondent d'abord tous les objets à nos regards, attendons que nos
faibles yeux se rouvrent et se fortifient, et bientôt nous reverrons
ces mêmes objets aux lumières simples§ de la raison, tels que nous
les montrait d'abord la nature;‖ ou plutôt, soyons plus simples et
moins vains: bornons-nous en tout aux premiers sentiments que
nous trouvons en nous-mêmes, puisque c'est toujours à eux que
l'étude nous ramène, quand elle ne nous a point égarés.

Lettre 6

Enfin nous avons un guide assuré dans ce labyrinthe des erreurs
humaines; mais ce n'est pas assez qu'il existe; ¶ il faut savoir† le
connaître et le suivre. S'il parle à tous les cœurs, ô Sophie, pourquoi
y en a-t-il si peu qui l'entendent? Hélas! il nous parle la langue de
la nature, que tout nous a fait oublier.

La conscience est timide et craintive; elle cherche la solitude; le

---

† le témoignage intérieur   ‡ de la raison
§ 'simples' is not in Masson's text.   ‖ le seul intérêt de la nature
¶ nous parle   † l'entendre, il faut distinguer sa voix, apprendre à

---

[1] The eulogy of *la pudeur* in women is one of Rousseau's favourite themes. He
returned to it shortly afterwards in the *Lettre à d'Alembert*, where feminine
modesty was praised as one of nature's gifts.

monde et le bruit l'épouvantent; les préjugés, dont on la dit être l'ouvrage, sont ses plus mortels ennemis; elle fuit ou se tait devant eux; leur voix bruyante étouffe la sienne et l'empêche de se faire entendre; à force d'être éconduite, elle se rebute à la fin, elle ne nous parle plus, elle ne nous répond plus; et après un long mépris pour elle, il en coûte autant de la rappeler qu'il en coûta de la bannir.

Quand je vois chacun de nous sans cesse occupé de l'opinion publique, étendre pour ainsi dire son existence tout autour de lui, sans en conserver presque rien dans son propre cœur, je crois voir un petit insecte former de sa substance une grande toile par laquelle seule il paraît sensible, tandis qu'on le croirait mort dans son trou. La vanité de l'homme est la toile d'araignée qu'il tend sur tout ce qui l'environne; l'une est aussi solide que l'autre; le moindre fil qu'on touche met l'insecte en mouvement; il mourrait de langueur si on laissait la toile tranquille; et si d'un doigt on la déchire, il achève de s'épuiser plutôt que de ne la pas refaire à l'instant. Commençons par redevenir† nous, par nous concentrer en nous, par circonscrire notre âme des mêmes bornes que la nature a données à notre être; commençons en un mot par nous rassembler où nous sommes, afin qu'en cherchant à nous connaître, tout ce qui nous compose vienne à la fois se présenter à nous.[1] Pour moi, je pense que celui qui sait le mieux en quoi consiste le moi humain est le plus près de la sagesse; et que comme le premier trait d'un dessin se forme des lignes qui le terminent, la première idée de l'homme est de le séparer de tout ce qui n'est pas lui.

Mais comment se fait cette séparation? Cet art n'est pas si difficile qu'on pourrait croire, ou du moins sa difficulté n'est pas où on la croit; il dépend plus de la volonté que des lumières; il ne faut point un appareil d'études et de recherches pour y parvenir. Le jour nous éclaire, et le miroir est devant nous; mais pour le voir, il y faut jeter les yeux; et le moyen de les y fixer est d'écarter les objets qui nous en détournent. Recueillez-vous, cherchez la solitude: voilà d'abord tout le secret, et par celui-là seul on découvre bientôt les autres.

Pensez-vous en effet que la philosophie nous apprenne à rentrer

---

† rentrer en

[1] One of the key themes of these letters and of Rousseau's whole philosophical method.

en nous-mêmes? Ah! combien l'orgueil sous son nom nous en écarte! C'est tout le contraire, ma charmante amie: il faut commencer par rentrer en soi pour apprendre à philosopher.

Ne vous effrayez pas, je vous conjure: je n'ai pas dessein de vous reléguer dans un cloître, et d'imposer à une femme du monde une vie d'anachorète. La solitude dont il s'agit est moins de faire fermer votre porte, ou de rester dans votre appartement, que de tirer votre âme de la presse, comme disait l'abbé Terrasson,[1] et d'en fermer l'abord aux passions étrangères qui l'assaillent à chaque instant. Mais l'un de ces moyens peut aider à l'autre, surtout au commencement: ce n'est pas l'affaire d'un jour de savoir être seule au milieu du monde; et après une si longue habitude d'exister dans tout ce qui vous entoure, le recueillement de votre cœur doit commencer par celui de vos sens. Vous aurez d'abord assez à faire à contenir votre imagination, sans être obligée encore à fermer vos yeux et vos oreilles. Éloignez les objets qui doivent vous distraire, jusqu'à ce que leur présence ne vous distraise (sic) plus. Alors, vivez sans cesse au milieu d'eux: vous saurez bien, quand il le faudra, vous y retrouver avec vous.

Je ne vous dis donc point: quittez la société. Je ne vous dis pas même: renoncez à la dissipation et aux vains plaisirs du monde. Mais je vous dis: apprenez à être seule sans ennui. Vous n'entendrez jamais la voix de la nature, vous ne vous connaîtrez jamais sans cela. Ne craignez pas que l'exercice de ces courtes retraites vous rende taciturne et sauvage, et vous détache des habitudes auxquelles vous ne voudriez pas renoncer. Au contraire, elles ne vous en seront que plus douces.

Quand on vit seul, on en aime mieux les hommes,[2] un tendre intérêt nous rapproche d'eux, l'imagination nous montre la société par ses charmes, et l'ennui même de la solitude tourne au profit de l'humanité. Vous gagnerez doublement par le goût de cette vie contemplative: vous y trouverez plus d'attachement pour ce qui

---

[1] The abbé Jean Terrasson (1670–1750), philosopher and novelist, was well known in his day as a protagonist of the 'moderns' in the famous 'Querelle des Anciens et des Modernes'; he also wrote works on moral philosophy and a popular pseudo-historical novel, *Séthos* (1731). The remark quoted by Rousseau is taken from the posthumous *Philosophie applicable à tous les objets de l'esprit et de la raison* (1754), although, as Masson points out (*PF*, p. 568), it should really be attributed to Montaigne (*Essais*, III, 3), and not to Terrasson.

[2] Cf. letter to Malesherbes, *OC*, I, 1144–5, and references in *OC*, IV, 1801.

vous est cher tant que vous l'aurez, et moins de douleur à le perdre quand vous en serez privée.

Prenez tous les mois, par exemple, un intervalle de deux ou trois jours sur vos plaisirs ou sur vos affaires pour le consacrer à la plus grande de toutes.† Faites-vous une loi de vivre seule ces deux ou trois jours, dussiez-vous d'abord vous ennuyer beaucoup. Il vaut mieux les passer à la campagne qu'à Paris: ce sera, si vous voulez, une visite à faire: vous irez voir Sophie.

La solitude est toujours triste à la ville: comme tout ce qui nous environne montre la main des hommes et quelque objet de la société, quand on n'a pas cette société, l'on se sent hors de sa place; et une chambre où l'on est seul ressemble fort à une prison.‡¹ C'est tout le contraire à la campagne: les objets y sont riants et agréables, ils excitent au recueillement et à la rêverie; on s'y sent au large, hors des tristes murs de la ville et des entraves du préjugé;§ les bois, les ruisseaux, la verdure écartent de notre cœur les regards des hommes; les oiseaux, voltigeant‖ çà et là selon leur caprice, nous offrent dans la solitude l'exemple de la liberté; on entend leur ramage; on sent l'odeur des prés et des bois; les yeux, uniquement frappés des douces images de la nature, la rapprochent mieux de notre cœur.

C'est donc là qu'il faut commencer à converser avec elle, et consulter ses lois dans son propre empire; au moins l'ennui ne viendra-t-il pas sitôt vous poursuivre, et sera-t-il plus facile à supporter dans l'exercice de la promenade et la variété des objets champêtres, que sur une chaise longue ou dans un fauteuil. Je voudrais que vous évitassiez de choisir les temps où votre cœur, vivement affecté de quelque sentiment de plaisir ou de peine, en garderait l'émotion¶ dans la retraite; où votre imagination trop émue vous rapprocherait malgré vous des êtres que vous auriez cru fuir; et où votre esprit, trop préoccupé, se refuserait aux légères impressions des premiers retours sur vous-même.†

† qui est de vous connaître.

‡ marginal addition: Ne refusez pas à vos propres mains l'honneur d'être bienfaisantes.

§ marginal addition: Une voix secrète parlera bientôt à votre cœur et vous dira: tu n'es pas seule, tes bonnes actions ont un témoin.

‖ chantant sans règle et volant ¶ porterait l'impression

† marginal addition: dans la plus profonde solitude votre cœur vous dit que vous n'êtes pas seule.

---

¹ The nefarious effects of urban life contrasted with the benefits of life in the country is one of Rousseau's favourite themes.

Au contraire, afin d'avoir moins de regrets à vous aller ennuyer seule à la campagne, prenez les moments où vous seriez réduite à vous ennuyer à la ville; la vie la plus occupée de soins ou d'amusements ne laisse encore que trop de pareils vides; et cette manière de remplir les premiers qui se présenteront, vous rendra bientôt insensible à tous les autres. Je ne demande pas que vous vous livriez d'abord à des méditations profondes, je demande seulement que vous puissiez maintenir votre âme dans un état de langueur et de calme qui la laisse replier sur elle-même, et n'y ramène rien d'étranger à vous.†

Dans cet état, me direz-vous, que ferai-je? Rien. Laissez faire cette inquiétude naturelle qui dans la solitude ne tarde pas d'occuper chacun de lui-même, malgré qu'il en ait.

Je ne dis pas non plus que cet état doive produire un affaissement total,‡ et je suis bien éloigné de penser que nous n'ayons nul moyen de réveiller en nous le sentiment intérieur. Comme on réchauffe une partie engourdie avec des frictions légères, l'âme amortie dans une longue inaction se ranime à la douce chaleur d'un mouvement modéré; il faut l'émouvoir par des souvenirs agréables qui ne se rapportent qu'à elle; il faut lui rappeler les affections qui l'ont flattée, non par l'entremise des sens, mais par un sentiment propre et par des plaisirs intellectuels. S'il existait au monde un être assez misérable pour n'avoir rien fait dans tout le cours de sa vie dont le souvenir pût lui donner un contentement intérieur, et le rendre bien aise d'avoir vécu: cet être n'ayant que des sentiments et des idées qui l'écarteraient de lui, serait hors d'état de jamais se connaître; et faute de savoir en quoi consiste la bonté qui convient à sa nature, il resterait méchant par force, et serait éternellement malheureux. Mais je soutiens qu'il n'y a point sur la terre d'homme assez dépravé pour n'avoir jamais livré son cœur à la tentation de bien faire: cette tentation est si naturelle et si douce qu'il est impossible de lui résister toujours; et il suffit de lui céder une seule fois pour n'oublier jamais la volupté qu'on goûta par elle. O chère Sophie, combien d'actions de votre vie vous suivront dans la solitude pour vous apprendre à l'aimer! Je n'ai pas besoin d'en

---

† marginal addition: Je n'ai rien à vous dire sinon que j'ai pris les mêmes moyens, qu'ils m'ont conduit par la même route, que je crois avoir l'âme saine et que je suis sûr de ma bonne foi.

‡ doive être tout à fait absolu

chercher qui me soient étrangères: songez au cœur que vous con-
servâtes à la vertu, songez à moi: vous aimerez à vivre avec† vous.

Voilà les moyens de travailler dans le monde à vous plaire dans la
retraite, en vous y ménageant des souvenirs agréables, en vous y
procurant votre propre amitié, en vous y rendant assez bonne compagnie à vous-même pour vous passer de toute autre. Mais que
faut-il faire exactement pour cela? Ce n'est point encore ici le
temps d'entrer là-dessus dans les détails qui supposent les connaissances que nous nous proposons d'acquérir. Je sais qu'il ne faut
point commencer un traité de morale par la fin, ni donner pour
premier précepte la pratique de ce qu'on veut enseigner. Mais encore une fois, dans quelque état qu'une âme puisse être, il reste un
sentiment de plaisir à bien faire, qui ne s'efface jamais et qui sert de
première prise à toutes les autres vertus. C'est par ce sentiment
cultivé qu'on parvient à s'aimer et à se plaire avec soi. L'exercice de
la bienfaisance flatte naturellement l'amour-propre par une idée de
supériorité; on s'en rappelle tous les actes comme autant de
témoignages qu'au delà de ses propres besoins, on a de la force
encore pour soulager ceux d'autrui. Cet air de puissance fait qu'on
prend plus de plaisir à exister, et qu'on habite plus volontiers avec
soi. Voilà d'abord tout ce que je vous demande: parez-vous pour
vous présenter à votre miroir, vous vous en regarderez plus
volontiers. Pensez toujours à vous ménager un sentiment de bien-
être étant seule, et dans tous les objets de vos plaisirs donnez toujours la préférence à ceux dont on jouit encore quand on ne les
possède plus.

Une femme de qualité est trop environnée de son état; je voudrais que vous puissiez quelques moments renoncer au vôtre; ce
serait encore un moyen de vous entretenir plus immédiatement
avec vous. Quand vous ferez vos retraites, laissez tout le cortège de
votre maison; n'emmenez ni cuisinier, ni maître d'hôtel; prenez
un laquais et une femme de chambre, ce n'est que trop encore; en
un mot, ne transportez point la vie de la ville à la campagne: allez-y
goûter véritablement la vie retirée et champêtre. Mais les bienséances… Ah! toujours ces fatales bienséances! Si vous les voulez
sans cesse écouter, il ne vous faut point d'autre guide; choisissez
entre elles et la sagesse.

Couchez-vous de bonne heure, levez-vous matin; suivez à peu
près la marche du soleil et de la nature; point de toilette, point de

† serez contente de

lecture; prenez des repas simples aux heures du peuple: en un mot,
soyez en tout une femme des champs. Si cette manière de vivre
vous devient agréable, vous connaîtrez un plaisir de plus; si elle
vous ennuie, vous reprendrez avec plus de goût celle à laquelle
vous êtes accoutumée.

Faites mieux encore. De ces courts espaces que vous viendrez
passer dans la solitude, employez-en une partie à vous rendre
l'autre agréable. Vous aurez de longues matinées vides de vos
occupations ordinaires; destinez-les à des courses† dans le village.
Informez-vous des malades, des pauvres, des opprimés; cherchez
à donner à chacun les secours dont il a besoin, et ne pensez pas que
ce soit assez de les assister de votre bourse, si vous ne leur donnez
encore de votre temps, et ne les aidez de vos soins. Imposez-vous‡
cette fonction si noble de faire qu'il existe quelques maux de
moins sur la terre; et si vos intentions sont pures et réelles, vous
trouverez bientôt à les accomplir. Mille obstacles, je le sens bien,
vous distrairont d'abord d'un pareil soin. Des maisons malpropres,
des gens brutaux, des objets de misère commenceront par vous
dégoûter. Mais en entrant chez ces malheureux, dites-vous: je suis
leur sœur, et l'humanité triomphera de la répugnance. Vous les
trouverez menteurs, intéressés, pleins de vices qui rebuteront
votre zèle; mais interrogez-vous en secret sur les vôtres:‖ vous
apprendrez bientôt à pardonner ceux d'autrui; et songez qu'en les
couvrant d'un air plus honnête, l'éducation ne les rend que plus
dangereux.¶

L'ennui surtout, ce tyran des gens de votre état, qui leur fait
payer si cher l'exemption du travail, et dont on se rend toujours
plus la proie en s'efforçant de l'éviter, l'ennui seul vous détournera
tout d'abord de ces occupations salutaires, et, les rendant insupportables, vous fournira des prétextes pour vous en dispenser.
Songez que se plaire à bien faire est le prix d'avoir bien fait, et
qu'on ne l'obtient pas avant de l'avoir mérité. Rien n'est plus
aimable que la vertu, mais elle ne se montre ainsi qu'à ceux qui la
possèdent. Quand on la veut embrasser, semblable au Protée de la
fable, elle prend d'abord mille formes effrayantes et ne se montre
enfin sous la sienne qu'à ceux qui n'ont point lâché prise. Résistez

† promenades   ‡ Masson reads: Supposez-vous
‖ demandez-vous: et moi suis-je parfaite?
¶ Les vices grossiers du paysan sont-ils plus odieux que ceux qu'un peu
d'éducation couvre d'un air plus honnête?

donc aux sophismes de l'ennui; n'écartez point de vous des objets
faits pour vous attendrir; détestez cette pitié cruelle qui détourne
les yeux des maux d'autrui pour se dispenser de les soulager; ne
vous reposez point de ces soins honorables sur des mercenaires.
Soyez sûre que les domestiques mettent toujours à contribution les
bienfaits des maîtres, qu'ils savent s'approprier de manière ou
d'autre une partie de ce qu'on donne par leurs mains, et qu'ils exigent une reconnaissance très onéreuse de tout ce que le maître a
fait gratuitement. Faites-vous un devoir de porter partout, avec
une assistance réelle, l'intérêt et les consolations qui la font valoir
et qui souvent en tiennent lieu. Que vos visites ne soient jamais
infructueuses! Que chacun tressaille de joie à votre abord! Que les
bénédictions publiques vous accompagnent sans cesse! Bientôt un
si doux cortège enchantera votre âme; et dans les nouveaux plaisirs
que vous apprendrez à goûter, si quelquefois vous perdez le bien
que vous aurez cru faire, vous ne perdrez pas au moins celui que
vous en aurez tiré.

8

TWO LETTERS TO A GENEVAN
MINISTER (1758)

ROUSSEAU'S VISIT to Geneva and his return to Protestantism in
1754 enabled him to establish friendly contact with a number of the
leading citizens and ministers. One of these was the minister Jacob
Vernes (1728–91), an ambitious young intellectual with whom
Rousseau corresponded for a number of years. Vernes at first
showed a lively and apparently appreciative interest in Rousseau's
ideas; he gave enthusiastic praise to the *Encyclopédie* article
'Économie politique' and eventually helped to get it published at
Geneva as a separate work. At the same time he sought Rousseau's
support for his own projects, soliciting contributions to his journal
Le Choix littéraire and asking Rousseau in 1759 to look at the manuscript of a 'History of Geneva' he was writing with another of
Rousseau's Genevan friends, Roustan. In spite of his flirtations
with the *philosophes* (he remained in friendly contact with Voltaire
for a number of years), Vernes set himself up as a defender of
Protestant orthodoxy and, after the publication of *Émile*, attacked
the *Profession de foi du Vicaire savoyard* in a work entitled *Lettres
sur le Christianisme de M. Jean-Jacques Rousseau* (1763). Thereafter
their relations became increasingly unfriendly. Rousseau did not
reply directly to the *Lettres*, contemptuously telling a correspondent: 'Je ne réponds jamais qu'à des gens que j'estime'. A
number of remarks in the *Lettres écrites de la Montagne* as well as a
biting footnote left the public in no doubt as to Rousseau's attitude
towards his erstwhile friend. The quarrel was further embittered
when Rousseau unjustifiably accused Vernes of being the author of
the *Sentiments des Citoyens*, the libellous pamphlet which Voltaire
had published anonymously in 1764.

Already in the 1750s Vernes seems to have been uneasy about
some of Rousseau's religious ideas, and especially about his apparent rejection of 'revelation'. Vernes's attempt to bring Rousseau
into line with orthodox Christian views met strong resistance, as is
shown by the following two letters.

A Montmorency le 18 fév. 1758

[1] Oui, mon cher concitoyen, je vous aime toujours, et, ce me semble, plus tendrement que jamais. Mais je suis accablé de mes maux; j'ai bien de la peine à vivre dans ma retraite d'un travail peu lucratif, je n'ai que le temps qu'il me faut pour gagner mon pain, et le peu qui m'en reste est employé à souffrir et me reposer. Ma maladie a fait un tel progrès cet hiver, j'ai senti tant de douleurs de toute espèce et je me trouve tellement affaibli que je commence à craindre que la force et les moyens ne me manquent à la fois pour exécuter mon projet. Je me console de cette impuissance par la considération de l'état où je suis. Que me servirait d'aller mourir parmi vous? hélas, il fallait y vivre! Qu'importe où l'on laisse son cadavre? Je n'aurais pas besoin qu'on reportât mon cœur dans ma patrie; il n'en est jamais sorti.

Je n'ai point eu occasion d'exécuter votre commission auprès de M. d'Alembert.[2] Comme nous ne nous sommes jamais beaucoup vus nous ne nous écrivons point, et confiné dans ma solitude je n'ai conservé nulle espèce de relation avec Paris, j'en suis comme à l'autre bout de la terre et ne sais pas plus ce qui s'y passe qu'à Pékin. Au reste si l'article dont vous me parlez est indiscret et répréhensible il n'est assurément pas offensant. Cependant s'il peut nuire à votre corps, peut-être fera-t-on bien d'y répondre, quoique à vous parler vrai j'aie un peu d'aversion pour les détails où cela peut entraîner, et qu'en général je n'aime guère qu'en matière de foi l'on assujettisse la conscience à des formules. J'ai de la religion, mon ami, et bien m'en prend; je ne crois pas qu'homme du monde en ait autant besoin que moi. J'ai passé ma vie parmi des incrédules sans me laisser ébranler; les aimant, les estimant beaucoup, et ne pouvant souffrir leur doctrine. Je leur ai toujours dit que je ne les savais pas combattre, mais que je ne les voulais pas croire. La philosophie n'ayant sur ces matières ni fond ni rive, manquant d'idées primitives et de principes élémentaires n'est

---

[1] For the text of this and the following letter see *CC*, *V*, 32–5, and 65–6.

[2] D'Alembert's article 'Genève' in the seventh volume of the *Encyclopédie* (1757), with its suggestion that the Genevan clergy were 'Socinians', had aroused violent protests in Geneva. Vernes may well have asked Rousseau to persuade d'Alembert to withdraw his remarks which, as Rousseau points out in this same paragraph, were actually intended as a compliment to Geneva! The ministers had made an official reply to d'Alembert in *Extrait des Registres de la vénérable Compagnie des Pasteurs et Professeurs de l'Église et de l'Académie de Genève* (10 February 1758).

qu'une mer d'incertitude et de doute, dont le métaphysicien ne se tire jamais. J'ai donc laissé là la raison, et j'ai consulté la nature, c'est-à-dire le sentiment intérieur qui dirige ma croyance indépendamment de ma raison.[1] Je leur ai laissé arranger leurs chances, leurs sorts, leur mouvement nécessaire et tandis qu'ils bâtissaient le monde à coup de dés j'y voyais moi cette unité d'intention qui me montrait en dépit d'eux un principe unique; tout comme s'ils m'avait dit que l'*Iliade* avait été formée par un jet fortuit de caractères, je leur aurais dit très résolument: cela peut être, mais cela n'est pas vrai; et je n'ai point d'autre raison pour n'en rien croire, sinon que je n'en crois rien.[2] Préjugé que cela! disent-ils. Soit; mais que peut faire cette raison si rogue contre un préjugé plus persuasif qu'elle? Autre argumentation sans fin contre la distinction des deux substances; autre persuasion de ma part qu'il n'y a rien de commun entre un arbre et ma pensée; et ce qui m'a paru plaisant en ceci c'est de les voir s'acculer eux-mêmes par leurs propres sophismes au point d'aimer mieux donner le sentiment aux pierres que d'accorder une âme à l'homme.[3]

Mon ami, je crois en Dieu, et Dieu ne serait pas juste si mon âme n'était immortelle. Voilà ce me semble tout ce que la religion a d'essentiel et d'utile. Laissons le reste aux disputeurs. A l'égard de l'éternité des peines, elle ne saurait s'accorder avec la faiblesse de l'homme ni avec la justice de Dieu, ainsi je la rejette.[4] Il est vrai qu'il y a des âmes si noires que je ne puis concevoir qu'elles puissent jamais goûter cette éternelle béatitude dont il me semble que le plus doux sentiment doit être le contentement de soi-même.[5] Cela me fait soupçonner qu'il se pourrait bien que les âmes des méchants fussent anéanties à leur mort et qu'être et sentir fût le premier prix d'une bonne vie. Quoi qu'il en soit, que m'importe ce que seront les méchants, il me suffit qu'en approchant du terme de ma vie, je n'y voie point celui de mes espérances, et que j'en attende une plus

[1] On Rousseau's attitude towards reason see *Religious Quest*, pp. 46 f. The reference to 'inner feeling' does not necessarily mean that it is opposed to reason, but that it may be a valuable guide in cases where reason is powerless to decide the issue.

[2] Cf. *supra*, p. 46, and *infra*, p. 387.

[3] Rousseau returns to this point in the *Profession de foi*. Cf. *infra*, p. 142. He is probably alluding to Diderot's materialism.

[4] Rousseau was always firmly opposed to the idea of eternal punishment on the grounds that it was incompatible with God's goodness. Cf. *infra*, pp. 75–6, 149.

[5] A fundamental theme in Rousseau's religious outlook; cf. *infra*, pp. 145, 149.

heureuse après avoir tant souffert dans celle-ci. Quand je me trom-
perais dans cet espoir il est lui-même un bien qui m'aura fait
supporter plus aisément tous mes maux. J'attends paisiblement
l'éclaircissement de ces grandes vérités qui me sont cachées, bien
convaincu cependant qu'en tout état de cause, si la vertu ne rend
pas toujours l'homme heureux, il ne saurait du moins être heureux
sans elle, que les afflictions du juste ne sont point sans quelque
dédommagement et que les larmes mêmes de l'innocence sont plus
douces au cœur que la prospérité du méchant.

Il est naturel, mon cher Vernes, qu'un solitaire souffrant et
privé de toute société, épanche son âme dans le sein de l'amitié, et
je ne crains pas que mes confidences vous déplaisent; j'aurais dû
commencer par vous parler de vous et de votre projet sur l'histoire
de Genève[1] mais il est des temps de peine et de maux où l'on est
forcé de s'occuper de soi et vous savez bien que je n'ai pas un
cœur qui veuille se déguiser. Tout ce que je peux vous dire sur
votre entreprise avec tous les ménagements que vous voulez y mettre
c'est qu'elle est celle d'un sage intrépide ou d'un jeune homme. Je
vous conseille d'y bien penser. Embrassez bien pour moi l'ami
Roustan. Adieu, mon cher concitoyen; je vous écris avec une aussi
grande effusion de cœur que si je me séparais de vous pour jamais,
parce que je me trouve en un état qui peut me mener fort loin
encore, mais qui me laisse douter pourtant si chaque lettre que
j'écris ne sera point la dernière.

A Montmorency le 25 mars 1758

Oui, mon cher Vernes, j'aime à croire que nous sommes tous
deux bien aimés l'un de l'autre et dignes de l'être. Voilà ce qui fait
plus au soulagement des peines et au bonheur de la vie que tous les
trésors du monde. Ah, mon ami, mon concitoyen, sache m'aimer et
laisse là tes inutiles offres; en me donnant ton cœur, ne m'as-tu pas
enrichi? Que fait tout le reste aux maux du corps et aux soucis de
l'âme? Ce dont j'ai faim, c'est d'un ami; je ne connais point d'autre
besoin auquel je ne suffise moi-même.[2] La pauvreté ne m'a jamais

---

[1] Vernes was writing a 'History of Geneva' in collaboration with another
Genevan friend, Antoine–Jacques Roustan (1734–1808), whom Rousseau
mentions at the end of his letter.
[2] On Rousseau's attitude towards friendship see Ronald Grimsley, *Jean-
Jacques Rousseau, A Study in Self-awareness* (Cardiff, 1961), esp. chap. 3.

fait de peur, et la misère ne me fera jamais de mal; soit dit pour vous tranquilliser là-dessus une fois pour toutes.

Nous sommes d'accord sur tant de choses, que ce n'est pas la peine de disputer sur le reste. Je vous l'ai dit bien des fois; nul homme au monde ne respecte plus que moi l'Évangile.[1] C'est à mon gré le plus sublime de tous les livres; quand tous les autres m'ennuient, je reprends toujours celui-là avec un nouveau plaisir, et quand toutes les consolations humaines m'ont manqué, jamais je n'ai recouru vainement aux siennes. Mais enfin, c'est un livre; un livre ignoré des trois-quarts du genre humain, croirai-je qu'un Scythe et un Africain soient moins chers au Père commun que vous et moi, et pourquoi penserai-je qu'il leur ait ôté, plutôt qu'à nous, les ressources nécessaires pour le connaître? Non, mon digne ami, ce n'est point sur quelques feuilles éparses qu'il faut aller chercher la loi de Dieu, mais dans le cœur de l'homme, où sa main daigna l'écrire. Ô homme, qui que tu sois, rentre en toi-même, apprends à consulter ta conscience et tes facultés naturelles, tu seras juste, bon, vertueux, tu t'inclineras devant ton maître, et tu participeras [dans son ciel] à un bonheur éternel.[2] Je ne me fie p[oint là-]dessus à ma raison, ni à celle d'autrui, mais je sens à la paix de mon âme, et au plaisir que je prends à vivre et penser sous les yeux du grand Être, que je ne m'abuse pas dans les jugements que je fais de lui, ni dans l'espoir que je fonde sur sa justice. Au reste, mon cher concitoyen, j'ai voulu verser mon cœur dans votre sein et non pas entrer en lice avec vous; ainsi restons-en là s'il vous plaît; d'autant plus que ces sujets ne se peuvent guère traiter commodément par lettres.

J'étais un peu mieux, je retombe. Je compte pourtant un peu sur le retour du printemps, mais je n'espère plus recouvrer des forces suffisantes pour retourner dans la patrie. Sans avoir lu votre déclaration, je la respecte d'avance et me félicite plus de jour en jour, d'avoir le premier donné à votre respectable corps des éloges qu'il justifie si bien aux yeux de toute l'Europe.[3]

Adieu, mon ami. Bonjour, Roustan.

---

[1] For Rousseau's view of the Gospels, v, *infra*, pp. 188 f.

[2] Cf. *supra*, p. 54, for an earlier reference to this essential point.

[3] He is probably referring to the *Dédicace* to the *Discours sur l'origine de l'inégalité*. In a more general way Geneva had already been praised in the first *Discours*.

9

LETTRE À D'ALEMBERT SUR LES SPECTACLES (1758)

D'ALEMBERT'S ARTICLE, 'Genève', which appeared in the seventh volume of the *Encyclopédie* in 1757, offended the Genevans on two counts: it cast doubts on the religious orthodoxy of its ministers by suggesting that they were 'Socinians' (which meant that they denied Christ's divinity), and it also conflicted with their moral tradition by recommending the establishment of a theatre at Geneva. It was this second point which aroused Rousseau's indignation and impelled him to write his *Lettre à d'Alembert sur les spectacles*. However, in view of the vigorous protests made by the Genevan clergy against the charge of Socinianism (which d'Alembert as an agnostic *philosophe* had intended as a compliment, not an insult, to the little republic!). Rousseau knew that he could not write about the *Encyclopédie* article without making some reference to the religious issue. Yet he evidently did so with reluctance and perhaps embarrassment, for, as he told his minister-friend Vernes, he did not believe that a man's conscience should be shackled by religious formulae! Furthermore, Rousseau's gradual detachment from Christian orthodoxy meant that his religious views were very probably closer to the Socinianism he was supposed to criticize than to the orthodoxy he was expected to defend. It was difficult for him to undertake a detailed examination of the religious issue without giving some offence to the ministers whose cause he was espousing. It is thus not surprising that the discussion of religion occupies only the first few pages of the *Lettre*, the rest of which is devoted to the problem which Rousseau really has at heart. Nevertheless, the religious views expounded at the beginning of the *Lettre* have a direct bearing on his outlook as a whole. In particular, there are some interesting comments on the function of reason in religion. On the whole, however, he gives the impression of being more concerned with clarifying religious fundamentals than with refuting d'Alembert's comments about the clergy.[1]

---

[1] There is a critical edition of the *Lettre* by M. Fuchs, Geneva, 1948.

J. J. Rousseau, citoyen de Genève, à Monsieur d'Alembert

J'ai lu, Monsieur, avec plaisir votre article GENÈVE, dans le septième volume de l'Encyclopédie. En le relisant avec plus de plaisir encore, il m'a fourni quelques réflexions que j'ai cru pouvoir offrir, sous vos auspices, au public et à mes concitoyens. Il y a beaucoup à louer dans cet article; mais si les éloges dont vous honorez ma patrie m'ôtent le droit de vous en rendre, ma sincérité parlera pour moi: n'être pas de votre avis sur quelques points, c'est assez m'expliquer sur les autres.

Je commencerai par celui que j'ai le plus de répugnance à traiter et dont l'examen me convient le moins, mais sur lequel, par la raison que je viens de dire, le silence ne m'est pas permis: c'est le jugement que vous portez de la doctrine de nos ministres en matière de foi. Vous avez fait de ce corps respectable un éloge très beau, très vrai, très propre à eux seuls dans tous les clergés du monde, et qu'augmente encore la considération qu'ils vous ont témoignée, en montrant qu'ils aiment la philosophie, et ne craignent pas l'œil du philosophe. Mais, Monsieur, quand on veut honorer les gens, il faut que ce soit à leur manière, et non pas à la nôtre, de peur qu'ils ne s'offensent avec raison des louanges nuisibles, qui pour être données à bonne intention, n'en blessent pas moins l'état, l'intérêt, les opinions, ou les préjugés de ceux qui en sont l'objet. Ignorez-vous que tout nom de secte est toujours odieux, et que de pareilles imputations, rarement sans conséquence pour des laïques, ne le sont jamais pour des théologiens?

Vous me direz qu'il est question de faits et non de louanges, et que le philosophe a plus d'égard à la vérité qu'aux hommes; mais cette prétendue vérité n'est pas si claire ni si indifférente que vous soyez en droit de l'avancer sans de bonnes autorités, et je ne vois pas où l'on en peut prendre pour prouver que les sentiments qu'un corps professe et sur lesquels il se conduit ne sont pas les siens. Vous me direz encore que vous n'attribuez point à tout le corps ecclésiastique les sentiments dont vous parlez; mais vous les attribuez à plusieurs; et plusieurs, dans un petit nombre, font toujours une si grande partie, que le tout doit s'en ressentir.

Plusieurs pasteurs de Genève n'ont, selon vous, qu'un socinianisme parfait.[1] Voilà ce que vous déclarez hautement à la face de

---

[1] After affirming that 'several ministers no longer believed in Jesus Christ's divinity' d'Alembert wrote:
'Pour tout dire en un mot, plusieurs pasteurs de Genève n'ont d'autre religion

l'Europe. J'ose vous demander comment vous l'avez appris: ce ne peut être que par vos propres conjectures, ou par le témoignage d'autrui, ou sur l'aveu des pasteurs en question.

Or, dans les matières de pur dogme, et qui ne tiennent point à la morale, comment peut-on juger de la foi d'autrui par conjecture? Comment peut-on même en juger sur la déclaration d'un tiers contre celle de la personne intéressée? Qui sait mieux que moi ce que je crois ou ne crois pas? et à qui doit-on s'en rapporter là-dessus plutôt qu'à moi-même? Qu'après avoir tiré des discours ou des écrits d'un honnête homme des conséquences sophistiques et désavouées, un prêtre acharné poursuive l'auteur sur ces conséquences, le prêtre fait son métier, et n'étonne personne; mais devons-nous honorer les gens de bien comme un fourbe les persécute? et le philosophe imitera-t-il des raisonnements captieux dont il fut si souvent la victime?

Il resterait donc à penser, sur ceux de nos pasteurs que vous prétendez être sociniens parfaits et rejeter les peines éternelles,[1] qu'ils vous ont confié là-dessus leurs sentiments particuliers. Mais si c'était en effet leur sentiment et qu'ils vous l'eussent confié, sans doute ils vous l'auraient dit en secret, dans l'honnête et libre épanchement d'un commerce philosophique; ils l'auraient dit au philosophe et non pas à l'auteur. Ils n'en ont donc rien fait, et ma preuve est sans réplique, c'est que vous l'avez publié.

Je ne prétends point pour cela juger ni blâmer la doctrine que vous leur imputez; je dis seulement qu'on n'a nul droit de la leur imputer, à moins qu'ils ne la reconnaissent; et j'ajoute qu'elle ne

qu'un socinianisme parfait, rejetant tout ce qu'on appelle mystère, et s'imaginant que le premier principe d'une religion véritable est de ne rien proposer à croire qui heurte la raison: aussi, quand on les presse sur la nécessité de la révélation, ce dogme si essentiel du christianisme, plusieurs y substituent ce terme d'utilité, qui leur paraît plus doux: en cela, s'ils ne sont pas orthodoxes, ils sont au moins conséquents à leurs principes.'

'Socinianism', which rejects the idea of the Trinity and Christ's divinity, would today be called 'Unitarianism'. The founder of the doctrine was the Italian theologian, Lelio Socini (Sozzini) (1525–62).

[1] On the ministers' attitude towards eternal punishment d'Alembert had written:

'L'enfer, un des points principaux de notre croyance, n'en est pas un aujourd'hui pour plusieurs ministres de Genève; ce serait, selon eux, faire injure à la Divinité, d'imaginer que cet être plein de bonté et de justice fût capable de punir nos fautes par une éternité de tourments.'

ressemble en rien à celle dont ils nous instruisent. Je ne sais ce que c'est que le socinianisme, ainsi je n'en puis parler ni en bien ni en mal (et même, sur quelques notions confuses de cette secte et de son fondateur, je me sens plus d'éloignement que de goût pour elle): mais, en général, je suis l'ami de toute religion paisible, où l'on sert l'Être éternel selon la raison qu'il nous a donnée. Quand un homme ne peut croire ce qu'il trouve absurde, ce n'est pas sa faute, c'est celle de sa raison:[i] et comment concevrai-je que Dieu le punisse de ne s'être pas fait un entendement[ii] contraire à celui

[i] Je crois voir un principe qui, bien démontré comme il pourrait l'être, arracherait à l'instant les armes des mains à l'intolérant et au superstitieux, et calmerait cette fureur de faire des prosélytes qui semble animer les incrédules: c'est que la raison humaine n'a pas de mesure commune bien déterminée, et qu'il est injuste à tout homme de donner la sienne pour règle à celle des autres.

Supposons de la bonne foi, sans laquelle toute dispute n'est que du caquet. Jusqu'à certain point il y a des principes communs, une évidence commune; et de plus, chacun a sa propre raison qui le détermine: ainsi ce sentiment ne mène point au scepticisme; mais aussi, les bornes générales de la raison n'étant point fixées, et nul n'ayant inspection sur celle d'autrui, voilà tout d'un coup le fier dogmatique arrêté. Si jamais on pouvait établir la paix où règnent l'intérêt, l'orgueil et l'opinion, c'est par là qu'on terminerait à la fin les dissensions des prêtres et des philosophes. Mais peut-être ne serait-ce le compte ni des uns ni des autres: il n'y aurait plus ni persécutions ni disputes; les premiers n'auraient personne à tourmenter, les seconds, personne à convaincre; autant vaudrait-il quitter le métier.

Si l'on me demandait là-dessus pourquoi donc je dispute moi-même, je répondrais que je parle au plus grand nombre, que j'expose des vérités de pratique, que je me fonde sur l'expérience, que je remplis mon devoir, et qu'après avoir dit ce que je pense, je ne trouve point mauvais qu'on ne soit pas de mon avis.

[ii] Il faut se ressouvenir que j'ai à répondre à un auteur qui n'est pas protestant; et je crois lui répondre en effet, en montrant que ce qu'il accuse nos ministres de faire dans notre religion s'y ferait inutilement, et se fait nécessairement dans plusieurs autres sans qu'on y songe.

Le monde intellectuel, sans en excepter la géométrie, est plein de vérités incompréhensibles, et pourtant incontestables, parce que la raison qui les démontre existantes ne peut les toucher, pour ainsi dire, à travers les bornes qui l'arrêtent, mais seulement les apercevoir. Tel est le dogme de l'existence de Dieu, tels sont les mystères admis dans les communions protestantes. Les mystères qui heurtent la raison, pour me servir des termes de M. d'Alembert, sont tout autre chose. Leur contradiction même les fait rentrer dans ses bornes; elle a toutes les prises imaginables pour sentir qu'ils n'existent pas: car, bien qu'on ne puisse voir une chose absurde, rien n'est si clair que l'absurdité. Voilà ce qui arrive lorsqu'on soutient à la fois deux propositions contradictoires. Si vous me dites qu'un espace d'un pouce est aussi un espace d'un pied, vous ne dites point du tout une chose mystérieuse, obscure, incompréhensible; vous dites au contraire une absurdité lumineuse et palpable, une chose évidemment fausse. De quelque genre que soient les démonstrations qui l'établissent, elles ne sauraient l'emporter sur celle qui la détruit, parce qu'elle est tirée immédiatement des notions primitives qui servent

qu'il a reçu de lui ? Si un docteur venait m'ordonner de la part de Dieu de croire que la partie est plus grande que le tout, que pourrais-je penser en moi-même, sinon que cet homme vient m'ordonner d'être fou ? Sans doute l'orthodoxe, qui ne voit nulle absurdité dans les mystères, est obligé de les croire: mais si le socinien y en trouve, qu'a-t-on à lui dire ? Lui prouvera-t-on qu'il n'y en a pas ? Il commencera, lui, par vous prouver que c'est une absurdité de raisonner sur ce qu'on ne saurait entendre. Que faire donc ? Le laisser en repos.

Je ne suis pas plus scandalisé que ceux qui servent un Dieu clément rejettent l'éternité des peines, s'ils la trouvent incompatible avec sa justice.[2] Qu'en pareil cas ils interprètent de leur mieux les passages contraires à leur opinion, plutôt que de l'abandonner, que peuvent-ils faire autre chose ? Nul n'est plus pénétré que moi d'amour et de respect pour le plus sublime de tous les livres: il me console et m'instruit tous les jours, quand les autres ne m'inspirent plus que du dégoût.[3] Mais je soutiens que, si l'Écriture elle-même nous donnait de Dieu quelque idée indigne de lui, il faudrait la rejeter en cela comme vous rejetez en géométrie les démonstrations qui mènent à des conclusions absurdes; car, de quelque authenticité que puisse être le texte sacré, il est encore plus croyable que la Bible soit altérée, que Dieu injuste ou malfaisant.[4]

Voilà, Monsieur, les raisons qui m'empêcheraient de blâmer ces sentiments dans d'équitables et modérés théologiens, qui de leur propre doctrine apprendraient à ne forcer personne à l'adopter. Je dirai plus, des manières de penser si convenables à une créature raisonnable et faible, si dignes d'un Créateur juste et miséricor-

de base à toute certitude humaine. Autrement, la raison, déposant contre elle-même, nous forcerait à la récuser; et, loin de nous faire croire ceci ou cela, elle nous empêcherait de plus rien croire, attendu que tout principe de foi serait détruit. Tout homme, de quelque religion qu'il soit, qui dit croire à de pareils mystères, en impose donc, ou ne sait ce qu'il dit.[1]

---

[1] Cf. *supra*, p. 69 n. 1. For a discussion of Rousseau's attitude towards reason see R. Derathé, *Le Rationalisme de Rousseau* (Paris, 1948); P. Burgelin, *La Philosophie de l'existence de J.-J. Rousseau* (Paris, 1952); R. Grimsley, *Religious Quest*, pp. 46 f. Some useful indications are also given by G. Beaulavon in the introduction to his edition of the *Profession de foi du Vicaire savoyard* (Paris, 1937), esp. p. 25.

[2] Rousseau himself rejected the idea of eternal punishment as incompatible with God's goodness. Cf. *supra*, p. 69.

[3] Rousseau frequently expresses his admiration for the Bible. Cf. *supra*, p. 71, and *infra*, pp. 190.

[4] Cf. *infra*, p. 190.

dieux, me paraissent préférables à cet assentiment stupide qui fait
de l'homme une bête, et à cette barbare intolérance qui se plaît à
tourmenter dès cette vie ceux qu'elle destine aux tourments éternels dans l'autre. En ce sens je vous remercie pour ma patrie de
l'esprit de philosophie et d'humanité que vous reconnaissez dans
son clergé, et de la justice que vous aimez à lui rendre; je suis d'accord avec vous sur ce point. Mais, pour être philosophes et tolérants,[i] il ne s'ensuit pas que ses membres soient hérétiques. Dans
le nom de parti que vous leur donnez, dans les dogmes que vous
dites être les leurs, je ne puis ni vous approuver ni vous suivre.
Quoiqu'un tel système n'ait rien peut-être que d'honorable à ceux
qui l'adoptent, je me garderai de l'attribuer à mes pasteurs, qui
ne l'ont pas adopté, de peur que l'éloge que j'en pourrais faire ne
fournît à d'autres le sujet d'une accusation très grave, et ne nui-
sît à ceux que j'aurais prétendu louer. Pourquoi me chargerais-je
de la profession de foi d'autrui? N'ai-je pas trop appris à craindre
ces imputations téméraires? Combien de gens se sont chargés de
la mienne en m'accusant de manquer de religion, qui sûrement ont
fort mal lu dans mon cœur! Je ne les taxerai point d'en manquer
eux-mêmes; car un des devoirs qu'elle m'impose est de respecter
les secrets des consciences. Monsieur, jugeons les actions des hommes, et laissons Dieu juger de leur foi.

En voilà trop peut-être sur un point dont l'examen ne m'appartient pas, et n'est pas aussi le sujet de cette lettre. Les ministres
de Genève n'ont pas besoin de la plume d'autrui pour se défendre;[ii] ce n'est pas la mienne qu'ils choisiraient pour cela, et de

---

[i] Sur la tolérance chrétienne, on peut consulter le chapitre qui porte ce titre
dans le onzième livre de la *Doctrine chrétienne* de M. le professeur Vernet.[1] On y
verra par quelles raisons l'Église doit apporter encore plus de ménagement et de
circonspection dans la censure des erreurs sur la foi, que dans celle des fautes
contre les mœurs, et comment s'allient, dans les règles de cette censure, la douceur
du chrétien, la raison du sage et le zèle du pasteur.

[ii] C'est ce qu'ils viennent de faire, à ce qu'on m'écrit, par une déclaration publique.[2] Elle ne m'est point parvenue dans ma retraite; mais j'apprends que le
public l'a reçue avec applaudissement. Ainsi, non seulement je jouis du plaisir de
leur avoir le premier rendu l'honneur qu'ils méritent, mais de celui d'entendre
mon jugement unanimement confirmé. Je sens bien que cette déclaration rend le

---

[1] The Genevan theologian, Jacob Vernet (1698–1789), was the author of a
Traité de la vérité de la religion chrétienne, published in ten volumes between 1730
and 1782.

[2] The ministers published an official reply to d'Alembert's article in 1758. As
Rousseau says, it was well received in Paris, but elsewhere was blamed for its
vagueness. Cf. *supra*, p. 68 n. 2.

pareilles discussions sont trop loin de mon inclination pour que je m'y livre avec plaisir: mais, ayant à parler du même article où vous leur attribuez des opinions que nous ne leur connaissons point, me taire sur cette assertion, c'était y paraître adhérer, et c'est ce que je suis fort éloigné de faire. Sensible au bonheur que nous avons de posséder un corps de théologiens philosophes et pacifiques, ou plutôt un corps d'officiers de morale[1] et de ministres de la vertu, je ne vois naître qu'avec effroi toute occasion pour eux de se rabaisser jusqu'à n'être plus que des gens d'Église. Il nous importe de les conserver tels qu'ils sont. Il nous importe qu'ils jouissent eux-mêmes de la paix qu'ils nous font aimer, et que d'odieuses disputes de théologie ne troublent plus leur repos ni le nôtre. Il nous importe enfin d'apprendre toujours, par leurs leçons et par leur exemple, que la douceur et l'humanité sont aussi les vertus du chrétien.

début de ma lettre entièrement superflu, et le rendrait peut-être indiscret dans tout autre cas; mais, étant sur le point de le supprimer, j'ai vu que, parlant du même article qui y a donné lieu, la même raison subsistait encore, et qu'on pourrait toujours prendre mon silence pour une espèce de consentement. Je laisse donc ces réflexions d'autant plus volontiers que, si elles viennent hors de propos sur une affaire heureusement terminée, elles ne contiennent en général rien que d'honorable à l'Église de Genève, et que d'utile aux hommes en tout pays.

[1] C'est ainsi que l'abbé de Saint-Pierre[1] appelait toujours les ecclésiastiques, soit pour dire ce qu'ils sont en effet, soit pour exprimer ce qu'ils devraient être.

---

[1] Charles-Irénée Castel, abbé de Saint-Pierre (1658–1743), was famous for various projects aimed at the betterment of mankind. He was strongly opposed to war and was the author of a *Projet de paix perpétuelle* (1713). Rousseau wrote an *abrégé* and a criticism of this and other works (cf. *OC*, III, 563 f.).

10

A RELIGIOUS ALLEGORY

THIS UNFINISHED work, which may have been composed during the 1750s before Rousseau had started in earnest on the *Profession de foi*, was given no title by the author himself, although G. Streckeisen-Moultou first published it in 1861 as *Fiction ou Morceau allégorique sur la Révélation*.

The first part of the work deals with questions which Rousseau was to discuss in a more decisive and systematic way in the *Profession de foi*; the meaning of the universe and, in particular, the problems involved in any attempt to clarify the difference between, on the one hand, the regular, strictly determined movement of the planets, and, on the other, the spontaneity of animal behaviour and the freedom of the human will. In Rousseau's view, the existence of feeling, reflection and will suggests that movement is not self-explanatory and a natural property of matter, but 'the work of a powerful being, the director of all things'. He admits that such a 'sublime truth' is not the result of painstaking thought, but like a 'ray of light' revealing a 'new universe' to the mind; it is 'inner feeling', rather than conscious reflection, which is the source of this 'revelation'. Although the thinker to whom such truths have been vouchsafed will want to communicate them to his fellow men, his own immediate reaction will be to adore the majesty and power of the Creator rather than make a merely abstract and fruitless philosophical analysis of what he sees and feels.

It is at this point that the 'allegory' begins, for the thinker then falls asleep and has a strange dream. He sees seven statues which are ugly when examined at close range, but which appear to be beautiful as soon as they are seen in a certain perspective. There is also a veiled eighth statue which each worshipper fashions in accordance with his own imagination. Clearly these statues represent the false objects of human worship and are perhaps intended to recall the seven deadly sins. The uncertainty and confusion of the worshippers are aggravated by 'the ministers of the temple' (i.e. the priests) who take care to blindfold the people in such a way as to allow them to see only the beautiful aspects of objects which are in reality 'frightful divinities'. Incited by fear to violence and bloodshed, the worshippers soon become the prey of unnatural passions. Rousseau is here repeating the well-known 'philosophical' theme of the inhuman effects of religious intolerance and superstition.

The last part of the work describes the treatment meted out to three men who try to enlighten the people about the foolishness of their ways. The first is probably, as Masson suggests,[1] the clear-sighted philosopher who seeks to free the people from their errors and who, perhaps because he has nothing positive to put in their place, is killed for his pains; then comes an old man, Socrates, who perceives the falseness of pagan beliefs and is also put to death by the people; unlike the earlier philosopher, Socrates possesses certain valuable insights such as the immortality of the soul, but his wisdom is limited and insufficient to satisfy man's deepest needs; finally, there appears the 'Son of Man' who overthrows the statues and reveals the true nature of human love. Readers of the *Profession de foi* and other passages relating to Jesus will scarcely need to be reminded that this eulogy does not mean Rousseau's acceptance of Jesus as God-Man; Jesus always remains for Jean-Jacques the supreme exponent of the truths of 'natural religion'.[1]

Ce fut durant une belle nuit d'été que le premier homme qui tenta de philosopher, livré à une profonde et délicieuse rêverie et guidé par cet enthousiasme involontaire qui transporte quelquefois l'âme hors de sa demeure et lui fait, pour ainsi dire, embrasser tout l'univers, osa élever ses réflexions jusqu'au sanctuaire de la Nature et pénétrer, par la pensée, aussi loin qu'il est permis à la sagesse humaine d'atteindre.

La chaleur était à peine tombée avec le soleil, les oiseaux, déjà retirés et non encore endormis, annonçaient, par un ramage languissant et voluptueux, le plaisir qu'ils goûtaient à respirer un air plus frais; une rosée abondante et salutaire ranimait déjà la verdure fanée par l'ardeur du soleil; les fleurs élançaient de toutes parts leurs plus doux parfums; les vergers et les bois, dans toute leur parure, formaient, au travers du crépuscule et des premiers rayons de la lune, un spectacle moins vif et plus touchant que durant l'éclat du jour. Le murmure des ruisseaux, effacé par le

---

[1] On the interpretation of the allegory see Masson II, 50 f., and Jean Starobinski, *Jean-Jacques Rousseau, la transparence et l'obstacle* (Paris, 1957), pp. 79 f. For the text see *OC, IV*, 1044-54.

tumulte de la journée, commençait à se faire entendre; divers
animaux domestiques, rentrant à pas lents, mugissaient au loin et
semblaient se réjouir du repos que la nuit allait leur donner, et le
calme qui commençait à régner de toutes parts était d'autant plus
charmant qu'il annonçait des lieux tranquilles sans être déserts, et
la paix plutôt que la solitude.

A ce concours d'objets agréables, le philosophe touché comme
l'est toujours en pareil cas une âme sensible où règne la tranquille
innocence, livre son cœur et ses sens à leurs douces impressions:
pour les goûter plus à loisir, il se couche sur l'herbe, et appuyant
sa tête sur sa main, il promène délicieusement ses regards sur tout
ce qui les flatte. Après quelques instants de contemplation, il
tourne par hasard les yeux vers le ciel, et à cet aspect qui lui est si
familier et qui pour l'ordinaire le frappait si peu, il reste saisi
d'admiration, il croit voir pour la première fois cette voûte immense et sa superbe parure. Il remarque encore à l'occident les
traces de feu que laisse après lui l'astre qui nous donne la chaleur†
et le jour; vers l'orient il aperçoit la lueur douce et mélancolique de
celui qui guide nos pas et excite nos rêveries durant la nuit; il en
distingue encore deux ou trois qui se font remarquer par l'apparente irrégularité de leur route au milieu de la disposition constante
et régulière de toutes les autres parties du ciel; il considère, avec
je ne sais quel frémissement, la marche lente et majestueuse de cette
multitude de globes qui roulent en silence au-dessus de sa tête, et
qui sans cesse lancent à travers les espaces des cieux une lumière
pure et inaltérable.

Ces corps, malgré les intervalles immenses qui les séparent, ont
entre eux une secrète correspondance qui les fait tous mouvoir
selon la même direction, et il observe entre le zénith et l'horizon,
avec une curiosité mêlée d'inquiétude, l'étoile mystérieuse autour
de laquelle semble se faire cette révolution commune. Quelle
mécanique inconcevable a pu soumettre tous les astres à cette loi;
quelle main a pu lier ainsi entre elles toutes les parties de cet univers, et par quelle étrange faculté de moi-même, unies au dehors
par cette loi commune, toutes ces parties le sont-elles encore dans
ma pensée en une sorte de système que je soupçonne sans le concevoir?

La même régularité de mouvement que je remarque dans les
révolutions des corps célestes, je la retrouve sur la terre dans la

† la vie

succession des saisons, dans l'organisation des plantes et des animaux. L'explication de tous ces phénomènes ne peut se chercher que dans la matière mue et ordonnée selon certaines lois. Mais qui peut avoir établi ces lois et comment tous les corps s'y trouvent-ils assujettis? Voilà ce que je ne saurais comprendre. D'ailleurs, le mouvement progressif et spontané des animaux, les sensations, le pouvoir de penser, la liberté de vouloir et d'agir que je trouve en moi-même et dans mes semblables, tout cela passe les notions de mécanique que je puis déduire des propriétés connues de la matière.[1]

Qu'elle en ait que je ne connais point et ne connaîtrai peut-être jamais; qu'ordonnée ou organisée d'une certaine manière, elle devienne susceptible de sentiment, de réflexion ou de volonté, je puis le croire sans peine:[2] mais la règle de cette organisation, qui peut l'avoir établie, comment peut-elle être quelque chose par elle-même, ou dans quel archétype peut-elle être conçue existante?

Si je suppose que tout est l'effet d'un arrangement fortuit, que deviendra l'idée d'ordre et le rapport d'intention et de fin, que je remarque entre toutes les parties de l'univers? J'avoue que dans la multitude de combinaisons possibles, celle qui subsiste ne peut être exclue et qu'elle a dû même trouver sa place dans l'infini des successions: mais ces successions mêmes n'ont pu se faire qu'à l'aide du mouvement, et voilà pour mon esprit une source de nouveaux embarras.

Je puis concevoir qu'il règne dans l'univers une certaine mesure de mouvement qui, modifiant successivement les corps, soit toujours la même en quantité mais je trouve que l'idée du mouvement n'étant qu'une abstraction et ne pouvant se concevoir hors de la substance mue, il reste toujours à chercher quelle force a pu mouvoir la matière, et si la somme du mouvement était susceptible d'augmentation ou de diminution, la difficulté deviendrait encore plus grande.

Me voilà donc réduit à supposer la chose du monde la plus contraire à toutes mes expériences, savoir la nécessité du mouvement dans la matière: car je trouve en toute occasion les corps indif-

---

[1] These problems are discussed more fully in the *Profession de foi du Vicaire savoyard*.

[2] Allusion to Locke's famous reference to the possibility of thinking matter (*Essay on Human Understanding*, IV, iii, 6). Cf. *infra*, p. 141, n. 2. Later on Rousseau specifically opposed the idea. Cf. note in *OC*, IV, 1768.

férents par eux-mêmes au mouvement et au repos et susceptibles également de l'un ou de l'autre selon la force qui les pousse ou qui les retient, tandis qu'il m'est impossible de concevoir le mouvement comme une propriété naturelle de la matière,[1] ne fût-ce que faute d'une direction déterminée sans laquelle il n'y a point de mouvement, et qui, si elle existait, entraînerait éternellement tous les corps en lignes droites et parallèles avec une force ou du moins une vitesse égale, sans que jamais le moindre atome pût en rencontrer un autre ni se détourner un instant de la direction commune.[2]

Plongé dans ces rêveries et livré à mille idées confuses, qu'il ne pouvait ni abandonner ni éclaircir, l'indiscret philosophe s'efforçait vainement de pénétrer dans les mystères de la nature; son spectacle qui l'avait d'abord enchanté, n'était plus pour lui qu'un sujet d'inquiétude, et la fantaisie de l'expliquer lui avait ôté tout le plaisir d'en jouir. Las enfin de flotter avec tant de contention entre le doute et l'erreur, rebuté de partager son esprit entre des systèmes sans preuves et des objections sans réplique, il était prêt de renoncer à de profondes et frivoles méditations, plus propres à lui inspirer de l'orgueil que du savoir: quand, tout à coup, un rayon de lumière vint frapper son esprit et lui dévoiler ces sublimes vérités qu'il n'appartient pas à l'homme de connaître par lui-même et que la raison humaine sert à confirmer sans servir à les découvrir. Un nouvel univers[3] s'offrit pour ainsi dire à sa contemplation; il aperçut la chaîne invisible qui lie entre eux tous les êtres; il vit une main puissante étendue sur tout ce qui existe, le sanctuaire de la nature fut ouvert à son entendement comme il l'est aux intelligences célestes, et toutes les plus sublimes idées que nous attachons à ce mot: *Dieu*, se présentèrent à son esprit. Cette grâce fut le prix de son sincère amour pour la vérité et de la bonne foi avec laquelle, sans songer à se parer de ses vaines recherches, il consentait à perdre la peine qu'il avait prise et à convenir de son ignorance plutôt que de consacrer ses erreurs aux yeux des autres sous le beau nom de philosophie.[4] A l'instant, toutes les énigmes qui l'avaient si fort inquiété s'éclaircirent à son esprit. Le cours des

[1] In the *Profession de foi* Rousseau was to make this the basis of an argument for the existence of God as the creator of the universe.

[2] Cf. Lucretius, *De rerum natura*, II, v. 216 f. (*OC*, IV, 1768).

[3] Rousseau was very fond of this expression. Cf. *OC*, I, 351: 'A l'instant je vis un autre univers et je devins un autre homme'. Other examples are given in *Religious Quest*, pp. 88–9. On the theme of the 'chain' see *supra*, pp. 15 f.

[4] On Rousseau's contempt for 'philosophy' see *Religious Quest*, pp. 36 f.

cieux, la magnificence des astres, la parure de la terre, la succession des êtres, les rapports de convenance et d'utilité qu'il remarquait entre eux, le mystère de l'organisation, celui de la pensée, en un mot, le jeu de la machine entière, tout devint pour lui possible à concevoir comme l'ouvrage d'un être puissant, directeur de toutes choses; et s'il lui restait quelques difficultés qu'il ne put résoudre, leur solution lui paraissant plutôt au-dessus de son entendement que contraire à sa raison, il s'en fiait au sentiment intérieur[1] qui lui parlait avec tant d'énergie en faveur de sa découverte, préférablement à quelques sophismes embarrassants qui ne tiraient leur force que de la faiblesse de son esprit.

A ces grandes et ravissantes lumières,† son âme, saisie d'admiration et s'élevant pour ainsi dire au niveau de l'objet qui l'occupait, se sentit pénétrée d'une sensation vive et délicieuse: une étincelle de ce feu divin qu'elle avait aperçue semblait lui donner une nouvelle vie; transporté de respect, de reconnaissance et de zèle, il se lève précipitamment; puis, élevant les yeux et les mains vers le ciel et s'inclinant ensuite la face contre terre, son cœur et sa bouche adressèrent à l'Être divin le premier et peut-être le plus pur hommage qu'il ait jamais reçu des mortels.[2]

Embrasé de ce nouvel‡ enthousiasme, il en eût voulu communiquer l'ardeur à toute la nature, il eût voulu surtout le partager avec ses semblables, et ses pensées les plus délicieuses roulaient sur les projets de sagesse et de félicité qu'il se proposait de faire adopter aux hommes en leur montrant, dans les perfections de leur commun auteur, la source des vertus qu'ils devaient acquérir, et dans ses bienfaits, l'exemple et le prix de ceux qu'ils devaient répandre. «Allons! s'écriait-il transporté de zèle, portons partout, avec l'explication des mystères de la nature, la loi sublime du maître qui la gouverne et qui se manifeste dans ses ouvrages. Apprenons aux hommes à se regarder comme les instruments d'une volonté suprême qui les unit entre eux et avec un plus grand tout, à mépriser les maux de cette courte vie, qui n'est qu'un passage pour retourner à l'Être éternel dont ils tirent leur existence, et à s'aimer tous comme autant de frères destinés à se réunir un jour au sein de leur Père commun.»

† idées   ‡ divin

---

[1] A fundamental aspect of Rousseau's philosophy of man; cf. p. 123.
[2] Rousseau often adopted towards nature a similar attitude of speechless adoration; cf. *infra*, p. 105.

C'était dans ces pensées si flatteuses pour l'orgueil humain et si douces pour tout être aimant et sensible, qu'il attendait le retour du jour, impatient d'en porter un plus pur et plus éclatant dans l'esprit des autres hommes et de leur communiquer les lumières célestes qu'il venait d'acquérir. Cependant la fatigue d'une longue méditation ayant épuisé ses esprits, et la fraîcheur de la nuit l'invitant au repos, il s'assoupit insensiblement en rêvant et méditant encore, et s'endormit enfin profondément. Durant son sommeil, les ébranlements que la contemplation venait d'exciter dans son cerveau lui donnèrent un songe, extraordinaire comme les idées qui l'avaient produit.

Il se crut au milieu d'un édifice immense, formé par un dôme éblouissant que portaient sept statues colossales au lieu de colonnes: toutes ces statues, à les regarder de près, étaient horribles et difformes; mais, par l'artifice d'une perspective adroite, vue du centre de l'édifice, chacune d'elles changeait d'apparence et présentait à l'œil une figure charmante. Ces statues avaient toutes des attitudes diverses et emblématiques.[1] L'une, un miroir à la main, était assise sur un paon dont elle imitait la contenance vaine et superbe. Une autre, d'un œil impudent et d'une main lascive, excitait les objets de sa sensualité brutale à la partager. Une autre tenait des serpents nourris de sa propre substance qu'elle arrachait de son sein pour les dévorer et qu'on y voyait renaître sans cesse. Une autre, squelette affreux qu'on n'eût su distinguer de la mort qu'à l'étincelante avidité de ses yeux, rebutait de vrais aliments pour avaler à longs traits des coupes d'or en fusion, qui l'altéraient sans la nourrir. Toutes enfin étaient distinguées par des attributs effroyables qui devaient en faire des objets d'horreur, mais qui, vus du point d'où elles paraissaient belles, semblaient être les ornements de leur beauté. Sur la clef de la voûte étaient écrits ces mots en gros caractères: *Peuples*,† *servez les dieux de la terre.* Directement au-dessous, c'est-à-dire au centre du bâtiment et au point de perspective, était un grand autel heptagone sur lequel les hommes venaient en foule offrir leurs offrandes et leurs vœux aux sept statues qu'ils honoraient par mille différents rites et sous mille bizarres noms. Cet autel servait de base à une huitième statue à laquelle tout l'édifice était consacré, et qui partageait les honneurs rendus à

† Crossed out from MS: venez tous servir (accourez tous et servez tous).

[1] Rousseau is here stressing the variety and incongruity of religious symbolism, and man's failure to see the ugliness of the objects he worships.

toutes les autres. Toujours environnée d'un voile impénétrable, elle était perpétuellement servie du peuple et n'en était jamais aperçue;† l'imagination de ses adorateurs la leur peignait d'après leurs caractères et leurs passions, et chacun, d'autant plus attaché à l'objet de son culte qu'il était plus imaginaire, ne plaçait sous ce voile mystérieux que l'idole de son oœur.‡

Parmi la foule qui affluait sans cesse en ce lieu, il§ distingua d'abord quelques hommes singulièrement vêtus et qui, au travers d'un air modeste et recueilli, avaient dans leur physionomie je ne sais quoi de sinistre qui annonçait à la fois l'orgueil et la cruauté. Occupés à introduire continuellement les peuples dans l'édifice, ils paraissaient les officiers ou les maîtres du lieu et dirigeaient souverainement le culte des sept statues.[1] Ils commençaient par bander les yeux à tous ceux qui se présentaient à l'entrée du temple, puis les ayant ainsi conduits dans un coin du sanctuaire, ils ne leur rendaient l'usage de la vue que quand tous les objets concouraient à la fasciner. Que si durant le trajet quelqu'un tentait d'ôter son bandeau, à l'instant ils prononçaient sur lui quelques paroles magiques qui lui donnaient la figure d'un monstre, sous laquelle, abhorré de tous et méconnu des siens, il ne tardait pas d'être déchiré par l'assemblée. Ce qu'il y avait de plus étonnant, c'est que les ministres du temple qui voyaient à plein toute la difformité de leurs idoles, ne les servaient pas moins ardemment que l'aveugle vulgaire. Ils s'identifiaient pour ainsi dire avec leurs affreuses divinités, et recevant en leur nom les hommages et les dons mortels, chacun d'eux leur offrait pour son intérêt les vœux que la crainte arrachait aux peuples. Le bruit continuel des hymnes et des chants d'allégresse jetait les spectateurs dans un enthousiasme qui les mettait hors d'eux-mêmes.

L'autel qui s'élevait au milieu du temple se distinguait à peine au travers des vapeurs d'un encens épais qui portait à la tête et troublait la raison; mais tandis que le vulgaire n'y voyait que les fantômes de son imagination agitée, le philosophe, plus tranquille, aperçut assez pour juger de ce qu'il ne discernait pas; l'appareil d'un continuel carnage environnait cet autel terrible; il vit

---

† vue à découvert   ‡ le fantôme de son esprit   § Pythagore (le philosophe)

[1] In this and the following paragraph Rousseau adopts the attitude of many *philosophes* towards the alleged bigotry, obscurantism and intolerance of the priesthood—vices which are matched by the blind credulity and unnatural feelings of the worshippers.

avec horreur le monstrueux mélange de meurtre et de prostitution. Tantôt on précipitait de tendres enfants dans des flammes de bois de cèdre, tantôt des hommes faits étaient immolés par la faux d'un vieillard décrépit. Des pères dénaturés plongeaient en gémissant le couteau dans le sein de leurs propres filles; de jeunes personnes, dans une parure élégante et pompeuse qui relevait encore leur beauté, étaient enterrées vives pour avoir écouté la voix de la nature, tandis que d'autres étaient livrées en cérémonie à la plus infâme débauche, et l'on entendait à la fois, par un abominable contraste, les soupirs des mourants avec ceux de la volupté.

«Ah! s'écria le philosophe épouvanté, quel horrible† spectacle! pourquoi mes regards en sont-ils souillés? Hâtons-nous de quitter ce séjour infernal. — Il n'est pas temps encore, lui dit, en le retenant, l'être invisible qui lui avait déjà parlé;‡ tu viens de contempler l'aveuglement des peuples, il te reste à voir quel est en ce lieu le destin des sages.» A l'instant, il aperçut à l'entrée du temple un homme exactement vêtu comme lui, et dont l'éloignement l'empêcha de distinguer les traits. Cet homme, dont le port était grave et posé, n'allait point lui-même à l'autel, mais touchant subtilement au bandeau de ceux qu'on y conduisait, sans y causer de dérangement apparent, il leur rendait l'usage de la vue. Ce service fut bientôt découvert par l'indiscrétion de ceux qui le recevaient. Car la plupart d'entre eux voyant, en traversant le temple, la laideur des objets de son culte, ils refusaient d'aller à l'autel et tâchaient d'en dissuader leurs voisins. Les ministres du temple, toujours vigilants pour leur intérêt, découvrirent bientôt la source du scandale, saisirent l'homme voilé, le traînèrent au pied de l'autel et l'immolèrent sur-le-champ, aux acclamations unanimes de la troupe aveuglée.[1]

En tournant les yeux vers l'entrée voisine, le philosophe vit un vieillard d'assez mauvaise mine, mais dont les manières et les discours faisaient bientôt oublier la physionomie. Aussitôt qu'il se présenta pour entrer, les ministres du temple apportèrent le bandeau sacré; mais il leur dit: «Hommes divins, épargnez-vous un soin superflu pour un pauvre vieillard privé de la vue, qui vient,

† replaces: infâme et barbare and exécrable et barbare
‡ replaces: un homme qui l'accompagnait and un homme qu'il aperçut tout d'un coup à côté de lui

[1] On the identity of this personage, see note in *OC*, IV, 1791. Probably no specific individual is intended, as it is a question of the enlightened philosopher killed by ignorant fanatics. See also J. Starobinski, op. cit., pp. 81–2.

sous vos auspices, chercher à la recouvrer ici; daignez seulement me conduire à l'autel, afin que je rende hommage à la divinité et, qu'elle me guérisse.» Comme il affectait de heurter assez lourdement les objets qui étaient autour de lui, l'espoir du miracle fit oublier d'en mieux constater le besoin;† la cérémonie du bandeau fut omise comme superflue, et le vieillard fut introduit, appuyé sur un jeune homme qui lui servait de guide et auquel on ne fit nulle attention.

Effrayé de l'aspect hideux des sept statues et du sang qu'il voyait ruisseler autour de la huitième, ce jeune homme tenta vingt fois de s'échapper et de fuir hors du temple; mais retenu par le vieillard d'un bras vigoureux, il fut contraint de le mener ou plutôt de le suivre jusqu'à l'enceinte du sanctuaire, pour observer ce qu'il voyait et travailler un jour à l'instruction des hommes. Aussitôt l'aveugle prétendu, sautant légèrement sur l'autel, découvrit d'une main hardie la statue et l'exposa sans voile à tous les regards. On voyait peintes sur son visage l'extase avec la fureur; sous ses pieds elle étouffait l'humanité personnifiée, mais ses yeux étaient tendrement tournés vers le ciel: de sa main gauche elle tenait un cœur enflammé, et de l'autre elle acérait un poignard.

Cet aspect fit frémir le philosophe; mais loin de révolter les spectateurs, ils n'y virent, au lieu d'un air de cruauté, qu'un enthousiasme céleste, et sentirent augmenter pour la statue ainsi découverte le zèle qu'ils avaient eu pour elle sans la connaître.

«Peuples! leur cria d'un ton plein de feu l'intrépide vieillard qui s'en aperçut, quelle est votre folie de servir des dieux qui ne cherchent qu'à nuire, et d'adorer des êtres encore plus malfaisants que vous? Ah! loin de les forcer par d'indiscrets sacrifices à songer à vous pour vous tourmenter, tâchez plutôt qu'ils vous oublient, vous en serez moins misérables; vous croyez leur plaire en détruisant leurs ouvrages: que pouvez-vous espérer d'eux, sinon qu'ils vous détruisent à leur tour? Servez celui qui veut que tous soient heureux si vous voulez être heureux vous-mêmes.»

Les ministres ne lui permirent pas de poursuivre, et l'interrompant à grand bruit, ils demandèrent au peuple justice de cet ingrat qui pour prix d'avoir recouvré, disaient-ils, la vue sur l'autel de la déesse, osait en profaner la statue et en décrier le culte. Aussitôt tout le peuple se jeta sur lui, prêt à le mettre en pièces; mais les

---

† replaces: l'espoir du miracle rendit les prêtres peu difficiles à constater l'aveuglement

ministres, voyant sa mort assurée, voulurent la revêtir d'une forme juridique, et le firent condamner par l'assemblée à boire l'eau verte, sorte de mort souvent imposée aux sages. Tandis qu'on préparait la liqueur, les amis du vieillard voulurent l'emmener secrètement; mais il refusa de les suivre: «Laissez-moi, leur dit-il, aller recevoir le prix de mon zèle de celui qui en est l'objet. En vivant parmi ces peuples, ne m'étais-je pas soumis à leurs lois, et dois-je les enfreindre au moment qu'elles me couronnent; ne suis-je pas trop heureux, après avoir consacré mes jours au progrès de la vérité, de pouvoir lui consacrer encore la fin d'une vie que la nature allait me redemander? O mes amis! l'exemple de mon dernier jour est la seule instruction que je vous laisse, ou celle au moins qui doit donner du poids à toutes les autres. Je serais soupçonné de n'avoir vécu qu'en sophiste si je craignais de mourir en philosophe.» Après ce discours il reçut la coupe des sages, et l'ayant bue avec un air serein, il s'entretint paisiblement avec ses amis de l'immortalité de l'âme et des grandes vérités de la nature, que le philosophe écouta d'autant plus attentivement qu'elles se rapportaient à ses précédentes méditations. Mais le dernier discours du vieillard, qui fut un hommage très distinct à cette même statue qu'il avait dévoilée, jeta dans l'esprit du philosophe un doute et un embarras dont il ne se tira jamais bien, et il fut toujours incertain si ces paroles renfermaient un sens allégorique ou simplement un acte de soumission au culte établi par les lois. «Car, disait-il, si toutes les manières de servir la divinité lui sont indifférentes, c'est l'obéissance aux lois qu'il faut préférer.» Cependant, il restait toujours entre cette action et la précédente une contradiction qui lui parut impossible à lever.

Frappé de tout ce qu'il venait de voir, il réfléchissait profondément sur ces terribles scènes, quand tout à coup une voix se fit entendre dans les airs, prononçant distinctement ces mots: «C'est ici le Fils de l'homme; les cieux se taisent devant lui, terre, écoutez sa voix.» Alors, levant les yeux, il aperçut sur l'autel un personnage dont l'aspect imposant et doux le frappa d'étonnement et de respect: son vêtement était populaire et semblable à celui d'un artisan, mais son regard était céleste; son maintien modeste, grave et moins apprêté que celui même de son prédécesseur,† avait je ne sais quoi de sublime, où la simplicité s'alliait à la grandeur,[1] et

---

† replaces: Son maintien modeste et grave sans être bas ni impérieux

[1] These qualities of simplicity and sublimity are constantly associated with Jesus and the Gospels.

4—R.R.W.

l'on ne pouvait l'envisager sans se sentir pénétré d'une émotion vive et délicieuse qui n'avait sa source dans aucun sentiment connu des hommes. «O mes enfants, dit-il d'un ton de tendresse qui pénétrait l'âme, je viens expier et guérir vos erreurs; aimez celui qui vous aime et connaissez celui qui est!» A l'instant, saisissant la statue, il la renversa sans effort, et montant sur le piédestal avec aussi peu d'agitation, il semblait reprendre sa place plutôt qu'usurper celle d'autrui. Son air, son ton, son geste, causaient dans l'assemblée une extraordinaire fermentation; le peuple en fut saisi jusqu'à l'enthousiasme, les ministres en furent irrités jusqu'à la fureur, mais à peine étaient-ils écoutés. — L'inconnu populaire et ferme, en prêchant une morale divine,† entraînait tout: tout annonçait une révolution, il n'avait qu'à dire un mot et ses ennemis n'étaient plus. — Mais celui qui venait détruire la sanguinaire intolérance n'avait garde de l'imiter; il n'employa que les voies qui convenaient aux choses qu'il avait à dire et aux fonctions dont il était chargé; et le peuple, dont toutes les passions sont des fureurs, en devint moins zélé pour sa défense.‡ Après le témoignage de force et d'intrépidité qu'il venait de donner, il reprit son discours avec la même douceur qu'auparavant; il peignit l'amour des hommes et toutes les vertus avec des traits si touchants et des couleurs si aimables que, hors les officiers du temple, ennemis par état de toute humanité, nul ne l'écoutait sans être attendri et sans aimer mieux ses devoirs et le bonheur d'autrui. Son parler était simple et doux et pourtant profond et sublime; sans étonner l'oreille, il nourrissait l'âme: c'était du lait pour les enfants et du pain pour les hommes.§ Il animait‖ le fort et consolait le faible, et les génies les moins proportionnés entre eux le trouvaient tous également à leur portée; il ne haranguait point d'un ton pompeux et soutenu, mais ses discours familiers brillaient de la plus ravissante éloquence, et ses instructions étaient des apologues, des entretiens communs mais pleins de justesse et de profondeur. Rien ne l'embarrassait; les questions les plus captieuses que le désir de le perdre lui faisait proposer avaient à l'instant des solutions dictées par la sagesse; il ne fallait que l'entendre une fois pour être persuadé: on sentait que le langage de la vérité ne lui coûtait rien, parce qu'il en avait la source en lui-même.

† replaces: la plus pure morale divine qui
‡ a sentence at the bottom of the manuscript reads: moins zélé et négligea de le défendre en voyant qu'il ne voulait point attaquer.
§ replaces: gens robustes   ‖ replaces: il élevait

11

JULIE'S 'PROFESSION OF FAITH' (1761)

In its inception *La Nouvelle Héloïse* was far from being a work of spiritual edification, for religion had little or no rôle in the first part of the novel; it was only in the last two parts that it began to assume an overriding importance. In his correspondence Rousseau stressed that the real object of *La Nouvelle Héloïse* was to reconcile the *dévots* and the *philosophes* by showing the good and bad points of both sides. 'Julie dévote est une leçon pour les philosophes et Wolmar athée en est une pour les intolérants.' (*CC*, IX, 27: to Vernes, 24 June 1761.) No doubt the full religious meaning of the novel involves far more than the confrontation of the two different but complementary attitudes represented by Julie and Wolmar, but the main religious lesson is mediated through the spiritual evolution and regeneration of Julie's character after her marriage to M. de Wolmar.

When she contracts a fatal illness after rescuing one of her children from drowning, Julie edifies all around her with a short 'profession of faith' which, as Rousseau himself admitted, was a statement of his own religious beliefs. 'Devant l'appareil des supplices,' he declared, 'je n'ôterai pas un mot de ce discours.' Julie's views are obviously more akin to Rousseau's 'natural religion' than to Christian orthodoxy. In this respect they anticipate several of the religious ideas which were to be developed much more fully in the *Profession de foi du Vicaire savoyard*.

Tout arriva comme je l'avais prévu.[1] Je laisse à part les lieux communs mêlés d'éloges qui servirent de transition au ministre pour venir à son sujet; je laisse encore ce qu'il lui dit de touchant sur le bonheur de couronner une bonne vie† par une fin chrétienne.

† une vie pieuse.

---

[1] It is M. de Wolmar who writes the letter from which this extract is taken (*La Nouvelle Héloïse*, VI, xi: *OC*, II, 714). For a full discussion of *La Nouvelle Héloïse* and especially of this part see *OC*, II, 800 f., as well as the introduction to the critical edition by Daniel Mornet (4 vols., Paris, 1925) and Masson, II, 65 f. The religious 'mythology' is also examined in *Religious Quest*, Part III.

Il ajouta qu'à la vérité il lui avait quelquefois trouvé sur certains points des sentiments qui ne s'accordaient pas entièrement avec la doctrine de l'Église, c'est-à-dire avec celle que la plus saine raison pouvait déduire de l'Écriture; mais comme elle ne s'était jamais aheurtée[1] à les défendre, il espérait qu'elle voulait mourir ainsi qu'elle avait vécu, dans la communion des fidèles, et acquiescer en tout à la commune profession de foi.

Comme la réponse de Julie était décisive sur mes doutes, et n'était pas, à l'égard des lieux communs, dans le cas de l'exhortation, je vais vous la rapporter presque mot à mot: car je l'avais bien écoutée, et j'allai l'écrire dans le moment.

«Permettez-moi, Monsieur, de commencer par vous remercier de tous les soins que vous avez pris de me conduire dans la droite route de la morale et de la foi chrétienne, et de la douceur avec laquelle vous avez corrigé ou supporté mes erreurs quand je me suis égarée. Pénétrée de respect pour votre zèle et de reconnaissance pour vos bontés, je déclare avec plaisir que je vous dois toutes mes bonnes résolutions, et que vous m'avez toujours portée à faire ce qui était bien, et à croire ce qui était vrai.

«J'ai vécu et je meurs dans la communion protestante, qui tire son unique règle de l'Écriture sainte et de la raison;[2] mon cœur a toujours confirmé ce que prononçait ma bouche; et quand je n'ai pas eu pour vos lumières toute la docilité qu'il eût fallu peut-être, c'était un effet de mon aversion pour toute espèce de déguisement: ce qu'il m'était impossible de croire, je n'ai pu dire que je le croyais; j'ai toujours cherché sincèrement ce qui était conforme à la gloire de Dieu et à la vérité. J'ai pu me tromper dans ma recherche; je n'ai pas l'orgueil de penser avoir eu toujours raison: j'ai peut-être eu toujours tort; mais mon intention a toujours été pure, et j'ai toujours cru ce que je disais croire. C'était sur ce point tout ce qui dépendait de moi. Si Dieu n'a pas éclairé ma raison au-delà, il est clément et juste; pourrait-il me demander compte d'un don qu'il ne m'a pas fait?

«Voilà, Monsieur, ce que j'avais d'essentiel à vous dire sur les sentiments que j'ai professés. Sur tout le reste mon état présent

---

[1] i.e. 'persisted in'.

[2] The rational aspect of Protestantism is often stressed by Rousseau. Cf. *Religious Quest*, p. 77, and, for the importance of the notion of sincerity, ibid., p. 41 f.

vous répond pour moi. Distraite par le mal, livrée au délire de la
fièvre, est-il temps d'essayer de raisonner mieux que je n'ai fait,
jouissant d'un entendement aussi sain que je l'ai reçu?[1] Si je me
suis trompée alors, me tromperais-je moins aujourd'hui, et dans
l'abattement où je suis, dépend-il de moi de croire autre chose que
ce que j'ai cru étant en santé? C'est la raison qui décide du sentiment qu'on préfère; et la mienne ayant perdu ses meilleures fonctions, quelle autorité peut donner ce qui m'en reste aux opinions
que j'adopterais sans elle? Que me reste-t-il donc désormais à
faire? C'est de m'en rapporter à ce que j'ai cru ci-devant: car la
droiture d'intention est la même, et j'ai le jugement de moins. Si
je suis dans l'erreur, c'est sans l'aimer; cela suffit pour me tranquilliser sur ma croyance.

   «Quant à la préparation à la mort, Monsieur, elle est faite; mal,
il est vrai, mais de mon mieux, et mieux du moins que je ne la
pourrais faire à présent. J'ai tâché de ne pas attendre, pour remplir
cet important devoir, que j'en fusse incapable. Je priais en santé,
maintenant je me résigne. La prière du malade est la patience. La
préparation à la mort est une bonne vie; je n'en connais point
d'autre. Quand je conversais avec vous, quand je me recueillais
seule, quand je m'efforçais de remplir les devoirs que Dieu m'impose, c'est alors que je me disposais à paraître devant lui, c'est
alors que je l'adorais de toutes les forces qu'il m'a données: que
ferais-je aujourd'hui que je les ai perdues? Mon âme aliénée est-
elle en état de s'élever à lui? Ces restes d'une vie à demi éteinte,
absorbés par la souffrance, sont-ils dignes de lui être offerts? Non,
Monsieur, il me les laisse pour être donnés à ceux qu'il m'a fait
aimer et qu'il veut que je quitte; je leur fais mes adieux pour aller
à lui; c'est d'eux qu'il faut que je m'occupe: bientôt je m'occuperai
de lui seul. Mes derniers plaisirs sur la terre sont aussi mes derniers
devoirs: n'est-ce pas le servir encore et faire sa volonté, que de
remplir les soins que l'humanité m'impose avant d'abandonner
sa dépouille? Que faire pour apaiser des troubles que je n'ai pas?
Ma conscience n'est point agitée; si quelquefois elle m'a donné des
craintes, j'en avais plus en santé qu'aujourd'hui. Ma confiance les
efface; elle me dit que Dieu est plus clément que je ne suis coupable, et ma sécurité redouble en me sentant approcher de lui. Je ne

---

[1] Cf. the third Promenade of the *Rêveries* for Rousseau's own attitude towards the *Profession de foi du Vicaire savoyard* and the letter to Franquières,
infra, p. 382. The Vicaire himself makes the same point; cf. *infra*, p. 195.

lui porte point un repentir imparfait, tardif et forcé, qui, dicté par la peur, ne saurait être sincère, et n'est qu'un piège pour le tromper. Je ne lui porte pas le reste et le rebut de mes jours, pleins de peine et d'ennuis, en proie à la maladie, aux douleurs, aux angoisses de la mort, et que je ne lui donnerais que quand je n'en pourrais plus rien faire. Je lui porte ma vie entière, pleine de péchés et de fautes, mais exempte des remords de l'impie et des crimes du méchant.

«A quels tourments Dieu pourrait-il condamner mon âme? Les réprouvés, dit-on, le haïssent; il faudrait donc qu'il m'empêchât de l'aimer? Je ne crains pas d'augmenter leur nombre. O grand Être! Être éternel, suprême intelligence, source de vie et de félicité, créateur, conservateur, père de l'homme et roi de la nature, Dieu très puissant, très bon, dont je ne doutai jamais un moment, et sous les yeux duquel j'aimai toujours à vivre! je le sais, je m'en réjouis, je vais paraître devant ton trône. Dans peu de jours mon âme, libre de sa dépouille, commencera de t'offrir plus dignement cet immortel hommage qui doit faire mon bonheur durant l'éternité. Je compte pour rien tout ce que je serai jusqu'à ce moment. Mon corps vit encore, mais ma vie morale est finie. Je suis au bout de ma carrière, et déjà jugée sur le passé. Souffrir et mourir est tout ce qui me reste à faire; c'est l'affaire de la nature: mais moi, j'ai tâché de vivre de manière à n'avoir pas besoin de songer à la mort; et maintenant qu'elle approche, je la vois venir sans effroi. Qui s'endort dans le sein d'un père n'est pas en souci du réveil.»

Ce discours, prononcé d'abord d'un ton grave et posé, puis avec plus d'accent et d'une voix plus élevée, fit sur tous les assistants, sans m'en excepter, une impression d'autant plus vive, que les yeux de celle qui le prononça brillaient d'un feu surnaturel; un nouvel éclat animait son teint, elle paraissait rayonnante; et s'il y a quelque chose au monde qui mérite le nom de céleste, c'était son visage tandis qu'elle parlait.

12

A LETTER ABOUT MORALITY (1761)

ALTHOUGH THE letter which Rousseau wrote to M. d'Offreville in 1761 dealt with morality rather than with the specific question of religion, it was an important statement of his attitude towards a principle that played a vital role in his philosophy as a whole—'interest'. Both the thinker and the religious man, he believed, were concerned with this issue: the former sought 'knowledge which interested him', whilst the latter also had to concentrate on 'what was of immediate interest to him'. As this letter shows, Rousseau decisively rejected the idea of a purely disinterested morality, although he was careful to distinguish true 'interest' from the merely egoistic interpretation of the idea which he attributed to the materialist philosophers of his day. The notion of 'interest' is closely bound up with the important question of *amour de soi* and *amour-propre*, two antithetical concepts of cardinal importance in his philosophy of man.[1]

Montmorency, le 4 octobre 1761

La question que vous me proposez, Monsieur, dans votre lettre du 15 septembre, est importante et grave: c'est de sa solution qu'il dépend de savoir s'il y a une morale démontrée ou s'il n'y en a point.

Votre adversaire soutient que tout homme n'agit, quoi qu'il fasse, que relativement à lui-même,† et que jusqu'aux actes de vertu les plus sublimes, jusqu'aux œuvres de charité les plus pures, chacun rapporte tout à soi.

Vous, Monsieur, vous pensez qu'on doit faire le bien pour le bien même, sans aucun retour d'intérêt personnel; que les bonnes œuvres qu'on rapporte à soi ne sont plus des actes de vertu, mais d'amour-propre; vous ajoutez que nos aumônes sont sans mérite si nous ne les faisons que par vanité ou dans la vue d'écarter

† son propre intérêt.
[1] The text of the letter is to be found in *CG*, VI, 222–8; and (with variants) *CC*, IX, 143–8; its themes are discussed in *Religious Quest*, pp. 42–3, 51–3 *et passim*.

de notre esprit l'idée des misères de la vie humaine, et en cela vous avez raison.

Mais, sur le fond de la question, je dois vous avouer que je suis de l'avis de votre adversaire: car, quand nous agissons, il faut que nous ayons un motif pour agir, et ce motif ne peut être étranger à nous, puisque c'est nous qu'il met en œuvre; il est absurde d'imaginer qu'étant moi j'agirai comme si j'étais un autre. N'est-il pas vrai que si l'on vous disait qu'un corps est poussé sans que rien le touche, vous diriez que cela n'est pas concevable? C'est la même chose en morale, quand on croit agir sans nul intérêt.

Mais il faut expliquer ce mot d'intérêt, car vous pourriez lui donner tel sens, vous et votre adversaire, que vous seriez d'accord sans vous entendre, et lui-même pourrait lui en donner un si grossier qu'alors ce serait vous qui auriez raison.

Il y a un intérêt sensuel et palpable qui se rapporte uniquement à notre bien-être matériel, à la fortune, à la considération, aux biens physiques qui peuvent résulter pour nous de la bonne opinion d'autrui. Tout ce qu'on fait pour un tel intérêt ne produit qu'un bien du même ordre, comme un marchand fait son bien en vendant sa marchandise le mieux qu'il peut. Si j'oblige un autre homme en vue de m'acquérir des droits sur sa reconnaissance, je ne suis en cela qu'un marchand qui fait le commerce, et même qui ruse avec l'acheteur. Si je fait l'aumône pour me faire estimer charitable et jouir des avantages attachés à cette estime, je ne suis encore qu'un marchand qui achète de la réputation. Il en est à peu près de même si je ne fais cette aumône que pour me délivrer de l'importunité d'un gueux ou du spectacle de sa misère; tous les actes de cette espèce qui ont en vue un avantage extérieur ne peuvent porter le nom de bonnes actions, et l'on ne dit pas d'un marchand qui a bien fait ses affaires qu'il s'y est comporté vertueusement.

Il y a un autre intérêt qui ne tient point aux avantages de la société, qui n'est relatif qu'à nous-même (sic), au bien de notre âme, à notre bien-être absolu, et que pour cela j'appelle intérêt spirituel ou moral, par opposition au premier; intérêt qui, pour n'avoir pas des objets sensibles, matériels, n'en est pas moins vrai, pas moins grand, pas moins solide, et, pour tout dire en un mot, le seul qui, tenant intimement à notre nature, tende à notre véritable bonheur. Voilà, Monsieur, l'intérêt que la vertu se propose et qu'elle doit se proposer, sans rien ôter au mérite, à la pureté, à la bonté morale des actions qu'elle inspire.

Premièrement, dans le système de la religion, c'est-à-dire des peines et des récompenses de l'autre vie, vous voyez que l'intérêt de plaire à l'Auteur de notre être et au juge suprême de nos actions, est d'une importance qui l'emporte sur les plus grands maux, qui fait voler au martyre les vrais croyants, et en même temps d'une pureté qui peut ennoblir les plus sublimes devoirs. La loi de bien faire est tirée de la raison même et le chrétien n'a besoin que de logique pour avoir de la vertu.

Mais outre cet intérêt, qu'on peut regarder en quelque façon comme étranger à la chose, comme n'y tenant que par une expresse volonté de Dieu, vous me demanderez peut-être s'il y a quelque autre intérêt lié plus immédiatement, plus nécessairement à la vertu par sa nature, et qui doive nous la faire aimer uniquement pour elle-même. Ceci tient à d'autres questions, dont la discussion passe les bornes d'une lettre et dont, par cette raison, je ne tenterai pas ici l'examen: comme, si nous avons un amour naturel pour l'ordre, pour le beau moral; si cet amour peut être assez vif par lui-même pour primer sur toutes nos passions; si la conscience est innée dans le cœur de l'homme, ou si elle n'est que l'ouvrage des préjugés et de l'éducation: car en ce dernier cas il est clair que nul n'ayant en soi-même aucun intérêt à bien faire ne peut faire aucun bien que par le profit qu'il en attend d'autrui; qu'il n'y a par conséquent que des sots qui croient à la vertu et des dupes qui la pratiquent; telle est la nouvelle philosophie.

Sans m'embarquer ici dans cette métaphysique qui nous mène-rait trop loin, je me contenterai de vous proposer un fait que vous pourrez mettre en question avec votre adversaire, et qui, bien discuté, vous instruira peut-être mieux de ses vrais sentiments que vous ne pourriez vous en instruire en restant dans la généralité de votre thèse.

En Angleterre quand un homme est accusé criminellement, douze jurés, enfermés dans une chambre pour opiner sur l'examen de la procédure, s'il est coupable ou s'il ne l'est pas, ne sortent plus de cette chambre et n'y reçoivent point à manger qu'ils ne soient tous d'accord, en sorte que leur jugement est toujours unanime et décisif sur le sort de l'accusé.

Dans une de ces délibérations, les preuves paraissant convain-cantes, onze des jurés le condamnèrent sans balancer; mais le douzième s'obstina tellement à l'absoudre sans vouloir alléguer d'autre raison, sinon qu'il le croyait innocent, que, voyant ce juré déterminé à mourir de faim plutôt que d'être de leur avis, tous les autres pour ne pas s'exposer au même sort, revinrent au sien, et l'accusé fut renvoyé absous.[1]

L'affaire finie, quelques-uns des jurés pressèrent en secret leur collègue de leur dire la raison de son obstination, et ils surent enfin que c'était lui-même qui avait fait le coup dont l'autre était accusé, et qu'il avait eu moins d'horreur de la mort que de faire périr l'innocent, chargé de son propre crime.

Proposez le cas à votre homme et ne manquez pas d'examiner avec lui l'état de ce juré dans toutes ses circonstances. Ce n'était point un homme juste, puisqu'il avait commis un crime, et dans cette affaire, l'enthousiasme de la vertu ne pouvait point lui élever le cœur et lui faire mépriser la vie. Il avait l'intérêt le plus réel à condamner l'accusé pour ensevelir avec lui l'imputation du forfait; il devait craindre que son invincible obstination n'en fît soupçonner la véritable cause, et ne fût un commencement d'indice contre lui: la prudence et le soin de sa sûreté demandaient, ce semble, qu'il fît ce qu'il ne fit pas, et l'on ne voit aucun intérêt sensible qui dût le porter à faire ce qu'il fit. Il n'y avait cependant qu'un intérêt très puissant qui pût le déterminer ainsi dans le secret de son cœur à toute sorte de risque: quel était donc cet intérêt auquel il sacrifiait sa vie même?

S'inscrire en faux contre le fait serait prendre une mauvais défaite; car on peut toujours l'établir par supposition, et chercher, tout intérêt étranger mis à part, ce que ferait en pareil cas, pour l'intérêt de lui-même, tout homme de bon sens qui ne serait ni vertueux ni scélérat.

Posant successivement les deux cas, l'un, que le juré ait prononcé la condamnation de l'accusé et l'ait fait périr pour se mettre en sûreté; l'autre, qu'il l'ait absous, comme il fit, à ses propres risques; puis, suivant dans les deux cas le reste de la vie du juré et la probabilité du sort qu'il se serait préparé, pressez votre homme de prononcer décisivement sur cette conduite, et d'exposer nettement, de part ou d'autre, l'intérêt et les motifs du parti qu'il aurait choisi; alors, si votre dispute n'est pas finie, vous connaîtrez du moins si vous vous entendez l'un l'autre, ou si vous ne vous entendez pas.

[1] Rousseau probably took this incident from Muralt, adding his own analysis and comments. Cf. B. L. de Muralt, *Lettres sur les Anglais et les François et sur les Voiages* (1728), edited by Charles Gould, Paris, 1933, p. 151.

Que s'il distingue entre l'intérêt d'un crime à commettre ou à ne pas commettre, et celui d'une bonne action à faire ou à ne pas faire, vous lui ferez voir aisément que, dans l'hypothèse, la raison de s'abstenir d'un crime avantageux qu'on peut commettre impunément est du même genre que celle de faire, entre le ciel et soi, une bonne action onéreuse; car outre que, quelque bien que nous puissions faire, en cela nous ne sommes que justes, on ne peut avoir nul intérêt en soi-même à ne pas faire le mal qu'on n'ait un intérêt semblable à faire le bien; l'un et l'autre dérivent de la même source et ne peuvent être séparés.

Surtout, Monsieur, songez qu'il ne faut point outrer les choses au delà de la vérité, ni confondre, comme faisaient les Stoïciens, le bonheur avec la vertu.[1] Il est certain que faire le bien pour le bien c'est le faire pour soi, pour notre propre intérêt, puisqu'il donne à l'âme une satisfaction intérieure, un contentement d'elle-même sans lequel il n'y a point de vrai bonheur. Il est sûr encore que les méchants sont tous misérables, quel que soit leur sort apparent, parce que le bonheur s'empoisonne dans une âme corrompue, comme le plaisir des sens dans un corps malsain. Mais il faut que les bons soient tous heureux dès ce monde, et comme il ne suffit pas au corps d'être en santé pour avoir de quoi se nourrir, il ne suffit pas non plus à l'âme d'être saine pour obtenir tous les biens dont elle a besoin. Quoiqu'il n'y ait que des gens de bien qui puissent vivre contents, ce n'est pas à dire que tout homme de bien vive content. La vertu ne donne pas le bonheur, mais elle seule apprend à en jouir quand on l'a: la vertu ne garantit pas des maux de cette vie et n'en procure pas les biens: c'est ce que ne fait pas non plus le vice avec toutes ses ruses: mais la vertu fait porter plus patiemment les uns et goûter plus délicieusement les autres. Nous avons donc, en tout état de cause, un véritable intérêt à la cultiver, et nous faisons bien de travailler pour cet intérêt, quoiqu'il y ait des cas où il serait insuffisant par lui-même, sans l'attente d'une vie à venir. Voilà mon sentiment sur la question que vous m'avez proposée.

En vous remerciant du bien que vous pensez de moi, je vous conseille pourtant, Monsieur, de ne plus perdre votre temps à me défendre ou à me louer. Tout le bien ou le mal qu'on dit d'un homme qu'on ne connaît point ne signifie pas grand'chose. Si

---

[1] Rousseau distinguished between 'goodness' as the spontaneous expression of natural feelings and 'virtue' as the result of rational and voluntary attempts to overcome these feelings for the sake of some higher good. Cf. *infra*, pp. 377, 391.

ceux qui m'accusent ont tort, c'est à ma conduite à me justifier; toute autre apologie est inutile ou superflue. J'aurais dû vous répondre plus tôt, mais le triste état où je vis† doit excuser ce retard. Dans le peu d'intervalle que mes maux me laissent, mes occupations ne sont pas de mon choix, et je vous avoue que, quand elles en seraient, ce choix ne serait pas d'écrire des lettres. Je ne réponds point à celles de compliments,et je ne répondrais pas non plus à la vôtre, si la question que vous m'y proposez ne me faisait un devoir de vous en dire mon avis.

Je vous salue, Monsieur, de tout mon cœur.

† addition: luttant chaque jour entre la douleur et la mort.

13

THE THIRD LETTER TO
M. DE MALESHERBES (1762)

By 1760 Rousseau had decided to write his autobiography—
a decision that was reinforced by his determination to make *Émile*
his last and greatest didactic work. At the end of 1761 his publisher
Marc-Michel Rey asked him to preface a collected edition of his
works with the story of his life. It is likely that Rousseau had already begun collecting material for his 'memoirs' before he received Rey's suggestion. Unfortunately the completion of the
Confessions was delayed by a number of personal crises, one of
which was to be precipitated by the impending publication of
Émile. Demoralized by a severe attack of physical suffering,
Rousseau became convinced that the Jesuits were plotting with
the publishers to produce the work in a garbled form after his
death. Although he was eventually convinced by the sensible and
kindly Malesherbes that his suspicions were quite unfounded,
Rousseau felt the need to justify himself and to correct the unfavourable impression of his character produced in other people's
minds by his aberrant behaviour. In four letters written to Malesherbes in January 1762 he tried to explain his true motives and to
present a portrait of his real being. The third letter is a particularly eloquent account of his inner life and of his reactions to
nature, which in the past had been so frequently associated with
religious feelings. His attempt to describe the power of his infinite
longing in the presence of nature strikes a note which is not often
present in his didactic writings and which adds a new dimension to
his religious experience.[1]

A Montmorency, le 26 janvier 1762

Après vous avoir exposé, Monsieur, les vrais motifs de ma conduite, je voudrais vous parler de mon état moral[2] dans ma retraite.

[1] The four letters are given in *OC*, I, 1130–47, with detailed comments
(pp. 1845–54). On Malesherbes see P. Grosclaude, *Malesherbes, le témoin et l'interprète de son temps* (Paris, 1961).
[2] By his 'état moral' Rousseau means the feelings of his heart rather than his
ethical outlook, as is clear from his reference to happiness in the same paragraph.

Mais je sens qu'il est bien tard: mon âme aliénée d'elle-même est toute à mon corps; le délabrement de ma pauvre machine l'y tient de jour en jour plus attachée, et jusqu'à ce qu'elle s'en sépare enfin tout à coup. C'est de mon bonheur que je voudrais vous parler, et l'on parle mal du bonheur quand on souffre.

Mes maux sont l'ouvrage de la nature, mais mon bonheur est le mien. Quoi qu'on en puisse dire, j'ai été sage, puisque j'ai été heureux autant que ma nature m'a permis de l'être: je n'ai point été chercher ma félicité au loin, je l'ai cherchée auprès de moi et l'y ai trouvée. Spartien dit que Similis, courtisan de Trajan, ayant sans aucun mécontentement personnel quitté la Cour et tous ses emplois pour aller vivre paisiblement à la campagne, fit mettre ces mots sur sa tombe: *J'ai demeuré soixante et seize ans sur la terre et j'en ai vécu sept.*[1] Voilà ce que je puis dire à quelque égard, quoique mon sacrifice ait été moindre: je n'ai commencé de vivre que le 9 avril 1756.[2]

Je ne saurais vous dire, Monsieur, combien j'ai été touché de voir que vous m'estimiez le plus malheureux des hommes. Le public sans doute en jugera comme vous, et c'est encore ce qui m'afflige.[3] O que le sort dont j'ai joui n'est-il connu de tout l'univers! Chacun voudrait s'en faire un semblable; la paix régnerait sur la terre, les hommes ne songeraient plus à se nuire, et il n'y aurait plus de méchants quand nul n'aurait intérêt à l'être. Mais de quoi jouissais-je enfin quand j'étais seul? De moi, de l'univers entier, de tout ce qui est, de tout ce qui peut être, de tout ce qu'a de beau le monde sensible, et d'imaginable le monde intellectuel: je rassemblais autour de moi tout ce qui pouvait flatter mon cœur; mes désirs étaient la mesure de mes plaisirs. Non, jamais les plus voluptueux n'ont connu de pareilles délices, et j'ai cent fois plus joui de mes chimères qu'ils ne font des réalités.[4]

---

[1] An earlier editor of Rousseau's works, Petitain, has already pointed out that Rousseau is mistaken on this point: Similis was prefect under the Emperor Hadrian and not Trajan, and in any case the fact was not mentioned by Spartianus. Rousseau apparently derived his incorrect information from J.-B. Crevier's *Histoire des Empereurs romains depuis Auguste jusqu'à Constantin* (6 vols., 1750–6). Cf. *OC*, I, 1830, n. 1.

[2] The date of his installation at l'Ermitage.

[3] The need to combat other people's image of his character is a persistent and almost obsessional theme in Rousseau's personal writings.

[4] Rousseau often returns to this theme of the intense pleasure which he derived from his solitary imagination.

Quand mes douleurs me font tristement mesurer la longueur des nuits, et que l'agitation de la fièvre m'empêche de goûter un seul instant de sommeil, souvent je me distrais de mon état présent, en songeant aux divers événements de ma vie, et les repentirs, les doux souvenirs, les regrets, l'attendrissement, se partagent le soin de me faire oublier quelques moments mes souffrances. Quels temps croiriez-vous, Monsieur, que je me rappelle le plus souvent et le plus volontiers dans mes rêves ? Ce ne sont point les plaisirs de ma jeunesse: ils furent trop rares, trop mêlés d'amertumes, et sont déjà trop loin de moi. Ce sont ceux de ma retraite, ce sont mes promenades solitaires, ce sont ces jours rapides, mais délicieux, que j'ai passés tout entiers avec moi seul, avec ma bonne et simple gouvernante, avec mon chien bien-aimé, ma vieille chatte, avec les oiseaux de la campagne et les biches de la forêt, avec la nature entière et son inconcevable auteur. En me levant avant le soleil pour aller voir, contempler son lever dans mon jardin, quand je voyais commencer une belle journée, mon premier souhait était que ni lettres ni visites n'en vinssent troubler le charme. Après avoir donné la matinée à divers soins, que je remplissais tous avec plaisir, parce que je pouvais les remettre à un autre temps, je me hâtais de dîner pour échapper aux importuns et me ménager un plus long après-midi. Avant une heure, même les jours les plus ardents, je partais par le grand soleil avec le fidèle Achate, pressant le pas dans la crainte que quelqu'un ne vînt s'emparer de moi avant que j'eusse pu m'esquiver; mais quand une fois j'avais pu doubler un certain coin, avec quel battement de cœur, avec quel pétillement de joie je commençais à respirer, en me sentant sauvé, en me disant: Me voilà maître de moi pour le reste de ce jour! J'allais alors d'un pas plus tranquille chercher quelque lieu sauvage dans la forêt, quelque lieu désert où rien ne montrant la main des hommes n'annonçât la servitude et la domination, quelque asile où je pusse croire avoir pénétré le premier,[1] et où nul tiers importun ne vînt s'interposer entre la nature et moi. C'était là qu'elle semblait déployer à mes yeux une magnificence toujours nouvelle. L'or des genêts et la pourpre des bruyères frappaient mes yeux d'un luxe qui touchait mon cœur; la majesté des arbres qui me couvraient de leur ombre, la délicatesse des arbustes qui m'environnaient, l'étonnante variété des herbes et des fleurs que je foulais sous mes

---

[1] On the significance of this phrase see *Religious Quest*, pp. 104–5.

pieds tenaient mon esprit dans une alternative continuelle d'observation et d'admiration: le concours de tant d'objets intéressants qui se disputaient mon attention, m'attirant sans cesse de l'un à l'autre, favorisait mon humeur rêveuse et paresseuse, et me faisait souvent redire en moi-même: Non, Salomon dans toute sa gloire ne fut jamais vêtu comme l'un d'eux.[1]

Mon imagination ne laissait pas longtemps déserte la terre ainsi parée. Je la peuplais bientôt d'êtres selon mon cœur,[2] et, chassant bien loin l'opinion, les préjugés, toutes les passions factices, je transportais dans les asiles de la nature des hommes dignes de les habiter. Je m'en formais une société charmante, dont je ne me sentais pas indigne; je me faisais un siècle d'or à ma fantaisie, et remplissant ces beaux jours de toutes les scènes de ma vie qui m'avaient laissé de doux souvenirs, et de toutes celles que mon cœur pouvait désirer encore, je m'attendrissais jusqu'aux larmes sur les vrais plaisirs de l'humanité, plaisirs si délicieux, si purs, et qui sont désormais si loin des hommes. O si dans ces moments quelque idée de Paris, de mon siècle et de ma petite gloriole d'auteur, venait troubler mes rêveries, avec quel dédain je la chassais à l'instant pour me livrer, sans distraction, aux sentiments exquis dont mon âme était pleine! Cependant au milieu de tout cela, je l'avoue, le néant de mes chimères venait quelquefois la contrister tout à coup. Quand tous mes rêves se seraient tournés en réalités, ils ne m'auraient pas suffi: j'aurais imaginé, rêvé, désiré encore. Je trouvais en moi un vide inexplicable, que rien n'aurait pu remplir, un certain élancement de cœur vers une autre sorte de jouissance, dont je n'avais pas d'idée et dont pourtant je sentais le besoin. Hé bien, Monsieur, cela même était jouissance, puisque j'en étais pénétré d'un sentiment très vif et d'une tristesse attirante que je n'aurais pas voulu ne pas avoir.

Bientôt de la surface de la terre j'élevais mes idées à tous les êtres de la nature, au système universel des choses, à l'Être incompréhensible qui embrasse tout. Alors, l'esprit perdu dans cette immensité, je ne pensais pas, je ne raisonnais pas, je ne philosophais pas: je me sentais, avec une sorte de volupté, accablé du poids de cet univers, je me livrais avec ravissement à la confusion

---

[1] Cf. *Luke*, XII, 27.

[2] The creation of an imaginary world of ideal beings 'after his own heart' is another theme of the personal writings. Cf. Ronald Grimsley, *Rousseau, A Study in Self-Awareness*, esp. pp. 248–50, 282–3.

de ces grandes idées, j'aimais à me perdre en imagination dans l'espace; mon cœur resserré dans les bornes des êtres s'y trouvait trop à l'étroit, j'étouffais dans l'univers, j'aurais voulu m'élancer dans l'infini. Je crois que, si j'eusse dévoilé tous les mystères de la nature, je me serais senti dans une situation moins délicieuse que cette étourdissante extase, à laquelle mon esprit se livrait sans retenue, et qui, dans l'agitation de mes transports, me faisait écrire quelquefois: O grand Être! ô grand Être! sans pouvoir dire ni penser rien de plus.

Ainsi s'écoulaient dans un délire continuel les journées les plus charmantes que jamais créature humaine ait passées; et quand le coucher du soleil me faisait songer à la retraite, étonné de la rapidité du temps, je croyais n'avoir pas assez mis à profit ma journée, je pensais en pouvoir jouir davantage encore, et, pour réparer le temps perdu, je me disais: Je reviendrai demain.

Je revenais à petits pas, la tête un peu fatiguée, mais le cœur content; je me reposais agréablement au retour, en me livrant à l'impression des objets, mais sans penser, sans imaginer, sans rien faire autre chose que sentir le calme et le bonheur de ma situation. Je trouvais mon couvert mis sur ma terrasse. Je soupais de grand appétit dans mon petit domestique; nulle image de servitude et de dépendance ne troublait la bienveillance qui nous unissait tous. Mon chien lui-même était mon ami, non mon esclave: nous avions toujours la même volonté, mais jamais il ne m'a obéi. Ma gaieté durant toute la soirée témoignait que j'avais vécu seul tout le jour; j'étais bien différent quand j'avais vu de la compagnie, j'étais rarement content des autres et jamais de moi. Le soir, j'étais grondeur et taciturne: cette remarque est de ma gouvernante, et, depuis qu'elle me l'a dite, je l'ai toujours trouvée juste en m'observant. Enfin, après avoir fait encore quelques tours dans mon jardin, ou chanté quelque air sur mon épinette, je trouvais dans mon lit un repos de corps et d'âme cent fois plus doux que le sommeil même.

Ce sont là les jours qui ont fait le vrai bonheur de ma vie, bonheur sans amertume, sans ennuis, sans regrets, et auquel j'aurais borné volontiers tout celui de mon existence. Oui, Monsieur, que de pareils jours remplissent pour moi l'éternité, je n'en demande point d'autres et n'imagine pas que je sois beaucoup moins heureux dans ces ravissantes contemplations que les intelligences célestes. Mais un corps qui souffre ôte à l'esprit sa liberté; désormais je ne suis plus seul, j'ai un hôte qui m'importune, il faut m'en délivrer pour être à moi, et l'essai que j'ai fait de ces douces jouissances ne sert plus qu'à me faire attendre avec moins d'effroi le moment de les goûter sans distraction.

Mais me voici déjà à la fin de ma seconde feuille. Il m'en faudrait pourtant encore une. Encore une lettre donc, et puis plus. Pardon, Monsieur; quoique j'aime trop à parler de moi, je n'aime pas à en parler avec tout le monde: c'est ce qui me fait abuser de l'occasion quand je l'ai et qu'elle me plaît. Voilà mon tort et mon excuse: je vous prie de la prendre en gré.

14

PROFESSION DE FOI DU VICAIRE
SAVOYARD (1762)

PUBLISHED AS an integral part of *Émile*, the *Profession de foi du Vicaire savoyard* naturally occupies an important place in Rousseau's conception of the total educational process; its intention is to show that a man's awareness of religious issues forms a decisive moment in the development of his complete personality. It may have been begun, however, as a separate treatise and, in any case, remains Rousseau's fullest and most systematic statement of his religious beliefs. Whenever he mentions the *Profession de foi* in his later writings, he treats it as a work deserving of consideration; he boldly affirms that it 'may one day create a revolution amongst men if ever good sense and good faith come alive again'. According to the *Rêveries*, the *Profession de foi* was the result of 'the most ardent and sincere researches ever undertaken by any mortal'; and the culmination of a lifetime's reflection about the religious question. Although it was to be followed by the *Lettre à M. de Beaumont* (1763), the *Lettres écrites de la Montagne* (1764), the letter to Franquières (1769) and the sporadic references to religion in his personal writings, these later discussions, being either polemical or occasional in character, serve mainly to summarize or expand rather than modify the principles elaborated in the larger treatise.

As some of the earlier religious writings have already shown, Rousseau's attachment to Christianity, whether in the form of the Genevan Protestantism of his childhood or the Roman Catholicism of his youth, had been rapidly undermined by the influence of his Parisian environment, although his philosopher-friends may merely have accelerated a process that had already started during his autodidactic period at Les Charmettes and his sojourn at Lyons in 1740. If, however, his contact with the *philosophes* had weakened his old loyalties, it had not led him to adopt their incredulity and scepticism; he had been 'worried' rather than 'persuaded' by intellectual arguments which his mind could not refute but which his heart did not truly accept. At no time in his life did he become an atheist. Nevertheless, the collapse of many traditional beliefs had been accompanied by a grave sense of moral failure in his private life. He was to become increasingly disturbed by the memory of his five illegitimate children abandoned to a Foundlings' Home, whilst his friendship with Mme Houdetot, in spite of the noble words he had used to describe it, had been very close to a sordid intrigue with another man's mistress. To mental and moral disarray had finally been added considerable physical suffering and the fear that he might die without having made a definite decision about the matters of vital concern to his destiny as a human being. By the late 1750s, therefore, Rousseau began to experience an overwhelming need to settle the religious issue once and for all. Having never been able to remain satisfied with mere doubt and scepticism, he felt that the time had come to make a full and frank public profession of religious beliefs.

In the *Rêveries* he describes the earnestness of his efforts to put his religious life and thought on a firm basis:

Je me livrai au travail que j'avais entrepris avec un zèle proportionné, et à l'importance de la chose, et au besoin que je sentais en avoir. Je vivais alors avec des philosophes modernes qui ne ressemblaient guère aux anciens. Au lieu de lever mes doutes et de fixer mes irrésolutions, ils avaient ébranlé toutes les certitudes que je croyais avoir sur les points qu'il m'importait le plus de connaître...

Je me dis enfin: me laisserai-je éternellement ballotter par les sophismes des mieux disants dont je ne suis pas même sûr que les opinions qu'ils prêchent et qu'ils ont tant d'ardeur à faire adopter aux autres soient bien les leurs à eux-mêmes? Leurs passions, qui gouvernent leur doctrine, leur intérêt de faire croire ceci ou cela, rendent impossible à pénétrer ce qu'ils croient eux-mêmes. Peut-on chercher de la bonne foi dans des chefs de parti? Leur philosophie est pour les autres; il m'en faudrait une pour moi. Cherchons-la de toutes mes forces tandis qu'il est temps encore, afin d'avoir une règle fixe de conduite pour le reste de mes jours. Me voilà dans la maturité de l'âge, dans toute la force de l'entendement. Déjà je touche au déclin. Si j'attends encore, je n'aurai plus dans ma délibération tardive l'usage de toutes mes forces; mes facultés intellectuelles auront déjà perdu de leur activité, je ferai moins bien ce que je puis faire aujourd'hui de mon mieux possible: saisissons ce moment favorable: il est l'époque de ma réforme externe et matérielle, qu'il soit aussi celle de ma réforme intellectuelle et morale. Fixons une bonne fois mes opinions, mes principes, et soyons pour le reste de ma vie ce que j'aurai trouvé devoir être après y avoir bien pensé (*OC*, I, 1016).

In Rousseau's view, the two great leaders of opinion, the Roman

Catholics and the *philosophes*, although seeming to be irreconcilable enemies, were both guilty of the same fundamental intolerance: the Roman Catholics were notorious for their bigotry and superstition, whereas the *philosophes* were the equally uncompromising advocates of scepticism and materialism—'ardents missionaires d'athéisme', as he was to describe them in the *Rêveries*. Rousseau also admitted that both sides, in spite of their grave shortcomings, possessed some merit: intolerant and superstitious though it might be, Roman Catholicism still retained such essential principles of 'natural religion' as the belief in the existence of God and the immortality of the soul, whilst many *philosophes*, even though their personal lives often did not correspond to their theoretical opinions, had shown that men could be moral without being orthodox believers, that religious intolerance was both irrational and inhuman and that true religion was impossible without the support of reason. Rousseau at first saw himself as a peacemaker anxious to do justice to the good points of both sides. Already in the *Lettre à d'Alembert* he had tried to end 'the divisions of priests and philosophers', whilst *La Nouvelle Héloïse*, through the characters of Julie and Wolmar, had shown that piety could be lovable and atheism moral. The *Profession de foi* sought to continue the process of reconciliation by demonstrating that the essential moral religious needs of all men were the same and that as soon as human beings realized the force and value of the beliefs that bound them together, they would understand the folly of intolerance and persecution.

Rousseau's increasing alarm at the rapid spread of materialism made him doubtful about one important point: the possibility of separating religion and morality. It will be recalled that at the end of *La Nouvelle Héloïse* he hinted at the atheist Wolmar's eventual conversion to religion. The publication of Helvétius' *De l'Esprit* in 1758 having made the dangers of materialism seem even more menacing than before, Rousseau hastily revised his manuscript in order to reply to a number of points in that work. Convinced of the need to meet the *philosophes* on their own intellectual ground, he added a certain amount of metaphysical reasoning to the earlier part of the *Profession de foi*. Nevertheless, this philosophical superstructure did not mean that Rousseau wanted to play the part of the 'philosopher', his primary intention being to establish the fundamental principles of 'natural religion'—

principles which he believed to be 'engraved in ineffaceable characters' in the heart of every man who was prepared to withdraw into himself in all simplicity and sincerity. The intellectual aspect of the *Profession de foi* should not conceal the element of deep personal conviction animating the work as a whole. In fact, Rousseau seeks to combine intense inner feeling with a desire to propagate truths which he believed to be beneficial to humanity at large. This no doubt explains his efforts to present his argument in a fairly orderly and coherent form. From this point of view a study of the various drafts as given by P. M. Masson in his classic edition reveals the earnestness and persistence of Rousseau's efforts to give a clear and explicit formulation of his ideas.

The *Profession de foi* falls into two distinct parts: the first (pp. 118–66) deals with the essential principles of 'natural religion', whilst the second (pp. 166–200) is devoted to a criticism of revealed religion and the practical consequences.

After a brief introductory account of the priest's own religious history and his search for an adequate method of dealing with the religious problem (112–25), the Vicaire describes the fundamental dualism of human nature, which involves the passiveness of sensation and the activity of judgement (125–8); turning to an examination of the external world, he tries to show that matter, being inert, requires an extraneous cause to set it in motion (God as supreme Will); the laws of physical nature also point to the existence of God as supreme Intelligence (128–38). Returning to his analysis of human nature, the priest then calls attention to the presence of evil in the world, explaining this as a result of the dualism of the human soul and body and stressing the importance of freedom as man's distinctive characteristic and the ultimate basis of his happiness and immortality (138–50). God is then shown to be supremely intelligent, good and just (150–2). A consideration of morality reveals conscience as the ultimate principle of a truly moral life and the source of authentic happiness and virtue (152–66).

The second part is concerned with the difficulties and contradictions of the idea of 'revelation', which is alleged to produce irrational intolerance (166–80); the diversity of revealed religions makes it impossible for a single one to establish its claim to truth, although the Vicaire admits his admiration for the Gospels (180–90). The work concludes with an attitude of prudent scepticism towards religious dogmas which are without direct moral relevance, final stress being placed on the importance of charity and tolerance and the acceptance of the national cult as conducive to social order.

As the reception of his earlier works in France did not meet with any serious difficulties, Rousseau was probably quite unprepared for the violent storm that was to follow the publication of *Émile* in 1762. In order to avoid compromising his benefactors, and especially Mme de Luxembourg and the Prince de Conti, he was persuaded to flee from France and take refuge in Switzerland. The Parlement of Paris, which was about to issue the order for the expulsion of Jesuits, showed its religious zeal on 9 June by ordering the burning of *Émile* and its author's arrest. The Sorbonne soon followed suit and Pope Clement XIII lent his support to orthodoxy by putting the work on the Index. The Archbishop of Paris published a long *Mandement* condemning *Émile* for its anti-Christian views. The reaction of Geneva itself was equally unfavourable, for on 19 June both *Émile* and the *Contrat social* were publicly burnt.

The severity of official opposition to the *Profession de foi* bore no relation whatsoever to the enormous popularity which the work was to enjoy in later generations. Admittedly, its influence did not always take a form of which Rousseau would necessarily have approved, but to some extent he himself had made the full acceptance of his ideas more difficult through his attempt to combine the radical principles of natural religion with the apparently conservative and even timid acceptance of the outward forms of orthodoxy. The Vicaire affirmed his determination to carry out his duties as a priest in the Roman Church and at the same time urged his young protégé to return to the reasonable and humane Protestantism of his forefathers. Even if modern critics have made considerable reservations about P. M. Masson's argument that the influence of the *Profession de foi* led ultimately to Chateaubriand's *Génie du Christianisme* and the revival of Roman Catholicism in France, there seems little doubt that the diffusion of Rousseau's ideas, helped by his persuasive eloquence, began to reawaken religious aspirations in all kinds of people, including those who had hitherto been indifferent or hostile to Christian beliefs. The very factor which had made Rousseau's work unacceptable to his ecclesiastical contemporaries, namely, the way in which his appeal to the universal human basis of all genuine religious experience made all theological and denominational differences seem petty and unimportant, was one of the reasons for its strong appeal to those for whom traditional religion had long ceased to have any living significance.

«Il y a trente ans que, dans une ville d'Italie, un jeune homme expatrié[1] se voyait réduit à la dernière misère. Il était né calviniste; mais, par les suites d'une étourderie, se trouvant fugitif, en pays étranger, sans ressource, il changea de religion pour avoir du pain. Il y avait dans cette ville un hospice pour les prosélytes: il y fut admis. En l'instruisant sur le controverse, on lui donna des doutes qu'il n'avait pas, et on lui apprit le mal qu'il ignorait: il entendit des dogmes nouveaux, il vit des mœurs encore plus nouvelles; il les vit, et faillit en être la victime. Il voulut fuir, on l'enferma; il se plaignit, on le punit de ses plaintes: à la merci de ses tyrans, il se vit traiter en criminel pour n'avoir pas voulu céder au crime. Que ceux qui savent combien la première épreuve de la violence et de l'injustice irrite un jeune cœur sans expérience se figurent l'état du sien. Des larmes de rage coulaient de ses yeux, l'indignation l'étouffait: il implorait le ciel et les hommes, il se confiait à tout le monde, et n'était écouté de personne. Il ne voyait que de vils domestiques soumis à l'infâme qui l'outrageait, ou des complices du même crime qui se raillaient de sa résistance et l'excitaient à les imiter. Il était perdu sans un honnête ecclésiastique qui vint à l'hospice pour quelque affaire, et qu'il trouva le moyen de consulter en secret. L'ecclésiastique était pauvre et avait besoin de tout le monde: mais l'opprimé avait encore plus besoin de lui; et il n'hésita pas à favoriser son évasion, au risque de se faire un dangereux ennemi.

«Échappé au vice pour rentrer dans l'indigence, le jeune homme luttait sans succès contre sa destinée: un moment il se crut au-dessus d'elle. A la première lueur de fortune ses maux et son protecteur furent oubliés. Il fut bientôt puni de cette ingratitude: toutes ses espérances s'évanouirent; sa jeunesse avait beau le favoriser, ses idées romanesques gâtaient tout. N'ayant ni assez de talents, ni assez d'adresse pour se faire un chemin facile, ne sachant être ni modéré ni méchant, il prétendit à tant de choses qu'il ne sut parvenir à rien. Retombé dans sa première détresse, sans pain,

---

[1] Rousseau is here relating his own experience in a somewhat imaginatively elaborated form. The episode of the Vicaire's entering the Hospice and helping the young man to escape appears to be Rousseau's invention.

sans asile, prêt à mourir de faim, il se ressouvint de son bienfaiteur.

«Il y retourne, il le trouve, il en est bien reçu: sa vue rappelle à
l'ecclésiastique une bonne action qu'il avait faite; un tel souvenir
réjouit toujours l'âme. Cet homme était naturellement humain,
compatissant; il sentait les peines d'autrui par les siennes, et le
bien-être n'avait point endurci son cœur; enfin les leçons de la
sagesse et une vertu éclairée avaient affermi son bon naturel. Il
accueille le jeune homme, lui cherche un gîte, l'y recommande; il
partage avec lui son nécessaire, à peine suffisant pour deux. Il fait
plus, il l'instruit, le console, il lui apprend l'art difficile de supporter patiemment l'adversité. Gens à préjugés, est-ce d'un
prêtre, est-ce en Italie que vous eussiez espéré tout cela?

«Cet honnête ecclésiastique était un pauvre vicaire savoyard,[1]
qu'une aventure de jeunesse avait mis mal avec son évêque, et qui
avait passé les monts pour chercher les ressources qui lui man-
quaient dans son pays. Il n'était ni sans esprit ni sans lettres; et
avec une figure intéressante il avait trouvé des protecteurs qui le
placèrent chez un ministre pour élever son fils. Il préférait la
pauvreté à la dépendance, et il ignorait comment il faut se conduire
chez les grands. Il ne resta pas longtemps chez celui-ci; en le
quittant, il ne perdit point son estime, et comme il vivait sagement
et se faisait aimer de tout le monde, il se flattait de rentrer en grâce
auprès de son évêque, et d'en obtenir quelque petite cure dans les
montagnes pour y passer le reste de ses jours. Tel était le dernier
terme de son ambition.

«Un penchant naturel l'intéressait au jeune fugitif, et le lui fit
examiner avec soin. Il vit que la mauvaise fortune avait déjà flétri
son cœur, que l'opprobre et le mépris avaient abattu son courage,
et que sa fierté, changée en dépit amer, ne lui montrait dans l'injustice et la dureté des hommes que le vice de leur nature et la
chimère de la vertu. Il avait vu[2] que la religion ne sert que de
masque à l'intérêt, et le culte sacré de sauvegarde à l'hypocrisie: il
avait vu, dans la subtilité des vaines disputes, le paradis et l'enfer
mis pour prix à des jeux de mots; il avait vu la sublime et primi-

[1] According to Rousseau, the portrait of the Vicaire was inspired by his
memory of the abbé Jean-Claude Gaime (1692–1761), who befriended him in
Turin in 1728, and the abbé Jean-Baptiste Gâtier (1703–60), his mentor at
Annecy. The views expressed by the Vicaire, however, are clearly Rousseau's
own.
[2] 'Il avait vu': i.e. the young man, not the Vicaire.

tive idée de la Divinité défigurée par les fantasques imaginations des hommes,[1] et, trouvant que pour croire en Dieu il fallait renoncer au jugement qu'on avait reçu de lui, il prit dans le même dédain nos ridicules rêveries et l'objet auquel nous les appliquons. Sans rien savoir de ce qui est, sans rien imaginer sur la génération des choses, il se plongea dans sa stupide ignorance avec un profond mépris pour tous ceux qui pensaient en savoir plus que lui.

«L'oubli de toute religion conduit à l'oubli des devoirs de l'homme. Ce progrès était déjà plus d'à moitié fait dans le cœur du libertin. Ce n'était pas pourtant un enfant mal né; mais l'incrédulité, la misère, étouffant peu à peu le naturel, l'entraînaient rapidement à sa perte, et ne lui préparaient que les mœurs d'un gueux et la morale d'un athée.

«Le mal, presque inévitable, n'était pas absolument consommé. Le jeune homme avait des connaissances, et son éducation n'avait pas été négligée. Il était dans cet âge heureux où le sang en fermentation commence d'échauffer l'âme sans l'asservir aux fureurs des sens. La sienne avait encore tout son ressort. Une honte native,[2] un caractère timide suppléaient à la gêne et prolongeaient pour lui cette époque dans laquelle vous maintenez votre élève avec tant de soins. L'exemple odieux d'une dépravation brutale et d'un vice sans charme, loin d'animer son imagination, l'avait amortie. Longtemps le dégoût lui tint lieu de vertu pour conserver son innocence; elle ne devait succomber qu'à de plus douces séductions.

«L'ecclésiastique vit le danger et les ressources. Les difficultés ne le rebutèrent point: il se complaisait dans son ouvrage; il résolut de l'achever, et de rendre à la vertu la victime qu'il avait arrachée à l'infamie. Il s'y prit de loin pour exécuter son projet: la beauté du motif animait son courage et lui inspirait des moyens dignes de son zèle. Quel que fût le succès[3], il était sûr de n'avoir pas perdu son temps. On réussit toujours quand on ne veut que bien faire.

«Il commença par gagner la confiance du prosélyte en ne lui vendant point ses bienfaits, en ne se rendant point importun, en ne lui faisant point de sermons, en se mettant toujours à sa portée,

---

[1] One of the principal aims of Rousseau's religious writings was to bring men back to a simple, direct awareness of God and morality.

[2] According to Masson (*PF*, 15 n. 4), this word, which Rousseau here uses with the meaning of 'innate', is a neologism. Cf. also *Émile*, Book II (*OC*, IV, 420 and note), where he claims to be using it 'in an Italian sense'.

[3] i.e. 'result.'

en se faisant petit pour s'égaler à lui. C'était, ce me semble, un
spectacle assez touchant de voir un homme grave devenir le cama-
rade d'un polisson, et la vertu se prêter au ton de la licence pour
en triompher plus sûrement. Quand l'étourdi venait lui faire ses
folles confidences, et s'épancher avec lui, le prêtre l'écoutait, le
mettait à son aise; sans approuver le mal il s'intéressait à tout:
jamais une indiscrète censure ne venait arrêter son babil et resserrer
son cœur; le plaisir avec lequel il se croyait écouté augmentait
celui qu'il prenait à tout dire. Ainsi se fit sa confession générale
sans qu'il songeât à rien confesser.

«Après avoir bien étudié ses sentiments et son caractère, le
prêtre vit clairement que, sans être ignorant pour son âge, il avait
oublié tout ce qu'il lui importait de savoir, et que l'opprobre où
l'avait réduit la fortune étouffait en lui tout vrai sentiment du bien
et du mal. Il est un degré d'abrutissement qui ôte la vie à l'âme; et
la voix intérieure ne sait point se faire entendre à celui qui ne songe
qu'à se nourrir. Pour garantir le jeune infortuné de cette mort
morale dont il était si près, il commença par réveiller en lui
l'amour-propre et l'estime de soi-même:[1] il lui montrait un avenir
plus heureux dans le bon emploi de ses talents; il ranimait dans
son cœur une ardeur généreuse par le récit des belles actions
d'autrui; en lui faisant admirer ceux qui les avaient faites, il lui
rendait le désir d'en faire de semblables. Pour le détacher insensiblement de sa vie oisive et vagabonde, il lui faisait faire des
extraits de livres choisis; et, feignant d'avoir besoin de ces extraits,
il nourrissait en lui le noble sentiment de la reconnaissance. Il
l'instruisait indirectement par ces livres; il lui faisait reprendre
assez bonne opinion de lui-même pour ne pas se croire un être
inutile à tout bien, et pour ne vouloir plus se rendre méprisable à
ses propres yeux.

«Une bagatelle fera juger de l'art qu'employait cet homme bienfaisant pour élever insensiblement le cœur de son disciple au-
dessus de la bassesse, sans paraître songer à son instruction.
L'ecclésiastique avait une probité si bien reconnue et un discerne-
ment si sûr, que plusieurs personnes aimaient mieux faire passer
leurs aumônes par ses mains que par celles des riches curés des
villes. Un jour qu'on lui avait donné quelque argent à distribuer
aux pauvres, le jeune homme eut, à ce titre, la lâcheté de lui en

---

[1] Rousseau never believed in the possibility of a purely impersonal and disinterested morality. Cf. *supra*, pp. 95 ff. (letter to d'Offreville).

demander. Non, dit-il, nous sommes frères, vous m'appartenez, et je ne dois pas toucher à ce dépôt pour mon usage. Ensuite il lui donna de son propre argent autant qu'il en avait demandé. Des leçons de cette espèce sont rarement perdues dans le cœur des jeunes gens qui ne sont pas tout à fait corrompus.

«Je me lasse de parler en tierce personne;[1] et c'est un soin fort superflu; car vous sentez bien, cher concitoyen,[2] que ce malheureux fugitif c'est moi-même: je me crois assez loin des désordres de ma jeunesse pour oser les avouer, et la main qui m'en tira mérite bien qu'aux dépens d'un peu de honte je rende au moins quelque honneur à ses bienfaits.

«Ce qui me frappait le plus était de voir, dans la vie privée de mon digne maître, la vertu sans hypocrisie,† l'humanité sans faiblesse, des discours toujours droits et simples, et une conduite toujours conforme à ces discours. Je ne le voyais point s'inquiéter si ceux qu'il aidait allaient à vêpres, s'ils se confessaient souvent, s'ils jeûnaient les jours prescrits, s'ils faisaient maigre, ni leur imposer d'autres conditions semblables, sans lesquelles, dût-on mourir de misère, on n'a nulle assistance à espérer des dévots.[3]

«Encouragé par ses observations, loin d'étaler moi-même à ses yeux le zèle affecté d'un nouveau converti, je ne lui cachais point trop mes manières de penser, et ne l'en voyais pas plus scandalisé. Quelquefois j'aurais pu me dire: il me passe mon indifférence pour le culte que j'ai embrassé en faveur de celle qu'il me voit aussi pour le culte dans lequel je suis né; il sait que mon dédain n'est plus une affaire de parti. Mais que devais-je penser quand je l'entendais quelquefois approuver des dogmes contraires à ceux de l'Église romaine, et paraître estimer médiocrement toutes ses cérémonies? Je l'aurais cru protestant déguisé si je l'avais vu moins fidèle à ces mêmes usages dont il semblait faire assez peu de cas; mais, sachant qu'il s'acquittait sans témoin de ses devoirs de prêtre aussi ponctuellement que sous les yeux du public, je ne savais plus que juger de ces contradictions. Au défaut près qui jadis avait attiré

† cagoterie ‡ de sagesse et de vertu

---

[1] It is of course the Vicaire, not Rousseau, who says this. Henceforth he is going to speak in the first person.

[2] Rousseau was addressed in this way by his Genevan friend, the minister Moultou, and he himself often designated other Genevan friends by the same term. Here it is Rousseau who is being addressed by the Vicaire.

[3] Like the *philosophes*, Rousseau is hostile to 'les dévots'. The theme is a commonplace in the literature of the time.

sa disgrâce et dont il n'était pas trop bien corrigé, sa vie était exemplaire, ses mœurs étaient irréprochables, ses discours honnêtes et judicieux. En vivant avec lui dans la plus grande intimité, j'apprenais à le respecter chaque jour davantage; et tant de bontés m'ayant tout à fait gagné le cœur, j'attendais avec une curieuse inquiétude le moment d'apprendre sur quel principe il fondait l'uniformité d'une vie aussi singulière.

«Ce moment ne vint pas sitôt. Avant de s'ouvrir à son disciple, il s'efforça de faire germer les semences de raison et de bonté qu'il jetait dans son âme. Ce qu'il y avait en moi de plus difficile à détruire était une orgueilleuse misanthropie, une certaine aigreur contre les riches et les heureux du monde, comme s'ils l'eussent été à mes dépens, et que leur prétendu bonheur eût été usurpé sur le mien. La folle vanité de la jeunesse, qui regimbe contre l'humiliation, ne me donnait que trop de penchant à cette humeur colère, et l'amour-propre, que mon mentor tâchait de réveiller en moi, me portant à la fierté, rendait les hommes encore plus vils à mes yeux, et ne faisait qu'ajouter pour eux le mépris à la haine.

«Sans combattre directement cet orgueil, il l'empêcha de se tourner en dureté d'âme; et sans m'ôter l'estime de moi-même, il la rendit moins dédaigneuse pour mon prochain. En écartant toujours la vaine apparence et me montrant les maux réels qu'elle couvre,[1] il m'apprenait à déplorer les erreurs de mes semblables, à m'attendrir sur leurs misères, et à les plaindre plus qu'à les envier. Ému de compassion sur les faiblesses humaines par le profond sentiment des siennes, il voyait partout les hommes victimes de leurs propres vices et de ceux d'autrui; il voyait les pauvres gémir sous le joug des riches, et les riches sous le joug des préjugés. Croyez-moi, disait-il, nos illusions, loin de nous cacher nos maux, les augmentent, en donnant un prix à ce qui n'en a point, et nous rendant sensibles à mille fausses privations que nous ne sentirions pas sans elles. La paix de l'âme consiste dans le mépris de tout ce qui peut la troubler:† l'homme qui fait le plus cas de la vie est celui qui sait moins en jouir, et celui qui aspire le plus avidement au bonheur est toujours le plus misérable.

«Ah! quels tristes tableaux! m'écriais-je avec amertume: s'il

† draft addition: la félicité fuit ceux qui la poursuivent

[1] The antithesis between 'appearance' and 'reality' is another key concept of Rousseau's philosophy.

faut se refuser à tout, que nous a donc servi de naître? et s'il faut mépriser le bonheur même, qui est-ce qui sait être heureux? C'est moi, répondit un jour le prêtre d'un ton dont je fus frappé. Heureux, vous! si peu fortuné, si pauvre, exilé, persécuté, vous êtes heureux! Et qu'avez-vous fait pour l'être? Mon enfant, reprit-il, je vous le dirai volontiers.

«Là-dessus il me fit entendre qu'après avoir reçu mes confessions, il voulait me faire les siennes. J'épancherai dans votre sein, me dit-il en m'embrassant, tous les sentiments de mon cœur. Vous me verrez, sinon tel que je suis, au moins tel que je me vois moi-même. Quand vous aurez reçu mon entière profession de foi, quand vous connaîtrez bien l'état de mon âme, vous saurez pourquoi je m'estime heureux, et si vous pensez comme moi, ce que vous avez à faire pour l'être. Mais ces aveux ne sont pas l'affaire d'un moment; il faut du temps pour vous exposer tout ce que je pense sur le sort de l'homme et sur le vrai prix de la vie: prenons une heure, un lieu commode pour nous livrer paisiblement à cet entretien.

«Je marquai de l'empressement à l'entendre. Le rendez-vous ne fut pas renvoyé plus tard qu'au lendemain matin. On était en été, nous nous levâmes à la pointe du jour.[1] Il me mena hors de la ville, sur une haute colline, au-dessous de laquelle passait le Pô, dont on voyait le cours à travers les fertiles rives qu'il baigne; dans l'éloignement, l'immense chaîne des Alpes couronnait le paysage; les rayons du soleil levant rasaient déjà les plaines, et projetant sur les champs par longues ombres les arbres, les coteaux, les maisons, enrichissaient de mille accidents de lumière le plus beau tableau dont l'œil humain puisse être frappé. On eût dit que la nature étalait à nos yeux toute sa magnificence pour en offrir le texte à nos entretiens. Ce fut là qu'après avoir quelque temps contemplé ces objets en silence, l'homme de paix me parla ainsi:»

Profession de foi du Vicaire savoyard

Mon enfant, n'attendez de moi ni des discours savants ni de profonds raisonnements. Je ne suis pas un grand philosophe, et je

---

[1] Rousseau himself constantly associated religion with the feelings for natural beauty.

me soucie peu de l'être.[1] Mais j'ai quelquefois du bon sens, et
j'aime toujours la vérité. Je ne veux pas argumenter avec vous, ni
même tenter de vous convaincre; il me suffit de vous exposer ce
que je pense dans la simplicité de mon cœur. Consultez le vôtre
durant mon discours; c'est tout ce que je vous demande. Si je me
trompe, c'est de bonne foi; cela suffit pour que mon erreur ne me
soit point imputée à crime: quand vous vous tromperiez de même,
il y aurait peu de mal à cela. Si je pense bien, la raison nous est
commune, et nous avons le même intérêt à l'écouter; pourquoi ne
penseriez-vous pas comme moi?

Je suis né pauvre et paysan, destiné par mon état à cultiver la
terre; mais on crut plus beau que j'apprisse à gagner mon pain dans
le métier de prêtre, et l'on trouva le moyen de me faire étudier.
Assurément ni mes parents ni moi ne songions guère à chercher en
cela ce qui était bon, véritable, utile, mais ce qu'il fallait savoir
pour être ordonné. J'appris ce qu'on voulait que j'apprisse, je dis
ce qu'on voulait que je disse, je m'engageai comme on voulut, et je
fus fait prêtre. Mais je ne tardai pas à sentir qu'en m'obligeant de
n'être pas homme j'avais promis plus que je ne pouvais tenir.

On nous dit que la conscience est l'ouvrage des préjugés;[2]
cependant, je sais par mon expérience qu'elle s'obstine à suivre
l'ordre de la nature contre toutes les lois des hommes. On a beau
nous défendre ceci ou cela, le remords nous reproche toujours
faiblement ce que nous permet la nature bien ordonnée, à plus forte
raison ce qu'elle nous prescrit. O bon jeune homme, elle n'a rien
dit encore à vos sens: vivez longtemps dans l'état heureux où sa
voix est celle de l'innocence. Souvenez-vous qu'on[3] l'offense encore plus quand on la prévient que quand on la combat; il faut

[1] Rousseau frequently repudiated the title of 'philosopher' (cf. *infra*, pp. 139,
295, and *CC*, VIII, 320); the seeker after truth, he believed, had to begin with good
sense, sincerity, and simplicity of heart and mind, not with the intellectual
subtlety of professional philosophers. At the same time there is, as G. Beaulavon
points out (op. cit., p. 87, n. 1), an analogy between Rousseau's attitude and that
of Descartes at the beginning of the *Discours de la Méthode*. Masson also calls
attention to the role of sincerity in the outlook of Marie Huber and the pietists.
Above all, however, Rousseau is clearly thinking of his own personal attitude.
Cf. *Religious Quest*, pp. 36 f., for his approach to philosophy.

[2] A point of view defended by the *philosophes*, especially those (like Helvétius)
of a materialist and sceptical outlook. Rousseau may also have been thinking of
Montaigne.

[3] Rousseau's repeated use of 'on' is to be noted. Man has become the victim
of the anonymous 'they' who form the basis of modern society (cf. *OC*, IV, 1511
n. 4).

commencer par apprendre à résister pour savoir quand on peut céder sans crime.

Dès ma jeunesse j'ai respecté le mariage comme la première et la plus sainte institution de la nature. M'étant ôté le droit de m'y soumettre, je résolus de ne le point profaner; car, malgré mes classes et mes études, ayant toujours mené une vie uniforme et simple, j'avais conservé dans mon esprit toute la clarté des lumières primitives:[1] les maximes du monde ne les avaient point obscurcies, et ma pauvreté m'éloignait des tentations qui dictent les sophismes du vice.

Cette résolution fut précisément ce qui me perdit; mon respect pour le lit d'autrui laissa mes fautes à découvert.[2] Il fallut expier le scandale: arrêté, interdit, chassé, je fus bien plus la victime de mes scrupules que de mon incontinence; et j'eus lieu de comprendre, aux reproches dont ma disgrâce fut accompagnée, qu'il ne faut souvent qu'aggraver la faute pour échapper au châtiment.

Peu d'expériences pareilles mènent loin un esprit qui réfléchit. Voyant par de tristes observations renverser les idées que j'avais du juste, de l'honnête, et de tous les devoirs de l'homme, je perdais chaque jour quelqu'une des opinions que j'avais reçues; celles qui me restaient ne suffisant plus pour faire ensemble un corps qui pût se soutenir par lui-même, je sentis peu à peu s'obscurcir dans mon esprit l'évidence des principes, et, réduit enfin à ne savoir plus que penser, je parvins au même point où vous êtes; avec cette différence, que mon incrédulité, fruit tardif d'un âge plus mûr, s'était formée avec plus de peine, et devait être plus difficile à détruire.

J'étais dans ces dispositions d'incertitude et de doute que Descartes exige pour la recherche de la vérité.[3] Cet état est peu fait pour durer, il est inquiétant et pénible;[4] il n'y a que l'intérêt du

---

[1] This is a source of religious truth to which the Vicaire and Rousseau often appeal.

[2] Rousseau attributed a similar adventure—unjustifiably, it would seem—to the abbé Gâtier (*OC*, I, 119).

[3] *Discours de la Méthode*, Part I, paras. 4–10. As Masson points out (cf. p. 47, n. 2), Descartes wills doubt as a methodological principle, whereas Rousseau's doubt is the result of inner uncertainty and confusion. Moreover, Descartes excludes religion and morality from his scepticism. See also H. Gouhier, 'Ce que le Vicaire doit à Descartes', *Annales*, XXXV (1959–62), 139–54.

[4] On Rousseau's rejection of doubt as a permanent attitude cf. *supra*, p. 46, *infra*, p. 382. The *philosophes*, however, had 'shaken' and 'disturbed' him without 'persuading' him. Cf. *OC*, I, 1016.

vice ou la paresse de l'âme qui nous y laisse. Je n'avais point le cœur assez corrompu pour m'y plaire; et rien ne conserve mieux l'habitude de réfléchir que d'être plus content de soi que de sa fortune.

Je méditais donc sur le triste sort des mortels flottant sur cette mer des opinions humaines, sans gouvernail, sans boussole, et livrés à leurs passions orageuses, sans autre guide qu'un pilote inexpérimenté qui méconnaît sa route, et qui ne sait ni d'où il vient ni où il va. Je me disais: J'aime la vérité, je la cherche, et ne puis la reconnaître; qu'on me la montre et j'y demeure attaché: pourquoi faut-il qu'elle se dérobe à l'empressement d'un cœur fait pour l'adorer?[1]

Quoique j'aie souvent éprouvé de plus grands maux, je n'ai jamais mené une vie aussi constamment désagréable que dans ces temps de trouble et d'anxiétés, où, sans cesse errant de doute en doute, je ne rapportais de mes longues méditations qu'incertitude, obscurité, contradictions sur la cause de mon être et sur la règle de mes devoirs.

Comment peut-on être sceptique par système et de bonne foi? Je ne saurais le comprendre.[2] Ces philosophes, ou n'existent pas, ou sont les plus malheureux des hommes. Le doute sur les choses qu'il nous importe de connaître est un état trop violent pour l'esprit humain:[3] il n'y résiste pas longtemps; il se décide malgré

---

[1] A sincere love of truth is, in Rousseau's opinion, an indispensable prerequisite for its discovery.

[2] 'Inutile, on est sceptique sur mille choses qu'on ne connaît pas' (Voltaire). Voltaire wrote comments in two copies of *Émile*, now kept in Geneva and Leningrad. His comments on the Genevan copy were published by Bernard Bouvier in the *Annales*, I (1905), 272–84, and those on the Leningrad copy by G. R. Havens, *Voltaire's Marginalia on the pages of Rousseau* (Columbus, Ohio, 1933). Some of the more interesting remarks have been included in the present edition. Comments taken from the *Annales* are indicated simply by 'Voltaire' and page number, those from Havens' *Marginalia* by 'Voltaire, *Marginalia*' and page number. Voltaire also commented on *Émile* in his correspondence, condemning the whole work with the exception of 'une quarantaine de pages contre le christianisme, des plus hardies qu'on ait jamais écrites' (14 June 1762 to Damilaville). On 15 Sept. 1762, he told d'Alembert: 'Je me suis moqué d'*Émile*, qui est assurément un plat personnage; son livre m'a ennuyé; mais il y a une cinquantaine de pages que je veux faire relier en maroquin' (Voltaire's *Correspondance*, ed. Besterman, XLIX, p. 28; L, p. 28).

[3] The desire to possess truth on matters which 'it is important for a man to know' is, according to Rousseau, a natural aspect of the human personality. Systematic doubt, on the other hand, he holds to be quite unnatural.

5—R.R.W.

lui de manière ou d'autre, et il aime mieux se tromper que ne rien croire.

Ce qui redoublait mon embarras, était qu'étant né dans une Église qui décide tout, qui ne permet aucun doute,[1] un seul point rejeté me faisait rejeter tout le reste,[2] et que l'impossibilité d'admettre tant de décisions absurdes me détachait aussi de celles qui ne l'étaient pas. En me disant: Croyez tout, on m'empêchait de rien croire, et je ne savais plus où m'arrêter.

Je consultai les philosophes, je feuilletai leurs livres, j'examinai leurs diverses opinions;[3] je les trouvai tous fiers, affirmatifs, dogmatiques, même dans leur scepticisme prétendu, n'ignorant rien, ne prouvant rien, se moquant les uns des autres; et ce point commun à tous me parut le seul sur lequel ils ont tous raison. Triomphants quand ils attaquent, ils sont sans vigueur en se défendant. Si vous pesez les raisons, ils n'en ont que pour détruire; si vous comptez les voies, chacun est réduit à la sienne; ils ne s'accordent que pour disputer; les écouter n'était pas le moyen de sortir de mon incertitude.

Je conçus que l'insuffisance de l'esprit humain est la première cause de cette prodigieuse diversité de sentiments, et que l'orgueil est la seconde. Nous n'avons point les mesures de cette machine immense, nous n'en pouvons calculer les rapports; nous n'en connaissons ni les premières lois ni la cause finale; nous nous ignorons nous-mêmes; nous ne connaissons ni notre nature ni notre principe actif; à peine savons-nous si l'homme est un être simple ou composé: des mystères impénétrables nous environnent de toutes parts; ils sont au-dessus de la région sensible; pour les percer nous croyons avoir de l'intelligence, et nous n'avons que de l'imagination. Chacun se fraye, à travers ce monde imaginaire, une route qu'il croit la bonne; nul ne peut savoir si la sienne mène au but.[4] Cependant nous voulons tout pénétrer, tout connaître. La seule chose que nous ne savons point, est d'ignorer ce que nous ne pouvons savoir. Nous aimons mieux nous déterminer au hasard, et croire ce qui n'est pas, que d'avouer qu'aucun de nous ne peut

---

[1] The Roman Catholic Church. [2] 'Bon' (Voltaire, p. 275).

[3] Rousseau's hostility to the *philosophes* increased with the passing of time. Cf. the violent attacks in the *Dialogues* and the *Rêveries*. Their scepticism, he affirms, is as rigid and intolerant as the beliefs of the Church they attack.

[4] 'Déclamation trop commune' (Voltaire, *ibid.*). In fact, the distrust of metaphysics was common to those contemporary philosophers who had been influenced by Locke's empiricism.

voir ce qui est. Petite partie d'un grand tout dont les bornes nous échappent, et que son auteur livre à nos folles disputes, nous sommes assez vains pour vouloir décider ce qu'est ce tout en lui-même, et ce que nous sommes par rapport à lui.

Quand les philosophes seraient en état de découvrir la vérité, qui d'entre eux prendrait intérêt à elle?[1] Chacun sait bien que son système n'est pas mieux fondé que les autres; mais il le soutient parce qu'il est à lui. Il n'y en a pas un seul qui, venant à connaître le vrai et le faux, ne préférât le mensonge qu'il a trouvé à la vérité découverte par un autre. Où est le philosophe qui, pour sa gloire, ne tromperait pas volontiers le genre humain? Où est celui qui, dans le secret de son cœur, se propose un autre objet que de se distinguer? Pourvu qu'il s'élève au-dessus du vulgaire, pourvu qu'il efface l'éclat de ses concurrents, que demande-t-il de plus? L'essentiel est de penser autrement que les autres. Chez les croyants il est athée, chez les athées il serait croyant.[2]

Le premier fruit que je tirai de ces réflexions fut d'apprendre à borner mes recherches à ce qui m'intéressait immédiatement,† à me reposer dans une profonde ignorance sur tout le reste, et à ne m'inquiéter, jusqu'au doute, que des choses qu'il m'importait de savoir.[3]

Je compris encore que, loin de me délivrer de mes doutes inutiles, les philosophes ne feraient que multiplier ceux qui me tourmentaient et n'en résoudraient aucun. Je pris donc un autre guide et je me dis: Consultons la lumière intérieure,[4] elle m'égarera moins qu'ils ne m'égarent, ou, du moins, mon erreur sera la mienne, et je me dépraverai moins en suivant mes propres illusions qu'en me livrant à leurs mensonges.

Alors, repassant dans mon esprit les diverses opinions qui m'avaient tour à tour entraîné depuis ma naissance, je vis que, bien

† aux seules connaissances nécessaires au bonheur et à l'espoir de ma vie

---

[1] To the intellectual difficulty Rousseau added a psychological obstacle. From the very first *Discours* he stressed the distorting influence of pride and vanity on most philosophers' outlook.

[2] 'C'est le portrait du peintre' (Voltaire, p. 275).

[3] Truths which 'interest' man and which 'it is important for him to know' provide the basis of his religious and moral outlook—a theme constantly stressed by Rousseau.

[4] Rousseau tirelessly insists upon the essential principle of inwardness. The term 'inner light' does not denote any kind of mystical illumination, but simply expresses the intuitive certainty of immediate consciousness. As such, it protects man against the dangers of merely subjective illusion.

qu'aucune d'elles ne fût assez évidente pour produire immédiatement la conviction, elles avaient divers degrés de vraisemblance, et
que l'assentiment intérieur s'y prêtait ou s'y refusait à différentes
mesures. Sur cette première observation, comparant entre elles
toutes ces différentes idées dans le silence des préjugés,[1] je trouvai
que la première et la plus commune était aussi la plus simple et la
plus raisonnable,[2] et qu'il ne lui manquait, pour réunir tous les
suffrages, que d'avoir été proposée la dernière. Imaginez tous vos
philosophes anciens et modernes ayant d'abord épuisé leurs bizarres systèmes de forces, de chances, de fatalité, de nécessité, d'atomes,
de monde animé, de matière vivante, de matérialisme de toute
espèce, et après eux tous, l'illustre Clarke[3] éclairant le monde,
annonçant enfin l'Être des êtres et le dispensateur des choses:†
avec quelle universelle admiration, avec quel applaudissement
unanime n'eût point été reçu ce nouveau système,[4] si grand, si
consolant, si sublime, si propre à élever l'âme, à donner une base à
la vertu, et en même temps si frappant, si lumineux, si simple, et,
ce me semble, offrant moins de choses incompréhensibles à l'esprit
humain qu'il n'en trouve d'absurdes en tout autre système! Je me
disais: Les objections insolubles sont communes à tous, parce que
l'esprit de l'homme est trop borné pour les résoudre; elles ne
prouvent donc contre aucun par préférence: mais quelle différence
entre les preuves directes! celui-là seul qui explique tout ne doit-il
pas être préféré quand il n'a pas plus de difficulté que les autres?‡

Portant donc en moi l'amour de la vérité pour toute philosophie,
et pour toute méthode une règle facile et simple qui me dispense
de la vaine subtilité des arguments, je reprends sur cette règle

† l'illustre Clarke annonçant le premier au monde le vrai théisme ou la religion naturelle
‡ for last sentence: Le seul système de Clarke écrase tous les autres, il doit
donc être préféré par la raison.

---

[1] A favourite expression, alternating with 'dans le silence des passions'.
Rousseau constantly stresses the corrupting influence of the passions upon the
search for truth.

[2] An essential aspect of Rousseau's 'natural religion'.

[3] Samuel Clarke (1675–1729), English philosopher and divine, author of a
famous *Discourse concerning the Being and Attributes of God* (1705–6), which
obtained for him a European reputation. A follower of Newton, he became
famous for his defence of theism against the monistic philosophy of Spinoza.
Rousseau held his work in the highest esteem (Masson aptly calls him 'Rousseau's
metaphysician') and compared him to Plato.

[4] 'Il a raison sur le 1er volume de Clark (*sic*), le second est ridicule, comme le
sujet' (Voltaire, p. 276).

l'examen des connaissances qui m'intéressent,†¹ résolu d'admettre pour évidentes toutes celles auxquelles, dans la sincérité de mon cœur, je ne pourrai refuser mon consentement, pour vraies toutes celles qui me paraîtront avoir une liaison nécessaire avec ces premières, et de laisser toutes les autres dans l'incertitude, sans les rejeter ni les admettre, et sans me tourmenter à les éclaircir quand elles ne mènent à rien d'utile pour la pratique.

²Mais qui suis-je? quel droit ai-je de juger les choses? et qu'est-ce qui détermine mes jugements? S'ils sont entraînés, forcés par les impressions que je reçois, je me fatigue en vain à ces recherches, elles ne se feront point, ou se feront d'elles-mêmes sans que je me mêle de les diriger. Il faut donc tourner d'abord mes regards sur moi pour connaître l'instrument dont je veux me servir, et jusqu'à quel point je puis me fier à son usage.

J'existe, et j'ai des sens par lesquels je suis affecté. Voilà la première vérité qui me frappe et à laquelle je suis forcé d'acquiescer. Ai-je un sentiment propre de mon existence, ou ne la sens-je que par mes sensations? Voilà mon premier doute, qu'il m'est, quant à présent, impossible de résoudre. Car, étant continuellement affecté de sensations, ou immédiatement, ou par la mémoire, comment puis-je savoir si le sentiment du *moi* est quelque chose hors de ces mêmes sensations, et s'il peut être indépendant d'elles?

Mes sensations se passent en moi, puisqu'elles me font sentir mon existence; mais leur cause m'est étrangère, puisqu'elles m'affectent malgré que j'en aie, et qu'il ne dépend de moi ni de les produire ni de les anéantir. Je conçois donc clairement que ma sensation qui est en moi, et sa cause ou son objet qui est hors de moi, ne sont pas la même chose.

---

† connaissances essentielles à l'objet qui m'occupe

¹ Rousseau was a persistent defender of 'simplicity' against 'subtlety'. Cf. *Religious Quest*, pp. 46, 64, 69.

² This section (a later addition) owes something to Rousseau's reading of two important articles in the *Encyclopédie*—'Évidence', probably by the physiocrat François Quesnay, cf. *OC*, IV, 1129 n., and 'Existence' (Turgot). Although Rousseau starts with sense experience, he makes a rigid distinction between the passiveness of 'sensation' and the activity of 'judgement', thus emphasizing a dualism which brings him closer to Descartes than contemporary 'sensualists' like Condillac, Diderot and the author of 'Évidence'. Whereas Condillac derives reflection from sensation, Rousseau treats it as a distinctive principle. The latter is also firmly opposed to Helvétius' view of the mind as a purely passive entity.

Ainsi, non seulement j'existe, mais il existe d'autres êtres, savoir, les objets de mes sensations; et quand ces objets ne seraient que des idées, toujours est-il vrai que ces idées ne sont pas moi.[1]

Or, tout ce que je sens hors de moi et qui agit sur mes sens, je l'appelle matière; et toutes les portions de matière que je conçois réunies en êtres individuels, je les appelle des corps. Ainsi toutes les disputes des idéalistes et des matérialistes ne signifient rien pour moi: leurs distinctions sur l'apparence et la réalité des corps sont des chimères.[2]

Me voici déjà tout aussi sûr de l'existence de l'univers que de la mienne. Ensuite je réfléchis sur les objets de mes sensations; et, trouvant en moi la faculté de les comparer, je me sens doué d'une force active que je ne savais pas avoir auparavant.

Apercevoir, c'est sentir; comparer, c'est juger; juger et sentir ne sont pas la même chose. Par la sensation, les objets s'offrent à moi séparés, isolés, tels qu'ils sont dans la nature; par la comparaison, je les remue, je les transporte pour ainsi dire, je les pose l'un sur l'autre pour prononcer sur leur différence ou sur leur similitude, et généralement sur tous leurs rapports. Selon moi la faculté distinctive de l'être actif ou intelligent est de pouvoir donner un sens à ce mot *est*. Je cherche en vain dans l'être purement sensitif cette force intelligente qui superpose et puis qui prononce; je ne la saurais voir dans sa nature. Cet être passif sentira chaque objet séparément, ou même il sentira l'objet total formé des deux; mais, n'ayant aucune force pour les replier l'un sur l'autre, il ne les comparera jamais, il ne les jugera point.

Voir deux objets à la fois, ce n'est pas voir leurs rapports ni juger de leurs différences; apercevoir plusieurs objets les uns hors des autres n'est pas les nombrer. Je puis avoir au même instant l'idée d'un grand bâton et d'un petit bâton sans les comparer, sans juger que l'un est plus petit que l'autre, comme je puis voir à la fois ma

---

[1] 'Ce n'était pas la peine de dire des choses tant rebattues' (Voltaire, p. 276).

[2] It is interesting to note that Rousseau's reading of the idealist philosopher Berkeley (mentioned in *La Nouvelle Héloïse*, VI, vii, and the letter to Franquières, *infra*, p. 387) did not lead to any undue concern with the problem of proving the existence of the external world—a problem that figured prominently in Diderot, Condillac, d'Alembert, Turgot and others. In Rousseau's opinion, discussions between 'idealists' and 'materialists' were probably 'chimerical' because they did not make any impact upon the vital question of man's inner moral life.

main entière, sans faire le compte de mes doigts.[1] Ces idées comparatives, *plus grand, plus petit*, de même que les idées numériques d'*un*, de *deux*, etc., ne sont certainement pas des sensations, quoique mon esprit ne les produise qu'à l'occasion de mes sensations.[1]

On nous dit que l'être sensitif distingue les sensations les unes des autres par les différences qu'ont entre elles ces mêmes sensations: ceci demande explication. Quand les sensations sont différentes, l'être sensitif les distingue par leurs différences: quand elles sont semblables, il les distingue parce qu'il sent les unes hors des autres. Autrement, comment dans une sensation simultanée distinguerait-il deux objets égaux? il faudrait nécessairement qu'il confondît ces deux objets et les prît pour le même, surtout dans un système où l'on prétend que les sensations représentatives de l'étendue ne sont point étendues.[2]

Quand les deux sensations à comparer sont aperçues, leur impression est faite, chaque objet est senti, les deux sont sentis, mais leur rapport n'est pas senti pour cela. Si le jugement de ce rapport n'était qu'une sensation, et me venait uniquement de l'objet, mes jugements ne me tromperaient jamais, puisqu'il n'est jamais faux que je sente ce que je sens.

Pourquoi donc est-ce que je me trompe sur le rapport de ces deux bâtons, surtout s'ils ne sont pas parallèles? Pourquoi, dis-je, par exemple, que le petit bâton est le tiers du grand, tandis qu'il n'en est que le quart? Pourquoi l'image, qui est la sensation, n'est-elle pas conforme à son modèle, qui est l'objet? C'est que je suis actif quand je juge, que l'opération qui compare est fautive, et que mon entendement, qui juge les rapports, mêle ses erreurs à la vérité des sensations qui ne montrent que les objets.

---

[1] Les relations de M. de la Condamine[3] nous parlent d'un peuple qui ne savait compter que jusqu'à trois. Cependant les hommes qui composaient ce peuple, ayant des mains, avaient souvent aperçu leurs doigts sans savoir compter jusqu'à cinq.

---

[1] 'Pourquoi non?' (Voltaire, p. 276).

[2] The examples given in this paragraph are taken from the *Encyclopédie* article 'Évidence'.

[3] C. M. de la Condamine (1701–74), astronomer and traveller, member of the Academy of Sciences and the French Academy, went to South America to make observations about the shape and size of the earth, details of which were given in his *Relation abrégée d'un voyage fait dans l'intérieur de l'Amérique méridionale* (1745).

Ajoutez à cela une réflexion qui vous frappera, je m'assure, quand vous y aurez pensé; c'est que, si nous étions purement passifs dans l'usage de nos sens, il n'y aurait entre eux aucune communication; il nous serait impossible de connaître que le corps que nous touchons et l'objet que nous voyons sont le même. Ou nous ne sentirions jamais rien hors de nous, ou il y aurait pour nous cinq substances sensibles, dont nous n'aurions nul moyen d'apercevoir l'identité.†

Qu'on donne tel ou tel nom à cette force de mon esprit qui rapproche et compare mes sensations; qu'on l'appelle attention, méditation, réflexion,[1] ou comme on voudra; toujours est-il vrai qu'elle est en moi et non dans les choses, que c'est moi seul qui la produis, quoique je ne la produise qu'à l'occasion de l'impression que font sur moi les objets. Sans être maître de sentir ou de ne pas sentir, je le suis d'examiner plus ou moins ce que je sens.

Je ne suis donc pas simplement un être sensitif et passif, mais un être actif et intelligent, et, quoi qu'en dise la philosophie,[2] j'oserai prétendre à l'honneur de penser. Je sais seulement que la vérité est dans les choses et non pas dans mon esprit qui les juge, et que moins je mets du mien dans les jugements que j'en porte, plus je suis sûr d'approcher de la vérité: ainsi ma règle de me livrer au sentiment plus qu'à la raison est confirmée par la raison même.[3]

M'étant, pour ainsi dire, assuré de moi-même, je commence à regarder hors de moi, et je me considère avec une sorte de frémissement, jeté, perdu dans ce vaste univers, et comme noyé dans l'immensité des êtres,[4] sans rien savoir de ce qu'ils sont,‡ ni entre

---

† MS addition: Il y a un point où toutes nos sensations se réunissent mais il faut que ce soit nous qui les y portions.
‡ de ce qu'ils sont, ni absolument, ni entre eux

---

[1] 'Attention' probably refers to Condillac, 'reflection' to Locke, and 'meditation' to Descartes.
[2] Rousseau may have had in mind Helvétius and the Encyclopaedists. Voltaire (p. 277) wrote against this remark: 'Pourquoi calomnier les philosophes?' Rousseau opposes his own dualism to the monism of the materialists.
[3] An important but difficult statement. Rousseau probably means that a fundamental feeling is more reliable as a guide to truth than reason taken in isolation from the rest of the personality. He never condemned reason as such, but only its misuse. Cf. supra, p. 76, n. 2.
[4] 'Imité des Pensées de Pascal' (Voltaire, p. 277). Masson suggests that the expression may be a reminiscence of Diderot's translation and adaptation of Shaftesbury, Essai sur le mérite et la vertu, already praised by Rousseau in his Essai sur la vertu et le bonheur, where he speaks of 'le vertueux Shaftesbury et son digne interprète'.

eux, ni par rapport à moi. Je les étudie, je les observe; et, le premier objet qui se présente à moi pour les comparer, c'est moi-même.

Tout ce que j'aperçois par les sens est matière, et je déduis toutes les propriétés essentielles de la matière des qualités sensibles qui me la font apercevoir, et qui en sont inséparables. Je la vois tantôt en mouvement et tantôt en repos,[1] d'où j'infère que ni le repos ni le mouvement ne lui sont essentiels; mais le mouvement étant une action, est l'effet d'une cause dont le repos n'est que l'absence. Quand donc rien n'agit sur la matière, elle ne se meut point, et, par cela même qu'elle est indifférente au repos et au mouvement, son état naturel est d'être en repos.[1]

J'aperçois dans les corps deux sortes de mouvements, savoir, mouvement communiqué, et mouvement spontané ou volontaire. Dans le premier, la cause motrice est étrangère au corps mû, et dans le second elle est en lui-même. Je ne conclurai pas de là que le mouvement d'une montre, par exemple, est spontané; car si rien d'étranger au ressort n'agissait sur lui, il ne tendrait point à se redresser, et ne tirerait pas la chaîne. Par la même raison, je n'accorderai point non plus la spontanéité aux fluides, ni au feu même qui fait leur fluidité.[ii]

---

[1] Ce repos n'est, si l'on veut, que relatif; mais puisque nous observons du plus ou du moins dans le mouvement, nous concevons très clairement un des deux termes extrêmes, qui est le repos, et nous le concevons si bien, que nous sommes enclins même à prendre pour absolu le repos qui n'est que relatif. Or il n'est pas vrai que le mouvement soit de l'essence de la matière, si elle peut être conçue en repos.

[ii] Les chimistes regardent le phlogistique ou l'élément du feu comme épars, immobile, et stagnant dans les mixtes dont il fait partie, jusqu'à ce que des causes étrangères le dégagent, le réunissent, le mettent en mouvement, et le changent en feu.[2]

---

[1] The principle of the inertia of matter was upheld by Newton and is mentioned in the article 'Évidence'.

[2] In 1747 Rousseau had attended, along with Francueil's son, the lectures given by the famous chemist Guillaume-François Rouelle (1703–70); he had taken extensive notes, *Institutions chimiques*, which remained in manuscript (cf. *OC*, I, 293). The nature of fire—was it an element or a compound?—was much discussed during the first part of the eighteenth century. Cf. d'Alembert's article 'Feu' in the *Encyclopédie*. The German chemist G. E. Stahl (1660–1734) had described the peculiar 'material of fire' as 'phlogiston'; he seems to have derived the idea from another German chemist, J. J. Becher (1635–82). On 'mixte' Rousseau (*Instit.*, I, 2) writes: 'On donne le nom de mixte à toute substance formée par le concours de deux ou plusieurs principes, lesquels par leur fusion ne forment plus qu'un seul tout.' On the various theories of fire in the

Vous me demanderez si les mouvements des animaux sont spontanés,[1] je vous dirai que je n'en sais rien, mais que l'analogie est pour l'affirmative. Vous me demanderez encore comment je sais donc qu'il y a des mouvements spontanés; je vous dirai que je le sais parce que je le sens. Je veux mouvoir mon bras et je le meus, sans que ce mouvement ait d'autre cause immédiate que ma volonté. C'est en vain qu'on voudrait raisonner pour détruire en moi ce sentiment, il est plus fort que toute évidence; autant vaudrait me prouver que je n'existe pas.

S'il n'y avait aucune spontanéité dans les actions des hommes, ni dans rien de ce qui se fait sur la terre, on n'en serait que plus embarrassé à imaginer la première cause de tout mouvement. Pour moi, je me sens tellement persuadé que l'état naturel de la matière est d'être en repos, et qu'elle n'a par elle-même aucune force pour agir, qu'en voyant un corps en mouvement je juge aussitôt, ou que c'est un corps animé, ou que ce mouvement lui a été communiqué. Mon esprit refuse tout acquiescement à l'idée de la matière non organisée se mouvant d'elle-même, ou produisant quelque action.[2]

Cependant cet univers visible est matière, matière éparse et morte,[1] qui n'a rien dans son tout de l'union, de l'organisation, du sentiment commun des parties d'un corps animé, puisqu'il est certain que nous qui sommes parties ne nous sentons nullement dans le tout. Ce même univers est en mouvement, et dans ses mouvements réglés, uniformes, assujettis à des lois constantes, il n'a rien de cette liberté qui paraît dans les mouvements spontanés de l'homme et des animaux. Le monde n'est donc pas un grand animal qui se meuve de lui-même;[3] il y a donc de ses mouvements quelque cause étrangère à lui, laquelle je n'aperçois pas; mais la

---

eighteenth century see the fascinating study of Gaston Bachelard, *La Psychanalyse du Feu* (Paris, 1938).

---

[1] J'ai fait tous mes efforts pour concevoir une molécule vivante, sans pouvoir en venir à bout. L'idée de la matière sentant sans avoir des sens me paraît inintelligible et contradictoire. Pour adopter ou rejeter cette idée, il faudrait commencer par la comprendre, et j'avoue que je n'ai pas ce bonheur-là.

---

[1] Like most of his contemporaries, Rousseau rejected the Cartesian idea of the automatism of animals. Cf. Condillac, *Traité des Animaux*, I, i.

[2] Although Rousseau holds firmly to the idea of the inertia of matter, a few contemporary philosophers like La Mettrie and Diderot were already treating matter as an active principle.

[3] Cf. Diderot, *Pensées sur l'interprétation de la nature*, L–LVIII.

persuasion intérieure me rend cette cause tellement sensible, que je ne puis voir rouler le soleil sans imaginer une force qui le pousse, ou que, si la terre tourne, je crois sentir une main qui la fait tourner.

[1] S'il faut admettre des lois générales dont je n'aperçois point les rapports essentiels avec la matière, de quoi serai-je avancé? Ces lois, n'étant point des êtres réels, des substances, ont donc quelque autre fondement qui m'est inconnu. L'expérience et l'observation nous ont fait connaître les lois du mouvement; ces lois déterminent les effets sans montrer les causes; elles ne suffisent point pour expliquer le système du monde et la marche de l'univers. Descartes avec des dés[2] formait le ciel et la terre; mais il ne put donner le premier branle à ces dés, ni mettre en jeu sa force centrifuge qu'à l'aide d'un mouvement de rotation. Newton a trouvé la loi de l'attraction; mais l'attraction seule réduirait bientôt l'univers en une masse immobile: à cette loi il a fallu joindre une force projectile[3] pour faire décrire des courbes aux corps célestes. Que Descartes nous dise quelle loi physique a fait tourner ses tourbillons; que Newton nous montre la main qui lança les planètes sur la tangente de leurs orbites.

Les premières causes du mouvement ne sont point dans la matière; elle reçoit le mouvement et le communique, mais elle ne le produit pas. Plus j'observe l'action et réaction des forces de la nature agissant les unes sur les autres, plus je trouve que, d'effets en effets, il faut toujours remonter à quelque volonté pour première cause; car supposer un progrès de causes à l'infini, c'est n'en point supposer du tout. En un mot, tout mouvement qui n'est pas produit par un autre ne peut venir que d'un acte spontané, volontaire; les corps inanimés n'agissent que par le mouvement, et il n'y a point de véritable action sans volonté. Voilà mon premier principe. Je crois donc qu'une volonté meut l'univers et anime la

---

[1] Masson suggests that this passage was inspired by the abbé de la Pluche's popular *Histoire du Ciel considérée selon les idées des poètes, des philosophes et de Moïse* (1739).

[2] Descartes did not use this term, but Voltaire applied it ironically to the Cartesian system in his *Éléments de la philosophie de Newton*.

[3] Masson considers the adjectival use of this word to be peculiar to Rousseau. It is, however, already to be found in Turgot's article 'Expansibilité' in the *Encyclopédie*, which refers also to the scientist Needham.

nature. Voilà mon premier dogme, ou mon premier article de foi.[1]

Comment une volonté produit-elle une action physique et corporelle? Je n'en sais rien, mais j'éprouve en moi qu'elle la produit.[2] Je veux agir, et j'agis; je veux mouvoir mon corps, et mon corps se meut; mais qu'un corps inanimé et en repos vienne à se mouvoir de lui-même ou produise le mouvement, cela est incompréhensible et sans exemple. La volonté m'est connue par ses actes, non par sa nature. Je connais cette volonté comme cause motrice; mais concevoir la matière productrice du mouvement, c'est clairement concevoir un effet sans cause, c'est ne concevoir absolument rien.

Il ne m'est pas plus possible de concevoir comment ma volonté meut mon corps, que comment mes sensations affectent mon âme. Je ne sais pas même pourquoi l'un de ces mystères a paru plus explicable que l'autre. Quant à moi, soit quand je suis passif, soit quand je suis actif, le moyen d'union des deux substances me paraît absolument incompréhensible. Il est bien étrange qu'on parte de cette incompréhensibilité même pour confondre les deux substances, comme si des opérations de natures si différentes s'expliquaient mieux dans un seul sujet que dans deux.

Le dogme que je viens d'établir est obscur, il est vrai; mais enfin il offre un sens, et il n'a rien qui répugne à la raison ni à l'observation: en peut-on dire autant du matérialisme? N'est-il pas clair que si le mouvement était essentiel à la matière, il en serait inséparable, il y serait toujours en même degré, toujours le même dans chaque portion de matière, il serait incommunicable, il ne pourrait augmenter ni diminuer, et l'on ne pourrait pas même concevoir la matière en repos? Quand on me dit que le mouvement ne lui est pas essentiel, mais nécessaire, on veut me donner le change par des mots qui seraient plus aisés à réfuter s'ils avaient un peu plus de sens. Car, ou le mouvement de la matière lui vient d'elle-même, et alors il lui est essentiel, ou, s'il lui vient d'une cause étrangère, il n'est nécessaire à la matière qu'autant que la cause motrice agit sur elle: nous rentrons dans la première difficulté.

Les idées générales et abstraites sont la source des plus grandes

[1] The traditional argument for God's existence ('The Unmoved Mover') goes back to Aristotle (*Physics*, Book 8). More recently it had been used by Fénelon, *Traité de l'existence de Dieu*, I, lxxi.

[2] This and the following three paragraphs do not move on to Rousseau's next point but amplify the one just made.

erreurs des hommes; jamais le jargon de la métaphysique n'a fait
découvrir une seule vérité, et il a rempli la philosophie d'absurdités dont on a honte, sitôt qu'on les dépouille de leurs grands mots.[1]†
Dites-moi, mon ami, si, quand on vous parle d'une force aveugle
répandue dans toute la nature, on porte quelque véritable idée à
votre esprit. On croit dire quelque chose par ces mots vagues de
force universelle, de *mouvement nécessaire*, et l'on ne dit rien du
tout. L'idée du mouvement n'est autre chose que l'idée du trans-
port d'un lieu à un autre: il n'y a point de mouvement sans quelque direction; car un être individuel ne saurait se mouvoir à la fois
dans tous les sens. Dans quel sens donc la matière se meut-elle
nécessairement?[2] Toute la matière en corps a-t-elle un mouvement uniforme, ou chaque atome a-t-il son mouvement propre?
Selon la première idée, l'univers entier doit former une masse solide
et indivisible; selon la seconde, il ne doit former qu'un fluide
épars et incohérent, sans qu'il soit jamais possible que deux
atomes se réunissent. Sur quelle direction se fera ce mouvement
commun de toute la matière? Sera-ce en droite ligne, en haut, en
bas, à droite ou à gauche? Si chaque molécule de matière a sa
direction particulière, quelles seront les causes de toutes ces direc-
tions et de toutes ces différences? Si chaque atome ou molécule de
matière ne faisait que tourner sur son propre centre, jamais rien ne
sortirait de sa place, et il n'y aurait point de mouvement communiqué; encore même faudrait-il que ce mouvement circulaire fût déterminé dans quelque sens. Donner à la matière le mouvement par
abstraction, c'est dire des mots qui ne signifient rien; et lui donner
un mouvement déterminé, c'est supposer une cause qui le détermine. Plus je multiplie les forces particulières, plus j'ai de nouvelles
causes à expliquer, sans jamais trouver aucun agent commun qui
les dirige. Loin de pouvoir imaginer aucun ordre dans le concours
fortuit des éléments, je n'en puis pas même imaginer le combat, et
le chaos de l'univers m'est plus inconcevable que son harmonie. Je
comprends que le mécanisme du monde peut n'être pas intelligible

† Instead of the last half of the sentence beginning 'jamais le jargon...': ...Défiez-
vous de tout philosophe qui, vous éblouissant par ces propositions générales, ne
vous permet jamais de les particulariser par des exemples sensibles.

---

[1] The criticism of *a priori* metaphysics was a commonplace among the Locke-
inspired *philosophes* of the eighteenth century.

[2] According to Masson (*PF*, p. 117, n. 3), this traditional refutation of Epicureanism and its subsequent development is borrowed from Fénelon's *Traité de
l'existence de Dieu*, I, lxxxii *et seq.*

à l'esprit humain; mais sitôt qu'un homme se mêle de l'expliquer, il doit dire des choses que les hommes entendent.

Si la matière mue me montre une volonté, la matière mue selon de certaines lois me montre une intelligence: c'est mon second article de foi.[1] Agir, comparer, choisir, sont les opérations d'un être actif et pensant: donc cet être existe. Où le voyez-vous exister? m'allez-vous dire. Non seulement dans les cieux qui roulent, dans l'astre qui nous éclaire; non seulement dans moi-même, mais dans la brebis qui paît, dans l'oiseau qui vole, dans la pierre qui tombe, dans la feuille qu'emporte le vent.

Je juge de l'ordre du monde quoique j'en ignore la fin, parce que pour juger de cet ordre il me suffit de comparer les parties entre elles, d'étudier leurs concours, leurs rapports, d'en remarquer le concert. J'ignore pourquoi l'univers existe; mais je ne laisse pas de voir comment il est modifié: je ne laisse pas d'apercevoir l'intime correspondance par laquelle les êtres qui le composent se prêtent un secours mutuel. Je suis comme un homme qui verrait pour la première fois une montre ouverte, et qui ne laisserait pas d'en admirer l'ouvrage, quoiqu'il ne connût pas l'usage de la machine et qu'il n'eût point vu le cadran.[2] Je ne sais, dirait-il, à quoi le tout est bon; mais je vois que chaque pièce est faite pour les autres; j'admire l'ouvrier dans le détail de son ouvrage, et je suis bien sûr que tous ces rouages ne marchent ainsi de concert que pour une fin commune qu'il m'est impossible d'apercevoir.

[3]Comparons les fins particulières, les moyens, les rapports ordonnés de toute espèce, puis écoutons le sentiment intérieur; quel esprit sain peut se refuser à son témoignage? A quels yeux non prévenus l'ordre sensible de l'univers n'annonce-t-il pas une suprême intelligence? Et que de sophismes ne faut-il point entasser pour méconnaître l'harmonie des êtres et l'admirable concours de

---

[1] Rousseau's second main principle, the exposition of which begins here, develops a fresh aspect of the cosmological argument—God's existence proved from the 'order of the universe' and the 'harmony' of its beings (argument from final causes).

[2] The comparison of the world to a clock was a traditional argument in favour of the divine origin of the universe. Masson (*PF*, p. 123, n. 1) points out that it had already been used by Descartes in the *Discours de la Méthode* (V).

[3] The argument of the original manuscript is resumed at this point; it had been interrupted by the discussions about the activity of judgement and the origin of the movement of matter (cf. Masson, *PF*, p. 125, n. 2). The reference to 'le sentiment intérieur' also links up with Rousseau's earlier thought. Cf. *supra*, pp. 56 f.

chaque pièce pour la conservation des autres? Qu'on me parle tant qu'on voudra de combinaisons et de chances; que vous sert de me réduire au silence, si vous ne pouvez m'amener à la persuasion? Et comment m'ôterez-vous le sentiment involontaire qui vous dément toujours malgré moi? Si les corps organisés se sont combinés fortuitement de mille manières avant de prendre des formes constantes, s'il s'est formé d'abord des estomacs sans bouches, des pieds sans têtes, des mains sans bras, des organes imparfaits de toute espèce qui sont péris faute de pouvoir se conserver, pourquoi nul de ces informes essais ne frappe-t-il plus nos regards? Pourquoi la nature s'est-elle enfin prescrit des lois auxquelles elle n'était pas d'abord assujettie?[1] Je ne dois point être surpris qu'une chose arrive lorsqu'elle est possible, et que la difficulté de l'événement est compensée par la quantité des jets; j'en conviens. Cependant, si l'on venait me dire que des caractères d'imprimerie projetés au hasard ont donné l'*Énéide* tout arrangée, je ne daignerais pas faire un pas pour aller vérifier le mensonge. Vous oubliez, me dira-t-on, la quantité des jets.[2] Mais de ces jets-là combien faut-il que j'en suppose pour rendre la combinaison vraisemblable? Pour moi, qui n'en vois qu'un seul, j'ai l'infini à parier contre un que son produit n'est point l'effet du hasard.†[3] Ajoutez que des combinaisons et des chances ne donneront jamais que des produits de même nature que les éléments combinés, que l'organisation et la vie ne résulteront point d'un jet d'atomes, et qu'un chimiste combinant des mixtes ne les fera point sentir et penser dans son creuset.[1]

[1] Croirait-on, si l'on n'en avait la preuve, que l'extravagance humaine pût être portée à ce point? Amatus Lusitanus[4] assurait avoir vu un petit homme long d'un pouce enfermé dans un verre, que Julius Camillus, comme un autre Prométhée, avait fait par la science alchimique. Paracelse, *de Natura rerum*, enseigne la façon de produire ces petits hommes, et soutient que les pygmées, les faunes, les satyres et les nymphes ont été engendrés par la chimie. En effet, je

† Note to word 'hasard': J'appelle hasard non seulement les effets dont nous ne pouvons assigner les causes mais l'effet nécessaire de toute cause première.

[1] Rousseau held firmly to the fixity of species (cf. *supra*, pp. 17f). He had no sympathy for evolutionist ideas as developed, for example, by Diderot.
[2] The reference is to Diderot's *Pensées philosophiques* (XXI), which Rousseau had already criticized in the letter to Voltaire (cf. *supra*, p. 46, and the letter to Vernes, *supra*, p. 69). This is a very old theme which had attracted the attention of philosophers since the time of Cicero. Cf. also Fénelon, *Existence de Dieu*, I, 74.
[3] Cf. *supra*, pp. 46 and 69, and *infra*, p. 387.
[4] Masson points out (*PF*, p. 131, n. 4) that this story has been taken almost word for word from Saint-Aubin's *Traité de l'opinion* (1733), a work which Rousseau had studied in detail during his autodidactic period. Cf. Masson, I, 90.

J'ai lu Nieuwentit[2] avec surprise, et presque avec scandale. Comment cet homme a-t-il pu vouloir faire un livre des merveilles de la nature, qui montrent la sagesse de son auteur? Son livre serait aussi gros que le monde, qu'il n'aurait pas épuisé son sujet; et sitôt qu'on veut entrer dans les détails, la plus grande merveille échappe, qui est l'harmonie et l'accord du tout. La seule génération des corps vivants et organisés est l'abîme de l'esprit humain;[3] la barrière insurmontable que la nature a mise entre les diverses espèces, afin qu'elles ne se confondissent pas, montre ses intentions avec la dernière évidence. Elle ne s'est pas contentée d'établir l'ordre, elle a pris des mesures certaines pour que rien ne pût le troubler.[4]

Il n'y a pas un être dans l'univers qu'on ne puisse, à quelque égard, regarder comme le centre commun de tous les autres, autour duquel ils sont tous ordonnés, en sorte qu'ils sont tous réciproquement fins et moyens les uns relativement aux autres. L'esprit se confond et se perd dans cette infinité de rapports, dont pas un n'est confondu ni perdu dans la foule. Que d'absurdes suppositions pour déduire toute cette harmonie de l'aveugle mécanisme de la matière mue fortuitement! Ceux qui nient l'unité d'intention qui se manifeste dans les rapports de toutes les parties de ce grand

---

ne vois pas trop qu'il reste désormais autre chose à faire, pour établir la possibilité de ces faits, si ce n'est d'avancer que la matière organique résiste à l'ardeur du feu, et que ses molécules peuvent se conserver en vie dans un fourneau de réverbère.[1]

---

[1] 'Réverbère se dit ordinairement dans cette phrase, "feu de réverbère", appliqué de manière que la flamme est obligée de rouler sur les matières qu'on expose à son action' (abbé Féraud, *Dictionnaire critique de la langue française*, 1788).

[2] Bernard Nieuwentijdt (1654-1718), Dutch doctor, author of *Het regt gebruik der werelt beschouwingen* (1717), translated into English as *The Religious Philosopher and the right use of contemplating the works of the Creator* (1718), and into French as *L'existence de Dieu démontrée par les merveilles de la nature* (1725), which Rousseau read at les Charmettes. Nieuwentijdt was renowned as a defender of 'final causes'.

[3] A question frequently discussed by the scientists of the time. Cf. *Encyclopédie* article, 'Génération', and Jacques Roger, *Les sciences de la vie dans la pensée française du XVIIIe siècle* (Paris, 1963).

[4] Rousseau again affirms his belief in the fixity of species. The point he discusses here was much debated in the eighteenth century and attracted the attention of Leeuwenhoek, Hartsoeker, Buffon, Maupertuis and others. Voltaire made some satirical observations about it in *L'Homme aux quarante ecus* (Moland ed., XXI, 334–9). The article 'Génération' in the *Encyclopédie* also discusses the matter.

tout, ont beau couvrir leur galimatias d'abstractions, de coordina-
tions, de principes généraux, de termes emblématiques;[1] quoi
qu'ils fassent, il m'est impossible de concevoir un système d'êtres si
constamment ordonnés, que je ne conçoive une intelligence qui
l'ordonne. Il ne dépend pas de moi de croire que la matière passive et
morte a pu produire des êtres vivants et sentants, qu'une fatalité
aveugle a pu produire des êtres intelligents, que ce qui ne pense
point a pu produire des êtres qui pensent.

Je crois donc que le monde est gouverné par une volonté
puissante et sage; je le vois, ou plutôt je le sens, et cela m'importe
à savoir.[2] Mais ce même monde est-il éternel ou créé? Y a-t-il un
principe unique des choses? Y en a-t-il deux ou plusieurs?[3] Et
quelle est leur nature? Je n'en sais rien, et que m'importe? A
mesure que ces connaissances me deviendront intéressantes, je
m'efforcerai de les acquérir; jusque-là je renonce à des questions
oiseuses qui peuvent inquiéter mon amour-propre, mais qui sont
inutiles à ma conduite et supérieures à ma raison.

Souvenez-vous toujours que je n'enseigne point mon sentiment,
je l'expose. Que la matière soit éternelle ou créée, qu'il y ait un
principe passif ou qu'il n'y en ait point; toujours est-il certain que
le tout est un, et annonce une intelligence unique; car je ne vois
rien qui ne soit ordonné dans le même système, et qui ne concoure
à la même fin, savoir la conservation du tout dans l'ordre établi. Cet
être qui veut et qui peut, cet être actif par lui-même, cet être enfin,
quel qu'il soit, qui meut l'univers et ordonne toutes choses, je
l'appelle Dieu. Je joins à ce nom les idées d'intelligence, de puissance, de volonté, que j'ai rassemblées, et celle de bonté qui en est
une suite nécessaire; mais je n'en connais pas mieux l'être auquel je
l'ai donné; il se dérobe également à mes sens et à mon entendement; plus j'y pense, plus je me confonds; je sais très certainement
qu'il existe, et qu'il existe par lui-même: je sais que mon existence
est subordonnée à la sienne, et que toutes les choses qui me sont
connues sont absolument dans le même cas. J'aperçois Dieu partout dans ses œuvres; je le sens en moi, je le vois tout autour de
moi; mais sitôt que je veux le contempler en lui-même, sitôt que je

---

[1] On the subject of emblems see P. Burgelin's note in *OC*, IV, 1532, n. 3, and
Diderot's observation in the *Lettre sur les sourds et muets* that 'toute poésie est
emblématique'.

[2] A reaffirmation of Rousseau's essential principle.

[3] Cf. M. de Beaumont's comment, *infra*, p. 222, and Rousseau's apt rejoinder,
p. 258 f. He is clearly referring to substances and not to God.

veux chercher où il est, ce qu'il est, quelle est sa substance, il m'échappe et mon esprit troublé n'aperçoit plus rien.

Pénétré de mon insuffisance, je ne raisonnerai jamais sur la nature de Dieu, que je n'y sois forcé par le sentiment de ses rapports avec moi. Ces raisonnements sont toujours téméraires, un homme sage ne doit s'y livrer qu'en tremblant, et sûr qu'il n'est pas fait pour les approfondir: car ce qu'il y a de plus injurieux à la Divinité n'est pas de n'y point penser, mais d'en mal penser.[1]

Après avoir découvert ceux de ses attributs par lesquels je conçois mon existence, je reviens à moi, et je cherche quel rang j'occupe dans l'ordre des choses qu'elle gouverne, et que je puis examiner. Je me trouve incontestablement au premier par mon espèce; car, par ma volonté et par les instruments qui sont en mon pouvoir pour l'exécuter, j'ai plus de force pour agir sur tous les corps qui m'environnent, ou pour me prêter ou me dérober comme il me plaît à leur action, qu'aucun d'eux n'en a pour agir sur moi malgré moi par la seule impulsion physique; et, par mon intelligence, je suis le seul qui ait inspection[2] sur le tout.† Quel être ici-bas, hors l'homme, sait observer tous les autres, mesurer, calculer, prévoir leurs mouvements, leurs effets, et joindre, pour ainsi dire, le sentiment de l'existence commune à celui de son existence individuelle? Qu'y a-t-il de si ridicule à penser que tout est fait pour moi, si je suis le seul qui sache tout rapporter à lui?

Il est donc vrai que l'homme est le roi de la terre qu'il habite;‡ car non seulement il dompte tous les animaux, non seulement il dispose des éléments par son industrie, mais lui seul sur la terre en sait disposer, et il s'approprie encore, par la contemplation, les astres mêmes§ dont il ne peut approcher. Qu'on me montre un autre animal sur la terre qui sache faire usage du feu, et qui sache admirer le soleil. Quoi! je puis observer, connaître les êtres et leurs rapports? je puis sentir ce que c'est qu'ordre, beauté, vertu; je puis contempler l'univers, m'élever à la main qui le gouverne; je puis aimer le bien, le faire; et je me comparerais aux bêtes! Ame

† Je suis le seul encore qui sache considérer tous les autres et jouir de l'existence commune et particulière.
‡ le roi de la nature et de tous les animaux au moins sur la terre qu'il habite
§ les corps célestes, les êtres mêmes

---

[1] Masson, *PF*, p. 153, n. 2, points out that this is a quotation from Plutarch which had already been used by Yvon in his *Encyclopédie* article, 'Athée', and by Diderot in his *Pensées philosophiques*, XII.
[2] 'Inspection: charge et soin de veiller' (Féraud, *Dictionnaire critique*).

abjecte, c'est ta triste philosophie qui te rend semblable à elles: ou plutôt tu veux en vain t'avilir, ton génie dépose contre tes principes, ton cœur bienfaisant dément ta doctrine, et l'abus même de tes facultés prouve leur excellence en dépit de toi.[1]

Pour moi qui n'ai point de système à soutenir, moi, homme simple et vrai, que la fureur d'aucun parti n'entraîne et qui n'aspire point à l'honneur d'être chef de secte,[2] content de la place où Dieu m'a mis, je ne vois rien, après lui, de meilleur que mon espèce; et si j'avais à choisir ma place dans l'ordre des êtres, que pourrais-je choisir de plus que d'être homme?[3]

Cette réflexion m'enorgueillit moins qu'elle ne me touche; car cet état n'est point de mon choix, et il n'était pas dû au mérite d'un être qui n'existait pas encore. Puis-je me voir ainsi distingué sans me féliciter de remplir ce poste honorable, et sans bénir la main qui m'y a placé? De mon premier retour sur moi naît dans mon cœur un sentiment de reconnaissance et de bénédiction pour l'auteur de mon espèce, et de ce sentiment mon premier hommage à la Divinité bienfaisante. J'adore la puissance suprême et je m'attendris sur ses bienfaits. Je n'ai pas besoin qu'on m'enseigne ce culte, il m'est dicté par la nature elle-même.[4] N'est-ce pas une conséquence naturelle de l'amour de soi,[5] d'honorer ce qui nous protège, et d'aimer ce qui nous veut du bien?

Mais quand, pour connaître ensuite ma place individuelle dans mon espèce, j'en considère les divers rangs† et les hommes qui les remplissent, que deviens-je? Quel spectacle! Où est l'ordre que j'avais observé? Le tableau de la nature ne m'offrait qu'harmonie et proportions,[6] celui du genre humain ne m'offre que confusion,

---

† l'économie

[1] This passage, a later addition, was aimed at Helvétius, whose *De l'Esprit* appeared in 1758. In spite of his philosophy, Helvétius was well known for his kindliness and beneficence.

[2] Cf. *supra*, p. 119, for Rousseau's claim not to be a 'philosopher'.

[3] Pope and Voltaire had already mocked at man's anthropocentric vanity. As P. Burgelin points out (*OC*, IV, 1535, n. 1), Rousseau here recalls the ancient Neo-Platonic tradition of the 'chain of being'. Cf. also *supra*, p. 13, n. 2.

[4] Thus religion for Rousseau is an extension of nature, not its repudiation.

[5] *Amour de soi* is the basis of Rousseau's philosophy of man—a primordial and good feeling which is in direct contrast to the *amour-propre* generated by society and man's misuse of passion and reflection. *Amour de soi* is the basis of the love of order and morality. Cf. *Religious Quest*, pp. 39, 62 etc.

[6] 'Quel concert que des inondations, des tremblements, des gouffres?' (Voltaire, *Marginalia*, p. 96.)

désordre! Le concert règne entre les éléments, et les hommes sont dans le chaos! Les animaux sont heureux, leur roi seul est misérable! O sagesse, où sont tes lois? O Providence, est-ce ainsi que tu régis le monde? Être bienfaisant, qu'est devenu ton pouvoir? Je vois le mal sur la terre.[1]

Croiriez-vous, mon bon ami, que de ces tristes réflexions et de ces contradictions apparentes se formèrent dans mon esprit les sublimes idées de l'âme, qui n'avaient point jusque-là résulté de mes recherches?† En méditant sur la nature de l'homme, j'y crus découvrir deux principes distincts, dont l'un l'élevait à l'étude des vérités éternelles, à l'amour de la justice et du beau moral, aux régions du monde intellectuel dont la contemplation fait les délices du sage, et dont l'autre le ramenait bassement en lui-même, l'asservissait à l'empire des sens, aux passions qui sont leurs ministres, et contrariait par elles tout ce que lui inspirait le sentiment du premier.‡ En me sentant entraîné, combattu par ces deux mouvements contraires je me disais: Non, l'homme n'est point un: je veux et je ne veux pas, je me sens à la fois esclave et libre; je vois le bien, je l'aime, et je fais le mal; je suis actif quand j'écoute la raison, passif quand mes passions m'entraînent,[2] et mon pire tourment quand je succombe est de sentir que j'ai pu résister.[3]

Jeune homme, écoutez avec confiance, je serai toujours de bonne foi. Si la conscience est l'ouvrage des préjugés, j'ai tort, sans doute, et il n'y a point de morale démontrée; mais si se préférer à tout est un penchant naturel à l'homme, et si pourtant le premier sentiment de la justice est inné dans le cœur humain, que celui qui fait de l'homme un être simple lève ces contradictions, et je ne reconnais plus qu'une substance.

Vous remarquerez que, par ce mot de *substance*, j'entends en général l'être doué de quelque qualité primitive, et abstraction

---

† les sublimes idées de la divinité dont je n'avais jusque-là que des notions informes.
‡ tout ce que lui dictait de noble et de grand le sentiment intérieur du premier.

[1] Cf. the letter to Voltaire on Providence for the earlier discussion of this idea.
[2] The active role of reason is again stressed by Rousseau. As such it harmonizes with the activity of freedom and conscience. It is the physical side of human nature which enslaves man when he passively abandons himself to its influence, Cf. *supra*, p. 126, for Rousseau's discussion of the activity of judgement.
[3] 'Déclamation. Non, tu ne l'as pas pu' (Voltaire, *Marginalia*, p. 97). Voltaire clearly favours a more deterministic view.

faite de toutes modifications particulières ou secondaires.[1] Si donc toutes les qualités primitives qui nous sont connues peuvent se réunir dans un même être, on ne doit admettre qu'une substance; mais s'il y en a qui s'excluent mutuellement, il y a autant de diverses substances qu'on peut faire de pareilles exclusions. Vous réfléchirez sur cela; pour moi, je n'ai besoin, quoi qu'en dise Locke,[2] de connaître la matière que comme étendue et divisible, pour être assuré qu'elle ne peut penser; et quand un philosophe[3] viendra me dire que les arbres sentent et que les roches pensent,[1]

---

[1] Il me semble que, loin de dire que les rochers pensent, la philosophie moderne a découvert au contraire que les hommes ne pensent point. Elle ne reconnaît plus que des êtres sensitifs dans la nature; et toute la différence qu'elle trouve entre un homme et une pierre, est que l'homme est un être sensitif qui a des sensations, et la pierre un être sensitif qui n'en a pas. Mais s'il est vrai que toute matière sente, où concevrai-je l'unité sensitive ou le moi individuel? Sera-ce dans chaque molécule de matière ou dans des corps agrégatifs? Placerai-je également cette unité dans les fluides et dans les solides, dans les mixtes[4] et dans les éléments? Il n'y a, dit-on, que des individus dans la nature! Mais quels sont ces individus? Cette pierre est-elle un individu ou une agrégation d'individus? Est-elle un seul être sensitif, ou en contient-elle autant que de grains de sable? Si chaque atome élémentaire est un être sensitif, comment concevrai-je cette intime communication par laquelle l'un se sent dans l'autre, en sorte que leurs deux *moi* se confondent en un? L'attraction peut être une loi de la nature dont le mystère nous est inconnu; mais nous concevons au moins que l'attraction, agissant selon les masses, n'a rien d'incompatible avec l'étendue et la divisibilité. Concevez-vous la même chose du sentiment?[5] Les parties sensibles sont étendues, mais l'être sensitif est invisible et un; il ne se partage pas, il est tout entier ou nul; l'être sensitif n'est donc pas un corps. Je ne sais comment l'entendent nos matérialistes, mais il me semble que les mêmes difficultés qui leur ont fait rejeter la pensée leur devraient faire aussi rejeter le sentiment; et je ne vois pas pourquoi, ayant fait le premier pas, ils ne feraient pas aussi l'autre; que leur en coûterait-il de plus? et puisqu'ils sont sûrs qu'ils ne pensent pas, comment osent-ils affirmer qu'ils sentent?

---

[1] The original draft contained at this point a long development on the nature of substance. It is reproduced in Masson, *PF*, pp. 501-5.

[2] Locke, *Essay concerning Human Understanding*, IV, iii. Locke had mentioned the notion of a thinking substance as an example of a difficult idea which should be meaningful to the omniscient deity but which was not within man's mental grasp. Voltaire had eagerly seized upon this point (*Lettres philosophiques*, XIII) and exaggerated its importance for Locke's outlook. Rousseau may here be reading Locke through Voltaire, although by this time the idea had been widely discussed in France. Cf. also *supra*, p. 82, n. 2.

[3] According to Masson, *PF*, p. 173, n. 3, Rousseau was perhaps thinking of Hobbes and Campanella. The idea, somewhat differently worded, also occurred in Clarke's commentary on Hobbes.

[4] On 'mixte' see *supra*, p. 129, n. 2.

[5] A direct reply to Helvétius (Masson, *PF*, p. 179, n. 3).

il aura beau m'embarrasser dans ses arguments subtils,[1] je ne puis voir en lui qu'un sophiste de mauvaise foi, qui aime mieux donner le sentiment aux pierres que d'accorder une âme à l'homme.[2]

Supposons un sourd qui nie l'existence des sons, parce qu'ils n'ont jamais frappé son oreille. Je mets sous ses yeux un instrument à corde, dont je fais sonner l'unisson par un autre instrument caché: le sourd voit frémir la corde; je lui dis: C'est le son qui fait cela. Point du tout, répond-il; la cause du frémissement de la corde est en elle-même; c'est une qualité commune à tous les corps de frémir ainsi. Montrez-moi donc, reprends-je, ce frémissement dans les autres corps, ou du moins sa cause dans cette corde. Je ne puis, réplique le sourd; mais, parce que je ne conçois pas comment frémit cette corde, pourquoi faut-il que j'aille expliquer cela par vos sons, dont je n'ai pas la moindre idée? C'est expliquer un fait obscur par une cause encore plus obscure. Ou rendez-moi vos sons sensibles, ou je dis qu'ils n'existent pas.[3]

Plus je réfléchis sur la pensée et sur la nature de l'esprit humain, plus je trouve que le raisonnement des matérialistes ressemble à celui de ce sourd.[4] Ils sont sourds, en effet, à la voix intérieure[5] qui leur crie d'un ton difficile à méconnaître: Une machine ne pense point, il n'y a ni mouvement ni figure qui produise la réflexion: quelque chose en toi cherche à briser les liens qui le compriment; l'espace n'est pas ta mesure, l'univers entier n'est pas assez grand pour toi: tes sentiments, tes désirs, ton inquiétude,[6] ton orgueil même, ont un autre principe que ce corps étroit dans lequel tu te sens enchaîné.

Nul être matériel n'est actif par lui-même, et moi je le suis. On a beau me disputer cela, je le sens, et ce sentiment qui me parle est plus fort que la raison qui le combat. J'ai un corps sur lequel les autres agissent et qui agit sur eux; cette action réciproque n'est pas

---

[1] On 'subtlety' see *supra*, p. 125, n. 1.

[2] Cf. *supra*, p. 69.

[3] 'Le sourd a raison et son antagoniste s'explique fort mal' (Voltaire, *Marginalia*, p. 98).

[4] Masson points out that Rousseau probably found this argument in Clarke's *On the Being and Attributes of God*.

[5] The use of the notion of the 'inner voice' is similar to that of the 'inner light'. In each case the direct and spontaneous impulse of man's inner being is contrasted with the falsity of materialism. Cf. *supra*, pp. 56, 134.

[6] Masson and Beaulavon both call attention to the Pascalian tone of this passage.

douteuse; mais ma volonté est indépendante de mes sens,[1] je consens ou je résiste, je succombe ou je suis vainqueur, et je sens parfaitement en moi-même quand je fais ce que j'ai voulu faire, ou quand je ne fais que céder à mes passions. J'ai toujours la puissance de vouloir, non la force d'exécuter. Quand je me livre aux tentations, j'agis selon l'impulsion des objets externes. Quand je me reproche cette faiblesse, je n'écoute que ma volonté; je suis esclave par mes vices, et libre par mes remords; le sentiment de ma liberté ne s'efface en moi que quand je me déprave, et que j'empêche enfin la voix de l'âme de s'élever contre la loi du corps.[2]

[3]Je ne connais la volonté que par le sentiment de la mienne, et l'entendement ne m'est pas mieux connu. Quand on me demande quelle est la cause qui détermine ma volonté, je demande à mon tour quelle est la cause qui détermine mon jugement: car il est clair que ces deux causes n'en font qu'une; et si l'on comprend bien que l'homme est actif[4] dans ses jugements, que son entendement n'est que le pouvoir de comparer et de juger, on verra que sa liberté n'est qu'un pouvoir semblable, ou dérivé de celui-là;† il choisit le bon comme il a jugé le vrai; s'il juge faux, il choisit mal. Quelle est donc la cause qui détermine sa volonté? C'est son jugement. Et quelle est la cause qui détermine son jugement? C'est sa faculté intelligente, c'est sa puissance de juger; la cause déterminante est en lui-même. Passé cela, je n'entends plus rien.

Sans doute je ne suis pas libre de ne pas vouloir mon propre bien, je ne suis pas libre de vouloir mon mal; mais ma liberté consiste en cela même que je ne puis vouloir que ce qui m'est convenable, ou que j'estime tel, sans que rien d'étranger à moi me

---

† sa liberté morale vient exactement de la même source

[1] Rousseau returns tirelessly to his fundamental point about the active nature of the human self, and especially of the will, but he now gives it moral significance by linking it up with the activity of freedom.

[2] Rousseau always insisted that his own faults were those of weakness and omission, not of wickedness. He might give way, he said, to the inertia of his body or the influence of feelings such as shame or timidity, but never to any positive desire to do harm.

[3] This and the following two paragraphs, which do not advance Rousseau's argument, are a later addition aimed at refuting Helvétius' determinism. As P. Burgelin points out (OC, IV, 1541, n. 1), Rousseau here reaffirms the dualism of matter (passive) and freedom (active).

[4] 'Passif' (Voltaire, Marginalia, p. 99). Voltaire again stresses his own deterministic viewpoint.

détermine. S'ensuit-il que je ne sois pas mon maître, parce que je ne suis pas le maître d'être un autre que moi?

Le principe de toute action est dans la volonté d'un être libre;[1] on ne saurait remonter au-delà. Ce n'est pas le mot de liberté qui ne signifie rien, c'est celui de nécessité.[2] Supposer quelque acte, quelque effet qui ne dérive pas d'un principe actif, c'est vraiment supposer des effets sans cause, c'est tomber dans le cercle vicieux. Ou il n'y a point de première impulsion, ou toute première impulsion n'a nulle cause antérieure, et il n'y a point de véritable volonté sans liberté.[3] L'homme est donc libre dans ces actions, et, comme tel, animé d'une substance immatérielle,[4] c'est mon troisième article de foi.[5] De ces trois premiers vous déduirez aisément tous les autres, sans que je continue à les compter.

Si l'homme est actif et libre, il agit de lui-même; tout ce qu'il fait librement n'entre point dans le système ordonné de la Providence, et ne peut lui être imputé. Elle ne veut point le mal que fait l'homme en abusant de la liberté qu'elle lui donne; mais elle ne l'empêche pas de le faire, soit que de la part d'un être si faible ce mal soit nul à ses yeux, soit qu'elle ne pût l'empêcher sans gêner sa liberté et faire un mal plus grand en dégradant sa nature. Elle l'a fait libre afin qu'il fît non le mal, mais le bien par choix. Elle l'a mis en état de faire ce choix en usant bien des facultés dont elle l'a doué; mais elle a tellement borné ses forces, que l'abus de la liberté qu'elle lui laisse ne peut troubler l'ordre général.[6] Le mal que l'homme fait retombe sur lui sans rien changer au système du monde, sans empêcher que l'espèce humaine elle-même ne se conserve malgré qu'elle en ait. Murmurer de ce que Dieu ne l'empêche pas de faire le mal, c'est murmurer de ce qu'il la fit d'une nature excellente, de ce qu'il mit à ses actions la moralité qui les

---

[1] 'Et la végétation! la gravitation!' (Voltaire, *Marginalia*, p. 100.)

[2] Helvétius had affirmed: 'On ne peut donc attacher aucune idée nette à ce mot de liberté.' For Rousseau freedom is a unique, irreducible aspect of human existence. Cf. *infra*, p. 151: 'Nous ne sommes libres que parce qu'il veut que nous le soyons'.

[3] 'La liberté ne consiste qu'à faire ce qu'on veut'. (Voltaire, ibid.)

[4] 'Quelle conséquence? et mon chien ne fait-il pas ce qu'il veut?' (Voltaire, ibid.)

[5] Thus Rousseau's three fundamental principles are: (1) the universe is controlled by a supreme will; (2) matter moves according to definite laws which reveal the existence of a supreme intelligence; (3) man is free and has an immortal soul.

[6] Freedom is thus reconciled with the general order of the world, as Rousseau had already insisted in his letter to Voltaire on Providence.

ennoblit, de ce qu'il lui donna droit à la vertu. La suprême jouissance est dans le contentement de soi-même; c'est pour mériter ce contentement que nous sommes placés sur la terre et doués de la liberté, que nous sommes tentés par les passions et retenus par la conscience.[1] Que pouvait de plus en notre faveur la puissance divine elle-même? Pouvait-elle mettre de la contradiction dans notre nature et donner le prix d'avoir bien fait à qui n'eut pas le pouvoir de mal faire? Quoi! pour empêcher l'homme d'être méchant, fallait-il le borner à l'instinct et le faire bête? Non, Dieu de mon âme, je ne te reprocherai jamais de l'avoir faite à ton image, afin que je pusse être libre, bon et heureux comme toi.

C'est l'abus de nos facultés qui nous rend malheureux et méchants. Nos chagrins, nos soucis, nos peines, nous viennent de nous. Le mal moral est incontestablement notre ouvrage, et le mal physique ne serait rien sans nos vices, qui nous l'ont rendu sensible.[2] N'est-ce pas pour nous conserver que la nature nous fait sentir nos besoins? La douleur du corps n'est-elle pas un signe que la machine se dérange, et un avertissement d'y pourvoir? La mort... Les méchants n'empoisonnent-ils pas leur vie et la nôtre? Qui est-ce qui voudrait toujours vivre? La mort est le remède aux maux que vous vous faites; la nature a voulu que vous ne souffrissiez pas toujours.[3] Combien l'homme vivant dans la simplicité primitive est sujet à peu de maux! Il vit presque sans maladies ainsi que sans passions, et ne prévoit ni ne sent la mort; quand il la sent, ses misères la lui rendent désirable: dès lors elle n'est plus un mal pour lui. Si nous nous contentions d'être ce que nous sommes, nous n'aurions point à déplorer notre sort; mais pour chercher un bien-être imaginaire, nous nous donnons mille maux réels. Qui ne sait pas supporter un peu de souffrance doit s'attendre à beaucoup souffrir. Quand on a gâté sa constitution par une vie déréglée, on la veut rétablir par des remèdes; au mal qu'on sent on ajoute celui qu'on craint; la prévoyance de la mort la rend horrible et l'accélère; plus on la veut fuir, plus on la sent; et l'on meurt de frayeur

---

[1] An important statement of Rousseau's view of human happiness, which is again discussed at the end of the paragraph when he affirms that man's destiny is to be 'as free, good and happy as God'. Cf. *infra*, p. 149, for a repetition of the same idea, which was also mentioned in a letter to Vernes in 1758 (cf. *supra*, p. 71).

[2] Rousseau thus solves the problem of evil by distinguishing between 'physical' and 'moral' evil. The letter to Voltaire on Providence had already denied the existence of general or metaphysical evil.

[3] A point already stressed in the *Discours sur l'origine de l'inégalité*.

durant toute sa vie, en murmurant contre la nature des maux qu'on s'est faits en l'offensant.[1]

Homme, ne cherche plus l'auteur du mal; cet auteur, c'est toi-même. Il n'existe point d'autre mal que celui que tu fais ou que tu souffres, et l'un et l'autre te vient de toi. Le mal général ne peut être que dans le désordre, et je vois dans le système du monde un ordre qui ne se dément point.[2] Le mal particulier n'est que dans le sentiment de l'être qui souffre; et ce sentiment, l'homme ne l'a pas reçu de la nature, il se l'est donné. La douleur a peu de prise sur quiconque, ayant peu réfléchi, n'a ni souvenir ni prévoyance.[3] Ôtez nos funestes progrès, ôtez nos erreurs et nos vices, ôtez l'ouvrage de l'homme, et tout est bien.

Où tout est bien, rien n'est injuste. La justice est inséparable de la bonté; or la bonté est l'effet nécessaire d'une puissance sans borne et de l'amour de soi, essentiel à tout être qui se sent. Celui qui peut tout étend, pour ainsi dire, son existence avec celle des êtres. Produire et conserver sont l'acte perpétuel de la puissance; elle n'agit point sur ce qui n'est pas; Dieu n'est pas le Dieu des morts,[4] il ne pourrait être destructeur et méchant sans se nuire. Celui qui peut tout ne peut vouloir que ce qui est bien.[(1)] Donc l'Être souverainement bon parce qu'il est souverainement puissant, doit être aussi souverainement juste, autrement il se contredirait lui-même; car l'amour de l'ordre qui le produit s'appelle *bonté*, et l'amour de l'ordre qui le conserve s'appelle *justice*.

Dieu, dit-on, ne doit rien à ses créatures. Je crois qu'il leur doit tout ce qu'il leur promit en leur donnant l'être. Or c'est leur promettre un bien que de leur en donner l'idée et de leur en faire sentir le besoin. Plus je rentre en moi, plus je me consulte, et plus je lis

---

[(1)] Quand les anciens appelaient *optimus maximus* le Dieu suprême,[5] ils disaient très vrai; mais en disant *maximus optimus*, ils auraient parlé plus exactement puisque sa bonté vient de sa puissance; il est bon parce qu'il est grand.

---

[1] Cf. *Discours sur l'inégalité* (first part) for the point made in the whole of this paragraph.

[2] The principle of order thus forms the basis of Rousseau's religious system. The following paragraph also links it up with the basic notion of *amour de soi* (cf. *supra*, p. 139).

[3] Rousseau constantly insisted that unhappiness came from man's refusal to identify himself with the immediate feeling of his existence. Concern about time (regret for the past or anxiety about the future) put him 'behind' or 'ahead' of himself (cf. *Rêveries*, 5th Promenade, *OC*, I, 1046).

[4] Perhaps an echo of *Mark*, XII, 27, and *Luke*, XX, 38.

[5] Pope had dedicated his *Universal Prayer*, which had become very well known, to *Deo Optimo Maximo*.

ces mots écrits dans mon âme: *Sois juste, et tu seras heureux.* Il n'en
est rien pourtant, à considérer l'état présent des choses; le méchant
prospère, et le juste reste opprimé. Voyez aussi quelle indignation
s'allume en nous quand cette attente est frustrée! La conscience
s'élève et murmure contre son auteur; elle lui crie en gémissant:
Tu m'as trompé!

Je t'ai trompé, téméraire! et qui te l'a dit? Ton âme est-elle
anéantie? As-tu cessé d'exister? O Brutus, ô mon fils! ne souille
point ta noble vie en la finissant; ne laisse point ton espoir et ta
gloire avec ton corps aux champs de Philippes. Pourquoi dis-tu:
La vertu n'est rien, quand tu vas jouir du prix de la tienne? Tu vas
mourir, penses-tu: non, tu vas vivre,[1] et c'est alors que je tiendrai
tout ce que je t'ai promis.[2]

On dirait, aux murmures des impatients mortels, que Dieu leur
doit la récompense avant le mérite, et qu'il est obligé de payer leur
vertu d'avance. Oh! soyons bons premièrement, et puis nous
serons heureux. N'exigeons pas le prix avant la victoire, ni le
salaire avant le travail. Ce n'est point dans la lice, disait Plutarque,
que les vainqueurs de nos jeux sacrés sont couronnés, c'est après
qu'ils l'ont parcourue.[3]

Si l'âme est immatérielle, elle peut survivre au corps; et si elle
lui survit, la Providence est justifiée. Quand je n'aurais d'autre
preuve de l'immatérialité de l'âme que le triomphe du méchant et
l'oppression du juste en ce monde, cela seul m'empêcherait d'en
douter. Une si choquante dissonance dans l'harmonie universelle
me ferait chercher à la résoudre. Je me dirais: Tout ne finit pas
pour nous avec la vie, tout rentre dans l'ordre à la mort.[4] J'aurais,
à la vérité, l'embarras de me demander où est l'homme, quand
tout ce qu'il avait de sensible est détruit. Cette question n'est plus
une difficulté pour moi, sitôt que j'ai reconnu deux substances. Il
est très simple que, durant ma vie corporelle, n'apercevant rien que
par mes sens, ce qui ne leur est point soumis m'échappe. Quand

---

[1] 'Qui te l'a dit?' (Voltaire, *Marginalia*, p. 102.)

[2] Masson, *PF*, p. 203, n. 3, points out that Brutus' declaration concerning the
illusory nature of virtue was often quoted by moralists. Cf. Bayle, *Dictionnaire*,
article 'Brutus' and *Encyclopédie*, article 'Athéisme'. Rousseau also refers to it in
La Nouvelle Héloïse. It will also be recalled that suicide, which Rousseau seems
to condemn quite categorically here, was discussed more impartially in two
celebrated letters in the same novel (Part III, letters xxi, xxii).

[3] Plutarch: 'It is impossible to live pleasurably according to Epicurus',
(*Moralia*, xiv).

[4] The notion of immortality is also inseparable from that of order. The order
apparently violated in this world will be re-established in the next. Cf. also *CG*,
XIX, 89.

l'union du corps et de l'âme est rompue, je conçois que l'un peut se dissoudre, et l'autre se conserver. Pourquoi la destruction de l'un entraînerait-elle la destruction† de l'autre? Au contraire, étant de natures si différentes, ils étaient, par leur union, dans un état violent; et quand cette union cesse, ils rentrent tous deux dans leur état naturel: la substance active et vivante regagne toute la force qu'elle employait à mouvoir la substance passive et morte. Hélas! je le sens trop par mes vices, l'homme ne vit qu'à moitié durant sa vie, et la vie de l'âme ne commence qu'à la mort du corps.

Mais quelle est cette vie? et l'âme est-elle immortelle par sa nature? Mon entendement borné ne conçoit rien sans bornes: tout ce qu'on appelle infini m'échappe.[1] Que puis-je nier, affirmer? quels raisonnements puis-je faire sur ce que je ne puis concevoir? Je crois que l'âme survit au corps assez pour le maintien de l'ordre: qui sait si c'est assez pour durer toujours?[2] Toutefois je conçois comment le corps s'use et se détruit par la division des parties: mais je ne puis concevoir une destruction pareille de l'être pensant; et n'imaginant point comment il peut mourir, je présume qu'il ne meurt pas. Puisque cette présomption me console et n'a rien de déraisonnable, pourquoi craindrais-je de m'y livrer?

Je sens mon âme, je la connais par le sentiment et par la pensée, je sais qu'elle est, sans savoir quelle est son essence; je ne puis raisonner sur des idées que je n'ai pas. Ce que je sais bien, c'est que l'identité du *moi*‡ ne se prolonge que par la mémoire, et que, pour être le même en effet, il faut que je me souvienne d'avoir été.§ Or, je ne saurais me rappeler, après ma mort, ce que j'ai été durant ma vie, que je ne me rappelle aussi ce que j'ai senti, par conséquent ce que j'ai fait; et je ne doute point que ce souvenir ne fasse un jour la félicité des bons et le tourment des méchants.[2] Ici-bas, mille passions ardentes absorbent le sentiment interne, et donnent le change aux remords. Les humiliations, les disgrâces qu'attire l'exercice des vertus, empêchent d'en sentir tous les charmes. Mais quand, délivrés des illusions que nous font le corps et les sens, nous jouirons de la contemplation de l'Être suprême et des vérités

† l'anéantissement   ‡ l'être pensant
§ que je conserve la conscience de cette identité.

---

[1] Cf. *supra*, p. 138 (Pénétré de mon insuffisance...), for a similar view of God's ultimate nature and *infra*, p. 149, for Rousseau's views about the fate of the wicked.

[2] Against Rousseau's observations on immortality Voltaire (*Marginalia*, pp. 102–3) had written: 'Déclamation puérile'.

éternelles dont il est la source, quand la beauté de l'ordre frappera toutes les puissances de notre âme, et que nous serons uniquement occupés à comparer ce que nous avons fait avec ce que nous avons dû faire, c'est alors que la voix de la conscience reprendra sa force et son empire, c'est alors que la volupté pure qui naît du contentement de soi-même, et le regret amer de s'être avili, distingueront par des sentiments inépuisables le sort que chacun se sera préparé.[1] Ne me demandez point, ô mon bon ami, s'il y aura d'autres sources de bonheur et de peines ; je l'ignore ; et c'est assez de celles que j'imagine pour me consoler de cette vie, et m'en faire espérer une autre. Je ne dis point que les bons seront récompensés ; car quel autre bien peut attendre un être excellent que d'exister selon sa nature ?†[2] Mais je dis qu'ils seront heureux, parce que leur auteur, l'auteur de toute justice, les ayant faits sensibles, ne les a pas faits pour souffrir ; et que, n'ayant point abusé de leur liberté sur la terre, ils n'ont pas trompé leur destination par leur faute : ils ont souffert pourtant dans cette vie, ils seront donc dédommagés dans une autre. Ce sentiment est moins fondé sur le mérite de l'homme que sur la notion de bonté qui me semble inséparable de l'essence divine. Je ne fais que supposer les lois de l'ordre observées, et Dieu constant à lui-même.[(1)]

Ne me demandez pas non plus si les tourments des méchants seront éternels ; je l'ignore encore, et n'ai point la vaine curiosité d'éclaircir des questions inutiles.[3] Que m'importe ce que deviendront les méchants ? Je prends peu d'intérêt à leur sort. Toutefois j'ai peine à croire qu'ils soient condamnés à des tourments sans fin. Si la suprême justice se venge, elle se venge dès cette vie. Vous

---

[(1)] *Non pas pour nous, non pas pour nous, Seigneur,*
Mais pour ton nom, mais pour ton propre honneur,
O Dieu ! fais-nous revivre !

(*Psaumes,* 115)[4]

---

† car en vivant selon leur nature qu'auront-ils fait pour mériter récompense ?

[1] An interesting statement of Rousseau's view of paradise. Happiness is again identified with the feeling of personal existence. Cf. *supra*, p. 145, n. 1, and *infra*, p. 165 ('J'aspire au moment où…). The point is discussed in *Religious Quest*, pp. 87 f.

[2] Yet another reference to the intrinsic value of the feeling of existence.

[3] Cf. *supra*, pp. 69, 76 f.

[4] Masson (*PF*, p. 213, n. 2) points out that the text is taken from the Genevan Psalter of 1698 and may thus be a reminiscence of Rousseau's early religious training.

et vos erreurs, ô nations! êtes ses ministres.[1] Elle emploie les maux que vous vous faites à punir les crimes qui les ont attirés. C'est dans vos cœurs insatiables, rongés d'envie, d'avarice et d'ambition, qu'au sein de vos fausses prospérités les passions vengeresses punissent vos forfaits. Qu'est-il besoin d'aller chercher l'enfer dans l'autre vie? il est dès celle-ci dans le cœur des méchants.†

Où finissent nos besoins périssables, où cessent nos désirs insensés doivent cesser aussi nos passions et nos crimes. De quelle perversité de purs esprits seraient-ils susceptibles? N'ayant besoin de rien, pourquoi seraient-ils méchants? Si, destitués de nos sens grossiers, tout leur bonheur est dans la contemplation des êtres, ils ne sauraient vouloir que le bien; et quiconque cesse d'être méchant peut-il être à jamais misérable? Voilà ce que j'ai du penchant à croire, sans prendre peine à me décider là-dessus. O Être clément et bon! quels que soient tes décrets, je les adore; si tu punis‡ les méchants, j'anéantis ma faible raison devant ta justice,[2] mais si les remords de ces infortunés doivent s'éteindre avec le temps, si leurs maux doivent finir, et si la même paix nous attend tous également un jour, je t'en loue. Le méchant n'est-il pas mon frère? Combien de fois j'ai été tenté de lui ressembler! Que, délivré de sa misère, il perde aussi la malignité qui l'accompagne; qu'il soit heureux ainsi que moi: loin d'exciter ma jalousie, son bonheur ne fera qu'ajouter au mien.

[3]C'est ainsi que, contemplant Dieu dans ses œuvres, et l'étudiant par ceux de ses attributs qu'il m'importait de connaître, je suis parvenu à étendre et augmenter par degrés l'idée, d'abord imparfaite et bornée, que je me faisais de cet Être immense. Mais si cette idée est devenue plus noble et plus grande, elle est aussi moins proportionnée à la raison humaine. A mesure que j'approche en esprit de l'éternelle lumière, son éclat m'éblouit, me trouble, et je suis forcé d'abandonner toutes les notions terrestres qui m'aidaient à l'imaginer. Dieu n'est plus corporel et sensible; la suprême intelligence qui régit le monde n'est plus le monde même:

---

† du méchant qui prospère. ‡ éternellement

[1] Masson (*PF*, p. 215, n. 2) has established that this sentence and the first part of the previous one are taken from Morelly's *La Basiliade du célèbre Pilpai* (1753).
[2] Cf. *infra*, pp. 152, 191, for other uses of the same expression.
[3] After considering God as the organizer of the universe and man's moral life (freedom and immortality), Rousseau continues to discuss the idea of God's being. Masson (*PF*, p. 223, n. 4) suggests that this paragraph may owe something to Malebranche, *Entretiens métaphysiques*, VIII, v–xv.

j'élève et fatigue en vain mon esprit à concevoir son essence. Quand je pense que c'est elle qui donne la vie et l'activité à la substance vivante et active qui régit les corps animés; quand j'entends dire que mon âme est spirituelle et que Dieu est un esprit, je m'indigne contre cet avilissement de l'essence divine; comme si Dieu et mon âme étaient de même nature; comme si Dieu n'était pas le seul être absolu, le seul vraiment actif, sentant, pensant, voulant par lui-même, et duquel nous tenons la pensée, le sentiment, l'activité, la volonté, la liberté, l'être! Nous ne sommes libres que parce qu'il veut que nous le soyons, et sa substance inexplicable est à nos âmes ce que nos âmes sont à nos corps. S'il a créé la matière, les corps, les esprits, le monde, je n'en sais rien. L'idée de création me confond et passe ma portée:[1] je la crois autant que je la puis concevoir; mais je sais qu'il a formé l'univers et tout ce qui existe, qu'il a tout fait, tout ordonné. Dieu est éternel, sans doute; mais mon esprit peut-il embrasser l'idée de l'éternité? Pourquoi me payer de mots sans idée? Ce que je conçois, c'est qu'il est avant les choses, qu'il sera tant qu'elles subsisteront, et qu'il serait même au-delà, si tout devait finir un jour. Qu'un être que je ne conçois pas donne l'existence à d'autres êtres, cela n'est qu'obscur et incompréhensible; mais que l'être et le néant se convertissent d'eux-mêmes l'un dans l'autre, c'est une contradiction palpable, c'est une claire absurdité.

Dieu est intelligent; mais comment l'est-il?[2] l'homme est intelligent quand il raisonne, et la suprême intelligence n'a pas besoin de raisonner; il n'y a pour elle ni prémisses ni conséquences, il n'y a pas même de proposition: elle est purement intuitive,[3] elle voit également tout ce qui est et tout ce qui peut être; toutes les vérités ne sont pour elle qu'une seule idée, comme tous les lieux un seul point, et tous les temps un seul moment. La puissance humaine agit par des moyens, la puissance divine agit par elle-même. Dieu peut parce qu'il veut; sa volonté fait son pouvoir. Dieu est bon;

[1] Rousseau later criticized the theologians' discussion of the idea of creation in the *Lettre à Beaumont*, cf. *infra*, p. 260. Cf. also *supra*, p. 137.

[2] Rousseau thus distinguishes truths which are against reason from those which are beyond it. Cf. *Lettre à d'Alembert*, *supra*, pp. 75–6.

[3] Descartes, Locke and Leibniz, as M. Beaulavon points out, had already given philosophical significance to the notion of 'intuition'. Rousseau here seems to be stressing its religious implications. The same critic also points out that the association of God's goodness with the love of order had been stressed by Malebranche, *Entretiens métaphysiques*, VIII, xiii–xv.

rien n'est plus manifeste: mais la bonté dans l'homme est l'amour de ses semblables, et la bonté de Dieu est l'amour de l'ordre; car c'est par l'ordre qu'il maintient ce qui existe, et lie chaque partie avec le tout.[1] Dieu est juste; j'en suis convaincu, c'est une suite de sa bonté; l'injustice des hommes est leur œuvre et non pas la sienne; le désordre moral, qui dépose contre la Providence aux yeux des philosophes, ne fait que la démontrer aux miens. Mais la justice de l'homme est de rendre à chacun ce qui lui appartient, et la justice de Dieu de demander compte à chacun de ce qu'il lui a donné.

Que si je viens à découvrir successivement ces attributs dont je n'ai nulle idée absolue, c'est par des conséquences forcées, c'est par le bon usage de ma raison; mais je les affirme sans les comprendre, et, dans le fond, c'est n'affirmer rien. J'ai beau me dire: Dieu est ainsi, je le sens, je me le prouve; je n'en conçois pas mieux comment Dieu peut être ainsi.

Enfin, plus je m'efforce de contempler son essence infinie, moins je la conçois; mais elle est, cela me suffit; moins je la conçois, plus je l'adore. Je m'humilie, et lui dis: Être des êtres, je suis parce que tu es; c'est m'élever à ma source que de te méditer sans cesse. Le plus digne usage de ma raison est de s'anéantir devant toi:[2] c'est mon ravissement d'esprit, c'est le charme de ma faiblesse, de me sentir accablé de ta grandeur.

[3]Après avoir ainsi, de l'impression des objets sensibles et du sentiment intérieur qui me porte à juger des causes selon mes lumières naturelles, déduit les principales vérités qu'il m'importait de connaître,[4] il me reste à chercher quelles maximes j'en dois tirer pour ma conduite, et quelles règles je dois me prescrire pour remplir ma destination sur la terre, selon l'intention de celui qui m'y a placé. En suivant toujours ma méthode, je ne tire point ces règles des principes d'une haute philosophie, mais je les trouve au fond de mon cœur écrites par la nature en caractères ineffaçables.[5] Je n'ai qu'à me consulter sur ce que je veux faire:

[1] Once again Rousseau returns to the essential theme of order.

[2] Cf. *supra*, p. 150, and *infra*, p. 191.

[3] Rousseau now begins his discussion of the moral consequences of his previous analysis of the divine origin of the physical world and man's inner life.

[4] Yet again Rousseau stresses the truths which 'it is important for him to know'. Cf. *supra*, p. 137, n. 2.

[5] The principles governing man's moral life are an integral part of his 'original' nature and, therefore, of God's universal order. Cf. *supra*, pp. 5, 8, and *OC*, I, 1021.

tout ce que je sens être bien est bien, tout ce que je sens être mal
est mal: le meilleur de tous les casuistes est la conscience; et ce
n'est que quand on marchande avec elle qu'on a recours aux
subtilités du raisonnement.[1] Le premier de tous les soins est
celui de soi-même: cependant combien de fois la voix intérieure
nous dit qu'en faisant notre bien aux dépens d'autrui nous faisons
mal! Nous croyons suivre l'impulsion de la nature, et nous lui
résistons; en écoutant ce qu'elle dit à nos sens, nous méprisons ce
qu'elle dit à nos cœurs; l'être actif obéit, l'être passif commande.
La conscience est la voix de l'âme, les passions sont la voix du
corps. Est-il étonnant que souvent ces deux langages se contre-
disent? et alors lequel faut-il écouter? Trop souvent la raison nous
trompe, nous n'avons que trop acquis le droit de la récuser; mais la
conscience ne trompe jamais; elle est le vrai guide de l'homme:
elle est à l'âme ce que l'instinct† est au corps;[(1)] qui la suit obéit à

[(1)] La philosophie moderne,[2] qui n'admet que ce qu'elle explique, n'a garde
d'admettre cette obscure faculté appelée *instinct*, qui paraît guider, sans aucune
connaissance acquise, les animaux vers quelque fin. L'instinct, selon l'un de nos
plus sages philosophes,[3] n'est qu'une habitude privée de réflexion, mais acquise
en réfléchissant; et de la manière dont il explique ce progrès, on doit conclure
que les enfants réfléchissent plus que les hommes; paradoxe assez étrange pour
valoir la peine d'être examiné. Sans entrer ici dans cette discussion, je demande
quel nom je dois donner à l'ardeur avec laquelle mon chien fait la guerre aux
taupes qu'il ne mange point, à la patience avec laquelle il les guette quelquefois
des heures entières, et à l'habileté avec laquelle il les saisit, les jette hors terre
au moment qu'elles poussent,[4] et les tue ensuite pour les laisser là, sans que
jamais personne l'ait dressé à cette chasse, et lui ait appris qu'il y avait là des
taupes. Je demande encore, et ceci est plus important, pourquoi, la première fois
que j'ai menacé ce même chien, il s'est jeté le dos contre terre, les pattes repliées,
dans une attitude suppliante et la plus propre à me toucher; posture dans
laquelle il se fût bien gardé de rester, si, sans me laisser fléchir, je l'eusse battu
dans cet état. Quoi! mon chien, tout petit encore, et ne faisant presque que de
naître, avait-il acquis déjà des idées morales? Savait-il ce que c'était que clémence
et générosité? Sur quelles lumières acquises espérait-il m'apaiser en s'abandon-
nant ainsi à ma discrétion? Tous les chiens du monde font à peu près la même

---

† MS note: J'appelle instinct la force inconnue qui produit tous les mouvements spontanés des animaux qui ont une fin relative à eux.

---

[1] Masson (*PF*, p. 237, n. 2) recalls that Rousseau's view of conscience was
anticipated in many ways by Calvinist theologians such as Abbadie and Vernet,
although he gave the idea a strongly personal emphasis.
[2] This note, a late addition, refers to Condillac's *Traité des Animaux*, II, 5. In
calling conscience an 'instinct' Rousseau is stressing its innate, spontaneous
aspect, not its physical origin. Condillac, on the other hand, described instinct as
'habitude privée de réflexion' (op. cit., II, 5).
[3] i.e. Condillac.
[4] i.e. 'push up the earth'.

la nature, et ne craint point de s'égarer.† Ce point est important, poursuivit mon bienfaiteur, voyant que j'allais l'interrompre : souffrez que je m'arrête un peu plus à l'éclaircir.‡

[1] Toute la moralité de nos actions est dans le jugement que nous en portons nous-mêmes. S'il est vrai que le bien soit bien, il doit l'être au fond de nos cœurs comme dans nos œuvres, et le premier prix de la justice est de sentir qu'on la pratique. Si la bonté morale est conforme à notre nature, l'homme ne saurait être sain d'esprit ni bien constitué qu'autant qu'il est bon. Si elle ne l'est pas, et que l'homme soit méchant naturellement, il ne peut cesser de l'être sans se corrompre, et la bonté n'est en lui qu'un vice contre nature. Fait pour nuire à ses semblables comme le loup pour égorger sa proie, un homme humain serait un animal aussi dépravé qu'un loup pitoyable ; et la vertu seule nous laisserait des remords. [2]

Rentrons en nous-mêmes, [3] ô mon jeune ami ! examinons, tout intérêt personnel à part, à quoi nos penchants nous portent. Quel spectacle nous flatte le plus, celui des tourments ou du bonheur d'autrui ? Qu'est-ce qui nous est le plus doux à faire, et nous laisse une impression plus agréable après l'avoir fait, d'un acte de bienfaisance ou d'un acte de méchanceté ? Pour qui vous intéressez-vous sur vos théâtres ? Est-ce aux forfaits que vous prenez plaisir ? est-ce à leurs auteurs punis que vous donnez des larmes ? Tout nous

chose dans le même cas, et je ne dis rien ici que chacun ne puisse vérifier. Que les philosophes, qui rejettent si dédaigneusement l'instinct, veuillent bien expliquer ce fait par le seul jeu des sensations et des connaissances qu'elles nous font acquérir ; qu'ils l'expliquent d'une manière satisfaisante pour tout homme sensé ; alors je n'aurai plus rien à dire, et je ne parlerai plus d'instinct.

---

† MS addition not in main body of text : Nos philosophes nous apprennent à tout expliquer. Quand en viendra-t-il de moins dogmatiques qui nous apprennent à ignorer quelque chose ? J'ignore et j'admire autant que personne les beaux génies de notre siècle. Je ne sais par quelle fantaisie la philosophie de leur école est devenue la plus sotte et la plus présomptueuse de toutes celles qui ont encore existé.

‡ MS addition before this sentence : J'ai senti que la conscience avait besoin d'être cultivée et qu'elle avait moins à craindre les systèmes des philosophes que les sophismes du vice et des passions.

---

[1] From this point to p. 160 Rousseau makes use of various parts of the *Lettres morales*. Cf. *supra*, pp. 54 f.

[2] Rousseau is probably thinking of Hobbes's pessimistic view of human nature as *homo homini lupus*. P. Burgelin (*OC*, IV, 1553, n. 1) points out that the association of morality and judgement is a Stoic conception.

[3] A reaffirmation of Rousseau's essential methodological principle.

est indifférent, disent-ils,[1] hors notre intérêt: et, tout au contraire, les douceurs de l'amitié, de l'humanité, nous consolent dans nos peines: et, même dans nos plaisirs, nous serions trop seuls, trop misérables, si nous n'avions avec qui les partager. S'il n'y a rien de moral dans le cœur de l'homme, d'où lui viennent donc ces transports d'admiration pour les actions héroïques, ces ravissements d'amour pour les grandes âmes? Cet enthousiasme de la vertu, quel rapport a-t-il avec notre intérêt privé? Pourquoi voudrais-je être Caton qui déchire ses entrailles, plutôt que César triomphant?[2] Ôtez de nos cœurs cet amour du beau, vous ôtez tout le charme de la vie. Celui dont les viles passions ont étouffé dans son âme étroite ces sentiments délicieux; celui qui, à force de se concentrer au-dedans de lui, vient à bout de n'aimer que lui-même, n'a plus de transports, son cœur glacé ne palpite plus de joie; un doux attendrissement n'humecte jamais ses yeux; il ne jouit plus de rien; le malheureux ne sent plus, ne vit plus; il est déjà mort.

Mais, quel que soit le nombre des méchants sur la terre, il est peu de ces âmes cadavéreuses devenues insensibles, hors leur intérêt, à tout ce qui est juste et bon. L'iniquité ne plaît qu'autant qu'on en profite; dans tout le reste on veut que l'innocent soit protégé. Voit-on dans une rue ou sur un chemin quelque acte de violence et d'injustice? à l'instant un mouvement de colère et d'indignation s'élève au fond du cœur, et nous porte à prendre la défense de l'opprimé: mais un devoir plus puissant nous retient, et les lois nous ôtent le droit de protéger l'innocence. Au contraire, si quelque acte de clémence ou de générosité frappe nos yeux, quelle admiration, quel amour il nous inspire! Qui est-ce qui ne se dit pas: J'en voudrais avoir fait autant? Il nous importe sûrement fort peu qu'un homme ait été méchant ou juste il y a deux mille ans; et cependant le même intérêt nous affecte dans l'histoire ancienne, que si tout cela s'était passé de nos jours. Que me font à moi les crimes de Catilina?[3] Ai-je peur d'être sa victime? Pourquoi donc ai-je de lui la même horreur que s'il était mon contemporain? Nous ne haïssons pas seulement les méchants parce qu'ils nous nuisent, mais parce qu'ils sont méchants. Non seulement nous voulons être heureux, nous voulons aussi le bonheur d'autrui, et

---

[1] i.e. Helvétius and the materialistic *philosophes*.
[2] Rousseau had a lifelong admiration for Cato—'le grand et divin Caton' (*Nouv. Hél.*, II, xi).
[3] Yet another criticism of Helvétius, who had admired Catilina.

quand ce bonheur ne coûte rien au nôtre, il l'augmente. Enfin l'on a, malgré soi, pitié des infortunés; quand on est témoin de leur mal, on en souffre. Les plus pervers ne sauraient perdre tout à fait ce penchant; souvent il les met en contradiction avec eux-mêmes. Le voleur qui dépouille les passants couvre encore la nudité du pauvre; et le plus féroce assassin soutient un homme tombant en défaillance.[1]

On parle du cri des remords, qui punit en secret les crimes cachés et les met si souvent en évidence. Hélas! qui de nous n'entendit jamais cette importune voix? On parle par expérience; et l'on voudrait étouffer ce sentiment tyrannique qui nous donne tant de tourment. Obéissons à la nature, nous connaîtrons avec quelle douceur elle règne, et quel charme on trouve, après l'avoir écoutée, à se rendre un bon témoignage de soi. Le méchant se craint et se fuit; il s'égaye en se jetant hors de lui-même; il tourne autour de lui des yeux inquiets, et cherche un objet qui l'amuse; sans la satire amère, sans la raillerie insultante, il serait toujours triste; le ris moqueur est son seul plaisir.[2]† Au contraire, la sérénité du juste est intérieure; son ris n'est point de malignité, mais de joie; il en porte la source en lui-même; il est aussi gai seul qu'au milieu d'un cercle; il ne tire pas son contentement de ceux qui l'approchent, il le leur communique.

Jetez les yeux sur toutes les nations du monde, parcourez toutes les histoires. Parmi tant de cultes inhumains et bizarres, parmi cette prodigieuse diversité de mœurs et de caractères, vous trouverez partout les mêmes idées de justice et d'honnêteté, partout les mêmes notions du bien et du mal. L'ancien paganisme enfanta des dieux abominables, qu'on eût punis ici-bas comme des scélérats, et qui n'offraient pour tableau du bonheur suprême que des forfaits à commettre et des passions à contenter. Mais le vice, armé d'une autorité sacrée, descendait en vain du séjour éternel, l'instinct moral le repoussait du cœur des humains. En célébrant les débauches de Jupiter, on admirait la continence de Xénocrate;

† est toujours dans les yeux du méchant.

---

[1] Rousseau refused to believe that any man would do evil for its own sake, his expansive feelings impelling him to love others as long as his natural inclinations were not perverted by false passions or outside influences.

[2] In this portrait of the 'wicked man' Rousseau was probably thinking of his earlier indignation at Diderot's remark in *Le Fils naturel*: 'il n'y a que le méchant qui soit seul'. Cf. *Confessions* (*OC*, I, 455) and the epigraph to the *Lettre à d'Alembert* which made public Rousseau's break with Diderot.

la chaste Lucrèce adorait l'impudique Vénus;[1] l'intrépide Romain
sacrifiait à la peur; il invoquait le dieu qui mutila son père et mou-
rait sans murmure de la main du sien.[2] Les plus méprisables
divinités furent servies par les plus grands hommes. La sainte†
voix de la nature, plus forte que celle des dieux[3], se faisait respecter
sur la terre, et semblait reléguer dans le ciel le crime avec les
coupables.

Il est donc au fond des âmes un principe inné de justice et de
vertu,‡ sur lequel, malgré nos propres maximes,[4] nous jugeons nos
actions et celles d'autrui comme bonnes ou mauvaises, et c'est à ce
principe que je donne le nom de conscience.

Mais à ce mot j'entends s'élever de toutes parts la clameur des
prétendus sages: Erreurs de l'enfance, préjugés de l'éducation!
s'écrient-ils tous de concert.[5] Il n'y a rien dans l'esprit humain que
ce qui s'y introduit par l'expérience, et nous ne jugeons d'aucune
chose que sur des idées acquises.[6] Ils font plus: cet accord évident
et universel de toutes les nations, ils l'osent rejeter; et, contre
l'éclatante uniformité du jugement des hommes, ils vont chercher
dans les ténèbres quelque exemple obscur et connu d'eux seuls;
comme si tous les penchants de la nature étaient anéantis par la
dépravation d'un peuple, et que sitôt qu'il est des monstres,
l'espèce ne fût plus rien.[7] Mais que servent au sceptique Montaigne
les tourments qu'il se donne pour déterrer en un coin du monde
une coutume opposée aux notions de la justice?[8] Que lui sert de
donner aux plus suspects voyageurs l'autorité qu'il refuse aux
écrivains les plus célèbres? Quelques usages incertains et bizarres
fondés sur des causes locales qui nous sont inconnues, détruiront-
ils l'induction générale tirée du concours de tous les peuples,
opposés en tout le reste, et d'accord sur ce seul point? O Montaigne! toi qui te piques de franchise et de vérité, sois sincère et

† immortelle ‡ vérité

---

[1] On Xenocrates and Lucretia see *supra*, p. 56.

[2] Saturn (or Kronos) mutilated his father Ouranos.

[3] An essential principle to which Rousseau constantly returns.

[4] i.e. the maxims derived from our participation in a corrupt society. Conscience is frequently stifled by the influence of false ideas and passions.

[5] Rousseau is probably thinking of Montaigne, Helvétius, Mandeville and
other moral sceptics.

[6] The basic principle of Locke's empiricist philosophy which rejected 'innate
ideas'.

[7] 'J'ai dit tout cela vingt fois en vers et en prose' (Voltaire, *Marginalia*, p. 106).

[8] Cf. *Essais*, I, 22.

vrai, si un philosophe peut l'être, et dis-moi s'il est quelque pays sur la terre où ce soit un crime de garder sa foi, d'être clément, bienfaisant, généreux; où l'homme de bien soit méprisable, et le perfide honoré.

Chacun, dit-on,[1] concourt au bien public pour son intérêt. Mais d'où vient donc que le juste y concourt à son préjudice? Qu'est-ce qu'aller à la mort pour son intérêt? Sans doute nul n'agit que pour son bien; mais s'il est un bien moral dont il faut tenir compte, on n'expliquera jamais par l'intérêt propre que les actions des méchants. Il est même à croire qu'on ne tentera point d'aller plus loin. Ce serait une trop abominable philosophie que celle où l'on serait embarrassé des actions vertueuses; où l'on ne pourrait se tirer d'affaire qu'en leur controuvant[2] des intentions basses et des motifs sans vertu; où l'on serait forcé d'avilir Socrate et de calomnier Régulus.[3] Si jamais de pareilles doctrines pouvaient germer parmi nous, la voix de la nature, ainsi que celle de la raison,[4] s'élèveraient incessamment[5] contre elles, et ne laisseraient jamais à un seul de leurs partisans l'excuse de l'être de bonne foi.

Mon dessein n'est pas d'entrer ici dans des discussions métaphysiques qui passent ma portée et la vôtre, et qui, dans le fond, ne mènent à rien.[6] Je vous ai déjà dit que je ne voulais pas philosopher avec vous, mais vous aider à consulter votre cœur.[7] Quand tous les philosophes prouveraient que j'ai tort, si vous sentez que j'ai raison, je n'en veux pas davantage.

Il ne faut pour cela que vous faire distinguer nos idées acquises de nos sentiments naturels; car nous sentons avant de connaître; et comme nous n'apprenons point à vouloir notre bien et à fuir

---

[1] Yet another reference to Helvétius and a late addition to the manuscript.

[2] Here the word indicates false, but not necessarily malicious, invention (cf. *OC*, IV, 1449).

[3] Regulus, Roman consul in 267 and 256 B.C., was famous for his outstanding patriotism. After being taken prisoner by the Carthaginians, he was sent to Rome to negotiate a settlement, but he urged his fellow citizens to resist the Carthaginian terms, even though he knew that torture and death awaited him on his return to Carthage.

[4] Nature is not opposed to reason, but is a more primordial affective reality, the source of man's spontaneous 'goodness'. Reason develops later than mere feeling.

[5] i.e. 'sans cesse', not 'sans délai', the usual eighteenth-century sense.

[6] On Rousseau's rejection of *a priori* metaphysics see *supra*, pp. 132–3, and *Religious Quest*, p. 36.

[7] Another indication of Rousseau's approach to philosophy. It is necessary to begin with sincerity and self-examination.

notre mal, mais que nous tenons cette volonté de la nature, de
même l'amour du bon et la haine du mauvais nous sont aussi naturels
que l'amour de nous-mêmes.† Les actes de la conscience ne sont
pas des jugements, mais des sentiments.[1] Quoique toutes nos
idées nous viennent du dehors, les sentiments qui les apprécient
sont au-dedans de nous, et c'est par eux seuls que nous connaissons
la convenance ou disconvenance qui existe entre nous et les choses
que nous devons rechercher ou fuir.

Exister pour nous, c'est sentir; notre sensibilité est incontestablement antérieure à notre intelligence,‡ et nous avons eu des
sentiments avant des idées.[(1)][2] Quelle que soit la cause de notre
être, elle a pourvu à notre conservation en nous donnant des sentiments convenables à notre nature; et l'on ne saurait nier qu'au
moins ceux-là ne soient innés. Ces sentiments, quant à l'individu,
sont l'amour de soi, la crainte de la douleur, l'horreur de la mort,
le désir du bien-être. Mais si, comme on n'en peut douter, l'homme
est sociable§ par sa nature, ou du moins fait pour le devenir, il ne
peut l'être que par d'autres sentiments innés, relatifs à son espèce;
car, à ne considérer que le besoin physique, il doit certainement
disperser les hommes au lieu de les rapprocher.[3] Or c'est du système moral‖ formé par ce double rapport à soi-même et à ses

---

[(1)] A certains égards les idées sont des sentiments et les sentiments sont des
idées. Les deux noms conviennent à toute perception qui nous occupe, et de son
objet et de nous-mêmes qui en sommes affectés: il n'y a que l'ordre de cette
affection qui détermine le nom qui lui convient. Lorsque, premièrement occupé
de l'objet, nous ne pensons à nous que par réflexion, c'est une idée; au contraire,
quand l'impression reçue excite notre première attention, et que nous ne pensons
que par réflexion à l'objet qui la cause, c'est un sentiment.[4]

---

† notre propre existence.   ‡ raison même   § un animal sociable
‖ c'est du sentiment

---

[1] An important characteristic of conscience, which is a fundamental feeling, not
a rational activity. Cf. *La Nouvelle Héloïse*, VI, vii (*OC*, II, 683), for the same
expression. Nevertheless, reason, when properly exercised, can 'enlighten' conscience by helping it to 'know' what it naturally 'loves'. Conscience is not an
'innate idea' but an 'innate feeling' or 'principle', i.e. a feeling of a special
kind. Cf. *Religious Quest*, pp. 61, 70 f.
[2] The feeling of existence is a primordial, ineradicable characteristic of consciousness.
[3] This section gives an important indication of Rousseau's view of sociability.
It is 'natural' in so far as it is an 'original' possibility of a fully developed
human being—the expression of man's rational, moral nature. It is not, however,
'natural' in the purely affective sense, for man has no spontaneous social feeling;
at the primitive, instinctive level he leads an isolated existence dominated by the
impulses Rousseau mentions in the text—*amour de soi* (self-preservation), fear

semblables que naît l'impulsion de la conscience. Connaître le bien, ce n'est pas l'aimer: l'homme n'en a pas la connaissance innée, mais sitôt que sa raison le lui fait connaître, sa conscience le porte à l'aimer: c'est ce sentiment qui est inné.

Je ne crois donc pas, mon ami, qu'il soit impossible d'expliquer par des conséquences de notre nature le principe immédiat de la conscience, indépendant de la raison même. Et quand cela serait impossible, encore ne serait-il pas nécessaire: car, puisque ceux qui nient ce principe admis et reconnu par tout le genre humain ne prouvent point qu'il n'existe pas, mais se contentent de l'affirmer; quand nous affirmons qu'il existe, nous sommes tout aussi bien fondés qu'eux, et nous avons de plus le témoignage intérieur, et la voix de la conscience qui dépose pour elle-même. Si les premières lueurs du jugement nous éblouissent et confondent d'abord les objets à nos regards, attendons que nos faibles yeux se rouvrent, se raffermissent; et bientôt nous reverrons ces mêmes objets aux lumières de la raison, tels que nous les montrait d'abord la nature: ou plutôt soyons plus simples et moins vains; bornons-nous aux premiers sentiments que nous trouvons en nous-mêmes, puisque c'est toujours à eux que l'étude nous ramène quand elle ne nous a point égarés.[1]

Conscience! conscience! instinct divin,[2] immortelle et céleste voix; guide assuré d'un être ignorant et borné, mais intelligent et libre; juge infaillible du bien et du mal, qui rends l'homme semblable à Dieu,† c'est toi qui fais l'excellence de sa nature et la moralité de ses actions; sans toi je ne sens rien en moi qui m'élève au-dessus des bêtes, que le triste privilège de m'égarer d'erreurs

---

† aux dieux.

of pain and death, etc. In the second *Discours* Rousseau points out that even primitive man feels pity for the suffering of others and as *amour de soi* develops, it becomes more capable of 'moral' significance by bringing man into relation with his own inner life and the life of other men.

[4] Masson (*PF*, p. 267, n. 3) considers this note to have been inspired by a passage from Fréret's *Lettre de Thrasybule à Leucippe*.

---

[1] Yet another fundamental principle of Rousseau's philosophy.

[2] The expression seems to have been taken from Muralt (*L'instinct divin recommandé aux hommes*, 1727), in spite of Rousseau's distrust of his ideas. Cf. also *La Nouvelle Héloïse*, VI, vii (*OC*, II, 685): 'Vous lisez Muralt', writes Saint-Preux to Julie, 'je le lis aussi; mais je choisis ses lettres et vous choisissez son instinct divin.' Cf. *OC*, IV, 1562.

en erreurs à l'aide d'un entendement sans règle et d'une raison sans principe.[1]

Grâce au ciel, nous voilà délivrès de tout cet effrayant appareil de philosophie: nous pouvons être hommes sans être savants; dispensés de consumer notre vie à l'étude de la morale, nous avons à moindres frais un guide plus assuré dans ce dédale immense des opinions humaines. Mais ce n'est pas assez que ce guide existe, il faut savoir le reconnaître et le suivre. S'il parle à tous les cœurs, pourquoi donc y en a-t-il si peu qui l'entendent? Eh! c'est qu'il nous parle la langue de la nature, que tout nous a fait oublier. La conscience est timide, elle aime la retraite et la paix; le monde et le bruit l'épouvantent: les préjugés dont on la fait naître sont ses plus cruels ennemis; elle fuit ou se tait devant eux: leur voix bruyante étouffe la sienne et l'empêche de se faire entendre; le fanatisme ose la contrefaire, et dicter le crime en son nom. Elle se rebute enfin à force d'être éconduite; elle ne nous parle plus, elle ne nous répond plus, et, après de si longs mépris pour elle, il en coûte autant de la rappeler qu'il en coûta de la bannir.

Combien de fois je me suis lassé dans mes recherches de la froideur que je sentais en moi! Combien de fois la tristesse et l'ennui, versant leur poison sur mes premières méditations, me les rendirent insupportables? Mon cœur aride ne donnait qu'un zèle languissant et tiède à l'amour de la vérité. Je me disais: Pourquoi me tourmenter à chercher ce qui n'est pas? Le bien moral n'est qu'une chimère; il n'y a rien de bon que les plaisirs des sens. O quand on a une fois perdu le goût des plaisirs de l'âme, qu'il est difficile de le reprendre![2] Qu'il est plus difficile encore de le prendre quand on ne l'a jamais eu! S'il existait un homme assez misérable pour n'avoir rien fait en toute sa vie dont le souvenir le rendît content de lui-même et bien aise d'avoir vécu, cet homme serait incapable de jamais se connaître; et, faute de sentir quelle bonté convient à sa nature, il resterait méchant par force et serait éternellement malheureux. Mais croyez-vous qu'il y ait sur la terre entière un seul homme assez dépravé pour n'avoir jamais livré son cœur à la tentation de bien faire? Cette tentation est si naturelle et si douce, qu'il est impossible de lui résister toujours; et le souvenir

---

[1] Rousseau's borrowings from the fifth of the *Lettres morales* stop at this point. A few ideas from the sixth letter are to be found in the next two paragraphs.

[2] As Masson points out (*PF*, p. 227, n. 1), this and similar observations had a strong personal meaning for Rousseau.

du plaisir qu'elle a produit une fois suffit pour la rappeler sans cesse. Malheureusement elle est d'abord pénible à satisfaire; on a mille raisons pour se refuser au penchant de son cœur; la fausse prudence le resserre dans les bornes du *moi* humain;[1] il faut mille efforts de courage pour oser les franchir. Se plaire à bien faire est le prix d'avoir bien fait, et ce prix ne s'obtient qu'après l'avoir mérité. Rien n'est plus aimable que la vertu; mais il en faut jouir pour la trouver telle. Quand on la veut embrasser, semblable au Protée de la fable, elle prend d'abord mille formes effrayantes, et ne se montre enfin sous la sienne qu'à ceux qui n'ont point lâché prise.

Combattu sans cesse par mes sentiments naturels qui parlaient pour l'intérêt commun, et par ma raison qui rapportait tout à moi, j'aurais flotté toute ma vie dans cette continuelle alternative, faisant le mal, aimant le bien, et toujours contraire à moi-même,[2] si de nouvelles lumières n'eussent éclairé mon cœur, si la vérité, qui fixa mes opinions, n'eût encore assuré ma conduite et ne m'eût mis d'accord avec moi. On a beau vouloir établir la vertu par la raison seule, quelle solide base peut-on lui donner? La vertu, disent-ils, est l'amour de l'ordre. Mais cet amour peut-il donc et doit-il l'emporter en moi sur celui de mon bien-être? Qu'ils me donnent une raison claire et suffisante pour le préférer. Dans le fond leur prétendu principe est un pur jeu de mots; car je dis aussi, moi, que le vice est l'amour de l'ordre, pris dans un sens différent. Il y a quelque ordre moral partout où il y a sentiment et intelligence. La différence est que le bon s'ordonne par rapport au tout, et que le méchant ordonne le tout par rapport à lui.[3] Celui-ci se fait le centre de toutes choses; l'autre mesure son rayon et se tient à la circonférence. Alors il est ordonné par rapport au centre commun, qui est Dieu, et par rapport à tous les cercles concentriques, qui sont les créatures. Si la Divinité n'est pas, il n'y a que le méchant qui raisonne, le bon n'est qu'un insensé.[4]

---

[1] The activity of a 'civilized' reflection, largely influenced by *amour-propre*, leads to a narrowing of the human self. Cf. G. Beaulavon's note, op. cit., p. 148, n. 1.

[2] Rousseau considered that civilization had caused man to be divided against himself. He admitted too the existence of puzzling conflicts in his own nature. Cf. Grimsley, *J.-J. Rousseau, A Study in Self-Awareness*, chaps, 1 and 2, for a discussion of this psychological problem.

[3] Cf. the passage in *Émile* which follows the *Profession de foi* for a development of this idea. On this point Voltaire (*Marginalia*, p. 107) made the following comment: 'Il ne faut jamais découvrir ces horreurs au public.'

[4] P. Burgelin (OC., IV, 154) points out that Malebranche had already stressed the principle of order. Cf. also *supra*, p. 151, n. 3.

O mon enfant, puissiez-vous sentir un jour de quel poids on est soulagé, quand, après avoir épuisé la vanité des opinions humaines et goûté l'amertume des passions, on trouve enfin si près de soi la route de la sagesse, le prix des travaux de cette vie, et la source du bonheur dont on a désespéré! Tous les devoirs de la loi naturelle, presque effacés de mon cœur par l'injustice des hommes, s'y retracent au nom de l'éternelle justice qui me les impose et qui me les voit remplir. Je ne sens plus en moi que l'ouvrage et l'instrument du grand Être qui veut le bien, qui le fait, qui fera le mien par le concours de mes volontés aux siennes et par le bon usage de ma liberté: j'acquiesce à l'ordre qu'il établit, sûr de jouir moi-même un jour de cet ordre et d'y trouver ma félicité;[1] car quelle félicité plus douce que de se sentir ordonné dans un système où tout est bien? En proie à la douleur, je la supporte avec patience, en songeant qu'elle est passagère et qu'elle vient d'un corps qui n'est point à moi.[2] Si je fais une bonne action sans témoin, je sais qu'elle est vue, et je prends acte pour l'autre vie de ma conduite en celle-ci. En souffrant une injustice, je me dis: l'Être juste qui régit tout saura bien m'en dédommager; les besoins de mon corps, les misères de ma vie me rendent l'idée de la mort plus supportable. Ce seront autant de liens de moins à rompre quand il faudra tout quitter.

Pourquoi mon âme est-elle soumise à mes sens et enchaînée à ce corps qui l'asservit et la gêne? Je n'en sais rien: suis-je entré dans les décrets de Dieu? Mais je puis, sans témérité, former de modestes conjectures. Je me dis: Si l'esprit de l'homme fût resté libre et pur, quel mérite aurait-il d'aimer et suivre l'ordre qu'il verrait établi et qu'il n'aurait nul intérêt à troubler? Il serait heureux, il est vrai; mais il manquerait à son bonheur le degré le plus sublime, la gloire de la vertu et le bon témoignage de soi,[3] il ne serait que comme les anges; et sans doute l'homme vertueux sera plus qu'eux. Unie à un corps mortel par des liens non moins puissants qu'incompréhensibles, le soin de la conservation de ce corps excite l'âme à rapporter tout à lui, et lui donne un intérêt contraire à l'ordre

[1] The enjoyment of the feeling of existence is not merely egoistic, for it involves a sense of participation in the universal order; *amour de soi* and the love of order are ultimately inseparable, for they attain perfect fusion in the complete spiritual freedom of the after-life. Cf. also *OC*, IV, 1564-5.

[2] An idea which is both Christian and Platonist (Masson, *PF*, p. 284, n. 14, and Beaulavon, op. cit., p. 150, n. 1).

[3] Yet another statement of Rousseau's conception of happiness as the enjoyment of personal existence. Cf. *supra*, pp. 145 and 149.

général, qu'elle est pourtant capable de voir et d'aimer; c'est alors que le bon usage de sa liberté devient à la fois le mérite et la récompense, et qu'elle se prépare un bonheur inaltérable en combattant ses passions terrestres et se maintenant dans sa première volonté.

Que si, même dans l'état d'abaissement où nous sommes durant cette vie, tous nos premiers penchants sont légitimes; si tous nos vices nous viennent de nous, pourquoi nous plaignons-nous d'être subjugués par eux? pourquoi reprochons-nous à l'auteur des choses les maux que nous nous faisons et les ennemis que nous armons contre nous-mêmes? Ah! ne gâtons point l'homme;† il sera toujours bon sans peine,[1] et toujours heureux sans remords. Les coupables qui se disent forcés au crime sont aussi menteurs‡ que méchants: comment ne voient-ils point que la faiblesse dont ils se plaignent est leur propre ouvrage; que leur première dépravation vient de leur volonté; qu'à force de vouloir céder à leurs tentations, ils leur cèdent enfin malgré eux et les rendent irrésistibles? Sans doute il ne dépend plus d'eux de n'être pas méchants et faibles, mais il dépendit d'eux de ne le pas devenir. O que nous resterions aisément maîtres de nous et de nos passions, même durant cette vie, si, lorsque nos habitudes ne sont point encore acquises, lorsque notre esprit commence à s'ouvrir, nous savions l'occuper des objets qu'il doit connaître pour apprécier ceux qu'il ne connaît pas; si nous voulions sincèrement nous éclairer, non pour briller aux yeux des autres, mais pour être bons et sages selon notre nature, pour nous rendre heureux en pratiquant nos devoirs! Cette étude nous paraît ennuyeuse et pénible, parce que nous n'y songeons que déjà corrompus par le vice, déjà livrés à nos passions. Nous fixons nos jugements et notre estime avant de connaître le bien et le mal; et puis, rapportant tout à cette fausse mesure, nous ne donnons à rien sa juste valeur.

Il est un âge où le cœur, libre encore, mais ardent, inquiet, avide du bonheur qu'il ne connaît pas, le cherche avec une curieuse incertitude, et, trompé par les sens, se fixe enfin sur sa vaine image, et croit le trouver où il n'est point. Ces illusions ont duré trop

---

† hommes mortels, ne gâtez pas l'ouvrage de Dieu   ‡ mauvais raisonneurs

---

[1] A restatement of Rousseau's essential dictum concerning man's natural goodness. Like Rousseau himself, man is 'good' but not 'virtuous'; goodness is an innate affective attribute of human existence, virtue a more specifically moral, even rational quality and a result of the exercise of the will. Cf. *infra*, p. 391.

longtemps pour moi. Hélas! je les ai trop tard connues, et n'ai pu tout à fait les détruire; elles dureront autant que ce corps mortel qui les cause. Au moins elles ont beau me séduire, elles ne m'abusent plus; je les connais pour ce qu'elles sont; en les suivant je les méprise; loin d'y voir l'objet de mon bonheur, j'y vois son obstacle. J'aspire au moment où, délivré des entraves du corps, je serai *moi* sans contradiction, sans partage, et n'aurai besoin que de moi pour être heureux; en attendant, je le suis dès cette vie, parce que j'en compte pour peu tous les maux, que je la regarde comme presque étrangère à mon être, et que tout le vrai bien que j'en peux retirer dépend de moi.[1]

Pour m'élever d'avance autant qu'il se peut à cet état de bonheur, de force et de liberté, je m'exerce aux sublimes contemplations. Je médite sur l'ordre de l'univers, non pour l'expliquer par de vains systèmes, mais pour l'admirer sans cesse, pour adorer le sage auteur qui s'y fait sentir. Je converse avec lui, je pénètre toutes mes facultés de sa divine essence; je m'attendris à ses bienfaits, je le bénis de ses dons; mais je ne le prie pas.[2] Que lui demanderais-je? qu'il changeât pour moi le cours des choses, qu'il fît des miracles en ma faveur? Moi qui dois aimer par-dessus tout l'ordre établi par sa sagesse et maintenu par sa providence, voudrais-je que cet ordre fût troublé pour moi? Non, ce vœu téméraire mériterait d'être plutôt puni qu'exaucé. Je ne lui demande pas non plus le pouvoir de bien faire: pourquoi lui demander ce qu'il m'a donné? Ne m'a-t-il pas donné la conscience pour aimer le bien, la raison pour le connaître, la liberté pour le choisir.[3] Si je fais le mal, je n'ai point d'excuse; je le fais parce que je le veux: lui demander de changer ma volonté, c'est lui demander ce qu'il me demande; c'est vouloir qu'il fasse mon œuvre et que j'en recueille le salaire; n'être pas content de mon état, c'est ne vouloir plus être homme, c'est vouloir autre chose que ce qui est, c'est vouloir le désordre et le

---

[1] A striking statement of Rousseau's conception of happiness in the next world. Cf. *supra*, pp. 145, 149. Man, it seems, will not derive his bliss from the beatific vision, but from the enjoyment of his own existence. Elsewhere, however, Rousseau stresses the objective aspect. Cf. *supra*, pp. 148–9, and *La Nouvelle Héloïse*, III, xxi (*OC*, II, 380).

[2] Rousseau condemned 'asking' prayer, but not prayers of adoration. In the third of the *Lettres écrites de la Montagne* he indignantly repudiated the accusation that he 'rejected prayer'. Cf. *infra*, pp. 371–2.

[3] A useful summary of Rousseau's view of the relationship between conscience, reason and freedom. Cf. *La Nouvelle Héloïse*, III, xxi (*OC*, II, 683 and interesting variant (a)) for the same idea.

mal. Source de justice et de vérité, Dieu clément et bon! dans ma confiance en toi, le suprême vœu de mon cœur est que ta volonté soit faite.[1] En y joignant la mienne, je fais ce que tu fais, j'acquiesce à ta bonté; je crois partager d'avance la suprême félicité qui en est le prix.

Dans la juste défiance de moi-même, la seule chose que je lui demande, ou plutôt que j'attends de sa justice, est de redresser mon erreur si je m'égare et si cette erreur m'est dangereuse. Pour être de bonne foi je ne me crois pas infaillible: mes opinions qui me semblent les plus vraies sont peut-être autant de mensonges; car quel homme ne tient pas aux siennes? et combien d'hommes sont d'accord en tout? L'illusion qui m'abuse a beau me venir de moi, c'est lui seul qui m'en peut guérir. J'ai fait ce que j'ai pu pour atteindre à la vérité; mais sa source est trop élevée: quand les forces me manquent pour aller plus loin, de quoi puis-je être coupable? c'est à elle à s'approcher.

[2]LE BON PRÊTRE avait parlé avec véhémence; il était ému, je l'étais aussi. Je croyais entendre le divin Orphée[3] chanter les premiers hymnes, et apprendre aux hommes le culte des dieux. Cependant je voyais des foules d'objections à lui faire: je n'en fis pas une, parce qu'elles étaient moins solides qu'embarrassantes, et que la persuasion† était pour lui. A mesure qu'il me parlait selon sa conscience, la mienne semblait me confirmer ce qu'il m'avait dit.

Les sentiments que vous venez de m'exposer, lui dis-je, me paraissent plus nouveaux par ce que vous avouez ignorer que par ce que vous dites croire. J'y vois, à peu de chose près, le théisme ou la religion naturelle,[4] que les chrétiens affectent de confondre

† persuasion intérieure

---

[1] Rousseau stressed this part of the Lord's Prayer because it involved man's submission to the divine will.

[2] At this point begins the second part of the *Profession de foi*; whereas the first part has dealt with the principles of 'natural religion', the second concentrates mainly on the problem of 'revelation'.

[3] This unexpected and rather infelicitous comparison of the priest to Orpheus was probably added by Rousseau to give relevance to an engraving after Eisen ('Orphée enseignant le culte des dieux') which the publisher wished to use as a frontispiece to the third volume of *Émile*. (Cf. Masson, *PF*, p. 299.)

[4] Philosophers and theologians of the eighteenth century already distinguished between 'theism' and 'deism': the former involved the establishment of a personal relationship between man and God through the exercise of his natural

avec l'athéisme ou l'irréligion, qui est la doctrine directement opposée. Mais, dans l'état actuel de ma foi, j'ai plus à remonter qu'à descendre[1] pour adopter vos opinions, et je trouve difficile de rester précisément au point où vous êtes, à moins d'être aussi sage que vous. Pour être au moins aussi sincère, je veux consulter avec moi. C'est le sentiment intérieur[2] qui doit me conduire à votre exemple; et vous m'avez appris vous-même qu'après lui avoir long-temps imposé silence, le rappeler n'est pas l'affaire d'un moment. J'emporte vos discours dans mon cœur, il faut que je les médite. Si, après m'être bien consulté, j'en demeure aussi convaincu que vous, vous serez mon dernier apôtre, et je serai votre prosélyte jusqu'à la mort. Continuez cependant à m'instruire, vous ne m'avez dit que la moitié de ce que je dois savoir. Parlez-moi de la révélation, des écritures, de ces dogmes obscurs sur lesquels je vais errant dès mon enfance, sans pouvoir les concevoir ni les croire, et sans savoir ni les admettre ni les rejeter.

Oui, mon enfant, dit-il en m'embrassant, j'achèverai de vous dire ce que je pense; je ne veux point vous ouvrir mon cœur à demi: mais le désir que vous me témoignez était nécessaire pour m'autoriser à n'avoir aucune réserve avec vous. Je ne vous ai rien dit jusqu'ici que je ne crusse pouvoir vous être utile et dont je ne fusse intimement persuadé. L'examen qui me reste à faire est bien différent; je n'y vois qu'embarras, mystère, obscurité; je n'y porte qu'incertitude et défiance. Je ne me détermine qu'en tremblant et je vous dis plutôt mes doutes que mon avis. Si vos sentiments étaient plus stables, j'hésiterais de vous exposer les miens; mais, dans l'état où vous êtes, vous gagnerez à penser comme moi.[(1)] Au reste, ne donnez à mes discours que l'autorité de la raison,[3] j'ignore si je suis dans l'erreur. Il est difficile, quand on discute, de

powers and usually implied the acceptance of Providence and immortality; deism, on the other hand, was a more intellectual form of belief, stressing the idea that although God made the world, he was no longer concerned with it or man's fate. According to this distinction, Rousseau would be a theist and Voltaire a deist. Frequently, however, the two terms were used indiscriminately by writers who were not interested in theological distinctions. Cf. also Voltaire's article, 'Théiste', in the *Dictionnaire philosophique*.

[(1)] Voilà, je crois, ce que le bon vicaire pourrait dire à présent au public.

---

[1] Because, as Masson observes, the young man is almost an atheist.
[2] On the role of 'inner feeling' cf. *supra*, p. 134, *infra*, p. 386.
[3] 'Reason' thus acts in harmony with 'inner feeling'.

ne pas prendre quelquefois le ton affirmatif; mais souvenez-vous qu'ici toutes mes affirmations ne sont que des raisons de douter. Cherchez la vérité vous-même: pour moi, je ne vous promets que de la bonne foi.

Vous ne voyez dans mon exposé que la religion naturelle: il est bien étrange qu'il en faille une autre. Par où connaîtrai-je cette nécessité? De quoi puis-je être coupable en servant Dieu selon les lumières qu'il donne à mon esprit et selon les sentiments qu'il inspire à mon cœur? Quelle pureté de morale, quel dogme utile à l'homme et honorable à son auteur puis-je tirer d'une doctrine positive, que je ne puisse tirer sans elle du bon usage de mes facultés?† Montrez-moi ce qu'on peut ajouter, pour la gloire de Dieu, pour le bien de la société, et pour mon propre avantage, aux devoirs de la loi naturelle, et quelle vertu vous ferez naître d'un nouveau culte, qui ne soit pas une conséquence du mien. Les plus grandes idées de la divinité nous viennent par la raison seule.[1] Voyez le spectacle de la nature, écoutez la voix intérieure. Dieu n'a-t-il pas tout dit à nos yeux, à notre conscience, à notre jugement.[2] Qu'est-ce que les hommes nous diront de plus? Leurs révélations ne font que dégrader Dieu, en lui donnant les passions humaines. Loin d'éclaircir les notions du grand Être, je vois que les dogmes particuliers les embrouillent; que loin de les ennoblir, ils les avilissent; qu'aux mystères inconcevables qui l'environnent ils ajoutent des contradictions absurdes; qu'ils rendent l'homme orgueilleux, intolérant, cruel; qu'au lieu d'établir la paix sur la terre, ils y portent le fer et le feu.[3] Je me demande à quoi bon tout cela sans savoir me répondre. Je n'y vois que les crimes des hommes et les misères du genre humain.

On me dit qu'il fallait une révélation pour apprendre aux

---

† Et quelle morale plus pure, quels dogmes plus nécessaires à l'homme et honorables à la divinité puis-je tirer d'un culte artificiel que je ne trouve pas dans celui que me prescrit la raison seule?

---

[1] Since, in Rousseau's view, man's faculties, natural law and reason are the only proper source of religious truth, revelation is either superfluous or harmful. The whole of this part of the *Profession*, which opposes the natural basis of religion to the arbitrary authority of revealed dogmas, has a strongly rationalist tone.

[2] The inspection of the outer and inner worlds through the senses, conscience and reason provides the only adequate basis of natural religion. Cf. *Religious Quest*, pp. 68 f.

[3] According to Rousseau, revealed dogmas are not only unnecessary, but actually harmful to religion since they lead to intolerance and discord.

hommes la manière dont Dieu voulait être servi; on assigne en preuve la diversité des cultes bizarres qu'ils ont institués, et l'on ne voit pas que cette diversité même vient de la fantaisie des révélations. Dès que les peuples se sont avisés de faire parler Dieu, chacun l'a fait parler à sa mode et lui a fait dire ce qu'il a voulu. Si l'on n'eût écouté que ce que Dieu dit au cœur de l'homme, il n'y aurait jamais eu qu'une religion sur la terre.[1]

Il fallait un culte uniforme; je le veux bien: mais ce point était-il donc si important qu'il fallût tout l'appareil de la puissance divine pour l'établir? Ne confondons point le cérémonial de la religion avec la religion. Le culte que Dieu demande est celui du cœur; et celui-là, quand il est sincère, est toujours uniforme. C'est avoir une vanité bien folle de s'imaginer que Dieu prenne un si grand intérêt à la forme de l'habit du prêtre, à l'ordre des mots qu'il prononce, aux gestes qu'il fait à l'autel, et à toutes ses génuflexions. Eh! mon ami, reste de toute ta hauteur; tu seras toujours assez près de terre. Dieu veut être adoré en esprit et en vérité: ce devoir est de toutes les religions, de tous les pays, de tous les hommes. Quant au culte extérieur, s'il doit être uniforme pour le bon ordre,† c'est purement une affaire de police; il ne faut point de révélation pour cela.[2]

Je ne commençai pas par toutes ces réflexions. Entraîné par les préjugés de l'éducation et par ce dangereux amour-propre qui veut toujours porter l'homme au-dessus de sa sphère, ne pouvant élever mes faibles conceptions jusqu'au grand Être, je m'efforçais de le rabaisser jusqu'à moi. Je rapprochais les rapports infiniment éloignés qu'il a mis entre sa nature et la mienne. Je voulais des communications plus immédiates, des instructions plus particulières; et non content de faire Dieu semblable à l'homme, pour être privilégié moi-même parmi mes semblables, je voulais des lumières surnaturelles; je voulais un culte exclusif; je voulais que Dieu m'eût dit ce qu'il n'avait pas dit à d'autres, ou ce que d'autres n'auraient pas entendu comme moi.

Regardant le point où j'étais parvenu comme le point commun

---

† il doit être uniforme, il est vrai, mais c'est au gouvernement de le prescrire.

[1] Like so many contemporary thinkers, Rousseau appealed to the universality and uniformity of the principles of natural religion, for these could be discovered by purely human means without the help (or obstacle) of 'revelation'.

[2] The external cult has only social and political significance, according to Rousseau. Cf. *Religious Quest*, pp. 76 f.

d'où partaient tous les croyants pour arriver à un culte plus
éclairé, je ne trouvais dans la religion naturelle† que les éléments
de toute religion. Je considérais cette diversité de sectes qui règnent
sur la terre et qui s'accusent mutuellement de mensonge et
d'erreur; je demandais: *Quelle est la bonne?* Chacun me répondait:
C'est la mienne; chacun disait: Moi seul et mes partisans pensons
juste; tous les autres sont dans l'erreur. *Et comment savez-vous
que votre secte est la bonne?* Parce que Dieu l'a dit.[1] Et qui vous dit
que Dieu l'a dit? Mon pasteur, qui le sait bien. Mon pasteur me dit
d'ainsi croire, et ainsi je crois: il m'assure que tous ceux qui disent
autrement que lui mentent, et je ne les écoute pas.

Quoi! pensais-je, la vérité n'est-elle pas une? et ce qui est vrai
chez moi peut-il être faux chez vous? Si la méthode de celui qui
suit la bonne route et celle de celui qui s'égare est la même, quel
mérite ou quel tort a l'un de plus que l'autre? Leur choix est l'effet
du hasard; le leur imputer est iniquité, c'est récompenser ou punir
pour être né dans tel ou dans tel pays. Oser dire que Dieu nous
juge ainsi, c'est outrager sa justice.

Ou toutes les religions sont bonnes et agréables à Dieu, ou, s'il
en est une qu'il prescrive aux hommes, et qu'il les punisse de
méconnaître, il lui a donné des signes certains et manifestes pour
être distinguée et connue pour la seule véritable. Ces signes sont
de tous les temps et de tous les lieux, également sensibles à tous

[1] «Tous, dit un bon et sage prêtre,‡[1] disent qu'ils la tiennent et la croient (et
tous usent de ce jargon), que non des hommes, ni d'aucune créature, ains[2] de
Dieu.

«Mais, à dire vrai, sans rien flatter ni déguiser, il n'en est rien; elles sont, quoi
qu'on die, tenues par mains et moyens humains; témoin premièrement la
manière que les religions ont été reçues au monde et sont encore tous les jours par
les particuliers: la nation, le pays, le lieu donne la religion: l'on est de celle que le
lieu auquel on est né et élevé tient: nous sommes circoncis, baptisés, juifs,
mahométans, chrétiens, avant que nous sachions que nous sommes hommes: la
religion n'est pas de notre choix et élection; témoin, après, la vie et les mœurs si
mal accordantes avec la religion; témoin que par occasions humaines et bien
légères, l'on va contre la teneur de sa religion.» Charron, *De la Sagesse*, liv. II,
chap. v, p. 257, édit. Bordeaux, 1601.

Il y a grande apparence que la sincère profession de foi du vertueux théologal
de Condom n'eût pas été fort différente de celle du vicaire savoyard.

---

† dans les dogmes de la religion naturelle   ‡ prêtre catholique romain

---

[1] Rousseau's first version ('prêtre catholique romain') explains his choice of
Charron instead of Montaigne as a suitable supporter of the Vicaire's argument.
[2] i.e. 'mais'.

les hommes, grands et petits, savants et ignorants, Européens, Indiens, Africains, Sauvages.[1] S'il était une religion sur la terre hors de laquelle il n'y eût que peine éternelle, et qu'en quelque lieu du monde un seul mortel de bonne foi n'eût pas été frappé de son évidence, le Dieu de cette religion serait le plus inique et le plus cruel des tyrans.

Cherchons-nous donc sincèrement la vérité? Ne donnons rien au droit de la naissance et à l'autorité des pères et des pasteurs, mais rappelons à l'examen de la conscience et de la raison tout ce qu'ils nous ont appris dès notre enfance. Ils ont beau me crier: Soumets ta raison; autant m'en peut dire celui qui me trompe: il me faut des raisons pour soumettre ma raison.[2]

Toute la théologie que je puis acquérir de moi-même par l'inspection de l'univers, et par le bon usage de mes facultés, se borne à ce que je vous ai ci-devant expliqué. Pour en savoir davantage, il faut recourir à des moyens extraordinaires. Ces moyens ne sauraient être l'autorité des hommes; car, nul homme n'étant d'une autre espèce que moi, tout ce qu'un homme connaît naturellement, je puis aussi le connaître, et un autre homme peut se tromper aussi bien que moi: quand je crois ce qu'il dit, ce n'est pas parce qu'il le dit, mais parce qu'il le prouve. Le témoignage des hommes n'est donc au fond que celui de ma raison même, et n'ajoute rien aux moyens naturels que Dieu m'a donnés de connaître la vérité.[3]

Apôtre de la vérité, qu'avez-vous donc à me dire dont je ne reste pas le juge? Dieu lui-même a parlé: écoutez sa révélation. C'est autre chose. Dieu a parlé! voilà certes un grand mot. Et à qui a-t-il parlé? Il a parlé aux hommes. Pourquoi donc n'en ai-je rien entendu? Il a chargé d'autres hommes de vous rendre sa parole. J'entends! ce sont des hommes qui vont me dire ce que Dieu a dit. J'aimerais mieux avoir entendu Dieu lui-même; il ne lui en aurait pas coûté davantage, et j'aurais été à l'abri de la séduction. Il vous en garantit en manifestant la mission de ses envoyés.

---

[1] A favourite theme of the time, already mentioned in Voltaire's *Religion naturelle*:

> Il agit en machine, et c'est par sa nourrice
> Qu'il est juif ou païen, fidèle ou musulman.

[2] Yet again Rousseau stresses the basis of natural religion in conscience and reason. Man's choice of his religion must be a rational decision and not a blind acceptance of 'revealed' dogmas.

[3] A very clear summary of Rousseau's views.

Comment cela? Par des prodiges. Et où sont ces prodiges? Dans les livres. Et qui a fait ces livres? Des hommes. Et qui a vu ces prodiges? Des hommes qui les attestent. Quoi! toujours des témoignages humains! toujours des hommes qui me rapportent ce que d'autres hommes ont rapporté! Que d'hommes entre Dieu et moi![1] Voyons toutefois, examinons, comparons, vérifions. O si Dieu eût daigné me dispenser de tout ce travail, l'en aurais-je servi de moins bon cœur?

Considérez, mon ami, dans quelle horrible discussion me voilà engagé; de quelle immense érudition j'ai besoin pour remonter dans les plus hautes antiquités, pour examiner, peser, confronter les prophéties, les révélations, les faits,[2] tous les monuments de foi proposés dans tous les pays du monde, pour en assigner les temps, les lieux, les auteurs, les occasions! Quelle justesse de critique m'est nécessaire pour distinguer les pièces authentiques des pièces supposées; pour comparer les objections aux réponses, les traductions aux originaux; pour juger de l'impartialité des témoins, de leur bon sens, de leurs lumières; pour savoir si l'on n'a rien supprimé, rien ajouté, rien transposé, changé, falsifié; pour lever les contradictions qui restent, pour juger quel poids doit avoir le silence des adversaires dans les faits allégués contre eux; si ces allégations leur ont été connues; s'ils en ont fait assez de cas pour daigner y répondre; si les livres étaient assez communs pour que les nôtres leur parvinssent; si nous avons été d'assez bonne foi pour donner cours aux leurs parmi nous, et pour y laisser leurs plus fortes objections telles qu'ils les avaient faites.[3]

Tous ces monuments reconnus pour incontestables, il faut passer ensuite aux preuves de la mission de leurs auteurs; il faut bien savoir les lois des sorts, les probabilités éventives,[4] pour juger quelle prédiction ne peut s'accomplir sans miracle; le génie des langues originales pour distinguer ce qui est prédiction dans ces langues, et ce qui n'est que figure oratoire; quels faits sont dans l'ordre de la

---

[1] The *moi* here is not merely Rousseau (the Vicaire) himself, but any man who sincerely desires to find religious truth. Natural religion needs no human intermediaries, but is available to the 'eyes', 'conscience', and 'judgement' of all men (cf. *supra*, p. 168, n. 2).

[2] i.e. the events recorded in sacred history.

[3] As G. Beaulavon observes (op. cit., p. 164, n. 1), Rousseau is here referring to the new scientific approach to history that was beginning to emerge in the eighteenth century.

[4] 'Éventives': i.e. possible events (a neologism of Rousseau's); 'lois des sorts': i.e. 'calculus of probabilities'.

nature, et quels autres faits n'y sont pas; pour dire jusqu'à quel point un homme adroit peut fasciner les yeux des simples, peut étonner même les gens éclairés; chercher de quelle espèce doit être un prodige, et quelle authenticité il doit avoir, non seulement pour être cru, mais pour qu'on soit punissable d'en douter; comparer les preuves des vrais et des faux prodiges, et trouver les règles sûres pour les discerner; dire enfin pourquoi Dieu choisit, pour attester sa parole, des moyens qui ont eux-mêmes si grand besoin d'attestation, comme s'il se jouait de la crédulité des hommes, et qu'il évitât à dessein les vrais moyens de les persuader.

Supposons que la majesté divine daigne s'abaisser assez pour rendre un homme l'organe de ses volontés sacrées; est-il raisonnable, est-il juste d'exiger que tout le genre humain obéisse à la voix de ce ministre sans le lui faire connaître pour tel? Y a-t-il de l'équité à ne lui donner, pour toutes lettres de créance, que quelques signes particuliers† faits devant peu de gens obscurs, et dont tout le reste des hommes ne saura jamais rien que par ouï-dire? Par tous les pays du monde, si l'on tenait pour vrais tous les prodiges que le peuple et les simples disent avoir vus, chaque secte serait la bonne; il y aurait plus de prodiges que d'événements naturels; et le plus grand de tous les miracles serait que là où il y a des fanatiques persécutés, il n'y eût point de miracles. C'est l'ordre inaltérable de la nature qui montre le mieux l'Être suprême;‡ s'il arrivait beaucoup d'exceptions, je ne saurais plus qu'en penser; et pour moi, je crois trop en Dieu pour croire à tant de miracles si peu dignes de lui.[1]

Qu'un homme vienne nous tenir ce langage: Mortels, je vous annonce la volonté du Très-Haut; reconnaissez à ma voix celui qui m'envoie; j'ordonne au soleil de changer sa course, aux étoiles de former un autre arrangement, aux montagnes de s'aplanir, aux flots de s'élever, à la terre de prendre un autre aspect. A ces merveilles, qui ne reconnaîtra pas à l'instant le maître de la nature! Elle n'obéit point aux imposteurs; leurs miracles se font dans des carrefours, dans des déserts, dans des chambres; et c'est là qu'ils ont bon marché d'un petit nombre de spectateurs déjà disposés à tout croire.[2] Qui est-ce qui m'osera dire combien il faut de témoins

---

† quelques petits miracles particuliers   ‡ la sage main qui la régit

[1] 'Excellent' (Voltaire, p. 278).
[2] Rousseau is probably alluding to the alleged Jansenist miracles. Cf. also *Lettre à Beaumont*, *infra*, p. 292.

oculaires pour rendre un prodige digne de foi? Si vos miracles, faits pour prouver votre doctrine, ont eux-mêmes besoin d'être prouvés, de quoi servent-ils? Autant valait n'en point faire.[1]

[2] Reste enfin l'examen le plus important dans la doctrine annoncée; car, puisque ceux qui disent que Dieu fait ici-bas des miracles prétendent que le diable les imite quelquefois, avec les prodiges les mieux attestés, nous ne sommes pas plus avancés qu'auparavant; et puisque les magiciens de Pharaon osaient, en présence même de Moïse, faire les mêmes signes qu'il faisait par l'ordre exprès de Dieu, pourquoi, dans son absence, n'eussent-ils pas, aux mêmes titres, prétendu la même autorité? Ainsi donc, après avoir prouvé la doctrine par le miracle, il faut prouver le miracle par la doctrine,[1] de peur de prendre l'œuvre du démon pour l'œuvre de Dieu. Que pensez-vous de ce diallèle?‡[3]

[1] Cela est formel en mille endroits de l'Écriture, et entre autres dans le *Deutéronome*, chapitre XIII, où il est dit que, si un prophète annonçant des dieux étrangers confirme ses discours par des prodiges, et que ce qu'il prédit arrive, loin d'y avoir aucun égard, on doit mettre ce prophète à mort. Quand donc les païens mettaient à mort les apôtres annonçant leur un dieu étranger,† et prouvant leur mission par des prédictions et des miracles, je ne vois pas ce qu'on avait à leur objecter de solide, qu'ils ne pussent à l'instant rétorquer contre nous.[4] Or, que faire en pareil cas? Une seule chose: revenir au raisonnement, et laisser là les miracles. Mieux eût valu n'y pas recourir. C'est là du bon sens le plus simple, qu'on n'obscurcit qu'à force de distinctions tout au moins très subtiles. Des subtilités dans le christianisme![5] Mais Jésus-Christ a donc eu tort de promettre le royaume des cieux aux simples; il a donc eu tort de commencer le plus beau de ses discours par féliciter les pauvres d'esprit, s'il faut tant d'esprit pour entendre sa doctrine et pour apprendre à croire en lui. Quand vous m'aurez prouvé que je dois me soumettre, tout ira fort bien: mais pour me prouver cela, mettez-vous à ma portée; mesurez vos raisonnements à la capacité d'un pauvre d'esprit, ou je ne reconnais plus en vous le vrai disciple de votre maître, et ce n'est pas sa doctrine que vous m'annoncez.§

---

† inconnu   ‡ cercle

§ Instead of mesurez etc.: ou laissez-moi car je suis trop grossier pour vous entendre et trop sensé pour me soumettre avant que vous m'ayez prouvé que je le dois.

---

[1] There is a fuller discussion of miracles in the third of the *Lettres de la Montagne, infra*, p. 347 f.

[2] This passage and the accompanying note, as Masson shows (*PF*, p. 333, n. 5), were not in the original manuscript, but were due to Rousseau's reading of Dom Calmet, author of the famous *Commentaire* on the Bible and *Dissertations qui peuvent servir de prolégomènes à l'Écriture sainte*. Clarke too in his *Being and Attributes of God* had played down the significance of miracles, quoting the case of Pharaoh (also mentioned by Rousseau).

[3] 'diallèle': 'vicious circle' or *petitio principii*.

[4] 'Bon' (Voltaire, p. 278).   [5] On subtlety see *supra*, p. 125, n. 1.

Cette doctrine, venant de Dieu, doit porter le sacré caractère de la divinité; non seulement elle doit nous éclaircir les idées confuses que le raisonnement en trace dans notre esprit, mais elle doit aussi nous proposer un culte, une morale et des maximes convenables aux attributs par lesquels seuls nous concevons son essence. Si donc elle ne nous apprenait que des choses absurdes et sans raison, si elle ne nous inspirait que des sentiments d'aversion pour nos semblables et de frayeur pour nous-mêmes, si elle ne nous peignait qu'un Dieu colère, jaloux, vengeur, partial, haïssant les hommes, un Dieu de la guerre et des combats, toujours prêt à détruire et foudroyer, toujours parlant de tourments, de peines, et se vantant de punir même les innocents, mon cœur ne serait point attiré vers ce Dieu terrible, et je me garderais de quitter la religion naturelle pour embrasser celle-là; car vous voyez bien qu'il faudrait nécessairement opter. Votre Dieu n'est pas le nôtre, dirais-je à ses sectateurs. Celui qui commence par se choisir un seul peuple et proscrire le reste du genre humain,[1] n'est pas le père commun des hommes; celui qui destine au supplice éternel† le plus grand nombre de ses créatures n'est pas le Dieu clément et bon que ma raison m'a montré.

A l'égard des dogmes, elle me dit qu'ils doivent être clairs, lumineux, frappants par leur évidence. Si la religion naturelle est insuffisante, c'est par l'obscurité qu'elle laisse dans les grandes vérités qu'elle nous enseigne: c'est à la révélation de nous enseigner ces vérités d'une manière sensible à l'esprit de l'homme, de les mettre à sa portée, de les lui faire concevoir, afin qu'il les croie. La foi s'assure et s'affermit par l'entendement; la meilleure de toutes les religions est infailliblement la plus claire:[2] celui qui charge de mystères, de contradictions le culte qu'il me prêche, m'apprend par cela même à m'en défier. Le Dieu que j'adore n'est point un Dieu de ténèbres, il ne m'a point doué d'un entendement pour m'en interdire l'usage: me dire de soumettre ma raison, c'est

---

† aux tourments éternels

---

[1] 'Très bon', commented Voltaire (p. 278), who had written in the *Épître à Uranie*:

> On te fait un tyran, je cherche en toi mon père;
> Je ne suis point chrétien, mais c'est pour t'aimer mieux.

[2] Rousseau had originally written 'la plus raisonnable'. The rational aspect is stressed again in the next sentence.

outrager son auteur. Le ministre de la vérité ne tyrannise point ma raison,† il l'éclaire.

Nous avons mis à part toute autorité humaine; et, sans elle, je ne saurais voir comment un homme en peut convaincre un autre en lui prêchant une doctrine déraisonnable. Mettons un moment ces deux hommes aux prises, et cherchons ce qu'ils pourront se dire dans cette âpreté de langage ordinaire aux deux partis.[1]

L'Inspiré[2]

La raison vous apprend que le tout est plus grand que sa partie; mais moi je vous apprends, de la part de Dieu, que c'est la partie qui est plus grande que le tout.[3]

Le Raisonneur

Et qui êtes-vous pour m'oser dire que Dieu se contredit? et à qui croirai-je par préférence, de lui qui m'apprend par la raison les vérités éternelles, ou de vous qui m'annoncez de sa part une absurdité?

L'Inspiré

A moi, car mon instruction est plus positive; et je vais vous prouver invinciblement que c'est lui qui m'envoie.

Le Raisonneur

Comment! vous me prouverez que c'est Dieu qui vous envoie déposer contre lui? Et de quel genre seront vos preuves pour me convaincre qu'il est plus certain que Dieu me parle par votre bouche que par l'entendement qu'il m'a donné?

---

† MS addition: Dieu ne me dit point de soumettre ma raison

[1] Masson recalls d'Alembert's opinion in his *Jugement sur Émile*: 'Le dialogue n'est pas le talent de l'auteur.'

[2] Before deciding on 'l'inspiré' Rousseau had considered 'le missionnaire', 'le prophète', 'l'apôtre'; 'le raisonneur' had been preceded by 'le théiste', 'l'homme'. The earlier terms emphasize more clearly the antithesis between 'revealed' and 'natural' religion.

[3] Presumably a reference to the Roman Catholic doctrine of transubstantiation.

L'Inspiré

L'entendement qu'il vous a donné! Homme petit et vain! comme si vous étiez le premier impie qui s'égare dans sa raison corrompue par le péché!

Le Raisonneur

Homme de Dieu, vous ne seriez pas non plus le premier fourbe qui donne son arrogance pour preuve de sa mission.

L'Inspiré

Quoi! les philosophes disent aussi des injures!

Le Raisonneur

Quelquefois, quand les saints leur en donnent l'exemple.

L'Inspiré

Oh! moi, j'ai le droit d'en dire, je parle de la part de Dieu.

Le Raisonneur

Il serait bon de montrer vos titres avant d'user de vos privilèges.

L'Inspiré

Mes titres sont authentiques. La terre et les cieux déposeront pour moi. Suivez bien mes raisonnements, je vous prie.

Le Raisonneur

Vos raisonnements! vous n'y pensez pas. M'apprendre que ma raison me trompe, n'est-ce pas réfuter ce qu'elle m'aura dit pour vous? Quiconque veut récuser la raison doit convaincre sans se servir d'elle. Car, supposons qu'en raisonnant vous m'ayez convaincu; comment saurai-je si ce n'est point ma raison corrompue par le péché qui me fait acquiescer à ce que vous me dites? D'ailleurs, quelle preuve, quelle démonstration pourrez-vous jamais employer plus évidente que l'axiome qu'elle doit détruire? Il est tout aussi croyable qu'un bon syllogisme est un mensonge, qu'il l'est que la partie est plus grande que le tout.

L'Inspiré

Quelle différence! Mes preuves sont sans réplique; elles sont d'un ordre surnaturel.

Le Raisonneur

Surnaturel! Que signifie ce mot? Je ne l'entends pas.

L'Inspiré

Des changements dans l'ordre de la nature, des prophéties, des miracles, des prodiges de toute espèce.

Le Raisonneur

Des prodiges! des miracles! Je n'ai jamais rien vu de tout cela.

L'Inspiré

D'autres l'ont vu pour vous. Des nuées de témoins…le témoignage des peuples…

Le Raisonneur

Le témoignage des peuples est-il d'un ordre surnaturel?

L'Inspiré

Non; mais quand il est unanime, il est incontestable.

Le Raisonneur

Il n'y a rien de plus incontestable que les principes de la raison, et l'on ne peut autoriser une absurdité sur le témoignage des hommes. Encore une fois, voyons des preuves surnaturelles, car l'attestation du genre humain n'en est pas une.

L'Inspiré

O cœur endurci! la grâce ne vous parle point.

Le Raisonneur

Ce n'est pas ma faute; car, selon vous, il faut avoir déjà reçu la grâce pour savoir la demander. Commencez donc à me parler au lieu d'elle.

L'Inspiré

Ah! c'est ce que je fais, et vous ne m'écoutez pas. Mais que dites-vous des prophéties?

Le Raisonneur

Je dis premièrement que je n'ai pas plus entendu de prophéties que je n'ai vu de miracles. Je dis de plus qu'aucune prophétie ne saurait faire autorité pour moi.

L'Inspiré

Satellite du démon! et pourquoi les prophéties ne font-elles pas autorité pour vous?

Le Raisonneur

Parce que, pour qu'elles la fissent, il faudrait trois choses dont le concours est impossible; savoir, que j'eusse été témoin de la prophétie, que je fusse témoin de l'événement, et qu'il me fût démontré que cet événement n'a pu cadrer fortuitement avec la prophétie; car, fût-elle plus précise, plus claire, plus lumineuse qu'un axiome de géométrie, puisque la clarté d'une prédiction faite au hasard n'en rend pas l'accomplissement impossible, cet accomplissement, quand il a lieu, ne prouve rien à la rigueur pour celui qui l'a prédit.

Voyez donc à quoi se réduisent vos prétendues preuves surnaturelles, vos miracles, vos prophéties. A croire tout cela sur la foi d'autrui, et à soumettre à l'autorité des hommes l'autorité de Dieu parlant à ma raison. Si les vérités éternelles que mon esprit conçoit pouvaient souffrir quelque atteinte, il n'y aurait plus pour moi nulle espèce de certitude; et, loin d'être sûr que vous me parlez de la part de Dieu, je ne serais pas même assuré qu'il existe.[1]

Voilà bien des difficultés, mon enfant, et ce n'est pas tout. Parmi tant de religions diverses qui se proscrivent et s'excluent mutuellement, une seule est la bonne, si tant est qu'une le soit. Pour la reconnaître il ne suffit pas d'en examiner une, il faut les examiner toutes; et, dans quelque matière que ce soit, on ne doit pas condamner sans entendre;[(1)] il faut comparer les objections aux preuves; il faut savoir ce que chacun oppose aux autres, et ce qu'il leur répond. Plus un sentiment nous paraît démontré, plus nous devons chercher sur quoi tant d'hommes se fondent pour ne pas le trouver tel. Il faudrait être bien simple pour croire qu'il suffit d'entendre les docteurs de son parti pour s'instruire des raisons du parti contraire. Où sont les théologiens qui se piquent de bonne foi?[3] Où sont ceux qui, pour réfuter les raisons de leurs adversaires, ne commencent pas par les affaiblir? Chacun brille dans son parti: mais tel au milieu des siens est tout fier de ses preuves qui ferait un fort sot personnage avec ces mêmes preuves parmi des gens d'un autre parti. Voulez-vous vous instruire dans les livres; quelle érudition il faut acquérir! que de langues il faut apprendre! que de bibliothèques il faut feuilleter! quelle immense lecture il faut faire! Qui me guidera dans le choix? Difficilement trouvera-t-on dans un pays les meilleurs livres du parti contraire, à plus forte raison ceux de tous les partis: quand on les trouverait, ils seraient bientôt réfutés. L'absent a toujours tort, et de mauvaises raisons dites avec assurance effacent aisément les bonnes exposées avec mépris. D'ailleurs souvent rien n'est plus

---

[(1)] Plutarque rapporte[2] que les stoïciens, entre autres bizarres paradoxes soutenaient que, dans un jugement contradictoire, il était inutile d'entendre les deux parties. Car, disaient-ils, ou le premier a prouvé son dire, ou il ne l'a pas prouvé: s'il l'a prouvé, tout est dit, et la partie adverse doit être condamnée; s'il ne l'a pas prouvé, il a tort, et doit être débouté. Je trouve que la méthode de tous ceux qui admettent une révélation exclusive† ressemble beaucoup à celle de ces stoïciens. Sitôt que chacun prétend avoir seul raison, pour choisir entre tant de partis, il les faut tous écouter, ou l'on est injuste.

---

† la méthode des chrétiens et notamment des catholiques

---

[1] Cf. *Lettre à d'Alembert*, *supra*, pp. 75–6, for the same argument, which also has a strongly rationalist tone.

[2] *Contredits des philosophes stoïques*, VI (Amyot's translation, II, 639).

[3] At the beginning of the *Profession de foi* Rousseau had addressed the same criticism to the philosophers. He was of course opposed to both philosophers and theologians.

trompeur que les livres et ne rend moins fidèlement les sentiments
de ceux qui les ont écrits. Quand vous avez voulu juger de la foi
catholique sur le livre de Bossuet, vous vous êtes trouvé loin de
compte après avoir vécu parmi nous. Vous avez vu que la doctrine
avec laquelle on répond aux protestants n'est point celle qu'on
enseigne au peuple, et que le livre de Bossuet[1] ne ressemble
guère aux instructions du prône.† Pour bien juger d'une religion,
il ne faut pas l'étudier dans les livres de ses sectateurs, il faut aller
l'apprendre chez eux; cela est fort différent. Chacun a ses tradi-
tions, son sens, ses coutumes, ses préjugés, qui font l'esprit de sa
croyance, et qu'il y faut joindre pour en juger.

Combien de grands peuples n'impriment point de livres et ne
lisent pas les nôtres! Comment jugeront-ils de nos opinions?
comment jugerons-nous des leurs? Nous les raillons, ils nous
méprisent,‡ et, si nos voyageurs les tournent en ridicule, il ne leur
manque, pour nous le rendre, que de voyager parmi nous. Dans
quel pays n'y a-t-il pas des gens sensés, des gens de bonne foi,
d'honnêtes gens amis de la vérité, qui, pour la professer, ne cherchent qu'à la connaître? Cependant chacun la voit dans son culte,
et trouve absurdes les cultes des autres nations: donc ces cultes
étrangers ne sont pas si extravagants qu'ils nous semblent, ou[2] la
raison que nous trouvons dans les nôtres ne prouve rien.

Nous avons trois principales religions en Europe. L'une admet
une seule révélation, l'autre en admet deux, l'autre en admet trois.[3]
Chacune déteste, maudit les autres, les accuse d'aveuglement,
d'endurcissement, d'opiniâtreté, de mensonge. Quel homme
impartial osera juger entre elles, s'il n'a premièrement bien pesé
leurs preuves, bien écouté leurs raisons? Celle qui n'admet qu'une
révélation est la plus ancienne, et paraît la plus sûre; celle qui en

---

† et qu'un pasteur qui prendrait au pied de la lettre le livre de Bossuet se
ferait bientôt des affaires
‡ MS addition: Nous ne savons pas leurs raisons, ils ne savent pas les nôtres

[1] Bossuet, *Exposition de la doctrine de l'église catholique sur les matières de
controverse*. Masson (*PF*, p. 361 n. 2) suggests that Rousseau may have become
acquainted with this book, which by the beginning of the eighteenth century had
become 'the international manual of Roman Catholicism', during his sojourn at
the Hospice for catechumens at Turin.
[2] As G. Beaulavon points out (op. cit., p. 175, n. 1), the 'ou' does not indicate
an alternative but an expansion of the previous clause.
[3] Judaism, Christianity and Mohammedanism.

admet trois est la plus moderne, et paraît la plus conséquente[1]; celle qui en admet deux, et rejette la troisième, peut bien être la meilleure, mais elle a certainement tous les préjugés contre elle; l'inconséquence saute aux yeux.

Dans les trois révélations, les livres sacrés sont écrits en des langues inconnues aux peuples qui les suivent. Les Juifs n'entendent plus l'hébreu, les Chrétiens n'entendent ni l'hébreu ni le grec; les Turcs ni les Persans n'entendent point l'arabe; et les Arabes modernes eux-mêmes ne parlent plus la langue de Mahomet. Ne voilà-t-il pas une manière bien simple d'instruire les hommes, de leur parler toujours une langue qu'ils n'entendent point? On traduit ces livres, dira-t-on. Belle réponse! Qui m'assurera que ces livres sont fidèlement traduits, qu'il est même possible qu'ils le soient? Et quand Dieu fait tant que de parler aux hommes, pourquoi faut-il qu'il ait besoin d'interprète?

Je ne concevrai jamais que ce que tout homme est obligé de savoir soit enfermé dans des livres, et que celui qui n'est à portée ni de ces livres, ni des gens qui les entendent soit puni d'une ignorance involontaire. Toujours des livres![2] quelle manie! Parce que l'Europe est pleine de livres, les Européens les regardent comme indispensables, sans songer que, sur les trois quarts de la terre, on n'en a jamais vu. Tous les livres n'ont-ils pas été écrits par des hommes? Comment donc l'homme en aurait-il besoin pour connaître ses devoirs? Et quels moyens avait-il de les connaître avant que ces livres fussent faits? Ou il apprendra ses devoirs de lui-même, ou il est dispensé de les savoir.

Nos catholiques font grand bruit de l'autorité de l'Église; mais que gagnent-ils à cela, s'il leur faut un aussi grand appareil de preuves pour établir cette autorité, qu'aux autres sectes pour établir directement leur doctrine?† L'Église décide que l'Église a droit de décider.‡ Ne voilà-t-il pas une autorité bien prouvée? Sortez de là, vous rentrez dans toutes nos discussions.[3]

Connaissez-vous beaucoup de chrétiens qui aient pris la peine

† qu'à nous pour établir la vérité de nos sentiments.
‡ La décision de l'Église n'est point une preuve que l'Église ait droit de décider.

---

[1] Because if we admit two, there seems no logical reason why we should not admit a third.

[2] Cf. *supra*, p. 172: 'Que d'hommes entre Dieu et moi!'

[3] P. Burgelin (*OC*, IV, 1581 n. 3) points out that Morellet's article 'Foi' had stressed the circular nature of the argument about religious authority.

d'examiner avec soin ce que le judaïsme allègue contre eux? Si quelques-uns en ont vu quelque chose, c'est dans les livres des chrétiens. Bonne manière de s'instruire des raisons de leurs adversaires! Mais comment faire? Si quelqu'un osait publier parmi nous des livres où l'on favoriserait ouvertement le judaïsme,[1]† nous punirions l'auteur, l'éditeur, le libraire[1]. Cette police est commode et sûre, pour avoir toujours raison.‡ Il y a plaisir à réfuter des gens qui n'osent parler.

Ceux d'entre nous qui sont à portée de converser avec des Juifs ne sont guère plus avancés. Les malheureux se sentent à notre discrétion; la tyrannie qu'on exerce envers eux les rend craintifs; ils savent combien peu l'injustice et la cruauté coûtent à la charité chrétienne: qu'oseront-ils dire sans s'exposer à nous faire crier au blasphème? L'avidité nous donne du zèle, et ils sont trop riches pour n'avoir pas tort. Les plus savants, les plus éclairés sont toujours les plus circonspects. Vous convertirez quelque misérable, payé pour calomnier sa secte; vous ferez parler quelques vils fripiers, qui céderont pour vous flatter; vous triompherez de leur ignorance ou de leur lâcheté, tandis que leurs docteurs souriront en silence de votre ineptie. Mais croyez-vous que dans des lieux où ils se sentiraient en sûreté l'on eût aussi bon marché d'eux? En Sorbonne, il est clair comme le jour que les prédictions du Messie se rapportent à Jésus-Christ. Chez les rabbins d'Amsterdam, il est tout aussi clair qu'elles n'y ont pas le moindre rapport. Je ne croi-

---

[1] Entre mille faits connus, en voici un qui n'a pas besoin de commentaire. Dans le XVIe siècle, les théologiens catholiques ayant condamné au feu tous les livres des Juifs, sans distinction, l'illustre et savant Reuchlin,[2] consulté sur cette affaire, s'en attira de terribles qui faillirent le perdre, pour avoir seulement été d'avis qu'on pouvait conserver ceux de ces livres qui ne faisaient rien contre le christianisme, et qui traitaient de matières indifférentes à la religion.

---

† où l'on prouverait ou croirait prouver que Jésus-Christ n'est pas le Messie
‡ Cette police peut être fort pieuse mais elle me paraît fort peu raisonnable.

---

[1] Masson, *PF*, p. 375 n. 1, explains Rousseau's sympathy for the Jews by his natural compassion for persecuted people and his respect for a very old religious tradition. On the other hand, his previous observations about their view of God (p. 175) show that he had little liking for their beliefs. As Masson also suggests, Rousseau perhaps wished to reply to Voltaire's article 'Juifs' in the *Mélanges de littérature, d'histoire et de philosophie* (1756), later incorporated in the *Dictionnaire philosophique*.

[2] Johann Reuchlin (1455–1522), famous German scholar, one of the pioneers of the study of Hebrew. Masson points out, (*PF*, p. 373 n. 2), however, that the theists sometimes made the approval of Judaism an excuse for presenting their own beliefs, e.g. Marquis d'Argens, *Lettres juives*.

rai jamais avoir bien entendu les raisons des Juifs, qu'ils n'aient un
État libre, des écoles, des universités, où ils puissent parler et
disputer sans risque. Alors seulement nous pourrons savoir ce
qu'ils ont à dire.

A Constantinople les Turcs disent leurs raisons, mais nous
n'osons dire les nôtres; là c'est notre tour de ramper. Si les Turcs
exigent de nous pour Mahomet, auquel nous ne croyons point, le
même respect que nous exigeons pour Jésus-Christ des Juifs qui
n'y croient pas davantage, les Turcs ont-ils tort? Avons-nous
raison? Sur quel principe équitable résoudrons-nous cette question?

Les deux tiers du genre humain ne sont ni Juifs, ni Mahométans,
ni Chrétiens; et combien de millions d'hommes n'ont jamais ouï
parler de Moïse, de Jésus-Christ, ni de Mahomet![1]† On le nie;
on soutient que nos missionnaires vont partout. Cela est bientôt
dit. Mais vont-ils dans le cœur de l'Afrique encore inconnue, et
où jamais Européen n'a pénétré jusqu'à présent? Vont-ils dans la
Tartarie méditerranée[2] suivre à cheval les hordes ambulantes, dont
jamais étranger n'approche, et qui, loin d'avoir ouï parler du pape,
connaissent à peine le grand lama? Vont-ils dans les continents
immenses de l'Amérique, où des nations entières ne savent pas
encore que des peuples d'un autre monde ont mis les pieds dans le
leur? Vont-ils au Japon, dont leurs manœuvres les ont fait chasser
pour jamais, et où leurs prédécesseurs ne sont connus des généra-
tions qui naissent que comme des intrigants rusés, venus avec un
zèle hypocrite pour s'emparer doucement de l'empire? Vont-ils
dans les harems des princes de l'Asie annoncer l'Évangile à des
milliers de pauvres esclaves? Qu'ont fait les femmes de cette partie
du monde pour qu'aucun missionnaire ne puisse leur prêcher la
foi? Iront-elles toutes en enfer pour avoir été recluses?

Quand il serait vrai que l'Évangile est annoncé par toute la terre,

---

† MS addition: Comment concevrai-je que tous ces gens-là seront condamnés
pour n'avoir cru en Dieu né et mort il y a quatre mille ans dans une petite ville
appelée Jérusalem qui leur est inconnue, dans un petit pays appelé la Palestine
qu'ils ne connaissent pas mieux et dont les propres habitants anciens et modernes
nient la divinité?

---

[1] A point frequently made by the deists. Masson (*PF*, p. 379 n. 1) suggests
that Rousseau may have found it in Clarke's *Being and Attributes of God*
or Fréret's *Lettres de Thrasybule à Leucippe*.
[2] 'Qui est au milieu des terres' (Féraud, *Dictionnaire critique*, cf. *OC*, IV,
1582).

qu'y gagnerait-on? La veille du jour que le premier missionnaire
est arrivé dans un pays, il y est sûrement mort quelqu'un qui n'a
pu l'entendre. Or, dites-moi ce que nous ferons de ce quelqu'un-
là. N'y eût-il dans tout l'univers qu'un seul homme à qui l'on
n'aurait jamais prêché Jésus-Christ, l'objection serait aussi forte
pour ce seul homme que pour le quart du genre humain.

Quand les ministres de l'Évangile se sont fait entendre aux
peuples éloignés, que leur ont-ils dit qu'on pût raisonnablement
admettre sur leur parole, et qui ne demandât pas la plus exacte
vérification? Vous m'annoncez un Dieu né et mort il y a deux mille
ans, à l'autre extrémité du monde, dans je ne sais quelle petite
ville, et vous me dites que tous ceux qui n'auront point cru à ce
mystère seront damnés. Voilà des choses bien étranges pour les
croire si vite sur la seule autorité d'un homme que je ne connais
point! Pourquoi votre Dieu a-t-il fait arriver si loin de moi les
événements dont il voulait m'obliger d'être instruit? Est-ce un
crime d'ignorer ce qui se passe aux antipodes? Puis-je deviner
qu'il y a eu dans un autre hémisphère un peuple hébreu et une ville
de Jérusalem? Autant vaudrait m'obliger de savoir ce qui se fait
dans la lune. Vous venez, dites-vous, me l'apprendre; mais pourquoi n'êtes-vous pas venu l'apprendre à mon père? ou pourquoi
damnez-vous ce bon vieillard pour n'en avoir jamais rien su?
Doit-il être éternellement puni de votre paresse, lui qui était si bon,
si bienfaisant, et qui ne cherchait que la vérité? Soyez de bonne
foi, puis mettez-vous à ma place: voyez si je dois, sur votre seul
témoignage, croire toutes les choses incroyables que vous me dites,
et concilier tant d'injustices avec le Dieu juste que vous m'annoncez. Laissez-moi, de grâce, aller voir ce pays lointain où s'opé-
rèrent tant de merveilles inouïes dans celui-ci,† que j'aille savoir
pourquoi les habitants de cette Jérusalem ont traité Dieu comme
un brigand. Ils ne l'ont pas, dites-vous, reconnu pour Dieu. Que
ferai-je donc, moi qui n'en ai jamais entendu parler que par vous?
Vous ajoutez qu'ils ont été punis, dispersés, opprimés, asservis,
qu'aucun d'eux n'approche plus de la même ville. Assurément ils
ont bien mérité tout cela; mais les habitants d'aujourd'hui, que
disent-ils du déicide de leurs prédécesseurs? Ils le nient, ils ne

---

† ce merveilleux pays où les vierges accouchent, où les dieux naissent comme
des hommes et où les dieux mangent, souffrent et meurent.

reconnaissent pas non plus Dieu pour Dieu. Autant valait donc laisser les enfants des autres.[1]

Quoi! dans cette même ville où Dieu est mort, les anciens ni les nouveaux habitants ne l'ont point reconnu, et vous voulez que je le reconnaisse, moi qui suis né deux mille ans après à deux mille lieues de là! Ne voyez-vous pas qu'avant que j'ajoute foi à ce livre que vous appelez sacré, et auquel je ne comprends rien, je dois savoir par d'autres que vous quand et par qui il a été fait, comment il s'est conservé, comment il vous est parvenu, ce que disent dans le pays, pour leurs raisons, ceux qui le rejettent, quoiqu'ils sachent aussi bien que vous tout ce que vous m'apprenez? Vous sentez bien qu'il faut nécessairement que j'aille en Europe, en Asie, en Palestine, examiner tout par moi-même: il faudrait que je fusse fou pour vous écouter avant ce temps-là.

Non seulement ce discours[2] me paraît raisonnable, mais je soutiens que tout homme sensé doit, en pareil cas, parler ainsi et renvoyer bien loin le missionnaire qui, avant la vérification des preuves, veut se dépêcher de l'instruire et de le baptiser. Or, je soutiens qu'il n'y a pas de révélation contre laquelle les mêmes objections n'aient autant et plus de force que contre le christianisme. D'où il suit que s'il n'y a qu'une religion véritable, et que tout homme soit obligé de la suivre sous peine de damnation, il faut passer sa vie à les étudier toutes, à les approfondir, à les comparer, à parcourir les pays où elles sont établies. Nul n'est exempt du premier devoir de l'homme, nul n'a droit de se fier au jugement d'autrui. L'artisan qui ne vit que de son travail, le laboureur qui ne sait pas lire, la jeune fille délicate et timide, l'infirme qui peut à peine sortir de son lit, tous, sans exception, doivent étudier, méditer, disputer, voyager, parcourir le monde: il n'y aura plus de peuple fixe et stable; la terre entière ne sera couverte que de pèlerins allant à grands frais, et avec de longues fatigues, vérifier, comparer, examiner par eux-mêmes les cultes divers qu'on y suit. Alors, adieu les métiers, les arts, les sciences humaines, et toutes les occupations civiles: il ne peut plus y avoir d'autre étude que celle de la religion: à grand'peine celui qui aura joui de la santé la plus robuste, le mieux employé son temps, le mieux usé de sa raison,

---

[1] i.e. the Jews. The arguments of this section were often used by the *philosophes*.
[2] 'Tout ce discours se trouve mot à mot dans le poème de la *Religion naturelle* et dans *l'Épître à Uranie*' (Voltaire, p. 279). This observation seems to be true in substance, if not literally.

vécu le plus d'années, saura-t-il dans sa vieillesse à quoi s'en tenir; et ce sera beaucoup s'il apprend avant sa mort dans quel culte il aurait dû vivre.

Voulez-vous mitiger cette méthode, et donner la moindre prise à l'autorité des hommes? A l'instant vous lui rendez tout; et si le fils d'un Chrétien fait bien de suivre, sans un examen profond et impartial, la religion de son père, pourquoi le fils d'un Turc ferait-il mal de suivre de même la religion du sien?† Je défie tous les intolérants du monde de répondre à cela rien qui contente un homme sensé.

Pressés par ces raisons, les uns aiment mieux faire Dieu injuste, et punir les innocents du péché de leur père, que de renoncer à leur barbare dogme. Les autres se tirent d'affaire en envoyant obligeamment un ange instruire quiconque, dans une ignorance invincible, aurait vécu moralement bien. La belle invention que cet ange![1] Non contents de nous asservir à leurs machines,[2] ils mettent Dieu lui-même dans la nécessité d'en employer.

Voyez, mon fils, à quelle absurdité mènent l'orgueil et l'intolérance, quand chacun veut abonder dans son sens, et croire avoir raison exclusivement au reste du genre humain. Je prends à témoin ce Dieu de paix que j'adore et que je vous annonce, que toutes mes recherches ont été sincères; mais voyant qu'elles étaient, qu'elles seraient toujours sans succès, et que je m'abîmais dans un océan sans rives, je suis revenu sur mes pas, et j'ai resserré ma foi dans mes notions primitives. Je n'ai jamais pu croire que Dieu m'ordonnât, sous peine de l'enfer, d'être si savant. J'ai donc refermé tous les livres. Il en est un seul ouvert à tous les yeux, c'est celui de la nature. C'est dans ce grand et sublime livre que j'apprends à servir et adorer son divin auteur.[3] Nul n'est excusable de n'y pas lire, parce qu'il parle à tous les hommes une langue intelligible à tous les esprits. Quand je serais né dans une île déserte,

---

† MS addition: Combien d'hommes sont à Londres (Rome) très bons chrétiens (catholiques) qui pour la même raison seraient très bons musulmans s'ils fussent nés à la Mecque; et réciproquement que d'honnêtes gens sont très bons Turcs en Asie qui seraient très bons chrétiens parmi nous.

---

[1] The idea of the angels' intervention had been used by Thomas Aquinas: *Quaestiones disputatae, De Veritate*, XIV, 9. Masson (*PF*, p. 391 n. 1) points out that Rousseau could have found it in Morellet's *Encyclopédie* article, 'Foi'.

[2] i.e. 'ruses', 'machinations'.

[3] In this paragraph Rousseau returns once more to his fundamental view of natural religion. External authority can add nothing to a man's proper use of his own powers.

quand je n'aurais point vu d'autre homme que moi, quand je n'aurais jamais appris ce qui s'est fait anciennement dans un coin du monde; si j'exerce ma raison, si je la cultive, si j'use bien des facultés immédiates que Dieu me donne,† j'apprendrai de moi-même à le connaître, à l'aimer, à aimer ses œuvres, à vouloir le bien qu'il veut, et à remplir pour lui plaire tous mes devoirs sur la terre. Qu'est-ce que tout le savoir des hommes m'apprendra de plus?

A l'égard de la révélation, si j'étais meilleur raisonneur ou mieux instruit, peut-être sentirais-je sa vérité, son utilité[1] pour ceux qui ont le bonheur de la reconnaître; mais si je vois en sa faveur des preuves que je ne puis combattre, je vois aussi contre elle des objections que je ne puis résoudre. Il y a tant de raisons solides pour et contre, que, ne sachant à quoi me déterminer, je ne l'admets ni ne la rejette; je rejette seulement l'obligation de la reconnaître, parce que cette obligation prétendue est incompatible avec la justice de Dieu, et que, loin de lever par là les obstacles au salut, il les eût multipliés, il les eût rendus insurmontables pour la grande partie du genre humain. A cela près, je reste sur ce point dans un doute respectueux. Je n'ai pas la présomption de me croire infaillible: d'autres hommes ont pu décider ce qui me semble indécis; je raisonne pour moi et non pas pour eux; je ne les blâme ni ne les imite: leur jugement peut etre meilleur que le mien; mais il n'y a pas de ma faute si ce n'est pas le mien.[2]

Je vous avoue aussi que la majesté‡ des Écritures m'étonne, que la sainteté de l'Évangile parle à mon cœur.[3] Voyez les livres des philosophes avec toute leur pompe: qu'ils sont petits près de celui-là! Se peut-il qu'un livre à la fois si sublime et si simple soit l'ouvrage des hommes? Se peut-il que celui dont il fait l'histoire ne soit qu'un homme lui-même? Est-ce là le ton d'un enthousiaste ou

† des dons communs de Dieu ‡ sublimité

---

[1] D'Alembert, in his *Encyclopédie* article 'Genève', had affirmed that the Genevan ministers spoke of the 'utility' rather than the 'necessity' of revelation. (The theologian Jacob Vernet in the second edition of his *Instruction chrétienne* had substituted 'l'utilité de la Révélation' for 'la nécessité de la Révélation'.)

[2] This section was a later addition. The original version went straight on to p. 190: 'Voilà le scepticisme involontaire...'

[3] This passage on the Gospels, which is of considerable literary merit, did not form part of the original manuscript, although it expressed views to which Rousseau was always attached. (Cf. *supra*, p. 71). After using many contemporary 'philosophical' arguments against revealed religion, Rousseau sought to underline his separation from the *philosophes* by making this profoundly personal, almost lyrical, eulogy of the Gospels. Cf. *Religious Quest*, pp. 71, 74, 83, 85.

d'un ambitieux sectaire? Quelle douceur, quelle pureté dans ses
mœurs! quelle grâce touchante dans ses instructions! quelle
élévation dans ses maximes! quelle profonde sagesse dans ses
discours! quelle présence d'esprit, quelle finesse et quelle justesse
dans ses réponses! quel empire sur ses passions! Où est l'homme,
où est le sage qui sait agir, souffrir et mourir sans faiblesse et sans
ostentation?[1]† Quand Platon peint son juste imaginaire[(i)] couvert
de tout l'opprobre du crime, et digne de tous les prix de la vertu, il
peint trait pour trait Jésus-Christ: la ressemblance est si frappante,
que tous les Pères l'ont sentie, et qu'il n'est pas possible de s'y
tromper.[2] Quels préjugés, quel aveuglement‡ ne faut-il point avoir
pour oser comparer le fils de Sophronisque au fils de Marie?[3]
Quelle distance de l'un à l'autre! Socrate, mourant sans douleur,
sans ignominie, soutint aisément jusqu'au bout son personnage;
et si cette facile mort n'eût honoré sa vie, on douterait si Socrate,
avec tout son esprit, fut autre chose qu'un sophiste.[4] Il inventa, dit-
on, la morale;[5] d'autres avant lui l'avaient mise en pratique; il ne
fit que dire ce qu'ils avaient fait, il ne fit que mettre en leçons leurs
exemples. Aristide avait été juste avant que Socrate eût dit ce que
c'était que justice; Léonidas était mort pour son pays avant que
Socrate eût fait un devoir d'aimer la patrie; Sparte était sobre
avant que Socrate eût loué la sobriété; avant qu'il eût défini la
vertu, la Grèce abondait en hommes vertueux. Mais où Jésus
avait-il pris chez les siens cette morale élevée et pure dont lui seul a
donné les leçons et l'exemple?[(ii)] Du sein du plus furieux fanatisme

---

[(i)] *De Rep.* Dial. 2.
[(ii)] Voyez, dans le Discours sur la montagne, le parallèle qu'il fait lui-même de
la morale de Moïse à la sienne. (Matth., cap. v, vers. 21 et seq.).

---

† ostentation philosophique? Il fut bien facile à Socrate de mourir en philosophe. Mais s'il fût mort comme Jésus dans la douleur et dans l'ignominie eût-il
comme lui soutenu jusqu'au bout sa douceur, sa modération, sa dignité? Après
tant d'opprobres et de tourments Jésus en expirant est encore lui-même.

‡ MS addition: quelle mauvaise foi

---

[1] Cf. *Lettres de la montagne*, infra, pp. 373–4, for a more sentimental view
of Jesus.
[2] Various Christian apologists had used this comparison. Cf. *infra*, p. 394.
[3] Socrates' father was the sculptor Sophroniscos.
[4] Socrates had long been regarded as one of the 'saints of paganism', although
Rousseau—along with the theologian Jacob Vernet—was among the first to
establish a close parallel between Jesus and Socrates.
[5] Saint-Aubin's *Traité de l'opinion* (1733) had made the same point, quoting
Cicero's *Tusculanae Disputationes* and *Academica*.

la plus haute sagesse se fit entendre; et la simplicité des plus
héroïques vertus honora le plus vil de tous les peuples. La mort de
Socrate, philosophant tranquillement avec ses amis, est la plus
douce qu'on puisse désirer; celle de Jésus expirant dans les tourments, injurié, raillé, maudit de tout un peuple, est la plus horrible
qu'on puisse craindre. Socrate prenant la coupe empoisonnée
bénit celui qui la lui présente et qui pleure; Jésus, au milieu d'un
supplice affreux, prie pour ses bourreaux acharnés. Oui, si la vie
et la mort de Socrate sont d'un sage, la vie et la mort de Jésus sont
d'un Dieu.[1] Dirons-nous que l'histoire de l'Évangile est inventée à
plaisir? Mon ami, ce n'est pas ainsi qu'on invente; et les faits de
Socrate, dont personne ne doute, sont moins attestés que ceux de
Jésus-Christ.[2] Au fond c'est reculer la difficulté sans la détruire;
il serait plus inconcevable que plusieurs† hommes d'accord eussent
fabriqué ce livre, qu'il ne l'est qu'un seul en ait fourni le sujet.
Jamais les auteurs juifs n'eussent trouvé ni ce ton ni cette morale;
et l'Évangile a des caractères de vérité si grands, si frappants, si
parfaitement inimitables, que l'inventeur en serait plus étonnant
que le héros.[3] Avec tout cela, ce même Évangile est plein de choses
incroyables,‡ de choses qui répugnent à la raison, et qu'il est impossible à tout homme sensé de concevoir ni d'admettre.[4] Que
faire au milieu de toutes ces contradictions? Être toujours modeste
et circonspect,§ mon enfant; respecter en silence ce qu'on ne
saurait ni rejeter, ni comprendre, et s'humilier devant le grand
Être qui seul sait la vérité.[5]

Voilà le scepticisme involontaire où je suis resté; mais ce scepticisme ne m'est nullement pénible, parce qu'il ne s'étend pas aux

† draft: quatre, with following note: Je veux bien n'en pas compter davantage
parce que leurs quatre livres sont les seules vies de Jésus-Christ qui nous sont
restées du grand nombre qui en avaient été écrites.
‡ inconcevables   § toujours de bonne foi

---

[1] This does not mean that Rousseau accepts the Incarnation, for he speaks of
Jesus as 'a god', not God. Voltaire (p. 280) comments: 'Qu'est-ce que la mort
d'un dieu!'
[2] 'Faux' (Voltaire, p. 280). An apparently unexpected development in the
Vicaire's argument in view of the previous emphasis on 'nature'. Cf., however,
OC, IV, 1587 n. 1.
[3] 'Pitoyable' (Voltaire, ibid.), but the Archbishop of Paris expressed a different view. 'Il serait difficile de rendre un plus bel hommage à l'authenticité de
l'Évangile' (infra, p. 224). Rousseau replied: 'Je vous sais gré, Monseigneur, de
cet aveu' (infra, p. 298).
[4] Rousseau is thinking of the miracles. Cf. infra, p. 347 f.
[5] 'Si tu ne comprends, rejette' (Voltaire, p. 280).

points essentiels à la pratique, et que je suis bien décidé sur les principes de tous mes devoirs.† Je sers Dieu dans la simplicité de mon cœur. Je ne cherche à savoir que ce qui importe à ma conduite. Quant aux dogmes qui n'influent ni sur les actions ni sur la morale, et dont tant de gens se tourmentent, je ne m'en mets nullement en peine. Je regarde toutes les religions particulières comme autant d'institutions salutaires qui prescrivent dans chaque pays une manière uniforme d'honorer Dieu par un culte public, et qui peuvent toutes avoir leurs raisons dans le climat, dans le gouvernement, dans le génie du peuple, ou dans quelque autre cause locale qui rend l'une préférable à l'autre, selon les temps et les lieux.¹ Je les crois toutes bonnes quand on y sert Dieu convenablement. Le culte essentiel est celui du cœur. Dieu n'en rejette point l'hommage, quand il est sincère, sous quelque forme qu'il lui soit offert. Appelé dans celle que je professe au service de l'Église, j'y remplis avec toute l'exactitude possible‡ les soins qui me sont prescrits, et ma conscience me reprocherait d'y manquer volontairement en quelque point. Après un long interdit vous savez que j'obtins, par le crédit de M. de Mellarède,² la permission de reprendre mes fonctions pour m'aider à vivre. Autrefois je disais la messe avec la légèreté qu'on met à la longue aux choses les plus graves quand on les fait trop souvent; depuis mes nouveaux principes, je la célèbre avec plus de vénération:³§ je me pénètre de la majesté de l'Être suprême, de sa présence, de l'insuffisance de l'esprit humain, qui conçoit si peu ce qui se rapporte à son auteur. En songeant que je lui porte les vœux du peuple sous une forme prescrite, je suis avec soin tous les rites; je récite attentivement, je m'applique à n'omettre jamais ni le moindre mot ni la moindre cérémonie:⁴ quand j'approche du moment de la consécration, je me recueille pour la faire avec toutes les dispositions qu'exige l'Église et la grandeur du sacrement; je tâche d'anéantir ma raison

† addition: envers Dieu, envers le prochain et envers moi-même.
‡ addition: et avec toute la foi qui dépend de moi
§ respect et de recueillement

¹ Cf. *Contrat social*, III, viii; IV, viii.
² A curious reference to a real person. According to the *Confessions*, the comte de Mellarède was the protector of the abbé Gaime, one of the models for the portrait of the Vicaire.
³ 'Ridicule, car tu ne crois pas à ta messe' (Voltaire, p. 280).
⁴ 'Et pourquoi? misérable!' (Voltaire, *Marginalia*, p. 119).

devant la suprême intelligence;† je me dis: Qui es-tu pour mesurer la puissance infinie?[1] Je prononce avec respect les mots sacramentaux,‡ et je donne à leur effet toute la foi qui dépend de moi. Quoi qu'il en soit de ce mystère inconcevable, je ne crains pas qu'au jour du jugement je sois puni pour l'avoir jamais profané dans mon cœur.[2]

Honoré du ministère sacré, quoique dans le dernier rang, je ne ferai ni ne dirai jamais rien qui me rende indigne d'en remplir les sublimes§ devoirs. Je prêcherai toujours la vertu aux hommes, je les exhorterai toujours à bien faire;[3] et, tant que je pourrai, je leur en donnerai l'exemple. Il ne tiendra pas à moi de leur rendre la religion aimable; il ne tiendra pas à moi d'affermir leur foi dans les dogmes vraiment utiles et que tout homme est obligé de croire:[4] mais à Dieu ne plaise que jamais je leur prêche le dogme cruel de l'intolérance; que jamais je les porte à détester leur prochain, à dire à d'autres hommes: Vous serez damnés (1).‖ Si j'étais dans un rang

(1) Le devoir de suivre et d'aimer la religion de son pays ne s'étend pas jusqu'aux dogmes contraires à la bonne morale, tels que celui de l'intolérance. C'est ce dogme horrible qui arme les hommes les uns contre les autres, et les rend tous ennemis du genre humain. La distinction entre la tolérance civile et la tolérance théologique est puérile et vaine. Ces deux tolérances sont inséparables, et l'on ne peut admettre l'une sans l'autre. Des anges mêmes ne vivraient pas en paix avec des hommes qu'ils regarderaient comme les ennemis de Dieu.[5]¶

† sous l'infinie puissance
‡ avec crainte et tremblement les mots redoutables   § augustes
‖ MS addition: que jamais je leur dise: hors de l'Église point de salut.
¶ MS addition as continuation of note: Il y a des pays en Allemagne et même encore en Suisse où les catholiques vivent si paisiblement avec les protestants qu'ils font les deux services dans la même église et que le ministre et le curé se traitent de frère. Partout où les catholiques souffrent les protestants, c'est ou parce que les premiers sont les plus faibles, comme en plusieurs états de l'Allemagne, ou parce que leur bon naturel l'emporte sur leurs principes, comme dans les cantons mi-partis de la Suisse.

[1] Cf. *supra*, pp. 150, 152.
[2] For Rousseau's conservatism in drawing practical conclusions from radical principles see *Religious Quest*, pp. 80 f. He never urged anybody to leave the church into which he was born. Cf., for example, letter to Carondelet, *infra*, p. 375. On this last sentence Voltaire comments: 'Et tu n'y crois pas!' (*Marginalia*, p. 119).
[3] 'Bon, cela' (Voltaire).
[4] Since the Vicaire's teaching is thus restricted to the principles of natural religion, he no doubt considers, as G. Beaulavon points out (p. 130 n. 2), that he is not being hypocritical in carrying out his duties as a Roman Catholic priest.
[5] These ideas are developed in the chapter on 'Civil Religion' in the *Contrat social* (IV, viii) and in the *Lettre à Beaumont*.

plus remarquable, cette réserve pourrait m'attirer des affaires; mais
je suis trop petit pour avoir beaucoup à craindre, et je ne puis guère
tomber plus bas que je ne suis. Quoi qu'il arrive, je ne blasphé-
merai point contre la justice divine, et ne mentirai point contre le
Saint-Esprit.[1]

J'ai longtemps ambitionné l'honneur d'être curé; je l'ambitionne
encore, mais je ne l'espère plus. Mon bon ami, je ne trouve rien de
si beau que d'être curé.[2] Un bon curé est un ministre de bonté,
comme un bon magistrat est un ministre de justice.† Un curé n'a
jamais de mal à faire; s'il ne peut pas toujours faire le bien par lui-
même, il est toujours à sa place quand il le sollicite, et souvent il
l'obtient quand il sait se faire respecter. O si jamais dans nos montagnes j'avais quelque cure de bonnes gens à desservir, je serais
heureux, car il me semble que je ferais le bonheur de mes paroissiens. Je ne les rendrais pas riches, mais je partagerais leur pauvreté; j'en ôterais la flétrissure et le mépris, plus insupportable que
l'indigence. Je leur ferais aimer la concorde et l'égalité, qui chassent
souvent la misère, et la font toujours supporter. Quand ils ver-
raient que je ne serais en rien mieux qu'eux, et que pourtant je
vivrais content, ils apprendraient à se consoler de leur sort et à
vivre contents comme moi. Dans mes instructions je m'attacherais
moins à l'esprit de l'Église qu'à l'esprit de l'Évangile, où le dogme
est simple et la morale sublime, où l'on voit peu de pratiques religieuses et beaucoup d'œuvres de charité. Avant de leur enseigner
ce qu'il faut faire, je m'efforcerais toujours de le pratiquer afin
qu'ils vissent bien que tout ce que je leur dis, je le pense. Si j'avais
des protestants dans mon voisinage ou dans ma paroisse, je ne les
distinguerais point de mes vrais paroissiens en tout ce qui tient à
la charité chrétienne; je les porterais tous également à s'entr'aimer,
à se regarder comme frères, à respecter toutes les religions, et à
vivre en paix chacun dans la sienne. Je pense que solliciter quelqu'un de quitter celle où il est né, c'est le solliciter de mal faire, et
par conséquent faire mal soi-même.‡ En attendant de plus grandes

† magistrat de bienfaisance
‡ MS. addition: Les missionnaires de doctrine ne sont à mon gré que des
perturbateurs du repos public.

---

[1] 'Que veux-tu dire?' (Voltaire, p. 280). On another copy Voltaire wrote:
'C'est bien à toi à parler du St. esprit!' (*Marginalia*, p. 120).
[2] 'Le fat' (Voltaire, *Marginalia*, p. 120). For Rousseau's early view of the
priest's function cf. *supra*, pp. 25–6, 78.

lumières, gardons l'ordre public; dans tout pays respectons les lois, ne troublons point le culte qu'elles prescrivent; ne portons point les citoyens à la désobéissance; car nous ne savons point certainement si c'est un bien pour eux de quitter leurs opinions pour d'autres, et nous savons très certainement que c'est un mal de désobéir aux lois.[1]

Je viens, mon jeune ami, de vous réciter de bouche ma profession de foi telle que Dieu la lit dans mon cœur: vous êtes le premier à qui je l'aie faite; vous êtes le seul peut-être à qui je la ferai jamais. Tant qu'il reste quelque bonne croyance parmi les hommes, il ne faut point troubler les âmes paisibles, ni alarmer la foi des simples par des difficultés qu'ils ne peuvent résoudre et qui les inquiètent sans les éclairer. Mais quand une fois tout est ébranlé, on doit conserver le tronc aux dépens des branches. Les consciences agitées, incertaines, presque éteintes, et dans l'état où j'ai vu la vôtre, ont besoin d'être affermies et réveillées; et, pour les rétablir sur la base des vérités éternelles, il faut achever d'arracher les piliers flottants auxquels elles pensent tenir encore.[2]

Vous êtes dans l'âge critique où l'esprit s'ouvre à la certitude, où le cœur reçoit sa forme et son caractère, et où l'on se détermine pour toute la vie, soit en bien, soit en mal. Plus tard la substance est durcie, et les nouvelles empreintes ne marquent plus. Jeune homme, recevez dans votre âme, encore flexible, le cachet de la vérité. Si j'étais plus sûr de moi-même, j'aurais pris avec vous un ton dogmatique et décisif: mais je suis homme, ignorant, sujet à l'erreur; que pouvais-je faire? Je vous ai ouvert mon cœur sans réserve; ce que je tiens pour sûr, je vous l'ai donné pour tel; je vous ai donné mes doutes pour des doutes, mes opinions pour des opinions; je vous ai dit mes raisons de douter et de croire. Maintenant c'est à vous de juger: vous avez pris du temps; cette précaution est sage et me fait bien penser de vous. Commencez par mettre votre conscience en état de vouloir être éclairée. Soyez

---

[1] A major reason for Rousseau's conservatism. He was always horrified by social disorder.

[2] Kierkegaard was to make an interesting comment on this passage in the following century. Cf. 'Rousseau and Kierkegaard', in Ronald Grimsley, *Kierkegaard and French Literature* (Cardiff, 1966). P. Burgelin (*OC*, IV, 1594, n. 1) points out that Rousseau here expresses the pietist notion of an essential religion and that the image of the tree is already in Marie Huber's *Lettres sur la religion essentielle à l'homme* (1756).

sincère avec vous-même.[1] Appropriez-vous de mes sentiments ce qui vous aura persuadé, rejetez le reste. Vous n'êtes pas encore assez dépravé par le vice pour risquer de mal choisir. Je vous proposerais d'en conférer entre nous; mais sitôt qu'on dispute on s'échauffe; la vanité, l'obstination s'en mêlent, la bonne foi n'y est plus. Mon ami, ne disputez jamais, car on n'éclaire par la dispute ni soi ni les autres. Pour moi, ce n'est qu'après bien des années de méditation que j'ai pris mon parti: je m'y tiens; ma conscience est tranquille, mon cœur est content. Si je voulais recommencer un nouvel examen de mes sentiments, je n'y porterais pas un plus pur amour de la vérité; et mon esprit, déjà moins actif, serait moins en état de la connaître. Je resterai comme je suis, de peur qu'insensiblement le goût de la contemplation, devenant une passion oiseuse, ne m'attiédît sur l'exercice de mes devoirs, et de peur de retomber dans mon premier pyrrhonisme, sans retrouver la force d'en sortir. Plus de la moitié de ma vie est écoulée; je n'ai plus que le temps qu'il me faut pour en mettre à profit le reste, et pour effacer mes erreurs par mes vertus. Si je me trompe, c'est malgré moi. Celui qui lit au fond de mon cœur sait bien que je n'aime pas mon aveuglement. Dans l'impuissance de m'en tirer par mes propres lumières, le seul moyen qui me reste pour en sortir est une bonne vie; et si des pierres mêmes Dieu peut susciter des enfants à Abraham,[2] tout homme a droit d'espérer d'être éclairé lorsqu'il s'en rend digne.

Si mes réflexions vous amènent à penser comme je pense, que mes sentiments soient les vôtres, et que nous ayons la même profession de foi, voici le conseil que je vous donne: N'exposez plus votre vie aux tentations de la misère et du désespoir; ne la traînez plus avec ignominie à la merci des étrangers, et cessez de manger le vil pain de l'aumône. Retournez dans votre patrie, reprenez la religion de vos pères, suivez-la dans la sincérité† de votre cœur, et ne la quittez plus: elle est très simple et très sainte; je la crois de toutes les religions qui sont sur la terre celle dont la morale est la plus pure et dont la raison se contente le mieux.[3] Quant aux frais

---

† simplicité

[1] A final reference to the essential starting-point of Rousseau's whole enquiry.

[2] Cf. *Matthew*, III, 9, and *Luke*, III, 8, where John the Baptist refers to the crowds wanting to be baptized.

[3] Rousseau's preference for Protestantism is discussed in *Religious Quest*, pp. 77 f. Cf. also *supra*, p. 92.

du voyage, n'en soyez point en peine, on y pourvoira. Ne craignez pas non plus la mauvaise honte d'un retour humiliant; il faut rougir de faire une faute, et non de la réparer. Vous êtes encore dans l'âge où tout se pardonne, mais où l'on ne pèche plus impunément. Quand vous voudrez† écouter votre conscience, mille vains obstacles disparaîtront à sa voix. Vous sentirez que, dans l'incertitude où nous sommes, c'est une inexcusable présomption de professer une autre religion que celle où l'on est né,[1] et une fausseté de ne pas pratiquer sincèrement celle qu'on professe. Si l'on s'égare, on s'ôte une grande excuse au tribunal du souverain juge. Ne pardonnera-t-il pas plutôt l'erreur où l'on fut nourri, que celle qu'on osa choisir soi-même?‡

Mon fils, tenez votre âme en état de désirer toujours qu'il y ait un Dieu, et vous n'en douterez jamais. Au surplus, quelque parti que vous puissiez prendre, songez que les vrais devoirs de la religion sont indépendants des institutions des hommes; qu'un cœur juste est le vrai temple de la divinité,[2] qu'en tout pays et dans toute secte, aimer Dieu par-dessus tout et son prochain comme soi-même, est le sommaire de la loi; qu'il n'y a point de religion qui dispense des devoirs de la morale; qu'il n'y a de vraiment essentiels que ceux-là; que le culte intérieur est le premier de ces devoirs, et que sans la foi nulle véritable vertu n'existe.[3]

Fuyez ceux qui, sous prétexte d'expliquer la nature, sèment dans les cœurs des hommes de désolantes doctrines,§ et dont le scepticisme apparent est cent fois plus affirmatif et plus dogmatique que le ton décidé de leurs adversaires.[4] Sous le hautain prétexte qu'eux seuls sont éclairés, vrais, de bonne foi, ils nous soumettent im-

---

† addition: sincèrement
‡ addition on separate sheet: Ayez de la piété, mon enfant, aimez ceux qui en ont, mais fuyez les dévots, rien n'est si dangereux que leur commerce. Leur humble orgueil n'est point traitable, il faut qu'ils dominent ou qu'ils nuisent; ils sont envieux, jaloux, fourbes, vindicatifs, mystérieux dans toutes leurs affaires et sans cesse épiant celles d'autrui...
§ mille doctrines pernicieuses

---

[1] 'Pourquoi professer des sottises? Il n'y a qu'à se taire et ne rien professer!' (Voltaire, p. 280).

[2] A manuscript note reveals that Rousseau took this expression from Seneca.

[3] Rousseau is here summarizing the Christian message as he understands it. On this last sentence Voltaire (*Marginalia*, p. 121) comments: 'Un incrédule recommander la foi?'

[4] Rousseau may have been thinking of Diderot's *Pensées philosophiques sur l'interprétation de la nature* or d'Holbach's *Système de la nature*. On this sentence Voltaire (p. 280) comments: 'Eh, pauvre homme, n'est-ce pas là ton caractère?'

périeusement à leurs décisions tranchantes,† et prétendent nous donner pour les vrais principes des choses les inintelligibles systèmes qu'ils ont bâtis dans leur imagination. Du reste, renversant, détruisant, foulant aux pieds tout ce que les hommes respectent, ils ôtent aux affligés la dernière consolation de leur misère, aux puissants et aux riches le seul frein de leurs passions; ils arrachent du fond des cœurs le remords du crime, l'espoir de la vertu, et se vantent encore d'être les bienfaiteurs du genre humain.[1] Jamais, disent-ils, la vérité n'est nuisible aux hommes. Je le crois comme eux, et, c'est, à mon avis, une grand preuve que ce qu'ils enseignent n'est pas la vérité.[(1)]

[(1)2] Les deux partis s'attaquent réciproquement par tant de sophismes, que ce serait une entreprise immense et téméraire de vouloir les relever tous; c'est déjà beaucoup d'en noter quelques-uns à mesure qu'ils se présentent. Un des plus familiers au parti philosophiste[3]‡ est d'opposer un peuple supposé de bons philosophes à un peuple de mauvais chrétiens: comme si un peuple de vrais philosophes était plus facile à faire qu'un peuple de vrais chrétiens![4] Je ne sais si, parmi les individus, l'un est plus facile à trouver que l'autre; mais je sais bien que, dès qu'il est question de peuples, il en faut supposer qui abuseront de la philosophie sans religion, comme les nôtres abusent de la religion sans philosophie; et cela me paraît changer beaucoup l'état de la question.

Bayle[5] a très bien prouvé que le fanatisme est plus pernicieux que l'athéisme, et cela est incontestable; mais ce qu'il n'a eu garde de dire, et qui n'est pas moins vrai, c'est que le fanatisme, quoique sanguinaire et cruel, est pourtant une passion grande et forte, qui élève le cœur de l'homme,[6] qui lui fait mépriser la mort, qui lui donne un ressort prodigieux, et qu'il ne faut que mieux diriger pour en tirer les plus sublimes vertus:[7] au lieu que l'irréligion, et en général l'esprit raisonneur et philosophique, attache à la vie, effémine, avilit les âmes, concentre toutes les passions dans la bassesse de l'intérêt particulier, dans l'abjection du *moi* humain, et sape ainsi à petit bruit les vrais fondements de toute société; car

---

† à l'autorité de leurs rêveries   ‡ anti-religiosiste

[1] In his last personal writings Rousseau resumed and sharpened his criticism of the *philosophes*.

[2] This long note, clearly intended to annoy the *philosophes*, was added by Rousseau at the last minute.

[3] This word, like the variant, is a neologism. Féraud (*Dictionnaire critique*) applies it to 'certains faux philosophes modernes'; the journalist Fréron uses it to describe the *philosophes*. Cf. also the expression 'tourbe philosophesque' in *Discours sur l'inégalité* (*OC*, III, 212).

[4] Cf. *Contrat social*, IV, viii, and the first *Contrat social*. (*OC*, III, 336 var. (a)).

[5] Bayle, *Pensées sur la comète. Additions.* See also Montesquieu, *L'Esprit des Lois*, xxiv, 2, 6, and Yvon's article, 'Athée', in the *Encyclopédie*.

[6] 'Jacques, pourquoi insultes-tu tes frères et toi-même?' (Voltaire, p. 281).

[7] 'Quoi! tu fais l'hypocrite! tu oublies les guerres contre les Ariens, contre les Albigeois, Luthériens, Calvinistes, Anabaptistes, etc., le meurtre de Charles Ier, de Henri III, de Henri IV, la conspiration des poudres, la Saint-Barthélemy, les massacres d'Irlande, les Cévennes, les Calas!' (Voltaire, p. 281).

ce que les intérêts particuliers ont de commun est si peu de chose, qu'il ne balancera jamais ce qu'ils ont d'opposé.

Si l'athéisme† ne fait pas verser le sang des hommes, c'est moins par amour pour la paix que par indifférence pour le bien: comme que tout aille,[1] peu importe au prétendu sage,‡ pourvu qu'il reste en repos dans son cabinet. Ses principes ne font pas tuer les hommes, mais ils les empêchent de naître, en détruisant les mœurs qui les multiplient, en les détachant de leur espèce, en réduisant toutes leurs affections à un secret égoïsme, aussi funeste à la population qu'à la vertu. L'indifférence philosophique ressemble à la tranquillité de l'État sous le despotisme; c'est la tranquillité de la mort: elle est plus destructive que la guerre même.

Ainsi le fanatisme, quoique plus funeste dans ses effets immédiats que ce qu'on appelle aujourd'hui l'esprit philosophique, l'est beaucoup moins dans ses conséquences. D'ailleurs il est aisé d'étaler de belles maximes dans des livres; mais la question est de savoir si elles tiennent bien à la doctrine, si elles en découlent nécessairement; et c'est ce qui n'a point paru clair jusqu'ici. Reste à savoir encore si la philosophie, à son aise et sur le trône, commanderait bien à la gloriole, à l'intérêt, à l'ambition, aux petites passions de l'homme, et si elle pratiquerait cette humanité si douce qu'elle nous vante la plume à la main.

Par les principes, la philosophie ne peut faire aucun bien que la religion ne le fasse encore mieux, et la religion en fait beaucoup que la philosophie ne saurait faire.

Par la pratique, c'est autre chose; mais encore faut-il examiner. Nul homme ne suit de tout point sa religion quand il en a une: cela est vrai; la plupart n'en ont guère, et ne suivent point du tout celle qu'ils ont: cela est encore vrai; mais enfin quelques-uns en ont une, la suivent du moins en partie; et il est indubitable que des motifs de religion les empêchent souvent de mal faire, et obtiennent d'eux des vertus, des actions louables, qui n'auraient point eu lieu sans ces motifs.

Qu'un moine nie un dépôt; que s'ensuit-il, sinon qu'un sot le lui avait confié? Si Pascal en eût nié un, cela prouverait que Pascal était un hypocrite, et rien de plus. Mais un moine!... Les gens qui font trafic de la religion sont-ils donc ceux qui en ont? Tous les crimes qui se font dans le clergé, comme ailleurs, ne prouvent point que la religion soit inutile, mais que très peu de gens ont de la religion.[2]

Nos gouvernements modernes doivent incontestablement au christianisme leur plus solide autorité et leurs révolutions moins fréquentes;[3] il les a rendus eux-mêmes moins sanguinaires: cela se prouve par le fait en les comparant aux gouvernements anciens. La religion mieux connue, écartant le fanatisme, a donné plus de douceur aux mœurs chrétiennes. Ce changement n'est point l'ouvrage des lettres; car partout où elles ont brillé, l'humanité n'en a pas été plus respectée; les cruautés des Athéniens, des Égyptiens, des empereurs de Rome, des Chinois,[4] en font foi. Que d'œuvres de miséricorde sont l'ouvrage de l'Évangile! Que de restitutions, de réparations, la confession ne fait-elle point faire

---

† la philosophie
‡ au philosophe

[1] A Genevan expression, according to Masson; an archaism, according to Féraud's *Dictionnaire critique:* i.e. 'de quelque manière que tout aille'.

[2] Rousseau frequently insisted on the idea that there were very few genuinely religious people.

[3] The *Contrat social* had made the opposite point. Cf. IV, viii.

[4] The *philosophes*, on the other hand, admired the Chinese for their moderation and wisdom.

Bon jeune homme, soyez sincère et vrai sans orgueil; sachez être ignorant: vous ne tromperez ni vous ni les autres. Si jamais vos talents cultivés vous mettent en état de parler aux hommes, ne leur parlez jamais que selon votre conscience, sans vous embarrasser s'ils vous applaudiront. L'abus du savoir produit l'incrédulité.

chez les catholiques! Chez nous[1] combien les approches des temps de communion n'opèrent-elles point de réconciliations et d'aumônes! Combien le jubilé des Hébreux ne rendait-il pas les usurpateurs moins avides! Que de misères ne prévenait-il pas! La fraternité légale unissait toute la nation: on ne voyait pas un mendiant chez eux. On n'en voit point non plus chez les Turcs, où les fondations pieuses sont innombrables; ils sont, par principe de religion, hospitaliers, même envers les ennemis de leur culte.

«Les mahométans disent, selon Chardin, qu'après l'examen qui suivra la résurrection universelle, tous les corps iront passer un pont appelé *Poul-Serrho*, qui est jeté sur le feu éternel, pont qu'on peut appeler, disent-ils, le troisième et dernier examen et le vrai jugement final, parce que c'est là où se fera la séparation des bons d'avec les méchants..., etc.

«Les Persans, poursuit Chardin, sont fort infatués de ce pont; et lorsque quelqu'un souffre une injure dont, par aucune voie ni dans aucun temps, il ne peut avoir raison, sa dernière consolation est de dire: *Eh bien! par le Dieu vivant, tu me le payeras au double au dernier jour; tu ne passeras point le Poul-Serrho que tu ne me satisfasses auparavant; je m'attacherai au bord de ta veste et me jetterai à tes jambes.* J'ai vu beaucoup de gens éminents, et de toutes sortes de professions, qui, appréhendant qu'on ne criât ainsi *haro* sur eux au passage de ce pont redoutable, sollicitaient ceux qui se plaignaient d'eux de leur pardonner: cela m'est arrivé cent fois à moi-même. Des gens de qualité, qui m'avaient fait faire, par importunité, des démarches autrement que je n'eusse voulu, m'abordaient au bout de quelque temps qu'ils pensaient que le chagrin en était passé, et me disaient: *Je te prie, halal becon antchifra,* c'est-à-dire *rends-moi cette affaire licite ou juste.* Quelques-uns même m'ont fait des présents et rendu des services, afin que je leur pardonnasse en déclarant que je le faisais de bon cœur: de quoi la cause n'est autre que cette créance qu'on ne passera point le pont de l'enfer qu'on n'ait rendu le dernier quatrain à ceux qu'on a oppressés.» (Tome VII, in-12, page 50.)[2]

Croirai-je que l'idée de ce pont qui répare tant d'iniquités n'en prévient jamais? Que si l'on ôtait aux Persans cette idée, en leur persuadant qu'il n'y a ni *Poul-Serrho*, ni rien de semblable, où les opprimés soient vengés de leurs tyrans après la mort, n'est-il pas clair que cela mettrait ceux-ci fort à leur aise, et les délivrerait du soin d'apaiser ces malheureux? Il est donc faux que cette doctrine ne fût pas nuisible; elle ne serait donc pas la vérité.†

Philosophe, tes lois morales sont fort belles; mais montre-m'en, de grâce, la sanction. Cesse un moment de battre la campagne, et dis-moi nettement ce que tu mets à la place du *Poul-Serrho*.[3]

---

† Je réponds à Bayle par son propre principe et même par sa manière d'argumenter.

---

[1] i.e. 'the Protestants'. In this note it is Rousseau—not the Vicaire—speaking in his own name.

[2] Chardin, *Voyages en Perse et autres lieux d'Orient*, 1711.

[3] 'Ce que tu y mets, misérable, qui te contredis sans cesse.' (Voltaire, p. 281). 'Poul-serrho' should really be 'Poul serrha' (for Poul-i-Sirat). Cf. *OC*, IV, 1601.

Tout savant dédaigne le sentiment vulgaire; chacun en veut avoir un à soi.[1] L'orgueilleuse philosophie mène à l'esprit fort, comme l'aveugle dévotion mène au fanatisme. Évitez ces extrémités; restez toujours ferme dans la voie de la vérité,[2] ou de ce qui vous paraîtra l'être dans la simplicité de votre cœur, sans jamais vous en détourner par vanité ni par faiblesse. Osez confesser Dieu chez les philosophes; osez prêcher l'humanité aux intolérants. Vous serez seul de votre parti peut-être; mais vous porterez en vous-même un témoignage qui vous dispensera de ceux des hommes. Qu'ils vous aiment ou vous haïssent, qu'ils lisent ou méprisent vos écrits, il n'importe. Dites ce qui est vrai, faites ce qui est bien; ce qui importe à l'homme est de remplir ses devoirs sur la terre; et c'est en s'oubliant qu'on travaille pour soi. Mon enfant, l'intérêt particulier nous trompe; il n'y a que l'espoir du juste qui ne trompe point.†

† MS addition: Amen.

---

[1] A final restatement of one of Rousseau's favourite ideas.
[2] 'Les fanatiques en disent autant'. (Voltaire, p. 281.)

15

CIVIL RELIGION

ALTHOUGH THE chapter on 'civil religion' was a late addition to the *Contrat social*, there seems no valid reason for considering it to be inconsistent with the rest of Rousseau's views, for the idea had already been discussed in the 1756 letter to Voltaire on Providence. Rousseau's first intention in the *Contrat social* may have been to discuss the question of political right in purely human and secular terms, but on further reflection he was perhaps led to see that this could not be done satisfactorily without recourse to religious principles as the ultimate sanction of political laws. It will be recalled that he had always stressed the close link between politics and morality, and since morality, in its turn, involved reference to religion, it was natural that politics and religion should ultimately be treated as interdependent. Rousseau did not believe that a man would fully accept ideas which failed to command the assent of his whole being, and the 'citizen' could not be completely separated from the 'man', even though, for the purposes of philosophical analysis, the two aspects might be treated separately. Because, to some extent at least, every individual had to acknowledge his reality as a human being as well as a citizen, his civil role could not remain unaffected by principles which governed his existence as a whole. The citizen, therefore, ought not to be expected to give his unqualified allegiance to laws which did not bear some relationship to fundamental moral and religious principles; religion emerged as the ultimate support of any properly constituted political system.

Since the *Contrat social* is concerned primarily with the establishment of normative or ideal principles, Rousseau refuses to accept the validity of those contemporary politico-religious attitudes which reflect the general corruption of civilized society. At the same time he is aware of the formidable difficulties involved in any attempt to adapt real Christianity (as he understands it) to the needs of a specific political situation. (He constantly distinguishes between what he considers to be the true, non-dogmatic Christianity of 'theism' and the 'theological' Christianity which is the work of the Church and its representatives.) In Rousseau's view, Christianity, being inspired by the ideals of otherworldly spirituality and universal brotherhood, not only cuts across national frontiers but seems destined to undermine all patriotic zeal; a man's devotion to his country depends on the power of feelings and passions which are contrary to the true Christian doctrine. In a word, Christianity is incompatible with the 'social spirit'. On the other hand, a state deprived of all religious support is likely to fall into disorder and anarchy. What religion, then, is consistent with the ideal social state? Rousseau suggests a form of a 'civil religion', the principles of which will be limited to man's social commitments; its object will be to guarantee the spiritual basis of social morality and secure the citizen's loyal attachment to its essential principles. In Rousseau's eyes, such a religion thus avoids the otherworldliness of true Christianity and the narrow intolerance of the dogmatic Christianity upheld by the contemporary churches.

Rousseau's views have aroused considerable indignation among modern liberal thinkers because of their apparent ruthlessness and rigidity. Perhaps the difficulty has been due to attempts to judge his ideas by the principles and concepts of modern liberalism and totalitarianism. To ask whether Rousseau was a 'liberal' or 'totalitarian' is to misrepresent his position, for neither of these views had any meaning for him. His political ideas were based on a conception of 'freedom' which was peculiarly his own and which owed a great deal to the link between politics and morality. He did not believe that the atheist could be an honest man. In this respect he was not alone, for John Locke had also refused to allow the atheist to be a member of society. If Rousseau seems retrogressive in this view, he was merely echoing an idea held by many of his predecessors.[1]

Contrat social
Livre IV. Chap. VIII.—De la religion civile

Les hommes n'eurent point d'abord d'autres rois que les dieux, ni d'autre gouvernement que le théocratique.[2] Ils firent le raisonne-

---

[1] The problem of Rousseau's civil religion is discussed in Masson, II, chap. V, pp. 178 f.; by R. Derathé in OC, III, 1498; and in Religious Quest, pp. 84 f.

[2] i.e. government by priests or persons claiming special religious authority.

ment de Caligula;[1] et alors ils raisonnaient juste. Il faut une longue altération de sentiments et d'idées pour qu'on puisse se résoudre à prendre son semblable pour maître, et se flatter qu'on s'en trouvera bien.

De cela seul qu'on mettrait Dieu à la tête de chaque société politique, il s'ensuivit qu'il y eut autant de dieux que de peuples. Deux peuples étrangers l'un à l'autre, et presque toujours ennemis, ne purent longtemps reconnaître un même maître: deux armées se livrant bataille ne sauraient obéir au même chef. Ainsi des divisions nationales résulta le polythéisme, et de là l'intolérance théologique et civile, qui naturellement est la même, comme il sera dit ci-après.

La fantaisie qu'eurent les Grecs de retrouver leurs dieux chez les peuples barbares, vint de celle qu'ils avaient aussi de se regarder comme les souverains naturels de ces peuples. Mais c'est de nos jours une érudition bien ridicule[2] que celle qui roule sur l'identité des dieux de diverses nations: comme si Moloch, Saturne et Chronos pouvaient être le même dieu! comme si le Baal des Phéniciens, le Zeus des Grecs et le Jupiter des Latins pouvaient être le même! comme s'il pouvait rester quelque chose commune à des êtres chimériques portant des noms différents!

Que si l'on demande comment dans le paganisme où chaque État avait son culte et ses dieux, il n'y avait point de guerres de religion; je réponds que c'était par cela même que chaque État, ayant son culte propre aussi bien que son gouvernement, ne distinguait point ses dieux de ses lois. La guerre politique était aussi théologique; les départements des dieux étaient pour ainsi dire fixés par les bornes des nations. Le dieu d'un peuple n'avait aucun droit sur les autres peuples. Les dieux des païens n'étaient point des dieux jaloux; ils partageaient entre eux l'empire du monde:

---

[1] Cf. I, ii (*OC*, III, 353): 'Comme un pâtre est d'une nature supérieure à celle de son troupeau, les pasteurs d'hommes, qui sont leurs chefs, sont aussi d'une nature supérieure à celle de leurs peuples. Ainsi raisonnait, au rapport de Philon, l'empereur Caligula, concluant assez bien de cette analogie que les rois étaient des dieux ou que les peuples étaient des bêtes.' Rousseau says this reasoning is sound because in those days men really believed in the divine attributes of their leaders and rulers.

[2] Rousseau dismisses in cavalier fashion the studies in comparative mythology which were being undertaken in his day and which were to make remarkable progress in the following century. It was alleged that the character of certain gods, originally common to several nations, was modified and particularized by historical and social influences.

Moïse même et le peuple hébreu se prêtaient quelquefois à cette idée en parlant du Dieu d'Israël. Ils regardaient, il est vrai, comme nuls les dieux des Cananéens, peuples proscrits, voués à la destruction, et dont ils devaient occuper la place; mais voyez comment ils parlaient des divinités des peuples voisins qu'il leur était défendu d'attaquer: «La possession de ce qui appartient à Chamos, votre dieu, disait Jephté aux Ammonites, ne vous est-elle pas légitimement due? Nous possédons au même titre les terres que notre Dieu vainqueur s'est acquises».[i] C'était là, ce me semble, une parité bien reconnue entre les droits de Chamos et ceux du Dieu d'Israël.

Mais quand les Juifs soumis aux rois de Babylone, et dans la suite aux rois de Syrie, voulurent s'obstiner à ne reconnaître aucun autre Dieu que le leur, ce refus, regardé comme une rébellion contre le vainqueur, leur attira les persécutions qu'on lit dans leur histoire, et dont on ne voit aucun autre exemple avant le christianisme.[ii]

Chaque religion étant donc uniquement attachée aux lois de l'État qui la prescrivait, il n'y avait point d'autre manière de convertir un peuple que de l'asservir, ni d'autres missionnaires que les conquérants; et l'obligation de changer de culte étant la loi des vaincus, il fallait commencer par vaincre avant d'en parler. Loin que les hommes combattissent pour les dieux, c'étaient, comme dans Homère, les dieux qui combattaient pour les hommes; chacun demandait au sien la victoire, et la payait par de nouveaux autels. Les Romains, avant de prendre une place, sommaient ses

---

[i] «Nonne ea quæ possidet Chamos deus tuus, tibi jure debentur?» (*Jug.* XI, 24.) Tel est le texte de la Vulgate. Le P. de Carrières a traduit: «Ne croyez-vous pas avoir droit de posséder ce qui appartient à Chamos votre Dieu?» J'ignore la force du texte hébreu; mais je vois que, dans la Vulgate, Jephté reconnaît positivement le droit du dieu Chamos, et que le traducteur français affaiblit cette reconnaissance par un *selon vous* qui n'est pas dans le latin.[1]

[ii] Il est de la dernière évidence que la guerre des Phocéens, appelée guerre sacrée, n'était pas une guerre de religion. Elle avait pour objet de punir des sacrilèges, et non de soumettre des mécréants.[2]

---

[1] Cf. *Judges*, XI, 24: 'Wilt not thou possess that which Chemosh thy god giveth thee to possess? So whomsoever the Lord our God shall drive out from before us, them will we possess.'

[2] Phocaea was one of the large towns of Asia Minor. In 356 B.C. a religious war broke out between the Phocaeans and the Thebans because the Phocaean leaders, who had been accused of cultivating sacred lands, refused to pay the heavy fine demanded of them by the Amphictyons. Sparta and Athens went to help the Phocaeans and Philip of Macedon the Thebans, who were ultimately victorious.

dieux de l'abandonner; et quand ils laissaient aux Tarentins leurs
dieux irrités, c'est qu'ils regardaient alors ces dieux comme soumis
aux leurs et forcés de leur faire hommage. Ils laissaient aux vaincus leurs dieux comme ils leur laissaient leurs lois. Une couronne au
Jupiter du Capitole était souvent le seul tribut qu'ils imposaient.

Enfin les Romains ayant étendu avec leur empire leur culte et
leurs dieux, et ayant souvent eux-mêmes adopté ceux des vaincus,
en accordant aux uns et aux autres le droit de cité, les peuples de
ce vaste empire se trouvèrent insensiblement avoir des multitudes
de dieux et de cultes, à peu près les mêmes partout: et voilà comment le paganisme ne fut enfin dans le monde connu qu'une
seule et même religion.

Ce fut dans ces circonstances que Jésus vint établir sur la terre
un royaume spirituel, ce qui, séparant le système théologique du
système politique, fit que l'État cessa d'être un, et causa les divisions intestines qui n'ont jamais cessé d'agiter les peuples chrétiens.
Or, cette idée nouvelle d'un royaume de l'autre monde n'ayant pu
jamais entrer dans la tête des païens, ils regardèrent toujours les
chrétiens comme de vrais rebelles qui, sous une hypocrite soumission, ne cherchaient que le moment de se rendre indépendants et
maîtres, et d'usurper adroitement l'autorité qu'ils feignaient de
respecter dans leur faiblesse. Telle fut la cause des persécutions.†

Ce que les païens avaient craint est arrivé. Alors tout a changé de
face; les humbles chrétiens ont changé de langage, et bientôt on a
vu ce prétendu royaume de l'autre monde devenir, sous un chef
visible,[1] le plus violent despotisme dans celui-ci.

Cependant, comme il y a toujours eu un prince et des lois civiles,
il a résulté de cette double puissance un perpétuel conflit de juridiction qui a rendu toute bonne *politie*[2] impossible dans les États
chrétiens; et l'on n'a jamais pu venir à bout de savoir auquel, du
maître ou du prêtre, on était obligé d'obéir.

Plusieurs peuples cependant, même dans l'Europe ou à son voisinage, ont voulu conserver ou rétablir l'ancien système, mais sans

---

† Neuchâtel MS has this note: Pour le dernier chap. du Contrat social. 'Et ils
contreviennent aux ordonnances de César en disant qu'il y a un autre roi qu'ils
nomment Jésus'. *Act.* XVII, 7.

---

[1] The expression was apparently taken from Montesquieu's *Esprit des lois*,
XXIV, v: 'Une religion qui n'a pas de chef visible, convient mieux à l'indépendance du climat que celle qui en a un' (*OC*, III, 1501, n. 1).

[2] i.e. 'society and government'.

succès; l'esprit du christianisme a tout gagné. Le culte sacré est toujours resté ou redevenu indépendant du souverain, et sans liaison nécessaire avec le corps de l'État. Mahomet eut des vues très saines, il lia bien son système politique; et, tant que la forme de son gouvernement subsista sous les califes ses successeurs, ce gouvernement fut exactement un, et bon en cela. Mais les Arabes, devenus florissants, lettrés, polis, mous et lâches, furent subjugués par des barbares: alors la division entre les deux puissances recommença. Quoiqu'elle soit moins apparente chez les mahométans que chez les chrétiens, elle y est pourtant, surtout dans la secte d'Ali; et il y a des États, tels que la Perse, où elle ne cesse de se faire sentir.

Parmi nous, les rois d'Angleterre se sont établis chefs de l'Église: autant en ont fait les czars: mais, par ce titre, ils s'en sont moins rendus les maîtres que les ministres; ils ont moins acquis le droit de la changer que le pouvoir de la maintenir, ils n'y sont pas législateurs, ils ne sont que princes.[1] Partout où le clergé fait un corps [(1)], il est maître et législateur dans sa partie.[2] Il y a donc deux puissances, deux souverains, en Angleterre et en Russie, tout comme ailleurs.

De tous les auteurs chrétiens, le philosophe Hobbes[3] est le seul qui ait bien vu le mal et le remède, qui ait osé proposer de réunir les deux têtes de l'aigle, et de tout ramener à l'unité politique, sans laquelle jamais État ni gouvernement ne sera bien constitué. Mais il a dû voir que l'esprit dominateur du christianisme était incompatible avec son système, et que l'intérêt du prêtre serait toujours plus fort que celui de l'État. Ce n'est pas tant ce qu'il y a d'horrible

---

[(1)] Il faut bien remarquer que ce ne sont pas tant des assemblées formelles, comme celles de France, qui lient le clergé en un corps que la communion des Églises. La communion et l'excommunication sont le pacte social du clergé, pacte avec lequel il sera toujours le maître des peuples et des rois. Tous les prêtres qui communiquent ensemble sont concitoyens, fussent-ils des deux bouts du monde. Cette invention est un chef-d'œuvre en politique. Il n'y avait rien de semblable parmi les prêtres païens: aussi n'ont-ils jamais fait un corps de clergé.

---

[1] It will be recalled that Rousseau makes a fundamental distinction between the 'sovereign' and the 'government' (or 'prince').

[2] C. E. Vaughan corrects the error of those editors who read 'patrie' for 'partie' (i.e. 'field', 'domain').

[3] Hobbes developed his ideas on this subject in his *De Cive* (*Religio*) and *Leviathan*.

et de faux dans sa politique, que ce qu'il y a de juste et de vrai, qui l'a rendue odieuse[1].

Je crois qu'en développant sous ce point de vue les faits historiques, on réfuterait aisément les sentiments opposés de Bayle et de Warburton,[1] dont l'un prétend que nulle religion n'est utile au corps politique, et dont l'autre soutient, au contraire, que le christianisme en est le plus ferme appui. On prouverait au premier que jamais État ne fut fondé que la religion ne lui servît de base; et au second, que la loi chrétienne est au fond plus nuisible qu'utile à la forte constitution de l'État. Pour achever de me faire entendre, il ne faut que donner un peu plus de précision aux idées trop vagues de religion relatives à mon sujet.

La religion, considérée par rapport à la société, qui est ou générale ou particulière, peut aussi se diviser en deux espèces: savoir, la religion de l'homme, et celle du citoyen. La première, sans temples, sans autels, sans rites, bornée au culte purement intérieur du Dieu suprême et aux devoirs éternels de la morale, est la pure et simple religion de l'Évangile, le vrai théisme, et ce qu'on peut appeler le droit divin naturel. L'autre, inscrite dans un seul pays, lui donne ses dieux, ses patrons propres et tutélaires. Elle a ses dogmes, ses rites, son culte extérieur prescrit par des lois:[2] hors la seule nation qui la suit, tout est pour elle infidèle, étranger, barbare; elle

[1] Voyez, entre autres, dans une lettre de Grotius à son frère, du 11 avril 1643, ce que ce savant homme approuve et ce qu'il blâme dans le livre de Cive.[3] Il est vrai que, porté à l'indulgence, il paraît pardonner à l'auteur le bien en faveur du mal; mais tout le monde n'est pas si clément.

[1] See Bayle, Pensées diverses sur la comète, 1682, as well as Montesquieu's chapter in the Esprit des lois, XXIV, vi, 'Autre paradoxe de Bayle'.
William Warburton (1698–1770), Bishop of Gloucester, author of many works, including Alliance between Church and State, (1736), and Divine Legation of Moses (1737–41). Rousseau had already referred to him in an earlier chapter of the Contrat social, II, vii (OC, III, 384).
[2] The distinction between the two kinds of religion (the religion of man in general and that of the citizen) had already been made in the Profession de foi. In the same work 'theism' is also identified with 'natural religion'.
[3] Cf. Hugonis Grotii Epistolae, Amsterdam, 1689, fol. 952. Rousseau probably noted the passage in the preface to Barbeyrac's translation, Droit de la guerre et de la paix (pp. xxi–ii): 'J'ai vu le Traité Du Citoyen. J'approuve ce que l'on y trouve en faveur des rois: mais je ne saurais approuver les fondements sur lesquels l'auteur établit ses opinions. Il croit que tous les hommes sont naturellement en état de guerre et il établit quelques autres choses qui ne s'accordent point avec mes principes. Car il va jusqu'à soutenir qu'il est du devoir de chaque particulier de suivre la religion approuvée dans sa patrie par autorité publique, sinon en y adhérant de cœur, du moins en la professant et s'y soumettant par obéissance.'

n'étend les devoirs et les droits de l'homme qu'aussi loin que ses autels. Telles furent toutes les religions des premiers peuples, auxquelles on peut donner le nom de droit divin civil ou positif.[1]

Il y a une troisième sorte de religion plus bizarre, qui, donnant aux hommes deux législations, deux chefs, deux patries, les soumet à des devoirs contradictoires, et les empêche de pouvoir être à la fois dévots et citoyens. Telle est la religion des Lamas, telle est celle des Japonais, tel est le christianisme romain. On peut appeler celle-ci† religion du prêtre. Il en résulte une sorte de droit mixte et insociable qui n'a point de nom.

A considérer politiquement ces trois sortes de religions, elles ont toutes leurs défauts. La première est si évidemment mauvaise, que c'est perdre le temps de s'amuser à le démontrer. Tout ce qui rompt l'unité sociale ne vaut rien; toutes les institutions qui mettent l'homme en contradiction avec lui-même ne valent rien.[2]

La seconde est bonne en ce qu'elle réunit le culte divin et l'amour des lois, et que, faisant de la patrie l'objet de l'adoration des citoyens, elle leur apprend que servir l'État, c'est en servir le dieu tutélaire. C'est une espèce de théocratie, dans laquelle on ne doit point avoir d'autre pontife que le prince, ni d'autres prêtres que les magistrats. Alors mourir pour son pays, c'est aller au martyre; violer les lois c'est être impie; et soumettre un coupable à l'exécration publique, c'est le dévouer au courroux des dieux: *Sacer estod*.[3]

Mais elle est mauvaise en ce qu'étant fondée sur l'erreur et sur le mensonge, elle trompe les hommes, les rend crédules, superstitieux, et noie le vrai culte de la Divinité dans un vain cérémonial. Elle est mauvaise encore, quand, devenant exclusive et tyrannique, elle rend un peuple sanguinaire et intolérant, en sorte qu'il ne respire que meurtre et massacre, et croit faire une action sainte en tuant quiconque n'admet pas ses dieux. Cela met un tel peuple dans un état naturel de guerre avec tous les autres, très nuisible à sa propre sûreté.

---

† celui-ci (i.e. le christianisme romain) (1782 edition)

[1] Robert Derathé (*OC*, III, 1506 n. 6) suggests that the expressions 'le droit divin naturel' and 'le droit divin positif' may have been inspired by Grotius. The distinction is clearly between the 'universal' and 'particular' aspects of natural law.

[2] An important aspect of Rousseau's philosophy of man, already stressed in the first part of *Émile*.

[3] By these words the individual was cut off from other citizens and delivered over to the gods.

Reste donc la religion de l'homme ou le christianisme, non pas celui d'aujourd'hui, mais celui de l'Évangile, qui en est tout à fait différent. Par cette religion sainte, sublime, véritable, les hommes, enfants du même Dieu, se reconnaissent tous pour frères, et la société qui les unit ne se dissout pas même à la mort.

Mais cette religion, n'ayant nulle relation particulière avec le corps politique,[1] laisse aux lois la seule force qu'elles tirent d'elles-mêmes sans leur en ajouter aucune autre; et par là, un des grands liens de la société particulière reste sans effet. Bien plus, loin d'attacher les cœurs des citoyens à l'État, elle les en détache comme de toutes les choses de la terre. Je ne connais rien de plus contraire à l'esprit social.[2]

On nous dit qu'un peuple de vrais chrétiens formerait la plus parfaite société que l'on puisse imaginer. Je ne vois à cette supposition qu'une grande difficulté: c'est qu'une société de vrais chrétiens ne serait plus une société d'hommes.

Je dis même que cette société supposée ne serait, avec toute sa perfection, ni la plus forte ni la plus durable: à force d'être parfaite, elle manquerait de liaison; son vice destructeur serait dans sa perfection même.

Chacun remplirait son devoir; le peuple serait soumis aux lois, les chefs seraient justes et modérés, les magistrats intègres, incorruptibles; les soldats mépriseraient la mort; il n'y aurait ni vanité ni luxe: tout cela est fort bien; mais voyons plus loin.

Le christianisme est une religion toute spirituelle, occupée uniquement des choses du ciel; la patrie du chrétien n'est pas de ce monde. Il fait son devoir, il est vrai, mais il le fait avec une profonde indifférence sur le bon ou mauvais succès de ses soins. Pourvu qu'il n'ait rien à se reprocher, peu lui importe que tout aille bien ou mal ici-bas. Si l'État est florissant, à peine ose-t-il jouir de la

---

[1] i.e. because it is concerned with universal principles which ignore national and particular differences.

[2] This is Rousseau's principal objection to Christianity. See also his comments in a letter to Léonard Usteri on 18 July 1763 (*CG*, X, 37). 'Vous ne me paraissez pas avoir bien saisi l'état de la question. La grande société, la société humaine en général, est fondée sur l'humanité, sur la bienfaisance universelle; je dis et j'ai toujours dit que le christianisme est favorable à celle-là. Mais les sociétés particulières, les sociétés politiques et civiles ont un tout autre principe. Ce sont les établissements purement humains dont, par conséquent, le vrai christianisme nous détache comme de tout ce qui n'est que terrestre: il n'y a que les vices des hommes qui rendent ces établissements nécessaires, et il n'y a que les passions humaines qui les conservent.' Cf. also *Lettres de la Montagne* (Letter I), *infra*, pp. 326 f., for a similar point.

félicité publique; il craint de s'enorgueillir de la gloire de son pays: si l'État dépérit, il bénit la main de Dieu qui s'appesantit sur son peuple.

Pour que la société fût paisible et que l'harmonie se maintînt, il faudrait que tous les citoyens sans exception fussent également bons, chrétiens: mais si malheureusement il s'y trouve un seul ambitieux, un seul hypocrite, un Catilina, par exemple, un Cromwell, celui-là très certainement aura bon marché de ses pieux compatriotes. La charité chrétienne ne permet pas aisément de penser mal de son prochain. Dès qu'il aura trouvé par quelque ruse l'art de leur en imposer et de s'emparer d'une partie de l'autorité publique, voilà un homme constitué en dignité; Dieu veut qu'on le respecte: bientôt voilà une puissance; Dieu veut qu'on lui obéisse. Le dépositaire de cette puissance en abuse-t-il? c'est la verge dont Dieu punit ses enfants. On se ferait conscience de chasser l'usurpateur: il faudrait troubler le repos public, user de violence, verser du sang: tout cela s'accorde mal avec la douceur du chrétien, et après tout, qu'importe qu'on soit libre ou serf dans cette vallée de misères? L'essentiel est d'aller en paradis, et la résignation n'est qu'un moyen de plus pour cela.

Survient-il quelque guerre étrangère? les citoyens marchent sans peine au combat; nul d'entre eux ne songe à fuir; ils font leur devoir, mais sans passion pour la victoire; ils savent plutôt mourir que vaincre. Qu'ils soient vainqueurs ou vaincus, qu'importe? La Providence ne sait-elle pas mieux qu'eux ce qu'il leur faut? Qu'on imagine quel parti un ennemi fier, impétueux, passionné, peut tirer de leur stoïcisme! Mettez vis-à-vis d'eux ces peuples généreux que dévorait l'ardent amour de la gloire et de la patrie, supposez votre république chrétienne vis-à-vis de Sparte ou de Rome: les pieux chrétiens seront battus, écrasés, détruits, avant d'avoir eu le temps de se reconnaître, ou ne devront leur salut qu'au mépris que leur ennemi concevra pour eux. C'était un beau serment à mon gré que celui des soldats de Fabius;[1] ils ne jurèrent pas de mourir ou de vaincre, ils jurèrent de revenir vainqueurs, et tinrent leur serment. Jamais des chrétiens n'en eussent fait un pareil; ils auraient cru tenter Dieu.

Mais je me trompe en disant une république chrétienne; chacun de ces deux mots exclut l'autre. Le christianisme ne prêche que servitude et dépendance. Son esprit est trop favorable à la tyrannie

[1] Cf. Livy, II, 45.

pour qu'elle n'en profite pas toujours. Les vrais chrétiens sont faits pour être esclaves, ils le savent et ne s'en émeuvent guère; cette courte vie a trop peu de prix à leurs yeux.

Les troupes chrétiennes sont excellentes, nous dit-on. Je le nie, qu'on m'en montre de telles. Quant à moi, je ne connais point de troupes chrétiennes. On me citera les croisades. Sans disputer sur la valeur des croisés, je remarquerai que, bien loin d'être des chrétiens, c'étaient des soldats du prêtre, c'étaient des citoyens de l'Église: ils se battaient pour son pays spirituel, qu'elle avait rendu temporel on ne sait comment. A le bien prendre, ceci rentre sous le paganisme: comme l'Évangile n'établit point une religion nationale, toute guerre sacrée est impossible parmi les chrétiens.

Sous les empereurs païens, les soldats chrétiens étaient braves; tous les auteurs chrétiens l'assurent, et je le crois: c'était une émulation d'honneur contre les troupes païennes. Dès que les empereurs furent chrétiens, cette émulation ne subsista plus; et, quand la croix eut chassé l'aigle, toute la valeur romaine disparut.

Mais, laissant à part les considérations politiques, revenons au droit, et fixons les principes sur ce point important. Le droit que le pacte social donne au souverain sur les sujets ne passe point, comme je l'ai dit,[1] les bornes de l'utilité publique[(1)]. Les sujets ne doivent donc compte au souverain de leurs opinions qu'autant que ces opinions importent à la communauté. Or il importe bien à l'État que chaque citoyen ait une religion qui lui fasse aimer ses devoirs; mais les dogmes de cette religion n'intéressent ni l'État ni ses membres qu'autant que ces dogmes se rapportent à la morale et aux devoirs que celui qui la professe est tenu de remplir envers autrui.[2] Chacun peut avoir, au surplus, telles opinions qu'il lui

[(1)] «Dans la république, dit le marquis d'Argenson, chacun est parfaitement libre en ce qui ne nuit pas aux autres.»[3] Voilà la borne invariable; on ne peut la poser plus exactement. Je n'ai pu me refuser au plaisir de citer quelquefois ce manuscrit, quoique non connu du public, pour rendre honneur à la mémoire d'un homme illustre et respectable, qui avait conservé jusque dans le ministère le cœur d'un vrai citoyen, et des vues droites et saines sur le gouvernement de son pays.

[1] Cf. *Contrat social*, II, iv.

[2] Cf. *Lettre à Beaumont, infra*, p. 277: 'Pourquoi un homme a-t-il inspection sur la croyance d'un autre?...' Rousseau sets definite limits to the scope of civil religion and leaves the individual free to hold his own beliefs on matters which have no social or political relevance.

[3] This sentence does not seem to have been included in the published version of the Marquis d'Argenson's *Considérations sur le gouvernement ancien et présent de la France* (1764). Cf. *OC*, III, 1504, n. 3.

plaît, sans qu'il appartienne au souverain d'en connaître; car, comme il n'a point de compétence dans l'autre monde, quel que soit le sort des sujets dans la vie à venir, ce n'est pas son affaire, pourvu qu'ils soient bons citoyens dans celle-ci.

Il y a donc une profession de foi purement civile dont il appartient au souverain de fixer les articles, non pas précisément comme dogmes de religion, mais comme sentiments de sociabilité sans lesquels il est impossible d'être bon citoyen ni sujet fidèle[(1)][1]. Sans pouvoir obliger personne à les croire,[2] il peut bannir de l'État quiconque ne les croit pas; il peut le bannir, non comme impie, mais comme insociable, comme incapable d'aimer sincèrement les lois, la justice, et d'immoler au besoin sa vie à son devoir. Que si quelqu'un, après avoir reconnu publiquement ces mêmes dogmes, se conduit comme ne les croyant pas, qu'il soit puni de mort: il a commis le plus grand des crimes, il a menti devant les lois.[3]

Les dogmes de la religion civile doivent être simples, en petit nombre, énoncés avec précision, sans explications ni commentaires. L'existence de la Divinité puissante, intelligente, bienfaisante, prévoyante et pourvoyante, la vie à venir, le bonheur des justes, le châtiment des méchants, la sainteté du contrat social et des lois: voilà les dogmes positifs. Quant aux dogmes négatifs, je les borne à un seul, c'est l'intolérance: elle rentre dans les cultes que nous avons exclus.

Ceux qui distinguent l'intolérance civile et l'intolérance théologique se trompent, à mon avis. Ces deux intolérances sont inséparables. Il est impossible de vivre en paix avec des gens qu'on croit damnés; les aimer serait haïr Dieu qui les punit: il faut absolument qu'on les ramène ou qu'on les tourmente. Partout où l'intolérance théologique est admise, il est impossible qu'elle n'ait pas quelque

---

[(1)] César, plaidant pour Catilina, tâchait d'établir le dogme de la mortalité de l'âme: Caton et Cicéron, pour le réfuter, ne s'amusèrent point à philosopher; ils se contentèrent de montrer que César parlait en mauvais citoyen, et avançait une doctrine pernicieuse à l'État. En effet, voilà de quoi devait juger le sénat de Rome, et non d'une question de théologie.

---

[1] 'Tout dogme est ridicule, funeste. Toute contrainte sur le dogme est abominable. Ordonner de croire est absurde. Bornez-vous à ordonner de bien vivre.' (Voltaire, *Marginalia*, p. 68).

[2] Cf. *supra*, p. 49.

[3] The anti-social individual will be punished only when he has expressed his feelings in actual conduct.

effet civil,[1] et sitôt qu'elle en a, le souverain n'est plus souverain, même au temporel: dès lors les prêtres sont les vrais maîtres, les rois ne sont que leurs officiers.

Maintenant qu'il n'y a plus et qu'il ne peut plus y avoir de religion nationale exclusive, on doit tolérer toutes celles qui tolèrent les autres, autant que leurs dogmes n'ont rien de contraire aux devoirs du citoyen. Mais quiconque ose dire: *Hors de l'Église point de salut*, doit être chassé de l'État, à moins que l'État ne soit l'Église, et que le prince ne soit le pontife. Un tel dogme n'est bon que dans un gouvernement théocratique; dans tout autre il est pernicieux. La raison sur laquelle on dit qu'Henri IV embrassa la religion romaine la devrait faire quitter à tout honnête homme, et surtout à tout prince qui saurait raisonner.[1]

[1]2 Le mariage, par exemple, étant un contrat civil, a des effets civils, sans lesquels il est même impossible que la société subsiste. Supposons donc qu'un clergé vienne à bout de s'attribuer à lui seul le droit de passer cet acte, droit qu'il doit nécessairement usurper dans toute religion intolérante, alors n'est-il pas clair qu'en faisant valoir à propos l'autorité de l'Église, il rendra vaine celle du prince, qui n'aura plus de sujets que ceux que le clergé voudra bien lui donner? Maître de marier ou de ne pas marier les gens, selon qu'ils auront ou n'auront pas telle ou telle doctrine, selon qu'ils admettront ou rejetteront tel ou tel formulaire, selon qu'ils lui seront plus ou moins dévoués, en se conduisant prudemment et tenant ferme, n'est-il pas clair qu'il disposera seul des héritages, des charges, des citoyens, de l'État même, qui ne saurait subsister, n'étant plus composé que de bâtards? Mais, dira-t-on, l'on appellera comme d'abus, on ajournera, décrétera, saisira le temporel. Quelle pitié! Le clergé, pour peu qu'il ait, je ne dis pas de courage, mais de bon sens, laissera faire et ira son train; il laissera tranquillement appeler, ajourner, décréter, saisir, et finira par rester le maître. Ce n'est pas, ce me semble, un grand sacrifice d'abandonner une partie, quand on est sûr de s'emparer du tout.

[1] The historian Hardouin de Péréfixe (*Histoire du roi Henri le Grand*, Paris, 1661, p. 200), writing of Henry IV's remarks just before his abjuration in 1593, says:

'Un historien rapporte que le roi faisant faire devant lui une conférence entre les docteurs de l'une et de l'autre Église, et voyant qu'un ministre tombait d'accord qu'on se pouvait sauver dans la religion des catholiques, Sa Majesté prit la parole, et dit à ce ministre: "Quoi? tombez-vous d'accord qu'on puisse se sauver dans la religion de ces messieurs-là?" Le ministre répondant qu'il n'en doutait pas, pourvu qu'on y vécût bien, le roi repartit très judicieusement: "La prudence veut donc que je sois de leur religion et non pas de la vôtre, parce qu'étant de la leur, je me sauve selon eux et selon vous, et étant de la vôtre, je me sauve bien selon vous, mais non selon eux. Or, la prudence veut que je suive le plus assuré."'

[2] At the last moment Rousseau wanted to suppress this note, but Rey had already printed it. To try to meet Rousseau's wishes he printed a new version without the note and with some modification to the last pages of the text. In the meantime a few copies of the first version had already been issued; the note was re-inserted in the 1782 edition.

16

LETTRE À M. DE BEAUMONT (1763)

WITHIN A FEW days of the condemnation of *Émile* by the Paris Parlement, the Genevan authorities ordered both *Émile* and the *Contrat social* to be burnt 'comme téméraires, scandaleux, impies, tendant à détruire la religion chrétienne et tous les gouvernements'. Moreover, it was decreed that Rousseau should be arrested if he entered Genevan territory. Shocked and astounded by this decision, Rousseau protested to his Genevan friends who soon found support for his cause. The aggressive Colonel Pictet affirmed that the Genevan authorities' decision was simply a gesture intended to curry favour with the French. At first Rousseau's position in Môtiers-Travers, where he enjoyed the protection of the King of Prussia and his governor, the Earl Marischal, George Keith, was not seriously affected by the events in Geneva. The local minister, M. de Montmollin, admitted him to Holy Communion and in a letter to the minister Rousseau affirmed his solidarity with his Protestant brethren. 'Je désire toujours être uni extérieurement à l'Église, comme je le suis dans le fond de mon cœur. Au moins je suis avec mes frères.' Undoubtedly it was this sense of human brotherhood which was one of his principal reasons for seeking to draw closer to the Protestant community. Meanwhile, the Archbishop of Paris, Christophe de Beaumont, had published on 20 August 1762 a *Mandement* condemning *Émile* as a heretical and dangerous work, and it was to this *Mandement* that Rousseau eventually decided to make a long and detailed reply. His *Lettre à M. de Beaumont* was completed by the middle of November and appeared in March 1763. As well as refuting what he considered to be a serious misrepresentation and misunderstanding of his religious position, Rousseau probably hoped that his *Lettre* would help to win him further support in Geneva, where many of the younger ministers like Moultou and Roustan were already on his side, whilst the citizens themselves recalled his earlier defence of their moral tradition when, in the *Lettre à d'Alembert*, he had attacked the suggestion that a theatre should be established in the city. In any case, Rousseau did not hesitate to make it clear that the intention of the *Lettre à M. de Beaumont* was to 'combat the Roman Church' and to refute the insidious materialism of the *philosophes*. Meanwhile, Genevan friends were trying to prepare the way for a reconciliation between Rousseau and the republic, but Rousseau, in spite of the *Lettre*, obstinately refused to take the first step and emphatically rejected any idea of a 'retraction' of unpalatable opinions. Thereafter relations steadily deteriorated. Although some Genevans continued to treat him as a sincere Christian, others did not hesitate to describe him as a 'Satan in disguise'. The Genevan Council, at the request of the French *résident*, refused to allow the printing of the *Lettre à Beaumont*. The ambitious young minister Vernes, Rousseau's former friend, went so far as to publish a refutation. In spite of the enthusiastic support of a few friends, Rousseau found Genevan opinion steadily turning against him. Such was his disgust and disillusionment that on 12 May 1763 he formally renounced his Genevan citizenship.

The *Lettre à Beaumont* is probably the most effective of Rousseau's polemical writings, for it skilfully combines a defence of his religious views with a justification of his personal attitude. The tone throughout is dignified and yet sustained by intense emotion. At the very outset Rousseau indicates his real feelings when he confronts the prince of the Roman Church, supported by his panoply of official titles, with the simple and sincere views of a 'citizen of Geneva' who is content to rely on the truth of his arguments rather than on the power of his official position. The essential antithesis is recalled at the very end of the letter when for the last time Rousseau reminds his adversary of the difference between them.

From the standpoint of Rousseau's religious ideas, the *Lettre* is especially valuable for the light it throws on his attitude towards Christianity. Although he calls himself a 'Christian', he clearly has no sympathy for such typically Christian doctrines as the Incarnation, original sin and grace. As Henri Gouhier well puts it (*OC*, IV, clxxvii), he rejects 'the tragic sense of life' implicit in the Christian position in favour of a more humanistic outlook.

LETTRE A Mgr DE BEAUMONT

ARCHEVÊQUE DE PARIS

MANDEMENT

DE Mgr L'ARCHEVÊQUE DE PARIS

PORTANT CONDAMNATION

D'un livre qui a pour titre: ÉMILE, ou DE L'ÉDUCATION,
par J.-J. ROUSSEAU, citoyen de Genève[1]

CHRISTOPHE DE BEAUMONT, par la miséricorde divine et par la grâce du Saint-Siège apostolique, archevêque de Paris, duc de Saint-Cloud, pair de France, commandeur de l'ordre du Saint-Esprit, proviseur de Sorbonne, etc.; à tous les fidèles de notre diocèse, salut et bénédiction.

I.—Saint Paul a prédit, M. T. C. F.,[2] qu'il viendrait *des jours périlleux où il y aurait des gens amateurs d'eux-mêmes, fiers, superbes, blasphémateurs, impies, calomniateurs, enflés d'orgueil, amateurs des voluptés plutôt que de Dieu; des hommes d'un esprit corrompu, et pervertis dans la foi.*[(I)] Et dans quels temps malheureux cette prédiction s'est-elle accomplie plus à la lettre que dans les nôtres! L'incrédulité, enhardie par toutes les passions, se présente sous toutes les formes, afin de se proportionner en quelque sorte à tous les âges, à tous les caractères, à tous les états. Tantôt, pour s'insinuer dans les esprits qu'elle trouve déjà *ensorcelés par la bagatelle,*[(II)] elle emprunte un style léger, agréable et frivole: de là tant de romans, également obscènes et impies, dont le but est d'amuser l'imagination pour séduire l'esprit et corrompre le cœur. Tantôt affectant un air de profondeur et de sublimité dans ses vues, elle feint de remonter aux premiers principes de nos connaissances, et prétend s'en autoriser pour secouer un joug qui, selon elle, déshonore l'humanité, la Divinité même. Tantôt elle déclame en furieuse contre le zèle de la religion, et prêche la tolérance universelle avec emportement. Tantôt enfin, réunissant tous ces divers langages elle mêle le sérieux à

[(I)] In novissimis diebus instabunt tempora periculosa; erunt homines seipsos amantes..., elati, superbi, blasphemi, scelesti, criminatores, tumidi, et voluptatum amatores magis quam Dei; homines corrupti mente et reprobi circa fidem. (II Tim., cap. III, v. 1, 4, 8.)

[(II)] Fascinatio nugacitatis obscurat bona. (Sap., cap. IV, v. 12.)

---

[1] In view of Rousseau's constant references to the Archbishop's actual words, the text of the *Mandement* is included with the *Lettre*.

[2] i.e. 'mes très chers frères'.

l'enjouement, des maximes pures à des obscénités, de grandes vérités à
de grandes erreurs, la foi au blasphème; elle entreprend, en un mot,
d'accorder les lumières avec les ténèbres, Jésus-Christ avec Bélial. Et
tel est spécialement, M. T. C. F., l'objet qu'on paraît s'être proposé dans
un ouvrage récent, qui a pour titre ÉMILE, OU DE L'ÉDUCATION. Du sein
de l'erreur, il s'est élevé un homme plein du langage de la philosophie,
sans être véritablement philosophe; esprit doué d'une multitude de
connaissances qui ne l'ont pas éclairé, et qui ont répandu des ténèbres
dans les autres esprits; caractère livré aux paradoxes d'opinions et de conduite, alliant la simplicité des mœurs avec le faste des pensées, le zèle des
maximes antiques avec la fureur d'établir des nouveautés, l'obscurité de
la retraite avec le désir d'être connu de tout le monde: on l'a vu invectiver contre les sciences qu'il cultivait, préconiser l'excellence de l'Évangile dont il détruisait les dogmes, peindre la beauté des vertus qu'il
éteignait dans l'âme de ses lecteurs. Il s'est fait le précepteur du genre
humain pour le tromper, le moniteur public pour égarer tout le monde,
l'oracle du siècle pour achever de le perdre. Dans un ouvrage sur l'inégalité des conditions, il avait abaissé l'homme jusqu'au rang des bêtes;
dans une autre production plus récente, il avait insinué le poison de la
volupté en paraissant le proscrire; dans celui-ci, il s'empare des premiers
moments de l'homme, afin d'établir l'empire de l'irréligion.

II.—Quelle entreprise, M. T. C. F.! L'éducation de la jeunesse est un
des objets les plus importants de la sollicitude et du zèle des pasteurs.
Nous savons que, pour réformer le monde, autant que le permettent la
faiblesse et la corruption de notre nature, il suffirait d'observer, sous la
direction et l'impression de la grâce, les premiers rayons de la raison
humaine, de les saisir avec soin, et de les diriger vers la route qui conduit à la vérité. Par là ces esprits, encore exempts de préjugés, seraient
pour toujours en garde contre l'erreur; ces cœurs, encore exempts de
grandes passions, prendraient les impressions de toutes les vertus. Mais
à qui convient-il mieux qu'à nous, et à nos coopérateurs dans le saint
ministère, de veiller ainsi sur les premiers moments de la jeunesse
chrétienne; de lui distribuer le lait spirituel de la religion, *afin qu'il
croisse pour le salut*;[1] de préparer de bonne heure par de salutaires
leçons des adorateurs sincères au vrai Dieu, des sujets fidèles au souverain, des hommes dignes d'être la ressource et l'ornement de la patrie?

III.—Or, M. T. C. F., l'auteur d'*Émile* propose un plan d'éducation
qui, loin de s'accorder avec le christianisme, n'est pas même propre à
former des citoyens ni des hommes. Sous le vain prétexte de rendre
l'homme à lui-même et de faire de son élève l'élève de la nature, il met en
principe une assertion démentie, non seulement par la religion, mais

---

[1] Sicut modo geniti infantes rationabile sine dolo lac concupiscite, ut in eo
crescatis in salutem. (I Petr., cap. II.)

encore par l'expérience de tous les peuples et de tous les temps. *Posons,* dit-il, *pour maxime incontestable que les premiers mouvements de la nature sont toujours droits; il n'y a point de perversité originelle dans le cœur humain.* A ce langage, on ne reconnaît point la doctrine des saintes Écritures et de l'Église touchant la révolution qui s'est faite dans notre nature; on perd de vue le rayon de lumière qui nous fait connaître le mystère de notre propre cœur. Oui, M. T. C. F., il se trouve en nous un mélange frappant de grandeur et de bassesse, d'ardeur pour la vérité et de goût pour l'erreur, d'inclination pour la vertu et de penchant pour le vice. Étonnant contraste qui, en déconcertant la philosophie païenne, la laisse errer dans de vaines spéculations! contraste dont la révélation nous découvre la source dans la chute déplorable de notre premier père! L'homme se sent entraîné par une pente funeste; et comment se raidirait-il contre elle, si son enfance n'était dirigée par des maîtres pleins de vertu, de sagesse, de vigilance et si, durant tout le cours de sa vie, il ne faisait lui-même, sous la protection et avec les grâces de son Dieu, des efforts puissants et continuels! Hélas! M. T. C. F., malgré les principes de l'éducation la plus saine et la plus vertueuse, malgré les promesses les plus magnifiques de la religion et les menaces les plus terribles, les écarts de la jeunesse ne sont encore que trop fréquents, trop multipliés! Dans quelles erreurs, dans quels excès, abandonnée à elle-même, ne se précipiterait-elle donc pas? C'est un torrent qui se déborde malgré les digues puissantes qu'on lui avait opposées: que serait-ce donc si nul obstacle ne suspendait ses flots et ne rompait ses efforts?

IV.—L'auteur d'*Émile*, qui ne reconnaît aucune religion, indique néanmoins, sans y penser, la voie qui conduit infailliblement à la vraie religion: «Nous, dit-il, qui ne voulons rien donner à l'autorité, nous qui «ne voulons rien enseigner à notre *Émile* qu'il ne pût comprendre de «lui-même par tout pays, dans quelle religion l'élèverons-nous? à quelle «secte agrégerons-nous l'élève de la nature? Nous ne l'agrégerons ni à «celle-ci ni à celle-là; nous le mettrons en état de choisir celle où le «meilleur usage de la raison doit le conduire». Plût à Dieu, M. T. C. F., que cet objet eût été bien rempli! Si l'auteur eût réellement *mis son élève en état de choisir, entre toutes les religions, celle où le meilleur usage de la raison doit conduire,* il l'eût immanquablement préparé aux leçons du christianisme. Car, M. T. C. F., la lumière naturelle conduit à la lumière évangélique; et le culte chrétien est essentiellement *un culte raisonnable.*[1] En effet, *si le meilleur usage de notre raison* ne devait pas nous conduire à la révélation chrétienne, notre foi serait vaine, nos espérances seraient chimériques. Mais comment ce *meilleur usage* de la raison nous conduit-il au bien inestimable de la foi, et de là au terme

[1] Rationabile obsequium vestrum. (Rom., cap. XII, v. 1.)

précieux du salut? c'est à la raison elle-même que nous en appelons. Dès qu'on reconnaît un Dieu, il ne s'agit plus que de savoir s'il a daigné parler aux hommes autrement que par les impressions de la nature. Il faut donc examiner si les faits qui constatent la révélation ne sont pas supérieurs à tous les efforts de la chicane la plus artificieuse. Cent fois l'incrédulité a tâché de détruire ces faits, ou au moins d'en affaiblir les preuves, et cent fois sa critique a été convaincue d'impuissance. Dieu, par la révélation, s'est rendu témoignage à lui-même, et ce témoignage est évidemment *très digne de foi.*[1] Que reste-il donc à l'homme qui fait *le meilleur usage de sa raison*, sinon d'acquiescer à ce témoignage? C'est votre grâce, ô mon Dieu! qui consomme cette œuvre de lumière; c'est elle qui détermine la volonté, qui forme l'âme chrétienne: mais le développement des preuves et la force des motifs ont préalablement occupé, épuré la raison; et c'est dans ce travail, aussi noble qu'indispensable, que consiste ce *meilleur usage de la raison*, dont l'auteur d'*Émile* entreprend de parler sans en avoir une notion fixe et véritable.

V.—Pour trouver la jeunesse plus docile aux leçons qu'il lui prépare, cet auteur veut qu'elle soit dénuée de tout principe de religion. Et voilà pourquoi, selon lui, *connaître le bien et le mal, sentir la raison des devoirs de l'homme, n'est pas l'affaire d'un enfant... J'aimerais autant*, ajoute-t-il, *exiger qu'un enfant eût cinq pieds de haut que du jugement à dix ans.*

VI.—Sans doute, M. T. C. F., que le jugement humain a ses progrès, et ne se forme que par degrés: mais s'ensuit-il donc qu'à l'âge de dix ans un enfant ne connaisse point la différence du bien et du mal; qu'il confonde la sagesse avec la folie, la bonté avec la barbarie, la vertu avec le vice? Quoi! à cet âge il ne sentira pas qu'obéir à son père est un bien, que lui désobéir est un mal! Le prétendre, M. T. C. F., c'est calomnier la nature humaine, en lui attribuant une stupidité qu'elle n'a point.

VII.—«Tout enfant qui croit en Dieu, dit encore cet auteur, est «idolâtre ou anthropomorphite.» Mais, s'il est idolâtre, il croit donc plusieurs dieux; il attribue donc la nature divine à des simulacres insensibles. S'il n'est qu'anthropomorphite, en reconnaissant le vrai Dieu il lui donne un corps. Or, on ne peut supporter ni l'un ni l'autre dans un enfant qui a reçu une éducation chrétienne. Que si l'éducation a été vicieuse à cet égard, il est souverainement injuste d'imputer à la religion ce qui n'est que la faute de ceux qui l'enseignent mal. Au surplus, l'âge de dix ans n'est point l'âge d'un philosophe: un enfant, quoique bien instruit, peut s'expliquer mal; mais en lui inculquant que la Divinité n'est rien de ce qui tombe ou de ce qui peut tomber sous les sens, que c'est une intelligence infinie qui, douée d'une puissance suprême, exécute tout ce qui lui plaît, on lui donne de Dieu une notion assortie à la portée de son jugement. Il n'est pas douteux qu'un athée, par ses

[1] *Testimonia tua credibilia facta sunt nimis*, (Psal., xcii, v. 5.)

sophismes, viendra facilement à bout de troubler les idées de ce jeune croyant; mais toute l'adresse du sophiste ne fera certainement pas que cet enfant, lorsqu'il croit en Dieu, soit *idolâtre* ou *anthropomorphite*, c'est-à-dire qu'il ne croie que l'existence d'une chimère.

VIII.—L'auteur va plus loin, M. T. C. F.; il n'*accorde pas même à un jeune homme de quinze ans la capacité de croire en Dieu*. L'homme ne saura donc pas même à cet âge s'il y a un Dieu ou s'il n'y en a point; toute la nature aura beau annoncer la gloire de son Créateur, il n'entendra rien à son langage! il existera sans savoir à quoi il doit son existence! et ce sera la saine raison elle-même qui le plongera dans ces ténèbres! C'est ainsi, M. T. C. F., que l'aveugle impiété voudrait pouvoir obscurcir de ses noires vapeurs le flambeau que la religion présente à tous les âges de la vie humaine. Saint Augustin raisonnait bien sur d'autres principes quand il disait, en parlant des premières années de sa jeunesse: «Je tombai, dès ce temps-là, Seigneur, entre les mains de «quelques-uns de ceux qui ont soin de vous invoquer; et je compris, par «ce qu'ils me disaient de vous, et selon les idées que j'étais capable de «m'en former à cet âge-là, que vous étiez quelque chose de grand, et «qu'encore que vous fussiez invisible et hors de la portée de nos sens, «vous pouviez nous exaucer et nous secourir. Aussi commençai-je dès «mon enfance à vous prier et vous regarder comme mon recours et mon «appui; et à mesure que ma langue se dénouait, j'employais ses premiers «mouvements à vous invoquer.»

IX.—Continuons, M. T. C. F., de relever les paradoxes étranges de l'auteur d'*Émile*. Après avoir réduit les jeunes gens à une ignorance si profonde par rapport aux attributs et aux droits de la Divinité, leur accordera-t-il du moins l'avantage de se connaître eux-mêmes? Sauront-ils si leur âme est une substance absolument distinguée de la matière? ou se regarderont-ils comme des êtres purement matériels, et soumis aux seules lois du mécanisme! L'auteur d'*Émile* doute qu'à dix-huit ans il soit encore temps que son élève apprenne s'il a une âme: il pense que, *s'il l'apprend plus tôt, il court risque de ne le savoir jamais*. Ne veut-il pas du moins que la jeunesse soit susceptible de la connaissance de ses devoirs? Non: à l'en croire, *il n'y a que des objets physiques qui puissent intéresser les enfants, surtout ceux dont on n'a pas éveillé la vanité et qu'on n'a pas corrompus d'avance par le poison de l'opinion*: il veut, en conséquence, que tous les soins de la première éducation soient appliqués à ce qu'il y a dans l'homme de matériel et de terrestre: *Exercez*, dit-il, *son corps, ses organes, ses sens, ses forces; mais tenez son âme oisive autant qu'il se pourra*. C'est que cette oisiveté lui a paru nécessaire pour disposer l'âme aux erreurs qu'il se proposait de lui inculquer. Mais ne vouloir enseigner la sagesse à l'homme que dans le temps où il sera dominé par la fougue des passions naissantes, n'est-ce pas la lui présenter dans le dessein qu'il la rejette?

X.—Qu'une semblable éducation, M. T. C. F., est opposée à celle que prescrivent de concert la vraie religion et la saine raison! Toutes deux veulent qu'un maître sage et vigilant épie en quelque sorte dans son élève les premières lueurs de l'intelligence pour l'occuper des attraits de la vérité, les premiers mouvements du cœur pour le fixer par les charmes de la vertu. Combien, en effet, n'est-il pas plus avantageux de prévenir les obstacles que d'avoir à les surmonter? Combien n'est-il pas à craindre que si les impressions du vice précèdent les leçons de la vertu, l'homme, parvenu à un certain âge, ne manque de courage ou de volonté pour résister au vice? Une heureuse expérience ne prouve-t-elle pas tous les jours qu'après les dérèglements d'une jeunesse imprudente et emportée, on revient enfin aux bons principes qu'on a reçus dans l'enfance?

XI.—Au reste, M. T. C. F., ne soyons point surpris que l'auteur d'*Émile* remette à un temps si reculé la connaissance de l'existence de Dieu; il ne la croit pas nécessaire au salut. «Il est clair, dit-il par l'organe «d'un personnage chimérique, il est clair que tel homme, parvenu «jusqu'à la vieillesse sans croire en Dieu, ne sera pas pour cela privé de «sa présence dans l'autre, si son aveuglement n'a point été volontaire; et «je dis qu'il ne l'est pas toujours.» Remarquez, M. T. C. F., qu'il ne s'agit point ici d'un homme qui serait dépourvu de l'usage de sa raison, mais uniquement de celui dont la raison ne serait point aidée de l'instruction. Or une telle prétention est souverainement absurde, surtout dans le système d'un écrivain qui soutient que la raison est absolument saine. Saint Paul assure qu'entre les philosophes païens plusieurs sont parvenus, par les seules forces de la raison, à la connaissance du vrai Dieu. «Ce qui peut être connu de Dieu, dit cet apôtre, leur a été mani-«festé, Dieu le leur ayant fait connaître: la considération des choses qui «ont été faites dès la création du monde leur ayant rendu visible ce qui «est invisible en Dieu, sa puissance même éternelle et sa divinité; en «sorte qu'ils sont sans excuse, puisque ayant connu Dieu ils ne l'ont «point glorifié comme Dieu et ne lui ont point rendu grâces; mais ils se «sont perdus dans la vanité de leur raisonnement, et leur esprit insensé a «été obscurci; en se disant sages, ils sont devenus fous.»[1]

XII.—Or, si tel a été le crime de ces hommes, lesquels, bien qu'assujettis par les préjugés de leur éducation au culte des idoles, n'ont pas laissé d'atteindre à la connaissance de Dieu, comment ceux qui n'ont point de pareils obstacles à vaincre seraient-ils innocents et justes au

[1] Quod notum est Dei manifestum est in illis: Deus enim illis manifestavit. Invisibilia enim ipsius, a creatura mundi, per ea quæ facta sunt, intellecta conspiciuntur, sempiterna quoque ejus virtus et divinitas, ita ut sint inexcusabiles, quia cum cognovissent Deum, non sicut Deum glorificaverunt, aut gratias egerunt, sed evanuerunt in cogitationibus suis, et obscuratum est insipiens cor eorum; dicentes enim se esse sapientes, stulti facti sunt. (Rom., cap. I, v. 19, 22.)

point de mériter de jouir de la présence de Dieu dans l'autre vie? Comment seraient-ils excusables (avec une raison saine telle que l'auteur la suppose) d'avoir joui durant cette vie du grand spectacle de la nature, et d'avoir cependant méconnu celui qui l'a créée, qui la conserve et la gouverne?

XIII.—Le même écrivain, M. T. C. F., embrasse ouvertement le scepticisme par rapport à la création et à l'unité de Dieu. «Je sais, fait-il «dire encore au personnage supposé qui lui sert d'organe, je sais que le «monde est gouverné par une volonté puissante et sage; je le vois, ou «plutôt je le sens, et cela m'importe à savoir. Mais ce même monde est-il «éternel, ou créé? y a-t-il un principe unique des choses? y en a-t-il deux ou plusieurs? et quelle est leur nature? Je n'en sais rien, et que m'importe?...Je renonce à des questions oiseuses, qui peuvent in-«quiéter mon amour-propre, mais qui sont inutiles à ma conduite et «supérieures à ma raison.» Que veut donc dire cet auteur téméraire? Il croit que le monde est gouverné par une volonté puissante et sage; il avoue que cela lui importe à savoir et cependant *il ne sait*, dit-il, *s'il n'y a qu'un seul principe des choses* ou s'il y en a plusieurs, et il prétend qu'il lui importe peu de le savoir. S'il y a une volonté puissante et sage qui gouverne le monde, est-il convenable qu'elle ne soit pas l'unique principe des choses? et peut-il être plus important de savoir l'un que l'autre? Quel langage contradictoire! Il ne sait *quelle est la nature* de Dieu, et bientôt après il reconnaît que cet Être suprême est doué d'intelligence, de puissance, de volonté et de bonté. N'est-ce donc pas là avoir une idée de la nature divine? L'unité de Dieu lui paraît une question oiseuse et supérieure à sa raison, comme si la multiplicité des dieux n'était pas la plus grande de toutes les absurdités! *La pluralité des dieux*, dit énergiquement Tertullien, *est une nullité de Dieu*;[1] admettre un Dieu, c'est admettre un Être suprême et indépendant, auquel tous les autres êtres soient subordonnés. Il implique donc qu'il y ait plusieurs dieux.

XIV.—Il n'est pas étonnant, M. T. C. F., qu'un homme qui donne dans de pareils écarts touchant la Divinité s'élève contre la religion qu'elle nous a révélée. A l'entendre, toutes les révélations en général *ne font que dégrader Dieu, en lui donnant des passions humaines. Loin d'éclaircir les notions du grand Être*, poursuit-il, *je vois que les dogmes particuliers les embrouillent: que loin de les ennoblir, ils les avilissent; qu'aux mystères qui les environnent, ils ajoutent des contradictions absurdes.* C'est bien plutôt à cet auteur, M. T. C. F., qu'on peut reprocher l'inconséquence et l'absurdité. C'est bien lui qui dégrade Dieu, qui embrouille et qui avilit les notions du grand Être, puisqu'il attaque directement son essence, en révoquant en doute son unité.

---

[1] Deus cum summum sit, recte veritas nostra pronuntiavit: Deus si non unus est, non est. (TERTUL., *advers. Marcionem*, lib. I.)

XV.—Il a senti que la vérité de la révélation chrétienne était prouvée par des faits; mais les miracles formant une des principales preuves de cette révélation, et ces miracles nous ayant été transmis par la voie des témoignages, il s'écrie: *Quoi! toujours des témoignages humains! toujours des hommes qui me rapportent ce que d'autres hommes ont rapporté! Que d'hommes entre Dieu et moi!* Pour que cette plainte fût sensée, M. T. C. F., il faudrait pouvoir conclure que la révélation est fausse dès qu'elle n'a point été faite à chaque homme en particulier; il faudrait pouvoir dire: Dieu ne peut exiger de moi que je croie ce qu'on m'assure qu'il a dit, dès que ce n'est pas directement à moi qu'il a adressé sa parole. Mais n'est-il donc pas une infinité de faits, même antérieurs à celui de la révélation chrétienne, dont il serait absurde de douter? Par quelle autre voie que par celle des témoignages humains l'auteur lui-même a-t-il donc connu cette Sparte, cette Athènes, cette Rome dont il vante si souvent et avec tant d'assurance les lois, les mœurs et les héros? Que d'hommes entre lui et les événements qui concernent les origines et la fortune de ces anciennes républiques! Que d'hommes entre lui et les historiens qui ont conservé la mémoire de ces événements! Son scepticisme n'est donc ici fondé que sur l'intérêt de son incrédulité.

XVI.—«Qu'un homme, ajoute-t-il plus loin, vienne nous tenir ce «langage: Mortels, je vous annonce les volontés du Très-Haut; recon-«naissez à ma voix celui qui m'envoie. J'ordonne au soleil de changer sa «course, aux étoiles de former un autre arrangement, aux montagnes de «s'aplanir, aux flots de s'élever, à la terre de prendre un autre aspect: à «ces merveilles, qui ne reconnaîtra pas à l'instant le Maître de la nature?» Qui ne croirait, M. T. C. F., que celui qui s'exprime de la sorte ne demande qu'à voir des miracles pour être chrétien? Écoutez toutefois ce qu'il ajoute: «Reste enfin, dit-il, l'examen le plus important dans la doctrine annoncée... Après avoir prouvé la doctrine par le miracle, il «faut prouver le miracle par la doctrine. Or que faire en pareil cas? Une «seule chose: revenir au raisonnement, et laisser là les miracles. Mieux «eût-il valu n'y pas recourir.» C'est dire: Qu'on me montre des miracles, et je croirai, qu'on me montre des miracles, et je refuserai encore de croire. Quelle inconséquence, quelle absurdité! Mais apprenez donc une bonne fois, M. T. C. F., que dans la question des miracles on ne se permet point le sophisme reproché par l'auteur du livre *de l'Éducation*. Quand une doctrine est reconnue vraie, divine, fondée sur une révélation certaine, on s'en sert pour juger des miracles, c'est-à-dire pour rejeter les prétendus prodiges que des imposteurs voudraient opposer à cette doctrine. Quand il s'agit d'une doctrine nouvelle qu'on annonce comme émanée du sein de Dieu, les miracles sont produits en preuves; c'est-à-dire que celui qui prend la qualité d'envoyé du Très-Haut confirme sa mission, sa prédication, par des miracles qui sont le témoignage même de la Divinité. Ainsi la doctrine et les miracles sont des arguments

respectifs dont on fait usage selon les divers points de vue où l'on se place
dans l'étude et dans l'enseignement de la religion. Il ne se trouve là ni
abus du raisonnement, ni sophisme ridicule, ni cercle vicieux. C'est ce
qu'on a démontré cent fois; et il est probable que l'auteur d'*Émile*
n'ignore point ces démonstrations: mais, dans le plan qu'il s'est fait
d'envelopper de nuages toute religion révélée, toute opération surnaturelle, il nous impute malignement des procédés qui déshonorent la
raison; il nous représente comme des enthousiastes, qu'un faux zèle
aveugle au point de prouver deux principes l'un par l'autre, sans
diversité d'objets ni de méthode. Où est donc, M. T. C. F., la bonne foi
philosophique dont se pare cet écrivain?

XVII.—On croirait qu'après les plus grands efforts pour décréditer
les témoignages humains qui attestent la révélation chrétienne, le
même auteur y défère cependant de la manière la plus positive, la plus
solennelle. Il faut, pour vous en convaincre, M. T. C. F., et en même
temps pour vous édifier, mettre sous vos yeux cet endroit de son ouvrage:
«J'avoue que la majesté de l'Écriture m'étonne; la sainteté de l'Écriture
«parle à mon cœur. Voyez les livres des philosophes: avec toute leur
«pompe, qu'ils sont petits auprès de celui-là! Se peut-il qu'un livre à la
«fois si sublime et si simple soit l'ouvrage des hommes? Se peut-il que
«celui dont il fait l'histoire ne soit qu'un homme lui-même? Est-ce là le
«ton d'un enthousiaste, ou d'un ambitieux sectaire? Quelle douceur!
«quelle pureté dans ses mœurs! quelle grâce touchante dans ses instruc-
«tions! quelle élévation dans ses maximes! quelle profonde sagesse dans
«ses discours! quelle présence d'esprit, quelle finesse et quelle justesse
«dans ses réponses! quel empire sur ses passions! Où est l'homme, où
«est le sage qui sait agir, souffrir et mourir sans faiblesse et sans osten-
«tation?... Oui, si la vie et la mort de Socrate sont d'un sage, la vie et la
«mort de Jésus sont d'un Dieu. Dirons-nous que l'histoire de l'Évangile
«est inventée à plaisir?... Ce n'est pas ainsi qu'on invente, et les faits de
«Socrate, dont personne ne doute, sont moins attestés que ceux de
«Jésus-Christ... Il serait plus inconcevable que plusieurs hommes
«d'accord eussent fabriqué ce livre, qu'il ne l'est qu'un seul en ait fourni
«le sujet. Jamais les auteurs juifs n'eussent trouvé ce ton ni cette morale;
«et l'Évangile a des caractères de vérité si grands, si frappants, si parfaite-
«ment inimitables, que l'inventeur en serait plus étonnant que le héros.»
Il serait difficile, M. T. C. F., de rendre un plus bel hommage à l'authenticité de l'Évangile. Cependant l'auteur ne la reconnaît qu'en conséquence des témoignages humains. Ce sont toujours des hommes qui lui
rapportent ce que d'autres hommes ont rapporté. Que d'hommes entre
Dieu et lui! Le voilà donc bien évidemment en contradiction avec lui-
même; le voilà confondu par ses propres aveux. Par quel étrange
aveuglement a-t-il donc pu ajouter: «Avec tout cela ce même Évangile
«est plein de choses incroyables, de choses qui répugnent à la raison, et

«qu'il est impossible à tout homme sensé de concevoir ni d'admettre.
«Que faire au milieu de toutes ces contradictions? Être toujours modeste
«et circonspect... respecter en silence ce qu'on ne saurait ni rejeter ni
«comprendre, et s'humilier devant le grand Être qui seul sait la vérité.
«Voilà le scepticisme involontaire où je suis resté.» Mais le scepticisme,
M. T. C. F., peut-il donc être involontaire, lorsqu'on refuse de se
soumettre à la doctrine d'un livre qui ne saurait être inventé par les
hommes, lorsque ce livre porte des caractères de vérité si grands, si
frappants, si parfaitement inimitables, que l'inventeur en serait plus
étonnant que le héros? C'est bien ici qu'on peut dire que *l'iniquité a
menti contre elle-même*.[1]

XVIII.—Il semble, M. T. C. F., que cet auteur n'a rejeté la révélation
que pour s'en tenir à la religion naturelle: «Ce que Dieu veut qu'un
«homme fasse, dit-il, il ne le lui fait pas dire par un autre homme, il le
«lui dit à lui-même, il l'écrit au fond de son cœur». Quoi donc! Dieu n'a-
t-il pas écrit au fond de nos cœurs l'obligation de se soumettre à lui dès
que nous sommes sûrs que c'est lui qui a parlé? Or, quelle certitude
n'avons-nous pas de sa divine parole? Les faits de Socrate, dont personne
ne doute sont, de l'aveu même de l'auteur d'*Émile*, moins attestés que
ceux de Jésus-Christ. La religion naturelle conduit donc elle-même à la
religion révélée. Mais est-il bien certain qu'il admette même la religion
naturelle, ou que du moins il en reconnaisse la nécessité? Non, M. T. C.
F.: «Si je me trompe, dit-il, c'est de bonne foi. Cela me suffit pour que
«mon erreur même ne me soit pas imputée à crime. Quand vous vous
«tromperiez de même, il y aurait peu de mal à cela». C'est-à-dire que,
selon lui, il suffit de se persuader qu'on est en possession de la vérité;
que cette persuasion, fût-elle accompagnée des plus monstreuses erreurs,
ne peut jamais être un sujet de reproche: qu'on doit toujours regarder
comme un homme sage et religieux celui qui, adoptant les erreurs même
de l'athéisme, dira qu'il est de bonne foi. Or, n'est-ce pas là ouvrir la
porte à toutes les superstitions, à tous les systèmes fanatiques, à tous les
délires de l'esprit humain? N'est-ce pas permettre qu'il y ait dans le
monde autant de religions, de cultes divins, qu'on y compte d'habitants?
Ah! M.T. C. F., ne prenez point le change sur ce point. La bonne foi
n'est estimable que quand elle est éclairée et docile. Il nous est ordonné
d'étudier notre religion, et de croire avec simplicité. Nous avons pour
garant des promesses l'autorité de l'Église. Apprenons à la bien connaître, et jetons-nous ensuite dans son sein. Alors nous pourrons
compter sur notre bonne foi, vivre dans la paix, et attendre sans
trouble le moment de la lumière éternelle.

XIX.—Quelle insigne mauvaise foi n'éclate pas encore dans la
manière dont l'incrédule que nous réfutons fait raisonner le chrétien et

---

[1] Mentita est iniquitas sibi. (Psal., xxvi, v. 12.)

le catholique! Quels discours pleins d'inepties ne prête-t-il pas à l'un et
à l'autre pour les rendre méprisables! il imagine un dialogue entre un
chrétien, qu'il traite d'*inspiré*, et l'incrédule, qu'il qualifie de *raisonneur*;
et voici comme il fait parler le premier: «La raison vous apprend que
le tout est plus grand que sa partie: mais moi, je vous apprends de la part
«de Dieu que c'est la partie qui est plus grande que le tout». A quoi
«l'incrédule répond: «Et qui êtes-vous pour m'oser dire que Dieu se
«contredit? et à qui croirai-je par préférence, de lui qui m'apprend par
«la raison des vérités éternelles, ou de vous qui m'annoncez de sa part
«une absurdité?»

XX.—Mais de quel front, M. T. C. F., ose-t-on prêter au chrétien un
pareil langage? Le Dieu de la raison, disons-nous, est aussi le Dieu de la
révélation. La raison et la révélation sont les deux organes par lesquels il
lui a plu de se faire entendre aux hommes, soit pour les instruire de la
vérité, soit pour leur intimer ses ordres. Si l'un de ces deux organes
était opposé à l'autre, il est constant que Dieu serait en contradiction
avec lui-même. Mais Dieu se contredit-il parce qu'il commande de
croire des vérités incompréhensibles? Vous dites, ô impies! que les
dogmes que nous regardons comme révélés combattent les vérités éternelles: mais il ne suffit pas de le dire. S'il vous était possible de le
prouver, il y a longtemps que vous l'auriez fait, et que vous auriez poussé
des cris de victoire.

XXI.—La mauvaise foi de l'auteur d'*Émile* n'est pas moins révoltante
dans le langage qu'il fait tenir à un catholique prétendu: «Nos catholiques, lui fait-il dire, font grand bruit de l'autorité de l'Église; mais que
«gagnent-ils à cela, s'il leur faut un aussi grand appareil de preuves
«pour établir cette autorité, qu'aux autres sectes pour établir directe-
«ment leur doctrine? L'Église décide que l'Église a droit de décider: ne
«voilà-t-il pas une autorité bien prouvée?» Qui ne croirait, M. T. C. F.,
à entendre cet imposteur, que l'autorité de l'Église n'est prouvée que par
ses propres décisions, et qu'elle procède ainsi: *Je décide que je suis infaillible, donc je le suis?* imputation calomnieuse, M. T. C. F. La constitution du christianisme, l'esprit de l'Évangile, les erreurs mêmes et la
faiblesse de l'esprit humain, tendent à démontrer que l'Église établie par
Jésus-Christ est une Église infaillible. Nous assurons que, comme ce
divin législateur a toujours enseigné la vérité, son Église l'enseigne
aussi toujours. Nous prouvons donc l'autorité de l'Église, non par
l'autorité de l'Église, mais par celle de Jésus-Christ; procédé non moins
exact que celui qu'on nous reproche est ridicule et insensé.

XXII.—Ce n'est pas d'aujourd'hui, M. T. C. F., que l'esprit d'irréligion est un esprit d'indépendance et de révolte. Et comment en effet ces
hommes audacieux, qui refusent de se soumettre à l'autorité de Dieu
même, respecteraient-ils celle des rois qui sont les images de Dieu, ou
celle des magistrats qui sont les images des rois? «Songe, dit l'auteur

«d'*Émile* à son élève, qu'elle (l'espèce humaine) est composée essentielle-
«ment de la collection des peuples; que quand tous les rois…en seraient
«ôtés, il n'y paraîtrait guère, et que les choses n'en iraient pas plus mal…
«Toujours, dit-il plus loin, la multitude sera sacrifiée au petit nombre, et
«l'intérêt public à l'intérêt particulier: toujours ces noms spécieux de
«justice et de subordination serviront d'instrument à la violence et
«d'armes à l'iniquité. D'où il suit, continue-t-il, que les ordres distingués,
«qui se prétendent utiles aux autres, ne sont en effet utiles qu'à eux-
«mêmes aux dépens des autres. Par où l'on doit juger de la considération
«qui leur est due selon la justice et la raison.» Ainsi donc, M. T. C. F.,
l'impiété ose critiquer les intentions de celui *par qui règnent les rois*;[i]
ainsi elle se plaît à empoisonner les sources de la félicité publique, en
soufflant des maximes qui ne tendent qu'à produire l'anarchie et tous les
malheurs qui en sont la suite. Mais que vous dit la religion? *Craignez
Dieu, respectez le roi*[ii]… *Que tout homme soit soumis aux puissances
supérieures: car il n'y a point de puissance qui ne vienne de Dieu; et c'est lui
qui a établi toutes celles qui sont dans le monde. Quiconque résiste donc aux
puissances résiste à l'ordre de Dieu, et ceux qui y résistent attirent la condamnation sur eux-mêmes.*[iii]

XXIII.—Oui, M. T. C. F., dans tout ce qui est de l'ordre civil, vous
devez obéir au prince et à ceux qui exercent son autorité, comme à
Dieu même. Les seuls intérêts de l'Être suprême peuvent mettre des
bornes à votre soumission; et si on voulait vous punir de votre fidélité à
ses ordres, vous devriez encore souffrir avec patience et sans murmure.
Les Néron, les Domitien eux-mêmes, qui aimèrent mieux être les
fléaux de la terre que les pères de leurs peuples, n'étaient comptables
qu'à Dieu de l'abus de leur puissance. *Les chrétiens*, dit saint Augustin,
leur obéissaient dans le temps à cause du Dieu de l'éternité.[iv]

XXIV.—Nous ne vous avons exposé, M. T. C. F., qu'une partie des
impiétés contenues dans ce traité *de l'Éducation*, ouvrage également
digne des anathèmes de l'Église et de la sévérité des lois. Et que faut-il
de plus pour vous en inspirer une juste horreur? Malheur à vous, malheur à la société, si vos enfants étaient élevés d'après les principes de
l'auteur d'*Émile!* Comme il n'y a que la religion qui nous ait appris à
connaître l'homme, sa grandeur, sa misère, sa destinée future, il
n'appartient aussi qu'à elle seule de former sa raison, de perfectionner

---

[i] Per me reges regnant. (Prov., cap. VIII, v. 15.)

[ii] Deum timete: regem honorificate. (I Pet., cap. II, v. 17.)

[iii] Omnis anima potestatibus sublimioribus subdita sit: non est enim potestas
nisi a Deo: quæ autem sunt, a Deo ordinatæ sunt. Itaque qui resistit potestati,
Dei ordinationi resistit. Qui autem resistunt, ipsi sibi damnationem acquirunt.
(Rom., cap, XIII, v. 1, 2.)

[iv] Subditi erant propter Dominum æternum, etiam domino temporali.
(AUG., *Enarrat, in psal.* CXXIV.)

ses mœurs, de lui procurer un bonheur solide sans cette vie et dans
'autre. Nous savons, M. T. C. F., combien une éducation vraiment
chrétienne est délicate et laborieuse: que de lumière et de prudence
n'exige-t-elle pas! quel admirable mélange de douceur et de fermeté!
quelle sagacité pour se proportionner à la différence des conditions, des
âges, des tempéraments et des caractères, sans s'écarter jamais en rien
des règles du devoir! quel zèle et quelle patience pour faire fructifier
dans de jeunes cœurs le germe précieux de l'innocence, pour en déraciner, autant qu'il est possible, ces penchants vicieux qui sont les tristes
effets de notre corruption héréditaire! en un mot, pour leur apprendre,
suivant la morale de saint Paul, à *vivre en ce monde avec tempérance,
selon la justice et avec piété, en attendant la béatitude que nous espérons!*[1]
Nous disons donc à tous ceux qui sont chargés du soin, également
pénible et honorable, d'élever la jeunesse: Plantez et arrosez, dans la
ferme espérance que le Seigneur secondant votre travail, donnera
l'accroissement; *insistez à temps et à contre-temps,* selon le conseil du
même apôtre, *usez de réprimande, d'exhortation, de paroles sévères, sans
perdre patience et sans cesser d'instruire.*[11] Surtout, joignez l'exemple à
l'instruction: l'instruction sans l'exemple est un opprobre pour celui
qui la donne et un sujet de scandale pour celui qui la reçoit. Que le pieux
et charitable Tobie soit votre modèle: *Recommandez avec soin à vos
enfants de faire des œuvres de justice et des aumônes, de se souvenir de Dieu,
et de le bénir en tout temps dans la vérité et de toutes leurs forces;*[111] et
votre postérité, comme celle de ce saint patriarche, *sera aimée de Dieu et
des hommes.*[1v]

XXV.—Mais en quel temps l'education doit-elle commencer? Dès
les premiers rayons de l'intelligence: et ces rayons sont quelquefois
prématurés. *Formez l'enfant à l'entrée de sa voie,* dit le Sage; *dans sa
vieillesse même il ne s'en écartera point.*[v] Tel est en effet le cours ordinaire de la vie humaine: au milieu du délire des passions et dans le sein
du libertinage, les principes d'une éducation chrétienne sont une
lumière qui se ranime par intervalle, pour découvrir au pécheur toute

---

[1] Erudiens nos, ut, abnegantes impietatem et sæcularia desideria, sobrie, et
juste, et pie vivamus in hoc sæculo, expectantes beatam spem. (Tit., cap. II, v. 12,
13.)

[11] Insta opportune, importune; argue, obsecra, increpa in omni patientia et
doctrina. (II Timoth., cap. IV, v. 1, 2.)

[111] Filiis vestris mandate ut faciant justicias et eleemosynas, ut sint memores
Dei et benedicant eum in omni tempore, in veritate et in tota virtute sua. (Tob.,
cap. XIV, v. 11.)

[1v] Omnis autem cognatio ejus, et omnis generatio ejus in bona vita et in sancta
conversatione permansit, ita ut accepti essent tam Deo quam hominibus et cunc-
tis habitatoribus in terra. (*Ibid.,* v. 17.)

[v] Adolescens juxta viam suam, etiam cum senuerit, non recedet ab ea. (Prov.,
cap. XXII, v. 6.)

l'horreur de l'abîme où il est plongé, et lui en montrer les issues. Combien, encore une fois, qui, après les écarts d'une jeunesse licencieuse, sont rentrés, par l'impression de cette lumière, dans les routes de la sagesse, et ont honoré par des vertus tardives, mais sincères, l'humanité, la patrie et la religion!

XXVI.—Il nous reste en finissant, M. T. C. F., à vous conjurer, par les entrailles de la miséricorde de Dieu, de vous attacher inviolablement à cette religion sainte dans laquelle vous avez eu le bonheur d'être élevés; de vous soutenir contre le débordement d'une philosophie insensée, qui ne se propose rien moins que d'envahir l'héritage de Jésus-Christ; de rendre ses promesses vaines, et de la mettre au rang de ces fondateurs de religion dont la doctrine frivole ou pernicieuse a prouvé l'imposture. La foi n'est méprisée, abandonnée, insultée, que par ceux qui ne la connaissent pas, ou dont elle gêne les désordres. Mais les portes de l'enfer ne prévaudront jamais contre elle. L'Église chrétienne et catholique est le commencement de l'empire éternel de Jésus-Christ. *Rien de plus fort qu'elle*, s'écrie saint Jean Damascène; *c'est un rocher que les flots ne renversent point; c'est une montagne que rien ne peut détruire.*[1]

XXVII.—À ces causes, vu le livre qui a pour titre, *Émile ou de l'Éducation, par J.-J. Rousseau, citoyen de Genève, à Amsterdam, chez Jean Néaulme, libraire,* 1762; après avoir pris l'avis de plusieurs personnes distinguées par leur piété et par leur savoir, le saint nom de Dieu invoqué, nous condamnons le dit livre comme contenant une doctrine abominable, propre à renverser la loi naturelle et à détruire les fondements de la religion chrétienne; établissant des maximes contraires à la morale évangélique; tendant à troubler la paix des États, à révolter les sujets contre l'autorité de leur souverain; comme contenant un très grand nombre de propositions respectivement fausses, scandaleuses, pleines de haine contre l'Église et ses ministres, dérogeantes au respect dû à l'Écriture sainte et à la tradition de l'Église, erronées, impies, blasphématoires et hérétiques. En conséquence, nous défendons très expressément à toutes personnes de notre diocèse de lire ou retenir le dit livre, sous les peines de droit. Et sera notre présent mandement lu au prône des messes paroissiales des églises de la ville, faubourgs et diocèse de Paris; publié et affiché partout où besoin sera.

Donné à Paris, en notre palais archiépiscopal, le vingtième jour d'août mil sept cent soixante-deux.

Signé:
CHRISTOPHE,
Archevêque de Paris

Par Monseigneur
DE LA TOURE

---

[1] Nihil Ecclesia valentius, rupe fortior est... Semper viget. Cur eam Scriptura montem appellavit? utique, quia everti non potest. (DAMASC., t. II, p. 462, 463.)

JEAN-JACQUES ROUSSEAU

CITOYEN DE GENÈVE

A CHRISTOPHE DE BEAUMONT

ARCHEVÊQUE DE PARIS, DUC DE SAINT-CLOUD, PAIR DE FRANCE, COMMANDEUR
DE L'ORDRE DU SAINT-ESPRIT, PROVISEUR DE SORBONNE, ETC.[1]

> Da veniam si quid liberius dixi, non ad
> contumeliam tuam, sed ad defensionem
> meam. Præsumpsi enim de gravitate et
> prudentia tua, quia potes considerare
> quantam mihi respondendi necessitatem
> imposueris.
>
> AUG., epist. CCXXXVIII, *ad Pascent.*

Pourquoi faut-il, monseigneur, que j'aie quelque chose à vous
dire? Quelle langue commune pouvons-nous parler? comment
pouvons-nous nous entendre? et qu'y a-t-il entre vous et moi?

Cependant, il faut vous répondre; c'est vous-même qui m'y forcez. Si vous n'eussiez attaqué que mon livre, je vous aurais laissé
dire: mais vous attaquez aussi ma personne; et plus vous avez
d'autorité parmi les hommes, moins il m'est permis de me taire
quand vous voulez me déshonorer.

Je ne puis m'empêcher, en commençant cette lettre, de réfléchir
sur les bizarreries de ma destinée: elle en a qui n'ont été que pour
moi.

J'étais né avec quelque talent; le public l'a jugé ainsi: cependant j'ai passé ma jeunesse dans une heureuse obscurité, dont je ne
cherchais point à sortir. Si je l'avais cherché, cela même eût été
une bizarrerie que, durant tout le feu du premier âge, je n'eusse pu
réussir, et que j'eusse trop réussi dans la suite quand ce feu commençait à passer. J'approchais de ma quarantième année et j'avais,
au lieu d'une fortune que j'ai toujours méprisée et d'un nom qu'on
m'a fait payer si cher, le repos et des amis, les deux seuls biens dont
mon cœur soit avide.[2] Une miserable question d'académie, m'agi-

---

† The text and variants are based on *OC*, IV, 925–1007. Some interesting
manuscript fragments are also given ibid. 1009–28.

[1] Rousseau's title is deliberately intended to bring out the contrast between
himself as a simple 'citizen of Geneva', the sincere 'defender of God's cause',
and the official ecclesiastical representative of a powerful Church.

[2] 'Tu commences par parler de toi, et tu parles toujours de toi. Tu n'est pas
adroit.' (Voltaire, *Marginalia*, p. 133.)

tant l'esprit malgré moi, me jeta dans un métier pour lequel je
n'étais point fait:[1] un succès inattendu m'y montra des attraits qui
me séduisirent. Des foules d'adversaires m'attaquèrent sans m'entendre, avec une étourderie qui me donna de l'humeur, et avec un
orgueil qui m'en inspira peut-être. Je me défendis et, de dispute
en dispute, je me sentis engagé dans la carrière, presque sans y
avoir pensé. Je me trouvai devenu pour ainsi dire auteur à l'âge où
l'on cesse de l'être, et homme de lettres par mon mépris même
pour cet état. Dès là je fus dans le public quelque chose; mais aussi
le repos et les amis disparurent. Quels maux ne souffris-je point
avant de prendre une assiette plus fixe et des attachements plus
heureux! Il fallut dévorer mes peines; il fallut qu'un peu de réputation me tînt lieu de tout. Si c'est un dédommagement pour
ceux qui sont toujours loin d'eux-mêmes, ce n'en fut jamais un
pour moi.

Si j'eusse un moment compté sur un bien si frivole, que j'aurais
été promptement désabusé! Quelle inconstance perpétuelle n'ai-je
pas éprouvée dans les jugements du public sur mon compte! J'étais
trop loin de lui; ne me jugeant que sur le caprice ou l'intérêt de
ceux qui le mènent, à peine deux jours de suite avait-il pour moi
les mêmes yeux. Tantôt j'étais un homme noir, et tantôt un ange
de lumière. Je me suis vu dans la même année vanté, fêté, recher-
ché, même à la cour, puis insulté, menacé, détesté, maudit: les
soirs on m'attendait pour m'assassiner dans les rues; les matins
on m'annonçait une lettre de cachet! Le bien et le mal coulaient
à peu près de la même source; le tout me venait pour des chansons.

J'ai écrit sur divers sujets, mais toujours dans les mêmes principes; toujours la même morale, la même croyance, les mêmes
maximes et, si l'on veut, les mêmes opinions.[2] Cependant, on a
porté des jugements opposés de mes livres, ou plutôt de l'auteur
de mes livres, parce qu'on m'a jugé sur les matières que j'ai
traitées, bien plus que sur mes sentiments. Après mon premier

[1] Rousseau wrote on several occasions (in the *Confessions*, *Lettres à
Malesherbes* and *Dialogues*) about the *Discours* submitted to the Academy of
Dijon which in 1749 offered a prize for the best contribution on the subject: 'Si
le rétablissement des sciences et des arts a contribué à épurer les mœurs.' He
constantly stressed the idea that he was not a professional writer, but a man writing almost 'in spite of himself' to express a message intended for the good of
humanity. This and the following paragraphs constitute an interesting retro-
spective view of Rousseau's career and philosophical position.
[2] Rousseau stresses here and in the *Dialogues* (*OC*, I, 933 f.) the essential unity
and consistence of his thought.

Discours, j'étais un homme à paradoxes, qui se faisait un jeu de prouver ce qu'il ne pensait pas: après ma *Lettre sur la musique française*, j'étais l'ennemi déclaré de la nation;[1] il s'en fallait peu qu'on ne m'y traitât en conspirateur; on eût dit que le sort de la monarchie était attaché à la gloire de l'Opéra: après mon *Discours sur l'inégalité*, j'étais athée et misanthrope: après la *Lettre à M. d'Alembert*, j'étais le défenseur de la morale chrétienne: après l'*Héloïse*, j'étais tendre et doucereux: maintenant je suis un impie; bientôt peut-être serai-je un dévot.

Ainsi va flottant le sot public sur mon compte, sachant aussi peu pourquoi il m'abhorre que pourquoi il m'aimait auparavant.[2] Pour moi, je suis toujours demeuré le même; plus ardent qu'éclairé dans mes recherches, mais sincère en tout, même contre moi; simple et bon, mais sensible et faible; faisant souvent le mal, et toujours aimant le bien; lié par l'amitié, jamais par les choses, et tenant plus à mes sentiments qu'à mes intérêts; n'exigeant rien des hommes, et n'en voulant point dépendre; ne cédant pas plus à leurs préjugés qu'à leurs volontés, et gardant la mienne aussi libre que ma raison; craignant Dieu sans peur de l'enfer,† raisonnant sur la religion sans libertinage, n'aimant ni l'impiété ni le fanatisme, mais haïssant les intolérants encore plus que les esprits forts; ne voulant cacher mes façons de penser à personne; sans fard, sans artifice en toutes choses; disant mes fautes à mes amis, mes sentiments à tout le monde, au public ses vérités sans flatterie et sans fiel, et me souciant tout aussi peu de le fâcher que de lui plaire. Voilà mes crimes, et voilà mes vertus.

Enfin, lassé d'une vapeur enivrante qui enfle sans rassasier, excédé du tracas des oisifs surchargés de leur temps et prodigues du mien, soupirant après un repos si cher à mon cœur et si nécessaire à mes maux, j'avais posé la plume avec joie:[3] content de ne l'avoir prise que pour le bien de mes semblables, je ne leur demandais pour prix de mon zèle que de me laisser mourir en paix dans ma retraite et de ne m'y point faire de mal. J'avais tort: des huissiers sont venus me l'apprendre; et c'est à cette époque où j'espé-

---

† sans superstition

[1] The *Lettre sur la musique française* of 1753 aroused considerable hostility and, according to Rousseau, put his life in danger. Cf. *OC*, I, 384–5.
[2] 'Et toujours toi' (Voltaire, *Marginalia*, p. 134).
[3] Rousseau intended *Émile* to be his last didactic work. Cf. *OC*, I, 560 f.

rais qu'allaient finir les ennuis de ma vie, qu'ont commencé mes plus grands malheurs. Il y a déjà dans tout cela quelques singularités : ce n'est rien encore. Je vous demande pardon, monseigneur, d'abuser de votre patience ; mais, avant d'entrer dans les discussions que je dois avoir avec vous, il faut parler de ma situation présente et des causes qui m'y ont réduit.

Un Genevois fait imprimer un livre en Hollande, et par arrêt du Parlement de Paris, ce livre est brûlé sans respect pour le souverain dont il porte le privilège.[1] Un protestant propose, en pays protestant, des objections† contre l'Église romaine, et il est décrété par le Parlement de Paris. Un républicain fait, dans une république, des objections contre l'état monarchique, et il est décrété par le Parlement de Paris. Il faut que le Parlement de Paris ait d'étranges idées de son empire,‡ et qu'il se croie le légitime juge du genre humain.

Ce même parlement, toujours si soigneux pour les Français de l'ordre des procédures, les néglige toutes dès qu'il s'agit d'un pauvre étranger. Sans savoir si cet étranger est bien l'auteur du livre qui porte son nom, s'il le reconnaît pour sien, si c'est lui qui l'a fait imprimer ; sans égard pour son triste état, sans pitié pour les maux qu'il souffre, on commence par le décréter de prise de corps : on l'eût arraché de son lit pour le traîner dans les mêmes prisons où pourrissent les scélérats : on l'eût brûlé peut-être même sans l'entendre ; car qui sait si l'on eût poursuivi plus régulièrement des procédures si violemment commencées, et dont on trouverait à peine un autre exemple, même en pays d'inquisition. Ainsi c'est pour moi seul qu'un tribunal si sage oublie sa sagesse ; c'est contre moi seul, qui croyais y être aimé, que ce peuple, qui vante sa douceur, s'arme de la plus étrange barbarie : c'est ainsi qu'il justifie la préférence que je lui ai donnée sur tant d'asiles que je pouvais choisir au même prix. Je ne sais comment cela s'accorde avec le droit des gens,[2] mais je sais bien qu'avec de pareilles procédures

---

† doutes   ‡ ses privilèges

[1] As legal bodies, the Parlements were responsible for initiating action against heretical opinions. Cf. *Confessions*, IX (*OC*, I, 578–81).

[2] *Le droit des gens*, an important concept in discussions about natural law, represented the principles which were supposed to govern human behaviour. Cf. *infra*, p. 283, n. 3.

la liberté de tout homme, et peut-être sa vie, est à la merci du premier imprimeur.[1]

Le citoyen de Genève ne doit rien à des magistrats injustes et incompétents qui, sur un réquisitoire calomnieux, ne le citent pas, mais le décrètent. N'étant point sommé de comparaître, il n'y est point obligé. L'on n'emploie contre lui que la force, et il s'y soustrait. Il secoue la poudre de ses souliers, et sort de cette terre hospitalière où l'on s'empresse d'opprimer le faible, et où l'on donne des fers à l'étranger avant de l'entendre, avant de savoir si l'acte dont on l'accuse est punissable, avant de savoir s'il l'a commis.

Il abandonne en soupirant sa chère solitude. Il n'a qu'un seul bien, mais précieux, des amis; il les fuit. Dans sa faiblesse,† il supporte un long voyage: il arrive, et croit respirer dans une terre de liberté; il s'approche de sa patrie, de cette patrie dont il s'est tant vanté, qu'il a chérie et honorée; l'espoir d'y être accueilli le console de ses disgrâces... Que vais-je dire? Mon cœur se serre, ma main tremble, la plume en tombe; il faut se taire, et ne pas imiter le crime de Cham.[2] Que ne puis-je dévorer en secret la plus amère de mes douleurs!

Et pourquoi tout cela? Je ne dis pas sur quelle raison, mais sur quel prétexte. On ose m'accuser d'impiété, sans songer que le livre où l'on la cherche est entre les mains de tout le monde. Que ne donnerait-on point pour pouvoir supprimer cette pièce justificative, et dire qu'elle contient tout ce qu'on a feint d'y trouver! Mais elle restera, quoi qu'on fasse; et, en y cherchant les crimes reprochés à l'auteur, la postérité n'y verra, dans ses erreurs mêmes, que les torts d'un ami de la vertu.

J'éviterai de parler de mes contemporains; je ne veux nuire à personne. Mais l'athée Spinoza[3] enseignait paisiblement sa doctrine, il faisait sans obstacle imprimer ses livres, on les débitait

---

† son triste état

[1] 'Et pourquoi as-tu mis ton nom? pauvre diable' (Voltaire, *Marginalia*, p. 136). Rousseau's proud determination to acknowledge himself as the author of his books stands in striking contrast to Voltaire's frequent habit of disclaiming all knowledge of his most compromising works.

[2] On Ham's crime, see *Genesis*, IX, 20-27.

[3] The eighteenth century often considered Spinoza to be a typical atheist. Cf. P. Vernière, *Spinoza et la pensée française avant la Révolution* (2 vols., Paris, 1954). Cf. also fragment in *OC*, IV, 1012, where Rousseau speaks of 'sa doctrine impie'.

publiquement: il vint en France, et il y fut bien reçu; tous les États lui étaient ouverts, partout il trouvait protection, ou du moins sûreté; les princes lui rendaient des honneurs, lui offraient des chaires: il vécut et mourut tranquille, et même considéré. Aujourd'hui, dans le siècle tant célébré de la philosophie, de la raison, de l'humanité, pour avoir proposé avec circonspection, même avec respect et pour l'amour du genre humain, quelques doutes fondés sur la gloire même de l'Être suprême, le défenseur de la cause de Dieu, flétri, proscrit, poursuivi d'État en État, d'asile en asile, sans égard pour son indigence, sans pitié pour ses infirmités, avec un acharnement que n'éprouva jamais aucun malfaiteur et qui serait barbare même contre un homme en santé, se voit interdire le feu et l'eau dans l'Europe presque entière; on le chasse du milieu des bois: il faut toute la fermeté d'un protecteur illustre et toute la bonté d'un prince éclairé pour le laisser en paix au sein des montagnes.[1]† Il eût passé le reste de ses malheureux jours dans les fers, il eût péri peut-être dans les supplices si, durant le premier vertige qui gagnait les gouvernements, il se fût trouvé à la merci de ceux qui l'ont persécuté.

Échappé aux bourreaux, il tombe dans les mains des prêtres. Ce n'est pas là ce que je donne pour étonnant, mais un homme vertueux qui a l'âme aussi noble que la naissance,[2] un illustre archevêque qui devrait réprimer leur lâcheté, l'autorise‡; il n'a pas honte, lui qui devrait plaindre les opprimés, d'en accabler un dans le fort de ses disgrâces; il lance, lui prélat catholique, un mandement contre un auteur protestant; il monte sur son tribunal pour examiner comme juge la doctrine particulière d'un hérétique: et,

---

† dans un village au milieu des Alpes
‡ un illustre archevêque daigne entrer dans leurs vils complots.

[1] After vainly seeking a safe refuge outside France in 1762, Rousseau was eventually allowed to settle at Môtiers-Travers in the principality of Neuchâtel, which was under the protection of Frederick of Prussia, and had as its official governor the Earl Marischal Keith ('Milord Marichal'), who became Rousseau's friend and benefactor.

[2] The archbishop had defended his authority against Louis XV and the Parlement and had been exiled for so doing. Rousseau expressed his respect for the archbishop in the *Confessions*, XIII (*OC*, I, 595–9), and in the following fragment of the *Lettre* (*OC*, IV, 1014): 'Quoique je ne vous appelle pas Monseigneur, parce que vous ne l'êtes pas, je vous respecte plus véritablement peut-être qu'aucun de ceux qui vous donnent ce nom. Car je sais honorer la probité, les mœurs, la piété, la vertu, partout où elles se trouvent, et même chez mes ennemis'.

quoiqu'il damne indistinctement quiconque n'est pas de son Église, sans permettre à l'accusé d'errer à sa mode, il lui prescrit en quelque sorte la route par laquelle il doit aller en enfer. Aussitôt le reste de son clergé† s'empresse, s'évertue, s'acharne autour d'un ennemi qu'il croit terrassé. Petits et grands, tout s'en mêle: le dernier cuistre‡ vient trancher du capable; il n'y a pas un sot en petit collet, pas un chétif habitué de paroisse qui, bravant à plaisir celui contre qui sont réunis leur sénat et leur évêque, ne veuille avoir la gloire de lui porter le dernier coup de pied.[1]

Tout cela, monseigneur, forme un concours dont je suis le seul exemple: et ce n'est pas tout... Voici peut-être une des situations les plus difficiles de ma vie, une de celles où la vengeance et l'amour-propre sont le plus aisés à satisfaire, et permettent le moins à l'homme juste d'être modéré. Dix lignes seulement, et je couvre mes persécuteurs d'un ridicule ineffaçable. Que le public ne peut-il savoir deux anecdotes sans que je les dise![2] Que ne connaît-il ceux qui ont médité ma ruine, et ce qu'ils ont fait pour l'exécuter! Par quels méprisables insectes, par quels ténébreux moyens il verrait s'émouvoir les puissances! Quels levains il verrait s'échauffer par leur pourriture et mettre le parlement en fermentation! Par quelle risible cause il verrait les États de l'Europe se liguer contre le fils d'un horloger! Que je jouirais avec plaisir de sa surprise, si je pouvais n'en être pas l'instrument!

Jusqu'ici ma plume, hardie à dire la vérité, mais pure de toute satire, n'a jamais compromis personne; elle a toujours respecté l'honneur des autres, même en défendant le mien.[3] Irais-je, en la quittant, la souiller de médisance, et la teindre des noirceurs de mes ennemis? Non; laissons-leur l'avantage de porter leurs coups dans les ténèbres. Pour moi, je ne veux me défendre qu'ouvertement, et même je ne veux que me défendre. Il suffit pour cela de

---

† tout le reste de ses sujets; replaced by: toute la prêtraille
‡ le moindre grimaud

---

[1] Apart from the Sorbonne's censure, *Émile* had been attacked by the Jesuits in the *Journal de Trévoux* (cf. *OC*, IV, 1732 n. 1).
[2] Cf. *Confessions*, Books X and XI. He believed that the 'insects' (Diderot, Grimm and the *philosophes*) were bent upon his destruction. H. Gouhier (*OC*, IV, 1732, n. 2) suggests that the two anecdotes are the incidents mentioned in the *Confessions*, XI (*OC*, I, 570, episode of the 'commères'; and I, 579, episode concerning Guy).
[3] Rousseau was always averse to the idea of personal satire.

ce qui est su du public, ou de ce qui peut l'être sans que personne en soit offensé.

Une chose étonnante de cette espèce, et que je puis dire, est de voir l'intrépide Christophe de Beaumont, qui ne sait plier sous aucune puissance ni faire aucune paix avec les jansénistes,[1] devenir, sans le savoir, leur satellite et l'instrument de leur animosité; de voir leur ennemi le plus irréconciliable sévir contre moi pour avoir refusé d'embrasser leur parti, pour n'avoir point voulu prendre la plume contre les jésuites, que je n'aime pas, mais dont je n'ai point à me plaindre et que je vois opprimés. Daignez, monseigneur, jeter les yeux sur le sixième tome de *la Nouvelle Héloïse*, première édition; vous trouverez, dans la note de la page 138, la véritable source de tous mes malheurs. J'ai prédit dans cette note (car je me mêle aussi quelquefois de prédire) qu'aussitôt que les jansénistes seraient les maîtres ils seraient plus intolérants et plus durs que leurs ennemis. Je ne savais pas alors que ma propre histoire vérifierait si bien ma prédiction. Le fil de cette trame ne serait pas difficile à suivre à qui | saurait comment mon livre a été déféré. Je n'en puis dire davantage sans en trop dire, mais je pouvais au moins vous apprendre par quelles gens vous avez été conduit sans vous en douter.

Croira-t-on que, quand mon livre n'eût point été déféré au parlement, vous ne l'eussiez pas moins attaqué? D'autres pourront le croire ou le dire; mais vous, dont la conscience ne sait point souffrir le mensonge, vous ne le direz pas. Mon *Discours sur l'inégalité* a couru votre diocèse, et vous n'avez point donné de mandement. Ma *Lettre à M. d'Alembert* a couru votre diocèse, et vous n'avez point donné de mandement. *La Nouvelle Héloïse* a couru votre diocèse, et vous n'avez point donné de mandement. Cependant tous

---

† à qui connaîtrait mon ancien séjour, mes voisins, leur métier, leur correspondance et comment etc.

[1] The Jansenists were the great enemies of the Jesuits and their rivalry within the Roman Church was one of the primary causes of ecclesiastical discord in the eighteenth century. The Jansenists stood for a stern uncompromising puritanism, based on a rigorous theory of grace and predestination, which was in marked contrast with the more easy-going outlook of the Jesuits. In 1713, the Pope had condemned Jansenism in his Bull *Unigenitus,* and the bishops supporting the Pope ordered their clergy to refuse the last rites to any person who did not possess a *billet de confession,* i.e. an attestation that he had confessed to a priest who accepted the Pope's Bull. The Jansenist resistance was long and bitter; many died without the last sacraments. Rousseau implies in this paragraph that the Archbishop's persecution of the author of *Émile* was an opportunist gesture intended to show that he was not a less zealous enemy of heresy than the Jansenists.

ces livres, que vous avez lus, puisque vous les jugez, respirent les
mêmes maximes; les mêmes manières de penser n'y sont pas plus
déguisées: si le sujet ne les a pas rendues susceptibles du même
développement, elles gagnent en force ce qu'elles perdent en étendue, et l'on y voit la profession de foi de l'auteur exprimée avec
moins de réserve que celle du Vicaire savoyard.[1] Pourquoi donc
n'avez-vous rien dit alors? Monseigneur, votre troupeau vous était-
il moins cher? me lisait-il moins? goûtait-il moins mes livres? était-
il moins exposé à l'erreur? Non; mais il n'y avait point alors de
jésuites à proscrire,† des traîtres ne m'avaient point encore enlacé
dans leurs pièges,[2] la note fatale n'était point connue et, quand elle
le fut, le public avait déjà donné son suffrage au livre. Il était trop
tard pour faire du bruit; on aima mieux différer, on attendit l'occasion, on l'épia, on la saisit, on s'en prévalut avec la fureur ordinaire aux dévots; on ne parlait que de chaînes et de bûchers; mon
livre était le tocsin de l'anarchie et la trompette de l'athéisme;
l'auteur était un monstre à étouffer; on s'étonnait qu'on l'eût si
longtemps laissé vivre. Dans cette rage‡ universelle, vous eûtes
honte de garder le silence: vous aimâtes mieux faire un acte de
cruauté que d'être accusé de manquer de zèle, et servir vos ennemis
que d'essuyer leurs reproches.§ Voilà, monseigneur, convenez-en,
le vrai motif de votre mandement; et voilà, ce me semble, un concours de faits assez singuliers pour donner à mon sort le nom de
bizarre.

Il y a longtemps qu'on a substitué des bienséances d'État à la
justice. Je sais qu'il est des circonstances malheureuses qui forcent
un homme public à sévir malgré lui contre un bon citoyen.‖ Qui
veut être modéré parmi des furieux s'expose à leur furie; et je comprends que, dans un déchaînement pareil à celui dont je suis la
victime, il faut hurler avec les loups, ou risquer d'être dévoré. Je
ne me plains donc pas que vous ayez donné un mandement contre
mon livre; mais je me plains que vous l'ayez donné contre ma personne, avec aussi peu d'honnêteté que de vérité; je me plains qu'au-

---

† chasser   ‡ fermentation

§ Et parce que les jansénistes m'avaient déclaré la guerre vous me chargeâtes
d'injures.

‖ addition crossed out: qu'il plaint et qu'il estime au fond de son cœur.

---

[1] Cf. *supra*, pp. 91–4, for Julie's 'profession of faith'.

[2] Rousseau's preoccupation with this image was to become almost obsessive
in his later personal writings.

torisant par votre propre langage celui que vous me reprochez d'avoir mis dans la bouche de l'inspiré, vous m'accabliez d'injures qui, sans nuire à ma cause, attaquent mon honneur ou plutôt le vôtre; je me plains que de gaieté de cœur, sans raison, sans nécessité, sans respect au moins pour mes malheurs, vous m'outragiez d'un ton si peu digne de votre caractère. Et que vous avais-je donc fait, moi qui parlai toujours de vous avec tant d'estime; moi qui tant de fois admirai votre inébranlable fermeté en déplorant, il est vrai, l'usage que vos préjugés vous en faisaient faire; moi qui toujours honorai vos mœurs, qui toujours respectai vos vertus, et qui les respecte encore aujourd'hui que vous m'avez déchiré?

C'est ainsi qu'on se tire d'affaire quand on veut quereller et qu'on a tort. Ne pouvant résoudre mes objections, vous m'en avez fait des crimes: vous avez cru m'avilir en me maltraitant, et vous vous êtes trompé; sans affaiblir mes raisons, vous avez intéressé les cœurs généreux à mes disgrâces; vous avez fait croire aux gens sensés qu'on pouvait ne pas bien juger du livre quand on jugeait si mal de l'auteur.

Monseigneur, vous n'avez été pour moi ni humain ni généreux; et non seulement vous pouviez l'être sans m'épargner aucune des choses que vous avez dites contre mon ouvrage, mais elles n'en auraient fait que mieux leur effet. J'avoue aussi que je n'avais pas droit d'exiger de vous ces vertus, ni lieu de les attendre d'un homme d'Église. Voyons si vous avez été du moins équitable et juste; car c'est un devoir étroit imposé à tous les hommes, et les saints mêmes n'en sont pas dispensés.

Vous avez deux objets dans votre mandement: l'un de censurer mon livre, l'autre de décrier ma personne. Je croirai vous avoir bien répondu si je prouve que partout où vous m'avez réfuté vous avez mal raisonné, et que partout où vous m'avez insulté vous m'avez calomnié. Mais quand on ne marche que la preuve à la main, quand on est forcé, par l'importance du sujet et par la qualité de l'adversaire à prendre une marche pesante et à suivre pied à pied toutes ses censures, pour chaque mot il faut des pages; et tandis qu'une courte satire amuse, une longue défense ennuie. Cependant il faut que je me défende, ou que je reste chargé par vous des plus fausses imputations. Je me défendrai donc, mais je défendrai mon honneur plutôt que mon livre. Ce n'est point la Profession de foi du vicaire savoyard que j'examine, c'est le Mandement de l'archevêque de Paris; et ce n'est que le mal qu'il dit de l'éditeur qui me force à

parler de l'ouvrage. Je me rendrai ce que je me dois, parce que je
le dois, mais sans ignorer que c'est une position bien triste que
d'avoir à se plaindre d'un homme plus puissant que soi, et que c'est
une bien fade lecture que la justification d'un innocent.

Le principe fondamental de toute morale,[1] sur lequel j'ai
raisonné dans tous mes écrits et que j'ai développé dans ce dernier
avec toute la clarté dont j'étais capable, est que l'homme est un
être naturellement bon, aimant la justice et l'ordre; qu'il n'y a
point de perversité originelle dans le cœur humain, et que les premiers mouvements de la nature sont toujours droits. J'ai fait voir
que l'unique passion qui naisse avec l'homme, savoir l'amour de
soi, est une passion indifférente en elle-même au bien et au mal;
qu'elle ne devient bonne ou mauvaise que par accident, et selon les
circonstances dans lesquelles elle se développe. J'ai montré que
tous les vices qu'on impute au cœur humain ne lui sont point
naturels: j'ai dit la manière dont ils naissent;[2] j'en ai pour ainsi dire
suivi la généalogie; et j'ai fait voir comment, par l'altération succes-
sive de leur bonté originelle, les hommes deviennent enfin ce qu'ils
sont.

J'ai encore expliqué ce que j'entendais par cette bonté originelle,
qui ne semble pas se déduire de l'indifférence au bien et au mal,
naturelle à l'amour de soi. L'homme n'est pas un être simple; il est
composé de deux substances. Si tout le monde ne convient pas de
cela, nous en convenons vous et moi, et j'ai tâché de le prouver
aux autres. Cela prouvé, l'amour de soi n'est plus une passion
simple; mais elle a deux principes, savoir, l'être intelligent et l'être
sensitif dont le bien-être n'est pas le même. L'appétit des sens
tend à celui du corps, et l'amour de l'ordre à celui de l'âme. Ce
dernier amour, développé et rendu actif, porte le nom de conscience; mais la conscience ne se développe et n'agit qu'avec les
lumières de l'homme. Ce n'est que par ces lumières qu'il parvient à
connaître l'ordre, et ce n'est que quand il le connaît que sa conscience le porte à l'aimer. La conscience est donc nulle dans
l'homme qui n'a rien comparé et qui n'a point vu ses rapports.
Dans cet état, l'homme ne connaît que lui; il ne voit son bien-être
opposé ni conforme à celui de personne; il ne hait ni n'aime rien;

---

[1] This and the following paragraphs contain an important statement of some of
Rousseau's essential ideas. On the subject of *amour de soi*, conscience, etc., see
Religious Quest, pp. 39, 62, 70, etc.

[2] 'Tu n'as point fait voir cela' (Voltaire, *Marginalia*, p. 145).

borné au seul instinct physique, il est nul, il est bête: c'est ce que j'ai fait voir dans mon *Discours sur l'inégalité.*

Quand, par un développement dont j'ai montré le progrès, les hommes commencent à jeter les yeux sur leurs semblables, ils commencent aussi à voir leurs rapports et les rapports des choses, à prendre des idées de convenance, de justice et d'ordre; le beau moral commence à leur devenir sensible, et la conscience agit: alors ils ont des vertus; et s'ils ont aussi des vices, c'est parce que leurs intérêts se croisent, et que leur ambition s'éveille à mesure que leurs lumières s'étendent. Mais tant qu'il y a moins d'opposition d'intérêts que de concours de lumières, les hommes sont essentiellement bons. Voilà le second état.

Quand enfin tous les intérêts particuliers agités s'entre-choquent, quand l'amour de soi mis en fermentation devient amour-propre, que l'opinion, rendant l'univers entier nécessaire à chaque homme, les rend tous ennemis nés les uns des autres, et fait que nul ne trouve son bien que dans le mal d'autrui, alors la conscience, plus faible que les passions exaltées, est étouffée par elles†, et ne reste plus dans la bouche des hommes qu'un mot fait pour se tromper mutuellement.[1] Chacun feint alors de vouloir sacrifier ses intérêts à ceux du public, et tous mentent. Nul ne veut le bien public que quand il s'accorde avec le sien: aussi cet accord est-il l'objet du vrai politique qui cherche à rendre les peuples heureux et bons. Mais c'est ici que je commence à parler une langue étrangère, aussi peu connue des lecteurs que de vous.

---

† after 'par elles' the original MS ended differently: les mots d'humanité, d'équité, de justice, de bienfaisance ne sont plus qu'un jargon de parade qui n'influe en rien sur les mœurs, un piège avec lequel on leurre les dupes par les noms sacrés de foi, de devoir, d'ordre social, d'intérêt public, et ce piège même à force d'abus devient si grossier et si ridicule que le peuple même en rit et n'y donne plus. S'il voit donner un édit, il sait déjà que c'est de l'argent qu'on lui demande; s'il voit punir (1st draft: exécuter) un misérable, il dit: malheur aux petits fripons qui n'ont pas volé de quoi se rendre innocents; s'il voit publier un règlement utile, il calcule aussitôt ce qu'il en revient à celui qui l'a proposé; enfin tout le mal qu'il voit faire sous un beau pretexte ne l'étonne plus, et le bien, quand il s'en fait, lui apprend une bonne nouvelle, c'est que l'intérêt particulier de quelque homme en place s'accorde encore en quelque chose avec l'intérêt public.

Further MS addition: et quoique ma raison soit peut-être un peu difficile, mon cœur est toujours simple, et son attachement sincère supplée en certaines matières à ce qui manque à la force de la persuasion.

---

[1] 'Et les Hurons et les Canadiens ne s'égorgent-ils pas, ne se mangent-ils pas?' (Voltaire, *Marginalia*, p. 145.)

Voilà, monseigneur, le troisième et dernier terme au delà duquel rien ne reste à faire; et voilà comment, l'homme étant bon, les hommes deviennent méchants.[1] C'est à chercher comment il faudrait s'y prendre pour les empêcher de devenir tels, que j'ai consacré mon livre. Je n'ai pas affirmé que dans l'ordre actuel la chose fût absolument possible; mais j'ai bien affirmé et j'affirme encore qu'il n'y a, pour en venir à bout, d'autres moyens que ceux que j'ai proposés.

Là-dessus vous dites que mon plan d'éducation,[(1)] *loin de s'accorder avec le christianisme, n'est pas même propre à faire des citoyens ni des hommes*:[2] et votre unique preuve de m'opposer le péché originel.[3] Monseigneur, il n'y a d'autre moyen de se délivrer du péché originel et de ses effets, que le baptême. D'où il suivrait, selon vous, qu'il n'y aurait jamais eu de citoyens ni d'hommes que des chrétiens. Ou niez cette conséquence, ou convenez que vous avez trop prouvé.

Vous tirez vos preuves de si haut, que vous me forcez d'aller aussi chercher loin mes réponses. D'abord il s'en faut bien, selon moi, que cette doctrine du péché originel, sujette à des difficultés si terribles, ne soit contenue dans l'Écriture ni si clairement ni si durement qu'il a plu au rhéteur Augustin et à nos théologiens de la bâtir.[4] Et le moyen de concevoir que Dieu crée tant d'âmes innocentes et pures, tout exprès pour les joindre à des corps coupables, pour leur y faire contracter la corruption morale, et pour les condamner toutes à l'enfer, sans autre crime que cette union qui est son ouvrage? Je ne dirai pas si (comme vous vous en vantez) vous éclaircissez par ce système le mystère de notre cœur; mais je vois que vous obscurcissez beaucoup la justice et la bonté de l'Être suprême. Si vous levez une objection, c'est pour en substituer de cent fois plus fortes.

Mais au fond, que fait cette doctrine à l'auteur d'*Émile?* Quoiqu'il ait cru son livre utile au genre humain, c'est à des chrétiens

---

[1] Rousseau's distinction between the goodness of 'man' and the wickedness of 'men' is to be noted: the former represents human beings as they ought to be, the latter as they are.

[2] 'Sans doute. Ton livre ne peut faire qu'un menuisier.' (Voltaire, *Marginalia*, p. 146.)

[3] 'Bon cela' (Voltaire ibid.). Voltaire willingly accepts Rousseau's rejection of original sin.

[4] 'Hardi et bon' (Voltaire, *Marginalia*, p. 147).

qu'il l'a destiné; c'est à des hommes lavés du péché originel et de ses effets, du moins quant à l'âme, par le sacrement établi pour cela. Selon cette même doctrine, nous avons tous dans notre enfance recouvré l'innocence primitive; nous sommes tous sortis du baptême aussi sains de cœur qu'Adam sortit de la main de Dieu. Nous avons, direz-vous, contracté de nouvelles souillures. Mais, puisque nous avons commencé par en être délivrés, comment les avons-nous derechef contractées? Le sang de Christ n'est-il donc pas encore assez fort pour effacer entièrement la tache? ou bien serait-elle un effet de la corruption naturelle de notre chair? comme si, même indépendamment du péché originel, Dieu nous eût créés corrompus, tout exprès pour avoir le plaisir de nous punir![1] Vous attribuez au péché originel les vices des peuples que vous avouez avoir été délivrés du péché originel; puis vous me blâmez d'avoir donné une autre origine à ces vices. Est-il juste de me faire un crime de n'avoir pas aussi mal raisonné que vous?

On pourrait, il est vrai, me dire que ces effets que j'attribue au baptême[(1)] ne paraissent par nul signe extérieur; qu'on ne voit pas les chrétiens moins enclins au mal que les infidèles; au lieu que, selon moi, la malice infuse du péché devrait se marquer dans ceux-ci par des différences sensibles. Avec les secours que vous avez dans la morale évangélique, outre le baptême, tous les chrétiens, poursuivrait-on, devraient être des anges; et les infidèles, outre leur corruption originelle, livrés à leurs cultes erronés, devraient être des démons. Je conçois que cette difficulté pressée pourrait devenir embarrassante: car que répondre à ceux qui me feraient

---

[(1)] Si l'on disait, avec le docteur Thomas Burnet[2], que la corruption et la mortalité de la race humaine, suite du péché d'Adam, fut un effet naturel du fruit défendu; que cet aliment contenait des sucs venimeux qui dérangèrent toute l'économie animale, qui irritèrent les passions, qui affaiblirent l'entendement, et qui portèrent partout les principes du vice et de la mort, alors il faudrait convenir que, la nature du remède devant se rapporter à celle du mal, le baptême devrait agir physiquement sur le corps de l'homme, lui rendre la constitution qu'il avait dans l'état d'innocence, et sinon l'immortalité qui en dépendait, du moins tous les effets moraux de l'économie animale rétablie.

---

[1] 'A merveilles. Le péché originel traité comme il faut.' (Voltaire, *Marginalia*, p. 148.)

[2] Thomas Burnet (1635–1715), English divine, was the author of *Telluris Theoria Sacra* or *Sacred Theory of the Earth* (1681) and *Archeologiae philosophicae* (1692). Two posthumous works, *De Fide et Officiis Christianorum* (1723) and *De Statu Mortuorum et Resurgentium Tractatus* (1723), deal with life after death.

voir que, relativement au genre humain, l'effet de la rédemption, faite à si haut prix, se réduit à peu près à rien?[1]

Mais, monseigneur, outre que je ne crois point qu'en bonne théologie on n'ait pas quelque expédient pour sortir de là; quand je conviendrais que le baptême ne remédie point à la corruption de notre nature, encore n'en auriez-vous pas raisonné plus solidement. Nous sommes, dites-vous, pécheurs à cause du péché de notre premier père. Mais notre premier père, pourquoi fut-il pécheur lui-même? pourquoi la même raison par laquelle vous expliquerez son péché ne serait-elle pas applicable à ses descendants sans le péché originel? et pourquoi faut-il que nous imputions à Dieu une injustice en nous rendant pécheurs et punissables par le vice de notre naissance; tandis que notre premier père fut pécheur et puni comme nous sans cela? Le péché originel explique tout, excepté son principe; et c'est ce principe qu'il s'agit d'expliquer.[2]

Vous avancez que, par mon principe à moi,[(1)] *l'on perd de vue le rayon de lumière qui nous fait connaître le mystère de notre propre cœur;* et vous ne voyez pas que ce principe, bien plus universel, éclaire même la faute du premier homme[(11)], que le vôtre laisse dans

[(1)] Mandement, § III.

[(11)] Regimber contre une défense inutile et arbitraire est un penchant naturel, mais qui, loin d'être vicieux en lui-même, est conforme à l'ordre des choses et à la bonne constitution de l'homme, puisqu'il serait hors d'état de se conserver, s'il n'avait un amour très vif pour lui-même et pour le maintien de tous ses droits, tels qu'il les a reçus de la nature. Celui qui pourrait tout ne voudrait que ce qui lui serait utile: mais un être faible, dont la loi restreint et limite encore le pouvoir, perd une partie de lui-même, et réclame en son cœur ce qui lui est ôté. Lui faire un crime de cela serait lui en faire un d'être lui et non pas un autre: ce serait vouloir en même temps qu'il fût et qu'il ne fût pas. Aussi l'ordre enfreint par Adam me paraît-il moins une véritable défense qu'un avis paternel; c'est un avertissement de s'abstenir d'un fruit pernicieux qui donne la mort. Cette ideé est assurément plus conforme à celle qu'on doit avoir de la bonté de Dieu, et même au texte de la Genèse, que celle qu'il plaît aux docteurs de nous prescrire; car, quant à la menace de la double mort, on fait voir que ce mot *morte morieris* n'a pas l'emphase qu'ils lui prêtent, et n'est qu'un hébraïsme employé en d'autres endroits où cette emphase ne peut avoir lieu.[3]

Il y a de plus un motif si naturel d'indulgence et de commisération dans la ruse du tentateur et dans la séduction de la femme, qu'à considérer dans toutes ses circonstances le péché d'Adam, l'on n'y peut trouver qu'une faute des plus légères. Cependant, selon eux, quelle effroyable punition! Il est même impossible d'en concevoir une plus terrible; car quel châtiment eût pu porter Adam pour les plus grands crimes, que d'être condamné, lui et toute sa race, à la mort en ce monde, et à passer l'éternité dans l'autre, dévorés des feux de l'enfer? Est-ce là la peine imposée par le Dieu de miséricorde à un pauvre malheureux pour s'être

---

[1] 'Bon' (Voltaire. *Marginalia*, p. 140).　[2] 'Bon' (*ibid.*).　[3] Cf. *Genesis*, II, 17.

l'obscurité. Vous ne savez voir que l'homme dans les mains du diable, et moi je vois comment il y est tombé: la cause du mal est, selon vous, la nature corrompue, et cette corruption même est un mal dont il fallait chercher la cause. L'homme fut créé bon; nous en convenons, je crois, tous les deux: mais vous dites qu'il est méchant parce qu'il a été méchant; et moi je montre comment il a été méchant. Qui de nous, à votre avis, remonte le mieux au principe?

Cependant vous ne laissez pas de triompher à votre aise, comme si vous m'aviez terrassé.† Vous m'opposez comme une objection insoluble[i] *ce mélange frappant de grandeur et de bassesse, d'ardeur pour la vérité et de goût pour l'erreur, d'inclination pour la vertu et de penchant pour le vice,* qui se trouve en nous. *Étonnant contraste,* ajoutez-vous, *qui déconcerte la philosophie païenne, et la laisse errer dans de vaines spéculations!*

Ce n'est pas une vaine spéculation que la théorie de l'homme, lorsqu'elle se fonde sur la nature, qu'elle marche à l'appui des faits par des conséquences bien liées, et qu'en nous menant à la source des passions, elle nous apprend à régler leurs cours. Que si vous appelez philosophie païenne la Profession de foi du vicaire savoyard, je ne puis répondre à cette imputation, parce que je n'y comprends rien,[ii] mais je trouve plaisant que vous empruntiez presque ses propres termes pour dire qu'il n'explique pas ce qu'il a le mieux expliqué.

Permettez, monseigneur, que je remette sous vos yeux la conclusion que vous tirez d'une objection si bien discutée, et successivement toute la tirade qui s'y rapporte.

L'homme se sent entraîné par une pente funeste: et comment se raidirait-il contre elle, si son enfance n'était dirigée par des maîtres pleins de vertu, de sagesse, de vigilance et si, durant tout le cours de sa vie, il ne faisait lui-même, sous la protection et avec les grâces de son Dieu, des efforts puissants et continuels[iii].

C'est-à-dire: *Nous voyons que les hommes sont méchants, quoique incessamment tyrannisés dès leur enfance. Si donc on ne les tyran-*

---

laissé tromper? Que je hais la décourageante doctrine de nos durs théologiens! Si j'étais un moment tenté de l'admettre, c'est alors que je croirais blasphémer.

[i] *Mandement,* § III.

[ii] A moins qu'elle ne se rapporte à l'accusation que m'intente M. de Beaumont dans la suite, d'avoir admis plusieurs dieux.

[iii] *Mandement,* § III.

---

† foudroyé

nisait pas dès ce temps-là, comment parviendrait-on à les rendre
sages, puisque, même en les tyrannisant sans cesse, il est impossible
de les rendre tels?

Nos raisonnements sur l'éducation pourront devenir plus sensibles en les appliquant à un autre sujet.

Supposons, monseigneur, que quelqu'un vînt tenir ce discours
aux hommes.

«Vous vous tourmentez beaucoup pour chercher des gouverne-
«ments équitables et pour vous donner de bonnes lois. Je vais pre-
«mièrement vous prouver que ce sont vos gouvernements mêmes
«qui font les maux auxquels vous prétendez remédier par eux. Je
«vous prouverai de plus qu'il est impossible que vous ayez jamais
«ni de bonnes lois ni des gouvernements équitables; et je vais vous
«montrer ensuite le vrai moyen de prévenir, sans gouvernements
«et sans lois, tous ces maux dont vous vous plaignez.»

Supposons qu'il expliquât après cela son système et proposât son
moyen prétendu. Je n'examine point si ce système serait solide et
ce moyen praticable. S'il ne l'était pas, peut-être se contenterait-
on d'enfermer l'auteur avec les fous, et l'on lui rendrait justice:
mais si malheureusement il l'était, ce serait bien pis; et vous con-
cevez, monseigneur, ou d'autres concevront pour vous, qu'il n'y
aurait pas assez de bûchers et de roues pour punir l'infortuné
d'avoir eu raison. Ce n'est pas de cela qu'il s'agit ici.

Quel que fût le sort de cet homme, il est sûr qu'un déluge d'écrits
viendrait fondre sur le sien: il n'y aurait pas un grimaud qui, pour
faire sa cour aux puissances, et tout fier d'imprimer avec privilège
du roi, ne vînt lancer sur lui sa brochure et ses injures, et ne se
vantât d'avoir réduit au silence celui qui n'aurait pas daigné
répondre, ou qu'on aurait empêché de parler. Mais ce n'est pas
encore de cela qu'il s'agit.

Supposons enfin qu'un homme grave, et qui aurait son intérêt à
la chose, crût devoir aussi faire comme les autres et, parmi beaucoup de déclamations et d'injures, s'avisât d'argumenter ainsi:
Quoi! malheureux, vous voulez anéantir les gouvernements et les lois,
tandis que les gouvernements et les lois sont le seul frein du vice, et
ont bien de la peine encore à le contenir! Que serait-ce, grand Dieu,
si nous ne les avions plus? Vous nous ôtez les gibets et les roues, vous
voulez établir un brigandage public. Vous êtes un homme abominable.

Si ce pauvre homme osait parler, il dirait sans doute: «Très
«excellent seigneur, votre Grandeur fait une pétition de principe.

«Je ne dis point qu'il ne faut pas réprimer le vice, mais je dis qu'il
«vaut mieux l'empêcher de naître. Je veux pourvoir à l'insuffi-
«sance des lois, et vous m'alléguez l'insuffisance des lois. Vous
«m'accusez d'établir les abus, parce qu'au lieu d'y remédier,
«j'aime mieux qu'on les prévienne. Quoi! s'il était un moyen de
«vivre toujours en santé, faudrait-il donc le proscrire, de peur de
«rendre les médecins oisifs?[1] Votre Excellence veut toujours voir
«des gibets et des roues, et moi je voudrais ne plus voir de mal-
«faiteurs: avec tout le respect que je lui dois, je ne crois pas être
«un homme abominable.»

*Hélas! M. T. C. F., malgré les principes de l'éducation la plus
saine et la plus vertueuse, malgré les promesses les plus magnifiques
de la religion et les menaces les plus terribles, les écarts de la jeunesse
ne sont encore que trop fréquents, trop multipliés.* J'ai prouvé que
cette éducation que vous appelez la plus saine était la plus insensée;[2] que cette éducation que vous appelez la plus vertueuse donnait aux enfants tous leurs vices: j'ai prouvé que toute la gloire du
paradis les tentait moins qu'un morceau de sucre, et qu'ils crai-
gnaient beaucoup plus de s'ennuyer à vêpres que de brûler en enfer,
j'ai prouvé que les écarts de la jeunesse, qu'on se plaint de ne pouvoir réprimer par ces moyens, en étaient l'ouvrage. *Dans quelles
erreurs, dans quels excès, abandonnée à elle-même, ne se précipiterait-
elle donc pas!* La jeunesse ne s'égare jamais d'elle-même, toutes ses
erreurs lui viennent d'être mal conduite;[3] les camarades et les
maîtres achèvent ce qu'ont commencé les prêtres et les précep-
teurs: j'ai prouvé cela. *C'est un torrent qui se déborde, malgré les
digues puissantes qu'on lui avait opposées. Que serait-ce donc si nul
obstacle ne suspendait ses flots et ne rompait ses efforts?* Je pourrais
dire: *C'est un torrent qui renverse vos impuissantes digues et brise
tout: élargissez son lit et le laissez courir sans obstacle, il ne fera
jamais de mal.* Mais j'ai honte d'employer, dans un sujet aussi
sérieux, ces figures de collège, que chacun applique à sa fantaisie,
et qui ne prouvent rien d'aucun côté.

Au reste, quoique, selon vous, les écarts de la jeunesse ne soient
encore que trop fréquents, trop multipliés à cause de la pente de
l'homme au mal, il paraît qu'à tout prendre vous n'êtes pas trop

---

[1] 'Eh, quel est ton moyen? Oh, le fou!' (Voltaire, *Marginalia*, pp. 150).
[2] 'Tu n'as rien prouvé' (Voltaire, ibid.).
[3] 'Faux, très faux' (Voltaire, *op. cit.*, p. 151).

mécontent d'elle; que vous vous complaisez assez dans l'éducation saine et vertueuse que lui donnent actuellement vos maitres pleins de vertus, de sagesse et de vigilance; que, selon vous, elle perdrait beaucoup à être élevée d'une autre manière, et qu'au fond vous ne pensez pas de ce siècle, *la lie des siècles*, tout le mal que vous affectez d'en dire à la tête de vos mandements.

Je conviens qu'il est superflu de chercher de nouveaux plans d'éducation, quand on est si content de celle qui existe: mais convenez aussi, monseigneur, qu'en ceci vous n'êtes pas difficile. Si vous eussiez été aussi coulant en matière de doctrine, votre diocèse eût été agité de moins de troubles; l'orage que vous avez excité ne fût point retombé sur les jésuites; je n'en aurais point été écrasé par compagnie; vous fussiez resté plus tranquille, et moi aussi.

Vous avouez que pour réformer le monde autant que le permettent la faiblesse et, selon vous, la corruption de notre nature, il suffirait d'observer, sous la direction et l'impression de la grâce, les premiers rayons de la raison humaine, de les saisir avec soin, et de les diriger vers la route qui conduit à la vérité[1]. *Par là*, continuez-vous, *ces esprits, encore exempts de préjugés, seraient pour toujours en garde contre l'erreur: ces cœurs, encore exempts des grandes passions, prendraient les impressions de toutes les vertus.* Nous sommes donc d'accord sur ce point, car je n'ai pas dit autre chose. Je n'ai pas ajouté, j'en conviens, qu'il fallût faire élever les enfants par des prêtres; même je ne pensais pas que cela fût nécessaire pour en faire des citoyens et des hommes: et cette erreur, si c'en est une, commune à tant de catholiques, n'est pas un si grand crime à un protestant. Je n'examine pas si, dans votre pays, les prêtres eux-mêmes passent pour de si bons citoyens; mais comme l'éducation de la génération présente est leur ouvrage, c'est entre vous d'un côté, et vos anciens mandements de l'autre, qu'il faut décider si leur lait spirituel lui a si bien profité, s'il en a fait de si grands saints,[II] *vrais adorateurs de Dieu*, et de si grands hommes, *dignes d'être la ressource et l'ornement de la patrie*. Je puis ajouter une observation qui devrait frapper tous les bons Français, et vous-même comme tel: c'est que de tant de rois qu'a eus votre nation, le meilleur est le seul que n'ont point élevé les prêtres.[1]

Mais qu'importe tout cela, puisque je ne leur ai point donné l'ex-

---

[I] Mandement, § 11.   [II] *Ibid.*, § 11.

---

[1] 'Excellente idée' (Voltaire, ibid.). The king referred to is Henry IV.

clusion? Qu'ils élèvent la jeunesse, s'ils en sont capables, je ne m'y oppose pas; et ce que vous dites là-dessus[1] ne fait rien contre mon livre. Prétendriez-vous que mon plan fût mauvais, par cela seul qu'il peut convenir à d'autres qu'aux gens d'Église?

Si l'homme est bon par sa nature, comme je crois l'avoir démontré, il s'ensuit qu'il demeure tel tant que rien d'étranger à lui ne l'altère; et si les hommes sont méchants, comme ils ont pris peine à me l'apprendre, il s'ensuit que leur méchanceté leur vient d'ailleurs: fermez donc l'entrée au vice, et le cœur humain sera toujours bon. Sur ce principe j'établis l'éducation négative comme la meilleure ou plutôt la seule bonne; je fais voir comment toute éducation positive suit, comme qu'on s'y prenne[1], une route opposée à son but; et je montre comment on tend au même but et comment on y arrive par le chemin que j'ai tracé. †

J'appelle éducation positive, celle qui tend à former l'esprit avant l'âge, et à donner à l'enfant la connaissance des devoirs de l'homme. J'appelle éducation négative celle qui tend à perfectionner les organes, instruments de nos connaissances, avant de nous donner ces connaissances, et qui prépare à la raison par l'exercice des sens. L'éducation négative n'est pas oisive, tant s'en faut: elle ne donne pas les vertus, mais elle prévient les vices: elle n'apprend pas la vérité, mais elle préserve de l'erreur; elle dispose l'enfant à tout ce qui peut le mener au vrai quand il est en état de l'entendre, et au bien quand il est en état de l'aimer.[3]

Cette marche vous déplaît et vous choque: il est aisé de voir pourquoi. Vous commencez par calomnier les intentions de celui qui la propose. Selon vous, cette oisiveté de l'âme m'a paru nécessaire pour la disposer aux erreurs que je lui voulais inculquer. On ne sait pourtant pas trop quelle erreur veut donner à son élève celui qui ne lui apprend rien avec plus de soin qu'à sentir son ignorance et à savoir qu'il ne sait rien. Vous convenez que le jugement a ses progrès, et ne se forme que par degrés; *mais s'ensuit-il*[II],

---

[1] Mandement, § II.   [II] *Ibid.*, § VI.

---

† MS addition: Si au contraire vous voulez l'ouvrir aux vertus avant le temps, malgré tous vos soins les vices entreront au lieu d'elles et vous gâterez votre ouvrage pour l'avoir voulu faire avant le temps. Tels par exemple que les mots *âme, esprit, Dieu, testament*, et surtout le mot *foi* pris par tous les auteurs anciens et même par ceux du Nouveau Testament dans un sens différent de celui qu'il plaît aux théologiens de lui donner aujourd'hui.

[1] Cf. *supra*, p. 198 n 1.   [2] 'Positif négatif ridicule' (Voltaire, *Marginalia*, p. 152).
[3] Cf. *Émile*, Bk. II, esp. *OC*, IV, 322 f. Cf. also *OC.*, I, 687.

9—R.R.W.

ajoutez-vous, *qu'à l'âge de dix ans un enfant ne connaisse pas la diffé-*
rence du bien et du mal, qu'il confonde la sagesse avec la folie, la bonté
avec la barbarie, la vertu avec le vice? Tout cela s'ensuit sans doute,
si à cet âge le jugement n'est pas developpé. *Quoi!* poursuivez-vous,
il ne sentira pas qu'obéir à son père est un bien, que lui désobéir est
un mal? Bien loin de là, je soutiens qu'il sentira, au contraire, en
quittant le jeu pour aller étudier sa leçon, qu'obéir à son père est
un mal, et que lui désobéir est un bien, en volant quelque fruit
défendu. Il sentira aussi, j'en conviens, que c'est un mal d'être
puni et un bien d'être récompensé; et c'est dans la balance de ces
biens et de ces maux contradictoires que se règle sa prudence
enfantine. Je crois avoir démontré cela mille fois dans mes deux
premiers volumes, et surtout dans le dialogue du maître et de l'enfant sur ce qui est mal.[1] Pour vous, monseigneur, vous réfutez mes
deux volumes en deux lignes, et le voici: [(i)]*Le prétendre, M. T. C. F.*
c'est calomnier la nature humaine, en lui attribuant une stupidité
qu'elle n'a point. On ne saurait employer une réfutation plus tran-
chante, ni conçue en moins de mots. Mais cette ignorance qu'il vous
plaît d'appeler stupidité, se trouve constamment dans tout esprit
gêné dans des organes imparfaits, ou qui n'a pas été cultivé; c'est
une observation facile à faire, et sensible à tout le monde. Attribuer
cette ignorance à la nature humaine n'est donc pas la calomnier;
et c'est vous qui l'avez calomniée en lui imputant une malignité
qu'elle n'a point.

Vous dites encore:[(ii)] *Ne vouloir enseigner la sagesse à l'homme*
que dans le temps qu'il sera dominé par la fougue des passions nais-
santes, n'est-ce pas la lui présenter dans le dessein qu'il la rejette?
Voilà derechef une intention que vous avez la bonté de me prêter
et qu'assurément nul autre que vous ne trouvera dans mon livre.
J'ai montré, premièrement, que celui qui sera élevé comme je veux
ne sera pas dominé par les passions dans le temps que vous dites;
j'ai montré encore comment les leçons de la sagesse pouvaient
retarder le développement de ces mêmes passions. Ce sont les mauvais effets de votre éducation que vous imputez à la mienne, et
vous m'objectez les défauts que je vous apprends à prévenir. Jusqu'à l'adolescence j'ai garanti des passions le cœur de mon élève; et
quand elles sont prêtes à naître, j'en recule encore le progrès par

---

[(i)] Mandement, § vi.   [(ii)] *Ibid.*, § ix.

[1] *Émile*, Bk. I, *OC*, IV, 317-8.

des soins propres à les réprimer. Plus tôt, les leçons de la sagesse ne signifient rien pour l'enfant hors d'état d'y prendre intérêt et de les entendre; plus tard, elles ne prennent plus sur un cœur déjà livré aux passions. C'est au seul moment que j'ai choisi qu'elles sont utiles: soit pour l'alarmer ou pour le distraire, il importe également qu'alors le jeune homme en soit occupé.

Vous dites:[1] *Pour trouver la jeunesse plus docile aux leçons qu'il lui prépare, cet auteur veut qu'elle soit dénuée de tout principe de religion.* La raison en est simple, c'est que je veux qu'elle ait une religion, et que je ne lui veux rien apprendre dont son jugement ne soit en état de sentir la vérité. Mais moi, monseigneur, si je disais: *Pour trouver la jeunesse plus docile aux leçons qu'on lui prépare, on a grand soin de la prendre avant l'âge de raison,* ferais-je un raisonnement plus mauvais que le vôtre? et serait-ce un préjugé bien favorable à ce que vous faites apprendre aux enfants?† Selon vous, je choisis l'âge de raison pour inculquer l'erreur; et vous, vous prévenez cet âge pour enseigner la vérité. Vous vous pressez d'instruire l'enfant avant qu'il puisse discerner le vrai du faux; et moi j'attends pour le tromper qu'il soit en état de le connaître. Ce jugement est-il naturel? et lequel paraît chercher à séduire, de celui qui ne veut parler qu'à des hommes, ou de celui qui s'adresse aux enfants?

Vous me censurez d'avoir dit et montré que tout enfant qui croit en Dieu est idolâtre ou anthropomorphite, et vous combattez cela en disant:[11] qu'on ne peut supposer ni l'un ni l'autre d'un enfant qui a reçu une éducation chrétienne. Voilà ce qui est en question; reste à voir la preuve. La mienne est que l'éducation la plus chrétienne ne saurait donner à l'enfant l'entendement ‡ qu'il n'a pas, ni détacher ses idées§ des êtres matériels,‖ au-dessus desquels tant d'hommes ne sauraient élever les leurs. J'en appelle de plus à l'expérience: j'exhorte chacun des lecteurs à consulter sa mémoire, et à se rappeler si, lorsqu'il a cru en Dieu étant enfant, il ne s'en est pas toujours fait quelque image.[1] Quand vous lui dites que *la Divinité n'est rien de ce qui peut tomber sous les sens,* ou son esprit troublé n'entend rien, ou il entend qu'elle n'est rien. Quand vous lui parlez

---

[1] Mandement, §v .   [11] *Ibid.*, § vii.

---

† jeunes gens   ‡ crossed out: l'intelligence (la raison)
§ draft: son jugement   ‖ draft: sensibles

---

[1] 'Tu as raison ici' (Voltaire, *Marginalia*, p. 154).

d'*une intelligence infinie*, il ne sait ce que c'est qu'*intelligence*, et il sait encore moins ce que c'est qu'*infini*. Mais vous lui ferez répéter après vous les mots qu'il vous plaira de lui dire; vous lui ferez même ajouter, s'il le faut, qu'il les entend, car cela ne coûte guère; et il aime encore mieux dire qu'il les entend que d'être grondé ou puni. Tous les anciens, sans excepter les juifs, se sont représenté Dieu corporel; et combien de chrétiens, surtout de catholiques, sont encore aujourd'hui dans ce cas-là! Si vos enfants parlent comme des hommes, c'est parce que les hommes sont encore des enfants. Voilà pourquoi les mystères entassés ne coûtent plus rien à personne; les termes en sont tout aussi faciles à prononcer que d'autres. Une des commodités du christianisme moderne est de s'être fait un certain jargon de mots sans idées, avec lesquels on satisfait à tout, hors à la raison.[1]

Par l'examen de l'intelligence qui mène à la connaissance de Dieu, je trouve qu'il n'est pas raisonnable de croire cette connaissance *toujours nécessaire au salut*.[2] Je cite en exemple les insensés, les enfants, et je mets dans la même classe les hommes dont l'esprit n'a pas acquis assez de lumière pour comprendre l'existence de Dieu. Vous dites là-dessus:[1] *Ne soyons point surpris que l'auteur d'*Émile *remette à un temps si reculé la connaissance de l'existence de Dieu; il ne la croit pas nécessaire au salut*. Vous commencez, pour rendre ma proposition plus dure, par supprimer charitablement le mot *toujours*, qui non seulement la modifie, mais qui lui donne un autre sens, puisque, selon ma phrase, cette connaissance est ordinairement nécessaire au salut, et qu'elle ne le serait jamais, selon la phrase que vous me prêtez. Après cette petite falsification, vous poursuivez ainsi:

«Il est clair, *dit-il par l'organe d'un personnage chimérique*, il «est clair que tel homme, parvenu jusqu'à la vieillesse sans croire «en Dieu, ne sera pas pour cela privé de sa présence dans l'autre «(vous avez omis le mot de *vie*), si son aveuglement n'a pas été «volontaire; et je dis qu'il ne l'est pas toujours.»

Avant de transcrire ici votre remarque, permettez que je fasse la mienne. C'est que ce personnage prétendu chimérique, c'est moi-même, et non le vicaire; que ce passage, que vous avez cru être

---

[1] Mandement, § XI.

[1] Rousseau attached considerable importance to this allegedly serious defect in the Christian outlook. Cf. *Religious Quest*, p. 39.
[2] *Émile*, Bk. IV, *OC*, IV, 555–6.

dans la Profession de foi, n'y est point, mais dans le corps même
du livre. Monseigneur, vous lisez bien légèrement, vous citez bien
négligemment les écrits que vous flétrissez si durement: je trouve
qu'un homme en place qui censure, devrait mettre un peu plus
d'examen dans ses jugements. Je reprends à présent votre texte.
*Remarquez, M. T. C. F., qu'il ne s'agit point ici d'un homme qui
serait dépourvu de l'usage de sa raison, mais uniquement de celui
dont la raison ne serait point aidée de l'instruction.* Vous affirmez
ensuite[1] qu'*une telle prétention est souverainemeni absurde. Saint
Paul assure qu'entre les philosophes païens plusieurs sont parvenus
par les seules forces de la raison à la connaissance du vrai Dieu,*
et là-dessus vous transcrivez son passage.

Monseigneur, c'est souvent un petit mal de ne pas entendre un
auteur qu'on lit; mais c'en est un grand quand on le réfute, et un
très grand quand on le diffame. Or, vous n'avez point entendu le
passage de mon livre que vous attaquez ici, de même que beaucoup
d'autres. Le lecteur jugera si c'est ma faute ou la vôtre, quand j'aurai mis le passage entier sous ses yeux.

«Nous tenons (les réformés) que nul enfant mort avant l'âge de
«raison ne sera privé du bonheur éternel. Les catholiques croient
«la même chose de tous les enfants qui ont reçu le baptême, quoi-
«qu'ils n'aient jamais entendu parler de Dieu. Il y a donc des cas
«où l'on peut être sauvé sans croire en Dieu; et ces cas ont lieu,
«soit dans l'enfance, soit dans la démence, quand l'esprit humain
«est incapable des opérations nécessaires pour reconnaître la Divi-
«nité. Toute la différence que je vois ici entre vous et moi, est que
«vous prétendez que les enfants ont à sept ans cette capacité, et
«que je ne la leur accorde pas même à quinze. Que j'aie tort ou
«raison, il ne s'agit pas ici d'un article de foi, mais d'une simple
«observation d'histoire naturelle.

«Par le même principe, il est clair que tel homme, parvenu
«jusqu'à la vieillesse sans croire en Dieu, ne sera pas pour cela
«privé de sa présence dans l'autre vie, si son aveuglement n'a pas
«été volontaire; et je dis qu'il ne l'est pas toujours. Vous en con-
«venez pour les insensés qu'une maladie prive de leurs facultés
«spirituelles, mais non de leur qualité d'hommes ni, par consé-
«quent, du droit aux bienfaits de leur créateur. Pourquoi donc
«n'en pas convenir aussi pour ceux qui, séquestrés de toute

[1] Mandement, § XI.

«société dès leur enfance, auraient mené une vie absolument sau-
«vage, privés des lumières qu'on n'acquiert que dans le commerce
«des hommes? car il est d'une impossibilité démontrée qu'un
«pareil sauvage pût jamais élever ses réflexions jusqu'à la con-
«naissance du vrai Dieu. La raison nous dit qu'un homme n'est
«punissable que pour les fautes de sa volonté, et qu'une ignorance
«invincible ne lui saurait être imputée à crime. D'où il suit que
«devant la justice éternelle tout homme qui croirait, s'il avait les
«lumières nécessaires, est réputé croire, et qu'il n'y aura d'incré-
«dules punis que ceux dont le cœur se ferme à la vérité.»[1]

Voilà mon passage entier, sur lequel votre erreur saute aux
yeux. Elle consiste en ce que vous avez entendu ou fait entendre
que, selon moi, il fallait avoir été instruit de l'existence de Dieu
pour y croire. Ma pensée est fort différente. Je dis qu'il faut avoir
l'entendement développé et l'esprit cultivé jusqu'à certain point
pour être en état de comprendre les preuves de l'existence de Dieu,
et surtout pour les trouver de soi-même sans en avoir jamais
entendu parler. Je parle des hommes barbares ou sauvages: vous
m'alléguez des philosophes; je dis qu'il faut avoir acquis quelque
philosophie pour s'élever aux notions du vrai Dieu:[2] vous citez
saint Paul, qui reconnaît que quelques philosophes païens se sont
élevés aux notions du vrai Dieu;[3] je dis que tel homme grossier
n'est pas toujours en état de se former de lui-même une idée juste
de la Divinité: vous dites que les hommes instruits sont en état de
se former une idée juste de la Divinité et, sur cette unique preuve,
mon opinion vous paraît *souverainement absurde*. Quoi! parce qu'un
docteur en droit doit savoir les lois de son pays, est-il absurde de
supposer qu'un enfant qui ne sait pas lire a pu les ignorer?

Quand un auteur ne veut pas se répéter sans cesse, et qu'il a une
fois établi clairement son sentiment sur une matière, il n'est pas
tenu de rapporter toujours les mêmes preuves en raisonnant sur
le même sentiment: ses écrits s'expliquent alors les uns par les
autres; et les derniers, quand il a de la méthode, supposent toujours les premiers. Voilà ce que j'ai toujours tâché de faire, et ce
que j'ai fait, surtout dans l'occasion dont il s'agit.

Vous supposez, ainsi que ceux qui traitent de ces matières, que

---

[1] Cf. *OC*, IV, 555–6.
[2] 'Ici tu argumentes bien' (Voltaire, *Marginalia*, p. 155).
[3] Cf. St. Paul's *Epistle to the Romans*, I. 20, also quoted by Rousseau *infra*,
p. 256.

l'homme apporte avec lui sa raison toute formée, et qu'il ne s'agit que de la mettre en œuvre. Or cela n'est pas vrai; car l'une des acquisitions de l'homme, et même des plus lentes, est la raison.[1] L'homme apprend à voir des yeux de l'esprit ainsi que des yeux du corps: mais le premier apprentissage est bien plus long que l'autre, parce que les rapports des objets intellectuels, ne se mesurant pas comme l'étendue, ne se trouvent que par estimation, et que nos premiers besoins, nos besoins physiques, ne nous rendent pas l'examen de ces mêmes objets si intéressant. Il faut apprendre à voir deux objets à la fois; il faut apprendre à les comparer entre eux; il faut apprendre à comparer les objets en grand nombre, à remonter par degrés aux causes, à les suivre dans leurs effets; il faut avoir combiné des infinités de rapports pour acquérir des idées de convenance, de proportion, d'harmonie et d'ordre. L'homme qui, privé du secours de ses semblables et sans cesse occupé de pourvoir à ses besoins, est réduit en toute chose à la seule marche de ses propres idées, fait un progrès bien lent de ce côté-là; il vieillit et meurt avant d'être sorti de l'enfance de la raison. Pouvez-vous croire de bonne foi que, d'un million d'hommes élevés de cette manière, il y en eût un seul qui vînt à penser à Dieu?

L'ordre de l'univers, tout admirable qu'il est, ne frappe pas également tous les yeux. Le peuple y fait peu d'attention, manquant des connaissances qui rendent cet ordre sensible, et n'ayant point appris à réfléchir sur ce qu'il aperçoit. Ce n'est ni endurcissement ni mauvaise volonté; c'est ignorance, engourdissement d'esprit. La moindre méditation fatigue ces gens-là, comme le moindre travail des bras fatigue un homme de cabinet. Ils ont ouï parler des œuvres de Dieu et des merveilles de la nature. Ils répètent les mêmes mots sans y joindre les mêmes idées, et ils sont peu touchés de tout ce qui peut élever le sage à son créateur. Or, si parmi nous le peuple, à portée de tant d'instructions, est encore si stupide, que seront ces pauvres gens abandonnés à eux-mêmes dès leur enfance, et qui n'ont jamais rien appris d'autrui? Croyez-vous qu'un Cafre ou un Lapon philosophe beaucoup sur la marche du monde et sur la génération des choses? Encore les Lapons et les Cafres, vivant en corps de nations, ont-ils des multitudes d'idées acquises et communiquées, à l'aide desquelles ils acquièrent quelques notions grossières d'une divinité; ils ont en quelque façon leur catéchisme: mais l'homme sauvage, errant seul dans les bois, n'en a point du

---

[1] For Rousseau's view of reason see *Religious Quest*, pp. 46 f. and *supra*, p. 76.

tout. Cet homme n'existe pas, direz-vous; soit: mais il peut exister par supposition. Il existe certainement des hommes qui n'ont jamais eu d'entretien philosophique en leur vie, et dont tout le temps se consume à chercher leur nourriture, la dévorer, et dormir. Que ferons-nous de ces hommes-là, des Esquimaux, par exemple? en ferons-nous des théologiens?

Mon sentiment est donc que l'esprit de l'homme, sans progrès, sans instruction, sans culture, et tel qu'il sort des mains de la nature, n'est pas en état de s'élever de lui-même aux sublimes notions de la Divinité; mais que ces notions se présentent à nous à mesure que notre esprit se cultive; qu'aux yeux de tout homme qui a pensé, qui a réfléchi,† Dieu se manifeste dans ses ouvrages; qu'il se révèle aux gens éclairés dans le spectacle de la nature; qu'il faut, quand on a les yeux ouverts, les fermer pour ne l'y pas voir; que tout philosophe athée est un raisonneur de mauvaise foi, ou que son orgueil aveugle; mais qu'aussi tel homme stupide et grossier, quoique simple et vrai, tel esprit sans erreur et sans vice peut, par une ignorance involontaire, ne pas remonter à l'auteur de son être, et ne pas concevoir ce que c'est que Dieu, sans que cette ignorance le rende punissable d'un défaut auquel son cœur n'a point consenti. Celui-ci n'est pas éclairé, et l'autre refuse de l'être: cela me paraît fort différent.[1]

Appliquez à ce sentiment votre passage de saint Paul, et vous verrez qu'au lieu de le combattre, il le favorise; vous verrez que ce passage tombe uniquement sur ces sages prétendus à qui *ce qui peut être connu de Dieu a été manifesté*, à qui *la considération des choses qui ont été faites dès la création du monde a rendu visible ce qui est invisible en Dieu*, mais qui, *ne l'ayant point glorifié et ne lui ayant point rendu grâces, se sont perdus dans la vanité de leur raisonnement* et, ainsi demeurés sans excuse, *en se disant sages, sont devenus fous*. La raison sur laquelle l'Apôtre reproche aux philosophes de n'avoir pas glorifié le vrai Dieu, n'étant point applicable à ma supposition, forme une induction tout en ma faveur; elle confirme ce que j'ai dit moi-même, que tout *philosophe qui ne croit pas a tort, parce qu'il use mal de la raison qu'il a cultivée, et qu'il est en état*

† philosophé

[1] Rousseau never accepted the idea that an atheist could be a sane and rational person. Atheism, he believed, was a mental and moral aberration which had its source in pride. This probably explains the severity of his attitude towards the atheists in the *Contrat social*. Cf. *supra*, pp. 212–3.

d'entendre les vérités qu'il rejette:[1] elle montre enfin, par le passage
même, que vous ne m'avez point entendu; et quand vous m'imputez d'avoir dit ce que je n'ai ni dit ni pensé, savoir, que l'on ne croit
en Dieu que sur l'autorité d'autrui,[i] vous avez tellement tort,
qu'au contraire je n'ai fait que distinguer les cas où l'on peut
connaître Dieu par soi-même, et les cas où l'on ne le peut que par le
secours d'autrui.

Au reste, quand vous auriez raison dans cette critique, quand
vous auriez solidement réfuté mon opinion, il ne s'ensuivrait pas
de cela seul qu'elle fût souverainement absurde, comme il vous
plaît de la qualifier: on peut se tromper sans tomber dans l'extravagance, et toute erreur n'est pas une absurdité. Mon respect pour
vous me rendra moins prodigue d'épithètes, et ce ne sera pas ma
faute si le lecteur trouve à les placer.

Toujours, avec l'arrangement de censurer sans entendre, vous
passez d'une imputation grave et fausse à une autre qui l'est
encore plus; et, après m'avoir injustement accusé de nier l'évidence de la Divinité, vous m'accusez plus injustement d'en avoir
révoqué l'unité en doute. Vous faites plus; vous prenez la peine
d'entrer là-dessus en discussion, contre votre ordinaire; et le seul
endroit de votre mandement où vous ayez raison est celui où vous
réfutez une extravagance que je n'ai pas dite.†

Voici le passage que vous attaquez, ou plutôt votre passage où
vous rapportez le mien; car il faut que le lecteur me voie entre vos
mains.

«Je sais,[ii] *fait-il dire au personnage supposé qui lui sert d'or-*
«*gane,* je sais que le monde est gouverné par une volonté puis-
«sante et sage; je le vois, ou plutôt je le sens, et cela m'importe à
«savoir. Mais ce même monde est-il éternel ou créé? Y a-t-il un
«principe unique des choses? y en a-t-il deux ou plusieurs? et

[i] M. de Beaumont ne dit pas cela en propres termes; mais c'est le seul sens
raisonnable qu'on puisse donner à son texte, appuyé du passage de saint Paul, et
je ne puis répondre qu'à ce que j'entends. (*Voyez* son Mandement, § XI.)
[ii] Mandement, § XIII.

† MS addition: Mais dès qu'on se met à s'appuyer ainsi sur des suppositions
d'un concours surnaturel de Dieu, on sort aussitôt du pays du raisonnement et
des preuves pour entrer dans celui des conjectures et des visions où l'on peut
aller aussi loin qu'on veut sans jamais trouver d'obstacles.

[1] *Émile*, Bk. IV (*OC*, IV, 555).

«quelle est leur nature? Je n'en sais rien. Et que m'importe[1]?... Je
«renonce à des questions oiseuses qui peuvent inquiéter mon
«amour-propre, mais qui sont inutiles à ma conduite et supérieures
«à ma raison.»

J'observe, en passant, que voici la seconde fois que vous qua-
lifiez le prêtre savoyard de personnage chimérique ou supposé.
Comment êtes-vous instruit de cela, je vous supplie? J'ai affirmé
ce que je savais; vous niez ce que vous ne savez pas: qui des deux
est le téméraire? On sait, j'en conviens, qu'il y a peu de prêtres qui
croient en Dieu; mais encore n'est-il pas prouvé qu'il n'y en ait
point du tout. Je reprends votre texte.

*Que veut donc dire cet auteur téméraire?[ii]... L'unité de Dieu lui
paraît une question oiseuse et supérieure à sa raison: comme si la
multiplicité des dieux n'était pas la plus grande des absurdités! «La
«pluralité des dieux, dit énergiquement Tertullien, est une nullité
«de Dieu.» Admettre un Dieu, c'est admettre un Être suprême et
indépendant, auquel tous les autres êtres soient subordonnés.[iii] Il
implique donc qu'il y ait plusieurs dieux.*

Mais qui est-ce qui dit qu'il y a plusieurs dieux? Ah! monseigneur, vous voudriez bien que j'eusse dit de pareilles folies, vous
n'auriez sûrement pas pris la peine de faire un mandement contre
moi.

Je ne sais ni pourquoi ni comment ce qui est est, et bien d'autres
qui se piquent de le dire ne le savent pas mieux que moi; mais je
vois qu'il n'y a qu'une première cause motrice, puisque tout concourt sensiblement aux mêmes fins. Je reconnais donc une volonté
unique et suprême qui dirige tout, et une puissance unique et
suprême qui exécute tout. J'attribue cette puissance et cette
volonté au même être, à cause de leur parfait accord, qui se conçoit

[i] Ces points indiquent une lacune de deux lignes par lesquelles le passage est
tempéré, et que M. de Beaumont n'a pas voulu transcrire.[1]

[ii] Mandement, § XIII.

[iii] Tertullien fait ici un sophisme très familier aux Pères de l'Église: il définit
e mot *Dieu* selon les chrétiens, et puis il accuse les païens de contradiction,
parce que, contre sa définition, ils admettent plusieurs dieux. Ce n'était pas la
peine de m'imputer une erreur que je n'ai pas commise, uniquement pour citer
si hors de propos un sophisme de Tertullien.[2]

---

[1] The omitted words are: 'Que m'importe? À mesure que ces connaissances
me deviendront intéressantes, je m'efforcerai de les acquérir; jusque-là, je
renonce...' Cf. *supra*, p. 137.

[2] 'Tertullien a tort et toi aussi. Car ces prétendus païens admettaient un dieu
suprême. Les autres dieux étaient nos saints.' (Voltaire, *Marginalia*, p. 157).

mieux dans un que dans deux, et parce qu'il ne faut pas sans
raison multiplier les êtres: car le mal même que nous voyons n'est
point un mal absolu et, loin de combattre directement le bien, il
concourt avec lui à l'harmonie universelle.

Mais ce par quoi les choses sont se distingue très nettement sous
deux idées: savoir, la chose qui fait, et la chose qui est faite: même
ces deux idées ne se réunissent pas dans le même être sans quelque
effort d'esprit, et l'on ne conçoit guère une chose qui agit sans en
supposer une autre sur laquelle elle agit. De plus, il est certain que
nous avons l'idée de deux substances distinctes; savoir, l'esprit et
la matière, ce qui pense et ce qui est étendu; et ces deux idées se
conçoivent très bien l'une sans l'autre.

Il y a donc deux manières de concevoir l'origine des choses:
savoir, ou dans deux causes diverses, l'une vive et l'autre morte,
l'une motrice et l'autre mue, l'une active et l'autre passive, l'une
efficiente et l'autre instrumentale; ou dans une cause unique qui
tire d'elle seule tout ce qui est et tout ce qui se fait. Chacun de ces
deux sentiments, débattus par les métaphysiciens depuis tant de
siècles, n'en est pas devenu plus croyable à la raison humaine: et
si l'existence éternelle et nécessaire de la matière a pour nous ses
difficultés, sa création n'en a pas de moindres, puisque tant
d'hommes et de philosophes, qui dans tous les temps ont médité
sur ce sujet, ont tous unanimement rejeté la possibilité de la création, excepté peut-être un très petit nombre qui paraissent avoir
sincèrement soumis leur raison à l'autorité; sincérité que les motifs
de leur intérêt, de leur sûreté, de leur repos, rendent fort suspecte,
et dont il sera toujours impossible de s'assurer tant que l'on ris-
quera quelque chose à parler vrai.[1]

Supposé qu'il y ait un principe éternel et unique des choses, ce
principe, étant simple dans son essence, n'est pas composé de
matière et d'esprit, mais il est matière ou esprit seulement.
Sur les raisons déduites par le vicaire, il ne saurait concevoir
que ce principe soit matière; et s'il est esprit, il ne saurait concevoir
que par lui la matière ait reçu l'être; car il faudrait pour cela concevoir la création. Or l'idée de création, l'idée sous laquelle on
conçoit que, par un simple acte de volonté, rien devient quelque
chose, est, de toutes les idées qui ne sont pas clairement contradictoires, la moins compréhensible à l'esprit humain.[2]

[1] 'Ici tu me parais avoir raison' (Voltaire, *Marginalia*, p. 158).
[2] 'Je suis de ton avis' (Voltaire, ibid.).

Arrêté des deux côtés par ces difficultés, le bon prêtre demeure indécis, et ne se tourmente point d'un doute de pure spéculation, qui n'influe en aucune manière sur ses devoirs en ce monde; car enfin que m'importe d'expliquer l'origine des êtres, pourvu que je sache comment ils subsistent, quelle place j'y dois remplir, et en vertu de quoi cette obligation m'est imposée?

Mais supposer deux principes[i] des choses, supposition que pourtant le vicaire ne fait point, ce n'est pas pour cela supposer deux dieux; à moins que, comme les manichéens, on ne suppose aussi ces principes tous deux actifs: doctrine absolument contraire à celle du vicaire, qui très positivement n'admet qu'une intelligence première, qu'un seul principe actif, et par conséquent qu'un seul Dieu.

J'avoue bien que la création du monde étant clairement énoncée dans nos traductions de la Genèse, la rejeter positivement serait à cet égard rejeter l'autorité,[1] sinon des livres sacrés, au moins des traductions qu'on nous en donne: et c'est aussi ce qui tient le vicaire dans un doute qu'il n'aurait peut-être pas sans cette autorité; car d'ailleurs la coexistence des deux principes[ii] semble expliquer mieux la constitution de l'univers, et lever des difficultés qu'on a peine à résoudre sans elle, comme entre autres celle de l'origine du mal. De plus, il faudrait entendre parfaitement l'hébreu, et même avoir été contemporain de Moïse, pour savoir certainement quel sens il a donné au mot qu'on nous rend par le mot *créa*. Ce

---

[i] Celui qui ne connaît que deux substances ne peut non plus imaginer que deux principes; et le terme, *ou plusieurs*, ajouté dans l'endroit cité, n'est là qu'une espèce d'explétif, servant tout au plus à faire entendre que le nombre de ces principes n'importe pas plus à connaître que leur nature.

[ii] Il est bon de remarquer que cette question de l'éternité de la matière, qui effarouche si fort nos théologiens, effarouchait assez peu les Pères de l'Église, moins éloignés des sentiments de Platon. Sans parler de Justin martyr, d'Origène et d'autres, Clément Alexandrin[2] prend si bien l'affirmative dans ses *Hypotyposes*, que Photius veut, à cause de cela, que ce livre ait été falsifié. Mais le même sentiment reparaît encore dans les *Stromates*, où Clément rapporte celui d'Héraclite sans l'improuver. Ce Père, livre V, tâche à la vérité d'établir un seul principe; mais c'est parce qu'il refuse ce nom à la matière, même en admettant son éternité.[3]

---

[1] 'Point du tout' (Voltaire, *Marginalia*, p. 158). Cf. *supra*, p. 151.

[2] Clement of Alexandria (died *c.* 220), Church Father, the teacher of Origen and one of the most famous Christian apologists of the third century.

[3] According to H. Gouhier (*OC*, IV, 1739 n. 2), this note is based on the work of Beausobre mentioned in Rousseau's next note. The philosopher discussed is not Heraclitus, as Rousseau affirms, but Plato.

terme est trop philosophique pour avoir eu dans son origine l'acception connue et populaire que nous lui donnons maintenant, sur la foi de nos docteurs. † Cette acception a pu changer et tromper même les Septante,[1] déjà imbus des questions de philosophie grecque; rien n'est moins rare que des mots dont le sens change par trait de temps, et qui font attribuer aux anciens auteurs qui s'en sont servis des idées qu'ils n'ont point eues. Il est très douteux que le mot grec ait eu le sens qu'il nous plaît de lui donner et il est très certain que le mot latin n'a point eu ce même sens puisque Lucrèce, qui nie formellement la possibilité de toute création, ne laisse pas d'employer souvent le même terme pour exprimer la formation de l'univers et de ses parties. Enfin, M. de Beausobre a prouvé[(1)] que la notion de la création ne se trouve point dans l'ancienne théologie judaïque; et vous êtes trop instruit, monseigneur, pour ignorer que beaucoup d'hommes, pleins de respect pour nos livres sacrés, n'ont cependant point reconnu dans le récit de Moïse l'absolue création de l'univers. Ainsi le vicaire, à qui le despotisme des théologiens n'en impose pas, peut très bien, sans en être moins orthodoxe, douter s'il y a deux principes éternels des choses, ou s'il n'y en a qu'un. C'est un débat purement grammatical ou philosophique, où la révélation n'entre pour rien.

Quoi qu'il en soit, ce n'est pas de cela qu'il s'agit entre nous; et sans soutenir les sentiments du vicaire, je n'ai rien à faire ici qu'à montrer vos torts.

Or vous avez tort d'avancer que l'unité de Dieu me paraît une question oiseuse et supérieure à la raison, puisque, dans l'écrit que vous censurez, cette unité est établie et soutenue par le raisonnement: et vous avez tort de vous étayer d'un passage de Tertullien pour conclure contre moi qu'il implique qu'il y ait plusieurs dieux;

[(1)] *Histoire du Manichéisme*, tome II. [Isaac de Beausobre, *Histoire critique de Manichée et du Manichéisme*, 2 vols., 1734–9]

---

† Instead of the next two sentences, the 1782 edition of Rousseau's *Mélanges* has the passage: Rien n'est moins rare que des mots dont le sens change par trait de temps, et qui font attribuer aux anciens auteurs qui s'en sont servis des idées qu'ils n'ont point eues. Le mot hébreu qu'on a traduit par *créer, faire quelque chose de rien*, signifie *faire, produire quelque chose avec magnificence*. Rivet prétend même que ce mot hébreu *bara*, ni le mot grec qui lui répond, ni même le mot latin *creare*, ne peuvent se restreindre à cette signification particulière de *produire quelque chose de rien*, que Lucrèce, qui nie...

---

[1] i.e. the Seventy (scholars who translated the Hebrew text of the Old Testament into Greek in 282 or 283 B.C.).

car, sans avoir besoin de Tertullien, je conclus aussi de mon côté qu'il implique qu'il y ait plusieurs dieux.

Vous avez tort de me qualifier pour cela d'auteur téméraire, puisqu'où il n'y a point d'assertion il n'y a point de témérité. On ne peut concevoir qu'un auteur soit un téméraire, uniquement pour être moins hardi que vous.

Enfin vous avez tort de croire avoir bien justifié les dogmes particuliers qui donnent à Dieu les passions humaines et qui, loin d'éclaircir les notions du grand Être, les embrouillent et les avilissent, en m'accusant faussement d'embrouiller et d'avilir moi-même ces notions, d'attaquer directement l'essence divine, que je n'ai point attaquée, et de révoquer en doute son unité, que je n'ai point révoquée en doute. Si je l'avais fait, que s'ensuivrait-il? Récriminer n'est pas se justifier : mais celui qui, pour toute défense, ne fait que récriminer à faux,† a bien l'air d'être seul coupable.

La contradiction que vous me reprochez dans le même lieu est tout aussi bien fondée que la précédente accusation. *Il ne sait* dites-vous, *quelle est la nature de Dieu, et bientôt après il reconnaît que cet Être suprême est doué d'intelligence, de puissance, de volonté et de bonté : n'est-ce pas donc là avoir une idée de la nature divine?*

Voici, monseigneur, là-dessus ce que j'ai à vous dire :

«Dieu est intelligent; mais comment l'est-il? L'homme est intel-«ligent quand il raisonne, et la suprême intelligence n'a pas «besoin de raisonner; il n'y a pour elle ni prémisses, ni consé-«quences, il n'y a pas même de proposition; elle est purement «intuitive, elle voit également tout ce qui est et tout ce qui peut «être; toutes les vérités ne sont pour elle qu'une seule idée, comme «tous les lieux un seul point et tous les temps un seul moment. «La puissance humaine agit par des moyens; la puissance divine «agit par elle-même : Dieu peut parce qu'il veut, sa volonté fait «son pouvoir. Dieu est bon, rien n'est plus manifeste; mais la «bonté dans l'homme est l'amour de ses semblables, et la bonté de «Dieu est l'amour de l'ordre; car c'est par l'ordre qu'il maintient «ce qui existe, et lie chaque partie avec le tout. Dieu est juste, «j'en suis convaincu, c'est une suite de sa bonté; l'injustice des «hommes est leur œuvre, et non pas la sienne; le désordre moral, «qui dépose contre la Providence aux yeux des philosophes, ne «fait que la démontrer aux miens. Mais la justice de l'homme est

---

† ne fait que récriminer et mentir

«de rendre à chacun ce qui lui appartient; et la justice de Dieu, de
«demander compte à chacun de ce qu'il lui a donné.

«Que si je viens à découvrir successivement ces attributs dont
«je n'ai nulle idée absolue, c'est par des conséquences forcées, c'est
«par le bon usage de ma raison: mais je les affirme sans les com-
«prendre, et dans le fond c'est n'affirmer rien. J'ai beau me dire,
«Dieu est ainsi; je le sens, je me le prouve: je n'en conçois pas
«mieux comment Dieu peut être ainsi.

«Enfin, plus je m'efforce de contempler son essence infinie,
«moins je la conçois: mais elle est, cela me suffit; moins je la con-
«çois, plus je l'adore. Je m'humilie et lui dis: Être des êtres, je
«suis parce que tu es; c'est m'élever à ma source que de te médi-
«ter sans cesse; le plus digne usage de ma raison est de s'anéantir
«devant toi; c'est mon ravissement d'esprit, c'est le charme de
«ma faiblesse de me sentir accablé de ta grandeur.»[1]

Voilà ma réponse, et je la crois péremptoire. Faut-il vous dire à
présent où je l'ai prise? Je l'ai tirée mot à mot de l'endroit même
que vous accusez de contradiction. Vous en usez comme tous mes
adversaires, qui, pour me réfuter, ne font qu'écrire les objections
que je me suis faites et supprimer mes solutions. La réponse est
déjà toute prête; c'est l'ouvrage qu'ils ont réfuté.

Nous avançons, monseigneur, vers les discussions les plus importantes.†

Après avoir attaqué mon système et mon livre, vous attaquez
aussi ma religion; et parce que le vicaire catholique fait des objections contre son Église, vous cherchez à me faire passer pour
ennemi de la mienne: comme si proposer des difficultés sur un sentiment, c'était y renoncer; comme si toute connaissance humaine
n'avait pas les siennes; comme si la géométrie elle-même n'en
avait pas, ou que les géomètres se fissent une loi de les taire, pour
ne pas nuire à la certitude de leur art!

La réponse que j'ai d'avance à vous faire est de vous déclarer,
avec ma franchise ordinaire, mes sentiments en matière de religion, tels que je les ai professés dans tous mes écrits, et tels qu'ils

† Jusqu'ici, Monseigneur, je me suis attaché seulement à relever vos sophismes
sans prendre parti pour l'ouvrage que vous avez attaqué. La matière où nous
entrons m'oblige à changer de méthode et ce n'est plus assez de réfuter le mandement de M. l'archevêque de Paris si je ne défends aussi la profession de foi du
vicaire.

[1] Cf. *supra*, pp. 151–2. Of the last paragraph Voltaire (*Marginalia*, p. 160)
says: 'Très beau'.

ont toujours été dans ma bouche et dans mon cœur. Je vous dirai de plus pourquoi j'ai publié la Profession de foi du vicaire, et pourquoi, malgré tant de clameurs, je la tiendrai toujours pour l'écrit le meilleur et le plus utile dans le siècle où je l'ai publiée. Les bûchers ni les décrets ne me feront point changer de langage; les théologiens, en m'ordonnant d'être humble, ne me feront point être faux; et les philosophes, en me taxant d'hypocrisie, ne me feront point professer l'incrédulité. Je dirai ma religion, parce que j'en ai une; et je la dirai hautement, parce que j'ai le courage de la dire, et qu'il serait à désirer, pour le bien des hommes, que ce fût celle du genre humain.

Monseigneur, je suis chrétien, et sincèrement chrétien, selon la doctrine de l'Évangile.[1] Je suis chrétien, non comme un disciple des prêtres, mais comme un disciple de Jésus-Christ. Mon maître a peu subtilisé sur le dogme et beaucoup insisté sur les devoirs: il prescrivait moins d'articles de foi que de bonnes œuvres; il n'ordonnait de croire que ce qui était nécessaire pour être bon; quand il résumait la loi et les prophètes, c'était bien plus dans des actes de vertu que dans des formules de croyance;[(I)] et il m'a dit par lui-même et par ses apôtres que celui qui aime son frère a accompli la loi.[(II)]

Moi, de mon côté, très convaincu des vérités essentielles au christianisme, lesquelles servent de fondement à toute bonne morale, cherchant au surplus à nourrir mon cœur de l'esprit de l'Évangile, sans tourmenter ma raison de ce qui m'y paraît obscur; enfin persuadé que quiconque aime Dieu par-dessus toute chose et son prochain comme soi-même est un vrai chrétien, je m'efforce de l'être, laissant à part toutes ces subtilités de doctrine, tous ces importants galimatias dont les pharisiens† embrouillent nos devoirs et offusquent notre foi et mettant avec saint Paul la foi même au-dessous de la charité.[(III)]

Heureux d'être né dans la religion la plus raisonnable et la plus sainte qui soit sur la terre,[2] je reste inviolablement attaché au culte de mes pères: comme eux je prends l'Écriture et la raison pour les uniques règles de ma croyance; comme eux je récuse l'autorité des

---

[(I)] Matth., VII, 12.   [(II)] Galat., V, 14.   [(III)] I Cor., XIII, 2, 13.

† théologiens

---

[1] 'Comme il ment!' (Voltaire, *Marginalia*, p. 160). For a discussion of this and the following points see *Religious Quest*, pp. 83 f.
[2] Cf. *supra*, pp. 92, and 195 (*OC*, II, 714, and IV, 631).

hommes, et n'entends me soumettre à leurs formules qu'autant que
j'en aperçois la vérité; comme eux je me réunis de cœur avec les
vrais serviteurs de Jésus-Christ et les vrais adorateurs de Dieu pour
lui offrir dans la communion des fidèles les hommages de son
Église. Il m'est consolant et doux d'être compté parmi ses membres, de participer au culte public qu'ils rendent à la Divinité, et de
me dire, au milieu d'eux: Je suis avec mes frères.

Pénétré de reconnaissance pour le digne pasteur[1] qui, résistant
au torrent de l'exemple,† et jugeant dans la vérité, n'a point exclu
de l'Église un défenseur de la cause de Dieu, je conserverai toute
ma vie un tendre souvenir de sa charité vraiment chrétienne. Je
me ferai toujours une gloire d'être compté dans son troupeau, et
j'espère n'en point scandaliser les membres ni par mes sentiments
ni par ma conduite. Mais lorsque d'injustes prêtres,‡ s'arrogeant
des droits qu'ils n'ont pas, voudront se faire les arbitres de ma
croyance, et viendront me dire arrogamment: Rétractez-vous,
déguisez-vous, expliquez ceci, désavouez cela; leurs hauteurs ne
m'en imposeront point; ils ne me feront point mentir pour être
orthodoxe, ni dire pour leur plaire ce que je ne pense pas. Que si
ma véracité les offense, et qu'ils veuillent me retrancher de l'Église,
je craindrai peu cette menace, dont l'exécution n'est pas en leur
pouvoir. Ils ne m'empêcheront pas d'être uni de cœur avec les
fidèles; ils ne m'ôteront pas du rang des élus si j'y suis inscrit. Ils
peuvent m'en ôter les consolations dans cette vie, mais non l'espoir
dans celle qui doit la suivre; et c'est là que mon vœu le plus ardent
et le plus sincère est d'avoir Jésus-Christ même pour arbitre et pour
juge entre eux et moi.

Tels sont, monseigneur, mes vrais sentiments, que je ne donne
pour règle à personne, mais que je déclare être les miens, et qui
resteront tels tant qu'il plaira, non aux hommes, mais à Dieu, seul
maître de changer mon cœur et ma raison; car aussi longtemps que
je serai ce que je suis et que je penserai comme je pense, je parlerai
comme je parle: bien différent, je vous l'avoue, de vos chrétiens en
effigie toujours prêts à croire ce qu'il faut croire, ou à dire ce qu'il
faut dire, pour leur intérêt ou pour leur repos, et toujours sûrs
d'être assez bons chrétiens, pourvu qu'on ne brûle pas leurs livres

† du fanatisme   ‡ MS: pasteurs, then, prêtres, then, ministres

---

[1] M. de Montmollin, the minister with whom he was at first on good terms
during his stay at Môtiers-Travers, but who later turned against him.

et qu'ils ne soient pas décrétés. Ils vivent en gens persuadés que non seulement il faut confesser tel et tel article, mais que cela suffit pour aller en paradis : et moi je pense, au contraire, que l'essentiel de la religion consiste en pratique ; que non seulement il faut être homme de bien, miséricordieux, humain, charitable, mais que quiconque est vraiment tel en croit assez pour être sauvé[1]. J'avoue, au reste, que leur doctrine est plus commode que la mienne, et qu'il en coûte bien moins de se mettre au nombre des fidèles par des opinions que par des vertus.

Que si j'ai dû garder ces sentiments pour moi seul, comme ils ne cessent de le dire ; si, lorsque j'ai eu le courage de les publier et de me nommer, j'ai attaqué les lois et troublé l'ordre public ; c'est ce que j'examinerai tout à l'heure. Mais qu'il me soit permis auparavant de vous supplier, monseigneur, vous et tous ceux qui liront cet écrit, d'ajouter quelque foi aux déclarations d'un ami de la vérité, et de ne pas imiter ceux qui, sans preuve, sans vraisemblance, et sur le seul témoignage de leur propre cœur, m'accusent d'athéisme et d'irréligion contre des protestations si positives, et que rien de ma part n'a jamais démenties. Je n'ai pas trop, ce me semble, l'air d'un homme qui se déguise, et il n'est pas aisé de voir quel intérêt j'aurais à me déguiser ainsi. L'on doit présumer que celui qui s'exprime si librement sur ce qu'il ne croit pas est sincère en ce qu'il doit croire ; et quand ses discours, sa conduite et ses écrits sont toujours d'accord sur ce point, quiconque ose affirmer qu'il ment et n'est pas un dieu, ment infailliblement lui-même.

Je n'ai pas toujours eu le bonheur de vivre seul ; j'ai fréquenté des hommes de toute espèce ; j'ai vu des gens de tous les partis, des croyants de toutes les sectes, des esprits forts de tous les systèmes : j'ai vu des grands, des petits,† des libertins, des philosophes : j'ai eu des amis sûrs et d'autres qui l'étaient moins :‡ j'ai été environné d'espions, de malveillants, et le monde est plein de gens qui me haïssent à cause du mal qu'ils m'ont fait. Je les adjure tous, quels qu'ils puissent être, de déclarer au public ce qu'ils savent de ma croyance en matière de religion ; si dans le commerce le plus suivi, si dans la plus étroite familiarité, si dans la gaieté des repas, si dans

---

† des petits, des dévots, des libertins...
‡ J'ai eu des amis fidèles et d'autres qui m'ont trahi.

---

[1] 'C'est être juste et non chrétien' (Voltaire, *Marginalia*, p. 162).

les confidences† du tête-à-tête, ils m'ont jamais trouvé différent de
moi-même; si, lorsqu'ils ont voulu disputer ou plaisanter, leurs
arguments ou leurs railleries m'ont un moment ébranlé; s'ils m'ont
surpris à varier dans mes sentiments: si dans le secret de mon cœur
ils en ont pénétré que je cachais au public; si, dans quelque temps
que ce soit, ils ont trouvé en moi une ombre de fausseté ou d'hypocrisie: qu'ils le disent, qu'ils révèlent tout, qu'ils me dévoilent: j'y
consens, je les en prie, je les dispense du secret de l'amitié; qu'ils
disent hautement, non ce qu'ils voudraient que je fusse, mais ce
qu'ils savent que je suis; qu'ils me jugent selon leur conscience: je
leur confie mon honneur sans crainte, et je promets de ne les point
récuser.

Que ceux qui m'accusent d'être sans religion, parce qu'ils ne
conçoivent pas qu'on en puisse avoir une, s'accordent au moins
s'ils peuvent entre eux. Les uns ne trouvent dans mes livres qu'un
système d'athéisme; les autres disent que je rends gloire à Dieu
dans mes livres sans y croire au fond de mon cœur. Ils taxent mes
écrits d'impiété, et mes sentiments d'hypocrisie. Mais si je prêche
en public l'athéisme, je ne suis donc pas un hypocrite; et si j'affecte
une foi que je n'ai point, je n'enseigne donc pas l'impiété‡. En entassant des imputations contradictoires, la calomnie se découvre elle-
même: mais la malignité est aveugle, et la passion ne raisonne pas.

Je n'ai pas, il est vrai, cette foi dont j'entends se vanter tant de
gens d'une probité si médiocre, cette foi robuste qui ne doute
jamais de rien, qui croit sans façon tout ce qu'on lui présente à
croire, et qui met à part ou dissimule les objections qu'elle ne sait
pas résoudre. Je n'ai pas le bonheur de voir dans la révélation l'évidence qu'ils y trouvent; et si je me détermine pour elle, c'est parce
que mon cœur m'y porte, qu'elle n'a rien que de consolant pour
moi, et qu'à la rejeter les difficultés ne sont pas moindres: mais ce
n'est pas parce que je la vois démontrée, car très sûrement elle ne
l'est pas à mes yeux. Je ne suis pas même assez instruit, à beaucoup
près, pour qu'une démonstration qui demande un si profond
savoir soit jamais à ma portée.[1] N'est-il pas plaisant que moi, qui
propose ouvertement mes objections et mes doutes, je sois l'hypocrite, et que tous ces gens si décidés, qui disent sans cesse croire

† épanchements   ‡ je ne suis donc pas un homme scandaleux.

---

[1] 'Tu ne crois pas la révélation, et tu te dis chrétien' (Voltaire, *Marginalia*,
p. 163). Voltaire rejects Rousseau's broader definition of Christianity and insists
on identifying it with the beliefs of the Church.

fermement ceci et cela, que ces gens, si sûrs de tout sans avoir
pourtant de meilleures preuves que les miennes, que ces gens
enfin dont la plupart ne sont guère plus savants que moi, et qui,
sans lever mes difficultés, me reprochent de les avoir proposées,
soient les gens de bonne foi?

Pourquoi serais-je un hypocrite? et que gagnerais-je à l'être? J'ai
attaqué tous les intérêts particuliers, j'ai suscité contre moi tous
les partis, je n'ai soutenu que la cause de Dieu et de l'humanité: et
qui est-ce qui s'en soucie? Ce que j'en ai dit n'a pas même fait la
moindre sensation, et pas une âme ne m'en a su gré.† Si je me fusse
ouvertement déclaré pour l'athéisme, les dévots ne m'auraient pas
fait pis, et d'autres ennemis non moins dangereux ne me porte-
raient point leurs coups en secret. Si je me fusse ouvertement déclaré
pour l'athéisme, les uns‡ m'eussent attaqué avec plus de réserve, en
me voyant défendu par les autres, et disposé moi-même à la vengeance: mais un homme qui craint Dieu n'est guère à craindre: son
parti n'est pas redoutable; il est seul ou à peu près, et l'on est sûr de
pouvoir lui faire beaucoup de mal avant qu'il songe à le rendre. Si
je me fusse ouvertement déclaré pour l'athéisme, en me séparant
ainsi de l'Église, j'aurais ôté tout d'un coup à ses ministres le
moyen de me harceler sans cesse et de me faire endurer toutes leurs
petites tyrannies; je n'aurais point essuyé tant d'ineptes censures,
et, au lieu de me blâmer si aigrement d'avoir écrit, il eût fallu me
réfuter, ce qui n'est pas tout à fait si facile. Enfin, si je me fusse
ouvertement déclaré pour l'athéisme, on eût d'abord un peu cla-
baudé, mais on m'eût bientôt laissé en paix comme tous les autres,§
le peuple du Seigneur n'eût point pris inspection sur moi, chacun
n'eût point cru me faire grâce en ne me traitant pas en excommu-
nié, et j'eusse été quitte à quitte avec tout le monde: les saintes
en Israël ne m'auraient point écrit des lettres anonymes, et leur
charité ne se fût point exhalée en dévotes injures; elles n'eussent
point pris la peine de m'assurer humblement que j'étais un scélérat, un monstre exécrable, et que le monde eût été trop heureux
si quelque bonne âme‖ eût pris le soin de m'étouffer au berceau:
d'honnêtes gens, de leur côté, me regardant alors comme un
réprouvé, ne se tourmenteraient et ne me tourmenteraient point

† MS addition: C'est bien de cela qu'il s'agit. Pourvu que l'Église commande
et que les ministres règnent, qu'importent au surplus que l'on croit en Dieu?
‡ les cafards
§ comme on y laissa Spinoza et comme on en laisse aujourd'hui tant d'autres
‖ quelque âme zélée et pieuse

pour me ramener dans la bonne voie; ils ne me tirailleraient pas à droite et à gauche, ils ne m'étoufferaient pas sous le poids de leurs† sermons, ils ne me forceraient pas de bénir leur zèle en maudissant leur importunité, et de sentir avec reconnaissance qu'ils sont appelés à me faire périr d'ennui.

Monseigneur, si je suis un hypocrite, je suis un fou, puisque, pour ce que je demande aux hommes, c'est une grande folie de se mettre en frais de fausseté. Si je suis un hypocrite, je suis un sot: car il faut l'être beaucoup pour ne pas voir que le chemin que j'ai pris ne mène qu'à des malheurs dans cette vie et que, quand j'y pourrais trouver quelque avantage, je n'en puis profiter sans me démentir. Il est vrai que j'y suis à temps encore; je n'ai qu'à vouloir un moment tromper les hommes, et je mets à mes pieds tous mes ennemis. Je n'ai point encore atteint la vieillesse; je puis avoir longtemps à souffrir; je puis voir changer derechef le public sur mon compte: mais si jamais j'arrive aux honneurs et à la fortune, par quelque route que j'y parvienne, alors je serai un hypocrite, cela est sûr.

La gloire de l'ami de la vérité n'est point attachée à telle opinion plutôt qu'à telle autre: quoi qu'il dise, pourvu qu'il le pense, il tend à son but. Celui qui n'a d'autre intérêt que d'être vrai n'est point tenté de mentir, et il n'y a nul homme sensé qui ne préfère le moyen le plus simple, quand il est aussi le plus sûr. Mes ennemis auront beau faire avec leurs injures, ils ne m'ôteront point l'honneur d'être un homme véridique en toute chose, d'être le seul auteur de mon siècle et de beaucoup d'autres qui ait écrit de bonne foi, et qui n'ait dit que ce qu'il a cru: ils pourront un moment souiller ma réputation à force de rumeurs et de calomnies, mais elle en triomphera tôt ou tard: car, tandis qu'ils varieront dans leurs imputations ridicules, je resterai toujours le même, et, sans autre art que ma franchise, j'ai de quoi les désoler toujours.[1]

Mais cette franchise est déplacée avec le public! Mais toute vérité n'est pas bonne à dire! Mais, bien que tous les gens sensés pensent comme vous, il n'est pas bon que le vulgaire pense ainsi! Voilà ce qu'on me crie de toutes parts; voilà peut-être ce que vous

---

† leurs lourds sermons, parce que ne me regardant pas tout à fait comme endurci (perverti) tous s'efforcent de me ramener à ce qu'ils appellent la bonne voie, c'est-à-dire, à me rendre aussi sot ou aussi faux qu'eux.

---

[1] Once again Rousseau reiterates the sincerity and consistency of his attitude.

me diriez vous-même, si nous étions tête à tête dans votre cabinet. Tels sont les hommes: ils changent de langage comme d'habit;† ils ne disent la vérité qu'en robe de chambre; en habit de parade ils ne savent plus que mentir; et non seulement ils sont trompeurs et fourbes à la face du genre humain, mais ils n'ont pas honte de punir, contre leur conscience, quiconque ose n'être pas fourbe et trompeur public comme eux. Mais ce principe est-il bien vrai, que toute vérité n'est pas bonne à dire? Quand il le serait, s'ensuivrait-il que nulle erreur ne fût bonne à détruire? et toutes les folies des hommes sont-elles si saintes qu'il n'y en ait aucune qu'on ne doive respecter? Voilà ce qu'il conviendrait d'examiner avant de me donner pour loi une maxime suspecte et vague qui, fût-elle vraie en elle-même, peut pécher par son application.

J'ai grande envie, monseigneur, de prendre ici ma méthode ordinaire, et de donner l'histoire de mes idées pour toute réponse à mes accusateurs. Je crois ne pouvoir mieux justifier tout ce que j'ai osé dire, qu'en disant encore tout ce que j'ai pensé.

Sitôt que je fus en état d'observer les hommes, je les regardais faire, et je les écoutais parler; puis, voyant que leurs actions ne ressemblaient point à leurs discours, je cherchai la raison de cette dissemblance, et je trouvai qu'être et paraître étant pour eux deux choses aussi différentes qu'agir et parler, cette deuxième différence était la cause de l'autre, et avait elle-même une cause qui me restait à chercher.[1]

Je la trouvai dans notre ordre social qui, de tout point contraire à la nature que rien ne détruit, la tyrannise sans cesse, et lui fait sans cesse réclamer ses droits. Je suivis cette contradiction dans ses conséquences, et je vis qu'elle expliquait seule tous les vices des hommes et tous les maux de la société. D'où je conclus qu'il n'était pas nécessaire de supposer l'homme méchant par sa nature, lorsqu'on pouvait marquer l'origine et le progrès de sa méchanceté. Ces réflexions me conduisirent à de nouvelles recherches sur l'esprit humain considéré dans l'état civil; et je trouvai qu'alors le développement des lumières et des vices se faisait toujours en même raison, non dans les individus, mais dans les peuples: dis-

---

† ils changent de façon de penser comme de vêtement

[1] The antithesis between 'being' and 'appearing', as well as between 'doing' and 'talking', is a fundamental theme in Rousseau's philosophy, and already appears in the first *Discours*. Voltaire (*Marginalia*, p. 165) comments on this passage: 'Pauvre homme, crois-tu avoir inventé cela?'

tinction que j'ai toujours soigneusement faite, et qu'aucun de ceux qui m'ont attaqué n'a jamais pu concevoir.

J'ai cherché la vérité dans les livres: je n'y ai trouvé que le mensonge et l'erreur. J'ai consulté les auteurs; je n'ai trouvé que des charlatans† qui se font un jeu de tromper les hommes[1] sans autre loi que leur intérêt, sans autre dieu que leur réputation; prompts à décrier les chefs qui ne les traitent pas à leur gré, plus prompts à louer l'iniquité qui les paye. En écoutant les gens à qui l'on permet de parler en public, j'ai compris qu'ils n'osent ou ne veulent dire que ce qui convient à ceux qui commandent, et que, payés par le fort pour prêcher le faible, ils ne savent parler au dernier que de ses devoirs, et à l'autre que de ses droits. Toute l'instruction publique tendra toujours au mensonge, tant que ceux qui la dirigent trouveront leur intérêt à mentir; et c'est pour eux seulement que la vérité n'est pas bonne à dire. Pourquoi serais-je le complice de ces gens-là?

Il y a des préjugés qu'il faut respecter. Cela peut être; mais c'est quand d'ailleurs tout est dans l'ordre, et qu'on ne peut ôter ces préjugés sans ôter aussi ce qui les rachète; on laisse alors le mal pour l'amour du bien. Mais lorsque tel est l'état des choses que plus rien ne saurait changer qu'en mieux, les préjugés sont-ils si respectables qu'il faille leur sacrifier la raison, la vertu, la justice, et tout le bien que la vérité pourrait faire aux hommes? Pour moi, j'ai promis de la dire en toute chose utile, autant qu'il serait en moi; c'est un engagement que j'ai dû remplir selon mon talent, et que sûrement un autre ne remplira pas à ma place, puisque, chacun se devant à tous, nul ne peut payer pour autrui. «La divine vérité, «dit Augustin, n'est ni à moi, ni à vous, ni à lui, mais à nous tous, «qu'elle appelle avec force à la publier de concert, sous peine «d'être inutile à nous-mêmes si nous ne la communiquons aux «autres: car quiconque s'approprie à lui seul un bien dont Dieu «veut que tous jouissent, perd par cette usurpation ce qu'il dérobe «au public, et ne trouve qu'erreur en lui-même pour avoir trahi la «vérité.»[1]

Les hommes ne doivent point être instruits à demi. S'ils doivent rester dans l'erreur, que ne les laissez-vous dans l'ignorance? A

---

[1] August., *Confes.*, lib. XII, cap. 2.

---

† des misérables

---

[1] 'Tu penses donc être le seul? et les Anglais?' (Voltaire, *Marginalia*, p. 167).

quoi bon tant d'écoles et d'universités pour ne leur apprendre rien de ce qui leur importe à savoir? Quel est donc l'objet de vos collèges, de vos académies, de tant de fondations savantes? Est-ce de donner le change au peuple, d'altérer sa raison d'avance, et de l'empêcher d'aller au vrai? Professeurs de mensonge, c'est pour l'abuser que vous feignez de l'instruire et, comme des brigands qui mettent des fanaux sur les écueils, vous l'éclairez pour le perdre.

Voilà ce que je pensais en prenant la plume; et en la quittant je n'ai pas lieu de changer de sentiment. J'ai vu que toujours l'instruction publique avait deux défauts essentiels qu'il était impossible d'en ôter. L'un est la mauvaise foi de ceux qui la donnent, et l'autre l'aveuglement de ceux qui la reçoivent. Si des hommes sans passions instruisaient des hommes sans préjugés, nos connaissances resteraient plus bornées, mais plus sûres, et la raison régnerait toujours. Or, quoi qu'on fasse, l'intérêt des hommes publics sera toujours le même;† mais les préjugés du peuple, n'ayant aucune base fixe, sont plus variables; ils peuvent être altérés, changés, augmentés, ou diminués. C'est donc de ce côté seul que l'instruction peut avoir quelque prise, et c'est là que doit tendre l'ami de la vérité. Il peut espérer de rendre le peuple plus raisonnable, mais non ceux qui le mènent plus honnêtes gens.

J'ai vu dans la religion la même fausseté que dans la politique; et j'en ai été beaucoup plus indigné: car le vice du gouvernement ne peut rendre les sujets malheureux que sur la terre: mais qui sait jusqu'où les erreurs de la conscience peuvent nuire aux infortunés mortels? J'ai vu qu'on avait des professions de foi, des doctrines, des cultes qu'on suivait sans y croire; et que rien de tout cela, ne pénétrant ni le cœur ni la raison, n'influait que très peu sur la conduite. Monseigneur, il faut vous parler sans détour. Le vrai croyant‡ ne peut s'accommoder de toutes ces simagrées: il sent que l'homme est un être intelligent auquel il faut un culte raisonnable, et un être social auquel il faut une morale faite pour l'humanité.[1] Trouvons premièrement ce culte et cette morale, cela sera de tous les hommes; et puis, quand il faudra des formules nationales, nous en examinerons les fondements, les rapports, les convenances; et, après avoir dit ce qui est de l'homme, nous dirons

† addition crossed out: et cet intérêt sera toujours de trouver le vulgaire.
‡ l'ami de la vérité

---

[1] Rousseau here sums up the rational and social (intellectual and moral) basis of his 'natural' religion.

ensuite ce qui est du citoyen. Ne faisons pas surtout comme votre M. Joly de Fleury[1] qui, pour établir son jansénisme, veut déraciner toute loi naturelle et toute obligation qui lie entre eux les humains, de sorte que, selon lui, le chrétien et l'infidèle qui contractent entre eux ne sont tenus à rien du tout l'un envers l'autre, puisqu'il n'y a point de loi commune à tous les deux.

Je vois donc deux manières d'examiner et comparer les religions diverses: l'une selon le vrai et le faux qui s'y trouvent, soit quant aux faits naturels ou surnaturels sur lesquels elles sont établies, soit quant aux notions que la raison nous donne de l'Être suprême et du culte qu'il veut de nous; l'autre selon leurs effets temporels et moraux sur la terre, selon le bien ou le mal qu'elles peuvent faire à la société et au genre humain. Il ne faut pas, pour empêcher ce double examen, commencer par décider que ces deux choses vont toujours ensemble, et que la religion la plus vraie est aussi la plus sociale: c'est précisément ce qui est en question; et il ne faut pas d'abord crier que celui qui traite cette question est un impie, un athée, puisque autre chose est de croire, et autre chose d'examiner l'effet de ce que l'on croit.

Il paraît pourtant certain, je l'avoue, que si l'homme est fait pour la société, la religion la plus vraie est aussi la plus sociale et la plus humaine; car Dieu veut que nous soyons tels qu'ils nous a faits; et s'il était vrai qu'il nous eût faits méchants, ce serait lui désobéir que de vouloir cesser de l'être. De plus, la religion, considérée comme une relation entre Dieu et l'homme, ne peut aller à la gloire de Dieu que par le bien-être de l'homme, puisque l'autre terme de la relation, qui est Dieu, est par sa nature au-dessus de tout ce que peut l'homme pour ou contre lui.

Mais ce sentiment, tout probable qu'il est, est sujet à de grandes difficultés par l'historique et les faits qui le contrarient. Les juifs étaient les ennemis nés de tous les autres peuples, et ils commencèrent leur établissement par détruire sept nations, selon l'ordre exprès qu'ils en avaient reçu. Tous les chrétiens ont eu des guerres de religion, et la guerre est nuisible aux hommes;[2] tous les partis ont été persécuteurs et persécutés, et la persécution est nuisible aux

---

[1] Omer Joly de Fleury (1715–1810) was the *avocat général* responsible for various *Réquisitoires* against the *Encyclopédie*, Helvétius' *De l'Esprit*, Rousseau's *Émile* and other works. In 1768 he became president of the Paris Parlement.

[2] 'Tu rends les juifs et les chrétiens abominables. Ose donc n'être pas chrétien.' (Voltaire, *Marginalia*, p. 169.)

hommes; plusieurs sectes vantent le célibat, et le célibat est si nuisible[1] à l'espèce humaine que, s'il était suivi partout, elle périrait.[1]
Si cela ne fait pas preuve pour décider, cela fait raison pour examiner; et je ne demandais autre chose sinon qu'on permît cet
examen.

Je ne dis ni ne pense qu'il n'y ait aucune bonne religion sur la
terre; mais je dis, et il est trop vrai, qu'il n'y en a aucune, parmi
celles qui sont ou qui ont été dominantes, qui n'ait fait à l'humanité des plaies cruelles. Tous les partis ont tourmenté leurs frères,
tous ont offert à Dieu des sacrifices de sang humain. Quelle que
soit la source de ces contradictions, elles existent: est-ce un crime
de vouloir les ôter?†[2]

La charité n'est point meurtrière; l'amour du prochain ne porte
point à le massacrer. Ainsi le zèle du salut des hommes n'est point
la cause des persécutions; c'est l'amour-propre et l'orgueil qui en
est la cause. Moins un culte est raisonnable, plus on cherche à
l'établir par la force:‡ celui qui professe une doctrine insensée
ne peut souffrir qu'on ose la voir telle qu'elle est: la raison devient
alors le plus grand des crimes; à quelque prix que ce soit, il faut

---

[1] La continence et la pureté ont leur usage, même pour la population: il est
toujours beau de se commander à soi-même, et l'état de virginité est, par ces raisons, très digne d'estime; mais il ne s'ensuit pas qu'il soit beau, ni bon, ni louable
de persévérer toute la vie dans cet état, en offensant la nature et en trompant sa
destination. L'on a plus de respect pour une jeune vierge nubile que pour une
jeune femme; mais on en a plus pour une mère de famille que pour une vieille
fille, et cela me paraît très sensé. Comme on ne se marie pas en naissant, et qu'il
n'est pas même à propos de se marier fort jeune, la virginité, que tous ont dû
porter et honorer, a sa nécessité, son utilité, son prix et sa gloire: mais c'est pour
aller, quand il convient, déposer toute sa pureté dans le mariage. Quoi! disent-ils
de leur air bêtement triomphant, des célibataires prêchent le nœud conjugal!
pourquoi donc ne se marient-ils pas? Ah! pourquoi? parce qu'un état si saint
et si doux en lui-même est devenu, par vos sottes institutions, un état malheureux
et ridicule, dans lequel il est désormais presque impossible de vivre sans être un
fripon ou un sot. Sceptres de fer, lois insensées, c'est à vous que nous reprochons
de n'avoir pu remplir nos devoirs sur la terre, et c'est par nous que le cri de la
nature s'élève contre votre barbarie. Comment osez-vous la pousser jusqu'à nous
reprocher la misère où vous nous avez réduits?

---

† Dieu seul sait la vérité: mais il est pourtant fort étrange que nous soyons
condamnés à l'enfer, nous qui ne faisons que du bien sur la terre, et que vous
soyez les élus de Dieu, vous qui n'y faites que du mal.

‡ l'établir le fer à la main

---

[1] Criticism of celibacy was a commonplace in the works of the *philosophes*. Cf.
also *supra*, pp. 119–20.

[2] 'Et tu peux avoir la bonté de te dire chrétien?' (Voltaire, *Marginalia*, p. 169).

l'ôter aux autres, parce qu'on a honte d'en manquer à leurs yeux. Ainsi l'intolérance et l'inconséquence ont la même source. Il faut sans cesse intimider, effrayer les hommes. Si vous les livrez un moment à leur raison, vous êtes perdus.[1]

De cela seul il suit que c'est un grand bien à faire aux peuples dans ce délire, que de leur apprendre à raisonner sur la religion: car c'est les rapprocher des devoirs de l'homme, c'est ôter le poignard à l'intolérance, c'est rendre à l'humanité tous ses droits. Mais il faut remonter à des principes généraux et communs à tous les hommes; car si, voulant raisonner, vous laissez quelque prise à l'autorité des prêtres, vous rendez au fanatisme son arme, et vous lui fournissez de quoi devenir plus cruel.[2]

Celui qui aime la paix ne doit point recourir à des livres, c'est le moyen de ne rien finir. Les livres sont des sources de disputes intarissables: parcourez l'histoire des peuples, ceux qui n'ont point de livres ne disputent point. Voulez-vous asservir les hommes à des autorités humaines? L'un sera plus près, l'autre plus loin de la preuve; ils en seront diversement affectés: avec la bonne foi la plus entière, avec le meilleur jugement du monde, il est impossible qu'ils soient jamais d'accord. N'argumentez point sur des arguments, et ne vous fondez point sur des discours. Le langage humain n'est pas assez clair.† Dieu lui-même, s'il daignait nous parler dans nos langues, ne nous dirait rien sur quoi l'on ne pût disputer.

Nos langues sont l'ouvrage des hommes, et les hommes sont bornés. Nos langues sont l'ouvrage des hommes, et les hommes sont menteurs. Comme il n'y a point de vérité si clairement énoncée où l'on ne puisse trouver quelque chicane à faire, il n'y a point de si grossier mensonge qu'on ne puisse étayer de quelque fausse raison.

Supposons qu'un particulier vienne à minuit nous crier qu'il est jour, on se moquera de lui: mais laissez à ce particulier le temps et les moyens de se faire une secte, tôt ou tard ses partisans viendront à bout de vous prouver qu'il disait vrai: car enfin, diront-ils,

† Instead of last part of paragraph: Donnez toujours des preuves directes et jamais des preuves sur des discours. Le langage humain n'a pas assez d'exactitude et de précision pour prévenir la dispute (toute chicane).

---

[1] 'Excellent' (Voltaire, *Marginalia*, p. 171).
[2] Rousseau stresses the idea of the universality of natural religion as a defence against sectarian fanaticism. As he insists in the following paragraph, natural religion has no need of bookish authority, which is a source of endless controversy. Cf. *supra*, p. 187.

quand il a prononcé qu'il était jour, il était jour en quelque lieu de la terre, rien n'est plus certain. D'autres, ayant établi qu'il y a toujours dans l'air quelques particules de lumière, soutiendront qu'en un autre sens encore il est très vrai qu'il est jour la nuit. Pourvu que les gens subtils[1] s'en mêlent, bientôt on vous fera voir le soleil en plein minuit. Tout le monde ne se rendra pas à cette évidence. Il y aura des débats, qui dégénéreront, selon l'usage, en guerres et en cruautés. Les uns voudront des explications, les autres n'en voudront point; l'un voudra prendre la proposition au figuré, l'autre au propre. L'un dira: Il a dit à minuit qu'il était jour, et il était nuit. L'autre dira: Il a dit à minuit qu'il était jour, et il était jour. Chacun taxera de mauvaise foi le parti contraire, et n'y verra que des obstinés. On finira par se battre, se massacrer, les flots de sang couleront de toutes parts; et si la nouvelle secte est enfin victorieuse, il restera démontré qu'il est jour la nuit. C'est à peu près l'histoire de toutes les querelles de religion.

La plupart des cultes nouveaux s'établissent par le fanatisme et se maintiennent par l'hypocrisie; de là vient qu'ils choquent la raison et ne mènent point à la vertu. L'enthousiasme et le délire ne raisonnent pas; tant qu'ils durent, tout passe, et l'on marchande peu sur les dogmes: cela est d'ailleurs si commode! la doctrine coûte si peu à suivre, et la morale coûte tant à pratiquer, qu'en se jetant du côté le plus facile, on rachète les bonnes œuvres par le mérite d'une grande foi. Mais, quoi qu'on fasse, le fanatisme est un état de crise qui ne peut durer toujours: il a ses accès plus ou moins longs, plus ou moins fréquents, et il a aussi ses relâches, durant lesquels on est de sang-froid. C'est alors qu'en revenant sur soi-même on est tout surpris de se voir enchaîné par tant d'absurdités. Cependant le culte est réglé, les formes sont prescrites, les lois sont établies, les transgresseurs sont punis. Ira-t-on protester seul contre tout cela, récuser les lois de son pays, et renier la religion de son père? Qui l'oserait? On se soumet en silence; l'intérêt veut qu'on soit de l'avis de celui dont on hérite. On fait donc comme les autres, sauf à rire à son aise en particulier de ce qu'on feint de respecter en public. Voilà, monseigneur, comme pense le gros des hommes dans la plupart des religions, et surtout dans la vôtre; et voilà la clef des inconséquences qu'on remarque entre leur morale et leurs actions. Leur croyance n'est qu'apparence, et leurs mœurs sont comme leur foi.

[1] Cf. *supra*, p. 125, n. 1.

Pourquoi un homme a-t-il inspection sur la croyance d'un autre? et pourquoi l'État a-t-il inspection sur celle des citoyens? C'est parce qu'on suppose que la croyance des hommes détermine leur morale, et que des idées qu'ils ont de la vie à venir dépend leur conduite en celle-ci. Quand cela n'est pas, qu'importe ce qu'ils croient ou ce qu'ils font semblant de croire? L'apparence de la religion ne sert plus qu'à les dispenser d'en avoir une.

Dans la société, chacun est en droit de s'informer si un autre se croit obligé d'être juste, et le souverain est en droit d'examiner les raisons sur lesquelles chacun fonde cette obligation.[1] De plus, les formes nationales doivent être observées; c'est sur quoi j'ai beaucoup insisté. Mais, quant aux opinions qui ne tiennent point à la morale, qui n'influent en aucune manière sur les actions, et qui ne tendent point à transgresser les lois, chacun n'a là-dessus que son jugement pour maître, et nul n'a ni droit ni intérêt de prescrire à d'autres sa façon de penser. Si, par exemple, quelqu'un, même constitué en autorité, venait me demander mon sentiment sur la fameuse question de l'hypostase dont la Bible ne dit pas un mot, mais pour laquelle tant de grands enfants ont tenu des conciles et tant d'hommes ont été tourmentés;[2] après lui avoir dit que je ne l'entends point et ne me soucie point de l'entendre, je le pricrais le plus honnêtement que je pourrais de se mêler de ses affaires; et, s'il insistait, je le laisscrais là.

Voilà le seul principe sur lequel on puisse établir quelque chose de fixe et d'équitable sur les disputes de religion; sans quoi, chacun posant de son côté ce qui est en question, jamais on ne conviendra de rien, l'on ne s'entendra de la vie: et la religion, qui devrait faire le bonheur des hommes, fera toujours leurs plus grands maux.

Mais plus les religions vieillissent, plus leur objet se perd de vue; les subtilités se multiplient; on veut tout expliquer, tout décider, tout entendre; incessamment la doctrine se raffine, et la morale dépérit toujours plus. Assurément il y a loin de l'esprit du Deutéronome à l'esprit du Talmud et de la Misnah,[3] et de l'esprit de

---

[1] Cf. *supra*, p. 48, and the article by R. Derathé, 'La religion civile selon Rousseau', in *Annales*, XXXV, 167–8.

[2] The question of 'hypostasis' ('substance' or 'essence') was responsible for the famous controversies in the third and fourth centuries about the number of 'persons' in the Godhead.

[3] The Jewish ecclesiastical and civil code.

l'Évangile aux querelles sur la Constitution[1]. Saint Thomas demande[(I)] si, par la succession des temps, les articles de foi se sont multipliés, et il se déclare pour l'affirmative. C'est-à-dire que les docteurs, renchérissant les uns sur les autres, ne savent plus que n'en ont dit les apôtres et Jésus-Christ. Saint Paul avoue ne voir qu'obscurément et ne connaître qu'en partie.[(II)] Vraiment nos théologiens sont bien plus avancés que cela; ils voient tout, ils savent tout: ils nous rendent clair ce qui est obscur dans l'Écriture; ils prononcent sur ce qui était indécis; ils nous font sentir, avec leur modestie ordinaire, que les auteurs sacrés avaient grand besoin de leur secours pour se faire entendre, et que le Saint-Esprit n'eût pas su s'expliquer clairement sans eux.[2]

Quand on perd de vue les devoirs de l'homme pour ne s'occuper que des opinions des prêtres et de leurs frivoles disputes, on ne demande plus d'un chrétien s'il craint Dieu, mais s'il est orthodoxe; on lui fait signer des formulaires sur les questions les plus inutiles et souvent les plus inintelligibles; et quand il a signé, tout va bien, l'on ne s'informe plus du reste; pourvu qu'il n'aille pas se faire pendre, il peut vivre au surplus comme il lui plaira; ses mœurs ne font rien à l'affaire, la doctrine est en sûreté. Quand la religion en est là, quel bien fait-elle à la société? de quel avantage est-elle aux hommes?[†] Elle ne sert qu'à exciter entre eux des dissensions, des troubles, des guerres de toute espèce; à les faire s'entr'égorger pour des logogriphes.[3] Il vaudrait mieux alors n'avoir point de religion, que d'en avoir une si mal entendue.[4] Empêchons-la, s'il se peut, de dégénérer à ce point, et soyons sûrs, malgré les bûchers et les chaînes, d'avoir bien mérité du genre humain.

Supposons que, las des querelles qui le déchirent, il s'assemble pour les terminer et convenir d'une religion commune à tous les

---

[(I)] *Summa, Secunda Secundae Quaest*. I. art 7.   [(II)] I. Cor., XIII, 9, 12.

[†] MS variant of last part of paragraph: Alors on ne demande plus d'un homme s'il craint Dieu mais s'il est orthodoxe, on lui fait signer des formulaires sur les questions les plus inutiles, et quand il a signé cela, tout va bien, l'on ne s'informe pas du reste. Pourvu qu'il n'aille pas se faire pendre, il peut vivre d'ailleurs comme il lui plaira. Quand la religion en est là, je dis qu'elle n'est plus bonne à rien qu'à faire quereller et battre les hommes.

---

[1] Rousseau is recalling the disputes occasioned by the papal condemnation of Jansenism in the Bull *Unigenitus* of 1713. Cf. *supra*, p. 237 n. 1.

[2] 'Ils font comme toi, ils trouvent le st. esprit fort inintelligible'. (Voltaire, *Marginalia*, p. 172).

[3] i.e. for verbal puzzles.   [4] 'Très vrai' (Voltaire, ibid.).

peuples, chacun commencera, cela est sûr, par proposer la sienne
comme la seule vraie, la seule raisonnable et démontrée, la seule
agréable à Dieu et utile aux hommes.[1] mais ses preuves ne répondant pas là-dessus à sa persuasion, du moins au gré des autres
sectes, chaque parti n'aura de voix que la sienne, tous les autres se
réuniront contre lui; cela n'est pas moins sûr. La délibération fera
le tour de cette manière, un seul proposant, et tous rejetant. Ce
n'est pas le moyen d'être d'accord. Il est croyable qu'après bien
du temps perdu dans ces altercations puériles, les hommes de sens
chercheront des moyens de conciliation. Ils proposeront pour cela
de commencer par chasser tous les théologiens de l'assemblée, et il
ne leur sera pas difficile de faire voir combien ce préliminaire est
indispensable. Cette bonne œuvre faite, ils diront aux peuples:
«Tant que vous ne conviendrez pas de quelque principe, il n'est
«pas possible même que vous vous entendiez; et c'est un argu-
«ment qui n'a jamais convaincu personne, que de dire: Vous avez
«tort, car j'ai raison.

«Vous parlez de ce qui est agréable à Dieu: voilà précisément ce
«qui est en question. Si nous savions quel culte lui est le plus
«agréable, il n'y aurait plus de dispute entre nous. Vous parlez aussi
«de ce qui est utile aux hommes: c'est autre chose; les hommes
«peuvent juger de cela. Prenons donc cette utilité pour règle, et
«puis établissons la doctrine qui s'y rapporte le plus. Nous pour-
«rons espérer d'approcher ainsi de la vérité autant qu'il est pos-
«sible à des hommes: car il est à présumer que ce qui est le plus
«utile aux créatures est le plus agréable au Créateur.

«Cherchons d'abord s'il y a quelque affinité naturelle entre nous,
«si nous sommes quelque chose les uns aux autres. Vous juifs, que
«pensez-vous sur l'origine du genre humain? Nous pensons qu'il
«est sorti d'un même père. Et vous, chrétiens? Nous pensons là-
«dessus comme les juifs. Et vous, Turcs? Nous pensons comme les
«juifs et les chrétiens. Cela est déjà bon: puisque les hommes sont
«tous frères, ils doivent s'aimer comme tels.

«Dites-nous maintenant de qui leur père commun avait reçu
«l'être, car il ne s'était pas fait tout seul. Du Créateur du ciel et
«de la terre, juifs, chrétiens et Turcs sont d'accord aussi sur cela;
«c'est encore un très grand point.

«Et cet homme, ouvrage du Créateur, est-il un être simple ou

---

[1] 'Fort bon' (Voltaire, ibid.).

«mixte?† est-il formé d'une substance unique ou de plusieurs?
«Chrétiens, répondez. Il est composé de deux substances, dont
«l'une est mortelle, et dont l'autre ne peut mourir. Et vous, Turcs?
«Nous pensons de même. Et vous, juifs? Autrefois nos idées là-
«dessus étaient fort confuses, comme les expressions de nos livres
«sacrés; mais les esséniens nous ont éclairés,[1] et nous pensons
«encore sur ce point comme les chrétiens.»

En procédant ainsi d'interrogations en interrogations sur la
providence divine, sur l'économie de la vie à venir, et sur toutes les
questions essentielles au bon ordre du genre humain, ces mêmes
hommes ayant obtenu de tous des réponses presque uniformes,
leur diront (on se souviendra que les théologiens n'y sont plus):
«Mes amis, de quoi vous tourmentez-vous? Vous voilà tous d'ac-
«cord sur ce qui vous importe; quand vous différerez de sentiment
«sur le reste, j'y vois peu d'inconvénient. Formez de ce petit
«nombre d'articles une religion universelle qui soit, pour ainsi
«dire, la religion humaine et sociale que tout homme vivant en
«société soit obligé d'admettre.[2] Si quelqu'un dogmatise contre
«elle, qu'il soit banni de la société comme ennemi de ses lois fon-
«damentales. Quant au reste, sur quoi vous n'êtes pas d'accord,
«formez chacun de vos croyances particulières autant de religions
«nationales, et suivez-les en sincérité de cœur: mais n'allez point
«vous tourmentant pour les faire admettre aux autres peuples, et
«soyez assurés que Dieu n'exige pas cela. Car il est aussi injuste
«de vouloir les soumettre‡ à vos opinions qu'à vos lois, et les mis-
«sionnaires ne me semblent guère plus sages que les conquérants.

«En suivant vos diverses doctrines, cessez de vous les figurer si
«démontrées, que quiconque ne les voit pas telles soit coupable à
«vos yeux de mauvaise foi: ne croyez point que tous ceux qui
«pèsent vos preuves et les rejettent soient pour cela des obstinés
«que leur incrédulité rende punissables; ne croyez point que la

---

† composé ‡ soumettre malgré eux

[1] The Essenes were a famous Jewish sect noteworthy for its austerity.
According to Josephus, they held a Platonic view about the mind-body relationship, the immortal mind being imprisoned on this earth in a mortal body. (Cf.
OC, IV, 1745 n. 1). New light has been thrown upon their ideas by the discovery
of the Dead Sea Scrolls.
[2] 'Tu adhères formellement à la pure et sainte religion du déisme et tu feins
d'être chrétien!' (Voltaire, Marginalia, p. 173). On civil religion see supra,
pp. 202 f.

«raison, l'amour du vrai, la sincérité, soient pour vous seuls.† Quoi
«qu'on fasse, on sera toujours porté à traiter en ennemis ceux qu'on
«accusera de se refuser à l'évidence. On plaint l'erreur, mais on
«hait l'opiniâtreté. Donnez la préférence à vos raisons, à la bonne
«heure; mais sachez que ceux qui ne s'y rendent pas ont les leurs.

«Honorez en général tous les fondateurs de vos cultes respectifs;
«que chacun rende au sien ce qu'il croit lui devoir; mais qu'il ne
«méprise point ceux des autres. Ils ont eu de grands génies et de
«grandes vertus: cela est toujours estimable. Ils se sont dits les
«envoyés de Dieu; cela peut être et n'être pas: c'est de quoi la plu-
«ralité ne saurait juger d'une manière uniforme, les preuves n'étant
«pas également à sa portée. Mais quand cela ne serait pas, il ne
«faut point les traiter si légèrement d'imposteurs. Qui sait jus-
«qu'où les méditations continuelles sur la Divinité, jusqu'où l'en-
«thousiasme de la vertu ont pu, dans leurs sublimes âmes, trou-
«bler l'ordre didactique et rampant des idées vulgaires? Dans
«une trop grande élévation la tête tourne, et l'on ne voit plus les
«choses comme elles sont. Socrate a cru avoir un esprit familier,
«et l'on n'a point osé l'accuser pour cela d'être un fourbe. Traite-
«rons-nous les fondateurs des peuples, les bienfaiteurs des nations‡
«avec moins d'égards qu'un particulier?

«Du reste, plus de disputes entre vous sur la préférence de vos
«cultes: ils sont tous bons lorsqu'ils sont prescrits par les lois, et
«que la religion essentielle s'y trouve; ils sont mauvais quand elle
«ne s'y trouve pas. La forme du culte est la police des religions et
«non leur essence, et c'est au souverain qu'il appartient de régler
«la police dans son pays.»[1]

J'ai pensé, monseigneur, que celui qui raisonnerait ainsi ne serait
point un blasphémateur, un impie; qu'il proposerait un moyen de
paix juste, raisonnable, utile aux hommes: et que cela n'empêcherait pas qu'il n'eût sa religion particulière ainsi que les autres, et
qu'il n'y fût tout aussi sincèrement attaché. Le vrai croyant,
sachant que l'infidèle est aussi un homme, et peut-être un honnête
homme, peut sans crime s'intéresser à son sort. Qu'il empêche un
culte étranger de s'introduire dans son pays, cela est juste; mais

---

† MS addition: Ce sot amour-propre excite la haine et les querelles (est la
source des inimitiés) et ceux qui font la guerre pour leur culte ne la font que pour
leur orgueil.

‡ du genre humain

---

[1] 'Prends garde. La police est contre toi.' (Voltaire, *Marginalia*, p. 175.)

qu'il ne, damne pas pour cela ceux qui ne pensent pas comme lui; car quiconque prononce un jugement si téméraire se rend l'ennemi du reste du genre humain. J'entends dire sans cesse qu'il faut admettre la tolérance civile, non la théologique. Je pense tout le contraire; je crois qu'un homme de bien, dans quelque religion qu'il vive de bonne foi, peut être sauvé. Mais je ne crois pas pour cela qu'on puisse légitimement introduire en un pays des religions étrangères sans la permission du souverain: car si ce n'est pas directement désobéir à Dieu, c'est désobéir aux lois; et qui désobéit aux lois désobeit à Dieu.[1]

Quant aux religions une fois établies ou tolérées dans un pays, je crois qu'il est injuste et barbare de les y détruire par la violence, et que le souverain se fait tort à lui-même en maltraitant leurs sectateurs. Il est bien différent d'embrasser une religion nouvelle, ou de vivre dans celle où l'on est né; le premier cas seul est punissable. On ne doit ni laisser établir une diversité de cultes, ni proscrire ceux qui sont une fois établis; car un fils n'a jamais tort de suivre la religion de son père. La raison de la tranquillité publique est toute contre les persécuteurs. La religion n'excite jamais de troubles dans un État que quand le parti dominant veut tourmenter le parti faible, ou que le parti faible, intolérant par principe, ne peut vivre en paix avec qui que ce soit. Mais tout culte légitime, c'est-à-dire tout culte où se trouve la religion essentielle, et dont par conséquent les sectateurs ne demandent que d'être soufferts et vivre en paix, n'a jamais causé ni révoltes ni guerres civiles, si ce n'est lorsqu'il a fallu se défendre et repousser les persécuteurs. Jamais les protestants n'ont pris les armes en France que lorsqu'on les y a poursuivis.† Si l'on eût pu se résoudre à les laisser en paix, ils y seraient demeurés. Je conviens sans détour qu'à sa naissance la religion réformée‡ n'avait pas droit de s'établir en France malgré les lois:§ mais lorsque, transmise des pères aux enfants, cette religion fut devenue celle d'une partie de la nation française, et que le prince eut solennellement traité avec cette partie par

---

† lorsqu'on les en a voulu chasser.
‡ la religion protestante
§ Instead of 'malgré les lois': du moins par un culte public

---

[1] 'Tu te prends de tes armes car tu désobéis en écrivant contre nos superstitions.' (Voltaire, *Marginalia*, p. 175). Cf. also Rousseau's letter of 28 May 1763, *CG*, IX, 314-5.

l'édit de Nantes,[1] cet édit devint un contrat inviolable, qui ne pouvait plus être annulé que du commun consentement des deux partis; et depuis ce temps l'exercice de la religion protestante est, selon moi, légitime en France.[2]

Quand il ne le serait pas, il resterait toujours aux sujets l'alternative de sortir du royaume avec leurs biens, ou d'y rester soumis au culte dominant. Mais les contraindre à rester sans les vouloir tolérer, vouloir à la fois, qu'ils soient et qu'ils ne soient pas, les priver même du droit de la nature,† annuler leurs mariages,[(1)] déclarer leurs enfants bâtards… En ne disant que ce qui est, j'en dirais trop; il faut me taire.

Voici du moins ce que je puis dire. En considérant la seule

[(1)] Dans un arrêt du parlement de Toulouse concernant l'affaire de l'infortuné Calas, on reproche aux protestants de faire entre eux des mariages *qui, selon les protestants, ne sont que des actes civils, et par conséquent soumis entièrement, pour la forme et les effets, à la volonté du roi.*

Ainsi, de ce que, selon les protestants, le mariage est un acte civil, il s'ensuit qu'ils sont obligés de se soumettre à la volonté du roi, qui en fait un acte de la religion catholique. Les protestants, pour se marier, sont légitimement tenus de se faire catholiques, attendu que, selon eux, le mariage est un acte civil. Telle est la manière de raisonner de messieurs du parlement de Toulouse.

La France est un royaume si vaste, que les Français se sont mis dans l'esprit que le genre humain ne devait point avoir d'autres lois que les leurs. Leurs parlements et leurs tribunaux paraissent n'avoir aucune idée du droit naturel ni du droit des gens,[3] et il est à remarquer que, dans tout ce grand royaume où sont tant d'universités, tant de colleges, tant d'académies, et où l'on enseigne avec tant d'importance tant d'inutilités, il n'y a pas une seule chaire de droit naturel. C'est le seul peuple de l'Europe qui ait regardé cette étude comme n'étant bonne à rien.

---

† Instead of 'les priver même du droit de la nature': forcer leur conscience,

---

[1] The Edict of Nantes of 1598 had given French Protestants certain rights, including the right to worship, except at the Court and in Paris. Its revocation in 1685 was followed by bloody persecution and enforced conversions, many thousands of Protestants being obliged to flee from France. The Parlements refused to recognize the validity of Protestant marriages.

[2] 'Si elle n'a pas eu ce droit d'abord, elle ne l'a jamais eu.' (Voltaire, *Marginalia*, p. 176.)

[3] Discussions about *le droit naturel* and *le droit des gens* had figured prominently in the works of the philosophers of the school of natural law such as Grotius and Pufendorf. *Le droit naturel* referred to the fundamental rights enjoyed by every human being as part of his essential nature; *le droit des gens* involved the actual principles governing men's relations with one another. The distinction was one of theoretical and practical principles. See the articles 'Droit des gens', 'Droit de la nature' (both by Boucher d'Argis) and 'Droit naturel' (by Diderot) in the *Encyclopédie*.

raison d'État, peut-être a-t-on bien fait d'ôter aux protestants français tous leurs chefs: mais il fallait s'arrêter là. Les maximes politiques ont leurs applications et leurs distinctions. Pour prévenir
les dissensions qu'on n'a plus à craindre, on s'ôte des ressources
dont on aurait grand besoin. Un parti qui n'a plus ni grands ni
noblesse à sa tête, quel mal peut-il faire dans un royaume tel que
la France? Examinez toutes vos précédentes guerres appelées
guerres de religion; vous trouverez qu'il n'y en a pas une qui n'ait
eu sa cause à la cour et dans les intérêts des grands: des intrigues
de cabinet brouillaient les affaires, et puis les chefs ameutaient les
peuples au nom de Dieu. Mais quelles intrigues, quelles cabales
peuvent former des marchands et des paysans? Comment s'y
prendront-ils pour susciter un parti dans un pays où l'on ne veut
que des valets ou des maîtres, et où l'égalité est inconnue ou en
horreur? Un marchand proposant de lever des troupes peut se
faire écouter en Angleterre, mais il fera toujours rire des Français.[1]

Si j'étais roi, non; ministre, encore moins; mais homme puissant
en France, je dirais: Tout tend parmi nous aux emplois, aux
charges; tout veut acheter le droit de mal faire: Paris et la cour
engouffrent tout. Laissons ces pauvres gens remplir le vide des
provinces; qu'ils soient marchands, et toujours marchands; laboureurs, et toujours laboureurs. Ne pouvant quitter leur état, ils en
tireront le meilleur parti possible; ils remplaceront les nôtres dans
les conditions privées dont nous cherchons tous à sortir; ils feront
valoir le commerce et l'agriculture, que tout nous fait abandonner;
ils alimenteront notre luxe; ils travailleront, et nous jouirons.

Si ce projet n'était pas plus équitable que ceux qu'on suit, il
serait du moins plus humain, et sûrement il serait plus utile. C'est
moins la tyrannie et c'est moins l'ambition des chefs, que ce ne

---

[1] Le seul cas qui force un peuple ainsi dénué de chefs à prendre les armes,
c'est quand, réduit au désespoir par ses persécuteurs, il voit qu'il ne lui reste
plus de choix que dans la manière de périr. Telle fut, au commencement de ce
siècle, la guerre des camisards.[1] Alors on est tout étonné de la force qu'un parti
méprisé tire de son désespoir: c'est ce que jamais les persécuteurs n'ont su
calculer d'avance. Cependant de telles guerres coûtent tant de sang, qu'ils
devraient bien y songer avant de les rendre inévitables.

---

[1] The Camisards were Protestants in the Cévennes who took up arms after the
revocation of the Edict of Nantes (1685). The name was derived from the shirt
(*camiso*) they wore over their clothes.

sont leurs préjugés et leurs courtes vues, qui font le malheur des nations.

Je finirai par transcrire une espèce de discours qui a quelque rapport à mon sujet, et qui ne m'en écartera pas longtemps.

Un parsi de Surate,†[1] ayant épousé en secret une musulmane, fut découvert, arrêté; et ayant refusé d'embrasser le mahométisme, il fut condamné à mort. Avant d'aller au supplice, il parla ainsi à ses juges:

«Quoi! vous voulez m'ôter la vie! Eh! de quoi me punissez-
«vous? J'ai trangressé ma loi plutôt que la vôtre: ma loi parle au
«cœur et n'est pas cruelle; mon crime a été puni par le blâme de
«mes frères. Mais que vous ai-je fait pour mériter de mourir? Je
«vous ai traités comme ma famille, et je me suis choisi une sœur
«parmi vous; je l'ai laissée libre dans sa croyance, et elle a respecté
«la mienne pour son propre intérêt: borné sans regret à elle seule,
«je l'ai honorée comme l'instrument du culte qu'exige l'auteur
«de mon être: j'ai payé par elle le tribut que tout homme doit au
«genre humain: l'amour me l'a donnée, et la vertu me la rendait
«chère; elle n'a point vécu dans la servitude, elle a possédé sans
«partage le cœur de son époux; ma faute n'a pas moins fait son
«bonheur que le mien.

«Pour expier une faute si pardonnable, vous m'avez voulu
«rendre fourbe et menteur; vous m'avez voulu forcer à professer
«vos sentiments, sans les aimer et sans y croire: comme si le
«transfuge de nos lois eût mérité de passer sous les vôtres, vous
«m'avez fait opter entre le parjure et la mort; et j'ai choisi, car
«je ne veux pas vous tromper. Je meurs donc, puisqu'il le faut,
«mais je meurs digne de revivre et d'animer un autre homme juste.
«Je meurs martyr de ma religion, sans crainte d'entrer après ma
«mort dans la vôtre. Puissé-je renaître chez les musulmans pour
«leur apprendre à devenir humains, cléments, équitables; car
«servant le même Dieu que nous servons, puisqu'il n'y en a pas
«deux, vous vous aveuglez dans votre zèle en tourmentant ses
«serviteurs, et vous n'êtes cruels et sanguinaires que parce que
«vous êtes inconséquents.

† un malheureux Gaure

---

[1] Surat is in the province of Bombay. The Parsees, followers of Zoroaster, left Persia for India in the eighth century. They began to settle in Bombay in 1640.

«Vous êtes des enfants qui, dans vos jeux, ne savez que faire du «mal aux hommes. Vous vous croyez savants, et vous ne savez «rien de ce qui est de Dieu. Vos dogmes récents sont-ils conve-«nables à celui qui est et qui veut être adoré de tous les temps? «Peuples nouveaux, comment osez-vous parler de la religion «devant nous? Nos rites sont aussi vieux que les astres; les pre-«miers rayons du soleil ont éclairé et reçu les hommages de nos «pères. Le grand Zerdust[1] a vu l'enfance du monde, il a prédit et «marqué l'ordre de l'univers: et vous, hommes d'hier, vous voulez «être nos prophètes! Vingt siècles avant Mahomet, avant la nais-sance d'Ismaël[2] et de son père, les mages étaient antiques; nos «livres sacrés étaient déjà la loi de l'Asie et du monde, et trois «grands empires avaient successivement achevé leur long cours «sous nos ancêtres avant que les vôtres fussent sortis du néant.

«Voyez, hommes prévenus, la différence qui est entre vous et «nous. Vous vous dites croyants, et vous vivez en barbares. Vos «institutions, vos lois, vos cultes, vos vertus même, tourmentent «l'homme et le dégradent: vous n'avez que de tristes devoirs à lui «prescrire, des jeûnes, des privations, des combats, des mutila-«tions, des clôtures: vous ne savez lui faire un devoir que de ce «qui peut l'affliger et le contraindre: vous lui faites haïr la vie et «les moyens de la conserver: vos femmes sont sans hommes, vos «terres sont sans culture: vous mangez les animaux et vous mas-«sacrez les humains; vous aimez le sang, les meurtres: tous vos «établissements choquent la nature, avilissent l'espèce humaine; «et, sous le double joug du despotisme et du fanatisme, vous l'écra-«sez de ses rois et de ses dieux.

«Pour nous, nous sommes des hommes de paix, nous ne faisons «ni ne voulons aucun mal à rien de ce qui respire, non pas même «à nos tyrans; nous leur cédons sans regret le fruit de nos peines, «contents de leur être utiles et de remplir nos devoirs. Nos nom-«breux bestiaux couvrent vos pâturages; les arbres plantés par «nos mains vous donnent leurs fruits et leurs ombres; vos terres «que nous cultivons vous nourrissent par nos soins; un peuple «simple et doux multiplie sous vos outrages, et tire pour vous la «vie et l'abondance du sein de la mère commune, où vous ne savez

---

[1] Another name for Zoroaster.
[2] Ishmael, the son of Abraham and Agar, was the progenitor of the Ishmaelites or Arabs.

«rien trouver. Le soleil, que nous prenons à témoin de nos œuvres,
«éclaire notre patience et vos injustices; il ne se lève point sans
«nous trouver occupés à bien faire, et en se couchant il nous
«ramène au sein de nos familles nous préparer à de nouveaux
«travaux.

«Dieu seul sait la vérité. Si malgré tout cela nous nous trompons
«dans notre culte, il est toujours peu croyable que nous soyons con-
«damnés à l'enfer, nous qui ne faisons que du bien sur la terre, et
«que vous soyez les élus de Dieu, vous qui n'y faites que du mal.
«Quand nous serions dans l'erreur, vous devriez la respecter pour
«votre avantage. Notre piété vous engraisse, et la vôtre vous con-
«sume; nous réparons le mal que vous fait une religion destruc-
«tive. Croyez-moi, laissez-nous un culte qui vous est utile: crai-
«gnez qu'un jour nous n'adoptions le vôtre; c'est le plus grand mal
«qui vous puisse arriver.»

J'ai tâché, monseigneur, de vous faire entendre dans quel esprit
a été écrite la Profession de foi du vicaire savoyard, et les considérations qui m'ont porté à la publier. Je vous demande à présent à
quel égard vous pouvez qualifier sa doctrine de blasphématoire,
d'impie, d'abominable, et ce que vous y trouvez de scandaleux et
de pernicieux au genre humain.† J'en dis autant à ceux qui m'accusent d'avoir dit ce qu'il fallait taire, et d'avoir voulu troubler
l'ordre public; imputation vague et téméraire, avec laquelle ceux
qui ont le moins réfléchi sur ce qui est utile ou nuisible indisposent
d'un mot le public crédule contre un auteur bien intentionné.
Est-ce apprendre au peuple à ne rien croire, que le rappeler à la
véritable foi qu'il oublie? Est-ce troubler l'ordre, que renvoyer
chacun aux lois de son pays? Est-ce anéantir tous les cultes, que
borner chaque peuple au sien? Est-ce ôter celui qu'on a, que ne

---

† Instead of text of last part of paragraph: Ce qui est essentiel à toute bonne
religion y est établie avec toute la force dont l'auteur a été capable. La gloire de
l'Être suprême y est manifestée autant qu'elle peut l'être aux faibles yeux des
mortels. La providence y est reconnue au milieu du désordre et des maux de cette
vie. L'humanité, la justice et toutes les vertus y ont leur principe et leur base. On
y voit la raison des faiblesses de l'homme et les ressources de la vertu. On y voit
l'espoir du juste opprimé et les misères du méchant triomphant, enfin tout ce qui
peut rendre l'homme vertueux et bon, tout ce qui peut détourner le vicieux de mal
faire, tout ce qui est du devoir commun des hommes y est mis dans un jour propre
à frapper tous les cœurs bien nés.

Further MS addition: J'ai vu s'élever de mon temps une doctrine nouvelle qui
ôte à l'homme toute liberté, ôte toute moralité aux actions humaines, selon moi
aussi pauvre que dangereuse.

vouloir pas qu'on en change? Est-ce se jouer de toute religion, que respecter toutes les religions? Enfin, est-il donc si essentiel à chacune de haïr les autres, que, cette haine ôtée, tout soit ôté?

Voilà pourtant ce qu'on persuade au peuple quand on veut lui faire prendre son défenseur en haine, et qu'on a la force en main. Maintenant, hommes cruels, vos décrets, vos bûchers, vos mandements, vos journaux, le troublent et l'abusent sur mon compte. Il me croit un monstre sur la foi de vos clameurs. Mais vos clameurs cesseront enfin; mes écrits resteront malgré vous, pour votre honte: les chrétiens, moins prévenus, y chercheront avec surprise les horreurs que vous prétendez y trouver; ils n'y verront, avec la morale de leur divin maître, que des leçons de paix, de concorde et de charité. Puissent-ils y apprendre à être plus justes que leurs pères! Puissent les vertus qu'ils y auront prises me venger un jour de vos malédictions!

A l'égard des objections sur les sectes particulières dans lesquelles l'univers est divisé, que ne puis-je leur donner assez de force pour rendre chacun moins entêté de la sienne et moins ennemi des autres, pour porter chaque homme à l'indulgence, à la douceur, par cette considération si frappante et si naturelle que, s'il fût né dans un autre pays, dans une autre secte, il prendrait infailliblement pour l'erreur ce qu'il prend pour la vérité, et pour la vérité ce qu'il prend pour l'erreur! Il importe tant aux hommes de tenir moins aux opinions qui les divisent qu'à celles qui les unissent! Et, au contraire, négligeant ce qu'ils ont de commun, ils s'acharnent aux sentiments particuliers avec une espèce de rage; ils tiennent d'autant plus à ces sentiments qu'ils semblent moins raisonnables; et chacun voudrait suppléer, à force de confiance, à l'autorité que la raison refuse à son parti. Ainsi, d'accord, au fond sur tout ce qui nous intéresse, et dont on ne tient aucun compte, on passe la vie à disputer, à chicaner, à tourmenter, à persécuter, à se battre pour les choses qu'on entend le moins, et qu'il est le moins nécessaire d'entendre; on entasse en vain décisions sur décisions; on plâtre en vain leurs contradictions d'un jargon inintelligible; on trouve chaque jour de nouvelles questions à résoudre, chaque jour de nouveaux sujets de querelles, parce que chaque doctrine a des branches infinies, et que chacun, entêté de sa petite idée, croit essentiel ce qui ne l'est point, et néglige l'essentiel véritable. Que si on leur propose des objections qu'ils ne peuvent résoudre, ce qui, vu l'échafaudage de leurs doctrines, devient plus facile de jour en jour, ils se dépitent comme des enfants; et parce qu'ils sont plus attachés à leur parti qu'à la vérité, et qu'ils ont plus d'orgueil que de bonne foi, c'est sur ce qu'ils peuvent le moins prouver qu'ils pardonnent le moins quelque doute.

Ma propre histoire caractérise mieux qu'aucune autre le jugement qu'on doit porter des chrétiens d'aujourd'hui: mais comme elle en dit trop pour être crue, peut-être un jour fera-t-elle porter un jugement tout contraire; un jour peut-être ce qui fait aujourd'hui l'opprobre de mes contemporains fera leur gloire, et les simples qui liront mon livre diront avec admiration: Quels temps angéliques ce devaient être où un tel livre a été brûlé comme impie, et son auteur poursuivi comme un malfaiteur! sans doute alors tous les écrits respiraient la dévotion la plus sublime, et la terre était couverte de saints.

Mais d'autres livres demeureront. On saura, par exemple, que ce même siècle a produit un panégyriste de la Saint-Barthélemy,[1] Français et, comme on peut bien croire, homme d'Église, sans que ni parlement ni prélat ait songé même à lui chercher querelle. Alors en comparant la morale des deux livres et le sort des deux auteurs, on pourra changer de langage et tirer une autre conclusion.

Les doctrines abominables sont celles qui mènent au crime, au meurtre, et qui font des fanatiques. Eh! qu'y a-t-il de plus abominable au monde que de mettre l'injustice et la violence en système, et de les faire découler de la clémence de Dieu? Je m'abstiendrai d'entrer ici dans un parallèle qui pourrait vous déplaire: convenez seulement, monseigneur, que si la France eût professé la religion du prêtre savoyard, cette religion si simple et si pure, qui fait craindre Dieu et aimer les hommes, des fleuves de sang n'eussent point si souvent inondé les champs français; ce peuple si doux et si gai n'eût point étonné les autres de ses cruautés dans tant de per-

---

[1] The massacre of the Protestants in the reign of Charles IX took place on St. Bartholomew's Day, 24 August 1572. It followed the marriage of Henry of Navarre and Marguerite, Charles IX's sister, and went on for several days. Rousseau is probably referring to the *Dissertation sur la saint Barthélemy* which the abbé Novi de Caveyrac (1713–82) appended to his *Apologie de Louis XIV et de son Conseil, sur la Révocation de l'Edit de Nantes* (1758). Voltaire called the *Dissertation* the *Apologie de la Saint-Barthélemy*. In spite of his advocacy of religious intolerance, the abbé does not actually seem to have undertaken a 'panegyric' of the massacre.

sécutions et de massacres, depuis l'inquisition de Toulouse[1] jusqu'à la Saint-Barthélemy, et depuis les guerres des Albigeois
jusqu'aux dragonnades; le conseiller Anne du Bourg[1] n'eût point
été pendu pour avoir opiné à la douceur envers les réformés; les
habitants de Mérindol et de Cabrières n'eussent point été mis à
mort par arrêt du parlement d'Aix,[2] et, sous nos yeux, l'innocent
Calas, torturé par les bourreaux, n'eût point péri sur la roue.[3]
Revenons à présent, monseigneur, à vos censures, et aux raisons
sur lesquelles vous les fondez.

Ce sont toujours des hommes, dit le vicaire, qui nous attestent
la parole de Dieu, et qui nous l'attestent en des langues qui nous
sont inconnues. Souvent, au contraire, nous aurions grand besoin
que Dieu nous attestât la parole des hommes; il est bien sûr au
moins qu'il eût pu nous donner la sienne, sans se servir d'organes
si suspects. Le vicaire se plaint qu'il faille tant de témoignages
humains pour certifier la parole divine: *Que d'hommes*, dit-il,
entre Dieu et moi![4]

Vous répondez: *Pour que cette plainte fût sensée, M. T. C. F., il
faudrait pouvoir conclure que la révélation est fausse dès qu'elle n'a
point été faite à chaque homme en particulier; il faudrait pouvoir
dire: Dieu ne peut exiger de moi que je croie ce qu'on m'assure qu'il
a dit, dès que ce n'est pas directement à moi qu'il a adressé sa parole.*[11]

Et, tout au contraire, cette plainte n'est sensée qu'en admettant
la vérité de la révélation: car si vous la supposez fausse, quelle

---

[1] Il est vrai que Dominique, saint espagnol, y eut une grande part. Le Saint,
selon un écrivain de son ordre, eut la charité, prêchant contre les Albigeois, de
s'adjoindre de dévotes personnes, zélées pour la foi, lesquelles prissent le soin
d'extirper corporellement et par le glaive matériel les hérétiques qu'il n'aurait
pu vaincre avec le glaive de la parole de Dieu: *Ob caritatem prædicans contra
Albienses in adjutorium sumpsit quasdam devotas personas, zelantes pro fide, quæ
corporaliter illos hæreticos gladio materiali expugnarent quos ipse gladio verbi
Dei amputare non posset.* (ANTON. *in Chron.*, p. III, tit. XXIII, cap. XIV, § 2.)[5]
Cette charité ne ressemble guère à celle du vicaire; aussi a-t-elle un prix bien
différent: l'une fait décréter, et l'autre canoniser ceux qui la professent.

[11] Mandement, § XV.

---

[1] This *conseiller-clerc* of the Parlement of Paris annulled the death sentences
against the Protestants and refused to treat them as criminals. He was executed
in 1559.

[2] The inhabitants of these villages were put to death for heresy in 1545.

[3] Calas was the French Protestant unjustly accused of his son's murder, and
executed on the orders of the Parlement of Toulouse in 1762; his memory was
vindicated by Voltaire and he was rehabilitated in 1765.

[4] *v. supra*, p. 172.

[5] i.e. Antonius Senensis, *Chronicon fratrum ordinis praedicatorum*, Paris, 1585.

plainte avez-vous à faire du moyen dont Dieu s'est servi, puisqu'il
ne s'en est servi d'aucun? Vous doit-il compte des tromperies d'un
imposteur? Quand vous vous laissez duper, c'est votre faute, et
non pas la sienne. Mais lorsque Dieu, maître du choix de ses moyens, en choisit par préférence qui exigent de notre part tant de savoir et de si profondes discussions, le vicaire a-t-il tort de dire:
«Voyons toutefois, examinons, comparons, vérifions. Oh! si Dieu
«eût daigné me dispenser de tout ce travail, l'en aurais-je servi de
«moins bon cœur?»[1]

Monseigneur, votre mineure est admirable: il faut la transcrire
ici tout entière: j'aime à rapporter vos propres termes: c'est ma
plus grande méchanceté.

*Mais n'est-il donc pas une infinité de faits, même antérieurs à
celui de la révélation chrétienne, dont il serait absurde de douter?
Par quelle autre voie que celle des témoignages humains l'auteur
lui-même a-t-il donc connu cette Sparte, cette Athènes, cette Rome
dont il vante si souvent et avec tant d'assurance les lois, les mœurs
et les héros? Que d'hommes entre lui et les historiens qui ont conservé
la mémoire de ces événements!*

Si la matière était moins grave et que j'eusse moins de respect
pour vous, cette manière de raisonner me fournirait peut-être
l'occasion d'égayer un peu mes lecteurs: mais à Dieu ne plaise que
j'oublie le ton qui convient au sujet que je traite et à l'homme à
qui je parle! Au risque d'être plat dans ma réponse, il me suffit de
montrer que vous vous trompez.

Considérez donc, de grâce, qu'il est tout à fait dans l'ordre que
des faits humains soient attestés par des témoignages humains; ils
ne peuvent l'être par nulle autre voie: je ne puis savoir que Sparte
et Rome ont existé que parce que des auteurs contemporains me
le disent, et entre moi et un autre homme qui a vécu loin de moi,
il faut nécessairement des intermédiaires. Mais pourquoi en faut-il
entre Dieu et moi? et pourquoi en faut-il de si éloignés, qui en ont
besoin de tant d'autres? Est-il simple, est-il naturel que Dieu ait
été chercher Moïse pour parler à Jean-Jacques Rousseau?

D'ailleurs nul n'est obligé, sous peine de damnation, de croire
que Sparte ait existé; nul, pour en avoir douté, ne sera dévoré des
flammes éternelles. Tout fait dont nous ne sommes pas les témoins
n'est établi pour nous que sur des preuves morales, et toute preuve

---

[1] *v. supra.* p. 172.

morale est susceptible de plus et de moins. Croirai-je que la justice divine me précipite à jamais dans l'enfer, uniquement pour n'avoir pas su marquer bien exactement le point où une telle preuve devient invincible?

S'il y a dans le monde une histoire attestée, c'est celle des vampires: rien n'y manque, procès-verbaux, certificats de notables, de chirurgiens, de curés, de magistrats: la preuve juridique est des plus complètes. Avec cela, qui est-ce qui croit aux vampires? Serons-nous tous damnés pour n'y avoir pas cru?

Quelque attestés que soient, au gré même de l'incrédule Cicéron, plusieurs des prodiges rapportés par Tite-Live, je les regarde comme autant de fables, et sûrement je ne suis pas le seul. Mon expérience constante et celle de tous les hommes est plus forte en ceci que le témoignage de quelques-uns. Si Sparte et Rome ont été des prodiges elles-mêmes, c'étaient des prodiges dans le genre moral; et comme on s'abuserait en Laponie de fixer à quatre pieds la stature naturelle de l'homme, on ne s'abuserait pas moins parmi nous de fixer la mesure des âmes humaines sur celles des gens que l'on voit autour de soi.

Vous vous souviendrez, s'il vous plaît, que je continue ici d'examiner vos raisonnements en eux-mêmes, sans soutenir ceux que vous attaquez. Après ce mémoratif nécessaire, je me permettrai sur votre manière d'argumenter encore une supposition.

Un habitant de la rue Saint-Jacques vient tenir ce discours à monsieur l'archevêque de Paris: «Monseigneur, je sais que vous ne «croyez ni à la béatitude de saint Jean de Pâris, ni aux miracles «qu'il a plu à Dieu d'opérer en public sur sa tombe à la vue de «la ville du monde la plus éclairée et la plus nombreuse; mais je «crois devoir vous attester que je viens de voir ressusciter le saint «en personne, dans le lieu où ses os ont été déposés.»[1]

L'homme de la rue Saint-Jacques ajoute à cela le détail de toutes les circonstances qui peuvent frapper le spectateur d'un pareil

---

[1] In 1731 miracles took place on the tomb of a pious Jansenist, François de Pâris (1690–1727), usually known as 'le diacre Pâris', because he had refused to accept any higher position in the Church. He had spent a great deal of time trying to help the poor in his parish of Saint-Médard. The frequent occurrence of miracles excited great public interest and led to the presence of crowds of spectators. The government finally intervened and closed the cemetery in January 1732. Because many people went into convulsions, the devotees became known as 'Convulsionnaires', who later formed themselves into specific sects. The *philosophes* refer often (either sceptically or contemptuously) to the alleged Jansenist miracles. Cf. also *supra*, p. 237, n. 1.

fait. Je suis persuadé qu'à l'ouïe de cette nouvelle, avant de vous
expliquer sur la foi que vous y ajoutez, vous commencerez par inter-
roger celui qui l'atteste, sur son état, sur ses sentiments, sur son
confesseur, sur d'autres articles semblables; et lorsqu'à son air
comme à ses discours vous aurez compris que c'est un pauvre
ouvrier, et que, n'ayant point à vous montrer de billet de confession, il vous confirmera dans l'opinion qu'il est janséniste. «Ah!
«ah! lui direz-vous d'un air railleur, vous êtes convulsionnaire,
«et vous avez vu ressusciter saint Pâris! cela n'est pas fort éton-
«nant; vous avez tant vu d'autres merveilles!»

Toujours dans ma supposition, sans doute il insistera: il vous
dira qu'il n'a point vu seul le miracle;† qu'il avait deux ou trois
personnes avec lui qui ont vu la même chose, et que d'autres à qui
il l'a voulu raconter disent l'avoir aussi vu eux-mêmes. Là-dessus
vous demanderez si tous ces témoins étaient jansénistes. «Oui,
«monseigneur, dira-t-il; mais n'importe, ils sont en nombre suf-
«fisant, gens de bonnes mœurs, de bon sens, et non récusables; la
«preuve est complète, et rien ne manque à notre déclaration pour
«constater la vérité du fait.»

D'autres évêques moins charitables enverraient‡ chercher un
commissaire, et lui consigneraient le bon homme honoré de la
vision glorieuse, pour en aller rendre grâce à Dieu aux Petites-
Maisons.[1] Pour vous, monseigneur, plus humain, mais non plus
crédule, après une grave réprimande, vous vous contenterez de lui
dire: «Je sais que deux ou trois témoins, honnêtes gens et de
«bon sens, peuvent attester la vie ou la mort d'un homme; mais
«je ne sais pas encore combien il en faut pour constater la résur-
«rection d'un janséniste. En attendant que je l'apprenne, allez,
«mon enfant, tâchez de fortifier votre cerveau creux. Je vous
«dispense du jeûne, et voilà de quoi vous faire de bon bouil-
«lon.»

C'est à peu près, monseigneur, ce que vous diriez, et ce que dirait
tout autre homme sage à votre place. D'où je conclus que, même
selon vous, et selon tout autre homme sage, les preuves morales
suffisantes pour constater les faits qui sont dans l'ordre des possibilités morales ne suffisent plus pour constater des faits d'un

---

† vu la résurrection du saint
‡ D'autres évêques moins pitoyables enverraient à votre place...

---

[1] i.e. the old Parisian hospital for the insane.

autre ordre et purement surnaturels: sur quoi je vous laisse juger vous-même de la justesse de votre comparaison.

Voici pourtant la conclusion triomphante que vous en tirez contre moi: *Son scepticisme n'est donc ici fondé que sur l'intérêt de son incrédulité.*[1] Monseigneur, si jamais elle me procure un évêché de cent mille livres de rente, vous pourrez parler de l'intérêt de mon incrédulité.

Continuons maintenant à vous transcrire, en prenant seulement la peine de restituer, au besoin, les passages de mon livre que vous tronquez.

«Qu'un homme, *ajoute-t-il plus loin,* vienne nous tenir ce lan-«gage: Mortels, je vous annonce les volontés du Très-Haut: «reconnaissez à ma voix celui qui m'envoie. J'ordonne au soleil «de changer son cours, aux étoiles de former un autre arrangement, «aux montagnes de s'aplanir, aux flots de s'élever, à la terre de «prendre un autre aspect: à ces merveilles, qui ne reconnaîtra pas «à l'instant le maître de la nature?» *Qui ne croirait, M. T. C. F., que celui qui s'exprime de la sorte ne demande qu'à voir des miracles pour être chrétien?*

Bien plus que cela, monseigneur, puisque je n'ai pas même be-soin de miracles pour être chrétien.[1]

Écoutez toutefois ce qu'il ajoute: «Reste enfin, dit-il, l'examen le «plus important dans la doctrine annoncée: car, puisque ceux qui «disent que Dieu fait ici-bas des miracles prétendent que le diable «les imite quelquefois, avec les prodiges les mieux constatés nous «ne sommes pas plus avancés qu'auparavant, et puisque les magi-«ciens de Pharaon osaient, en présence même de Moïse, faire les «mêmes signes qu'il faisait par l'ordre exprès de Dieu, pourquoi, «dans son absence, m'eussent-ils pas, aux mêmes titres, prétendu «la même autorité? Ainsi donc, après avoir prouvé la doctrine par «le miracle, il faut prouver le miracle par la doctrine, de peur de «prendre l'œuvre du démon pour l'œuvre de Dieu[II]. Que faire en «pareil cas pour éviter le diallèle?[2] Une seule chose, revenir au rai-«sonnement, et laisser là les miracles. Mieux eût valu n'y pas «recourir.»

[1] Mandement, § xv.
[II] Je suis forcé de confondre ici la note avec le texte, à l'imitation de M. de Beaumont. Le lecteur pourra consulter l'un et l'autre dans le livre même.

[1] On this point see *infra*, pp. 346 ff., and *Religious Quest*, pp. 74 f.
[2] Cf. *supra*, p. 180, n. 2.

C'est dire: Qu'on me montre des miracles, et je croirai. Oui, monseigneur, c'est dire; Qu'on me montre des miracles, et je croirai aux miracles. *C'est dire: Qu'on me montre des miracles, et je refuserai encore de croire.* Oui, monseigneur, c'est dire, selon le précepte même de Moïse:[1] Qu'on me montre des miracles, et je refuserai encore de croire une doctrine absurde et déraisonnable qu'on voudrait étayer par eux. Je croirai plutôt à la magie, que de reconnaître la voix de Dieu dans des leçons contre la raison.†

J'ai dit que c'était là du bon sens le plus simple, qu'on n'obscurcirait qu'avec des distinctions tout au moins très subtiles:[1] c'est encore une de mes prédictions; en voici l'accomplissement.

Quand une doctrine est reconnue vraie, divine, fondée sur une révélation certaine, on s'en sert pour juger des miracles, c'est-à-dire, pour rejeter les prétendus prodiges que des imposteurs voudraient opposer à cette doctrine. Quand il s'agit d'une doctrine nouvelle qu'on annonce comme émanée du sein de Dieu, les miracles sont produits en preuves; c'est-à-dire que celui qui prend la qualité d'envoyé du Très-Haut confirme sa mission, sa prédication par des miracles, qui sont le témoignage même de la Divinité. Ainsi la doctrine et les miracles sont des arguments respectifs dont on fait usage selon les divers points de vue où l'on se place dans l'étude et dans l'enseignement de la religion. Il ne se trouve là ni abus du raisonnement, ni sophisme ridicule, ni cercle vicieux.[II]

Le lecteur en jugera. Pour moi, je n'ajouterai pas un seul mot. J'ai quelquefois répondu ci-devant avec mes passages, mais c'est avec le vôtre que je veux vous répondre ici.

Où est donc, M. T. C. F., la bonne foi philosophique dont se pare cet écrivain?

Monseigneur, je ne me suis jamais piqué d'une bonne foi philosophique, car je n'en connais pas de telle: je n'ose même plus trop parler de la bonne foi chrétienne, depuis que les soi-disant chrétiens de nos jours trouvent si mauvais qu'on ne supprime pas les objections qui les embarrassent. Mais, pour la bonne foi pure et simple, je demande laquelle, de la mienne ou de la vôtre, est la plus facile à trouver ici.

Plus j'avance, plus les points à traiter deviennent intéressants.

---

[1] Deutéron., chap. XIII.   [II] Mandement, § XVII.

---

† le bon sens.

---

[1] Cf. *supra*, p. 125, n. 1.

Il faut donc continuer à vous transcrire. Je voudrais, dans des discussions de cette importance, ne pas omettre un de vos mots.

On croirait qu'après les plus grands efforts pour décréditer les témoignages humains qui attestent la révélation chrétienne, le même auteur y défère cependant de la manière la plus positive, la plus solennelle.

On aurait raison sans doute, puisque je tiens pour révélée toute doctrine où je reconnais l'esprit de Dieu. Il faut seulement ôter l'amphibologie de votre phrase; car si le verbe relatif *y défère* se rapporte à la révélation chrétienne, vous avez raison: mais s'il se rapporte aux témoignages humains, vous avez tort. Quoi qu'il en soit, je prends acte de votre témoignage contre ceux qui osent dire que je rejette toute révélation; comme si c'était rejeter une doctrine que de la reconnaître sujette à des difficultés insolubles à l'esprit humain; comme si c'était la rejeter que de ne pas l'admettre sur le témoignage des hommes, lorsqu'on a d'autres preuves équivalentes ou supérieures qui dispensent de celle-là! Il est vrai que vous dites conditionnellement,† *On croirait:* mais *on croirait* signifie *on croit,* lorsque la raison d'exception pour ne pas croire se réduit à rien, comme on verra ci-après de la vôtre. Commençons par la preuve affirmative.

Il faut, pour vous en convaincre, M. T. C. F., et en même temps pour vous édifier, mettre sous vos yeux cet endroit de son ouvrage: «J'avoue que la majesté des Écritures m'étonne: la sainteté de «l'Évangile[1] parle à mon cœur. Voyez les livres des philosophes: «avec toute leur pompe, qu'ils sont petits près de celui-là! Se peut-«il qu'un livre à la fois si sublime et si simple soit l'ouvrage des «hommes? Se peut-il que celui dont il fait l'histoire ne soit qu'un «homme lui-même? Est-ce là le ton d'un enthousiaste ou d'un «ambitieux sectaire? Quelle douceur, quelle pureté dans ses «mœurs! quelle grâce touchante dans ses instructions! quelle «élévation dans ses maximes! quelle profonde sagesse dans ses «discours! quelle présence d'esprit! quelle finesse et quelle justesse «dans ses réponses! quel empire sur ses passions! Où est l'homme,

---

[1] La négligence avec laquelle M. de Beaumont me transcrit lui a fait faire ici deux changements dans une ligne: il a mis *la majesté de l'Écriture* au lieu de *la majesté des Écritures,* et il a mis *la sainteté de l'Écriture* au lieu de *la sainteté de l'Évangile.* Ce n'est pas, à la vérité, me faire dire des hérésies, mais c'est me faire parler niaisement.

---

† indéterminément

«où est le sage qui sait agir, souffrir et mourir sans faiblesse et sans
«ostentation?[(1)] Quand Platon peint son juste imaginaire couvert de
«tout l'opprobre du crime et digne de tous les prix de la vertu, il
«peint trait pour trait Jésus-Christ: la ressemblance est si frap-
«pante, que tous les Pères l'ont sentie, et qu'il n'est pas possible
«de s'y tromper. Quels préjugés, quel aveuglement ne faut-il point
«avoir, pour oser comparer le fils de Sophronisque au fils de Marie!
«Quelle distance de l'un à l'autre! Socrate mourant sans douleurs,
«sans ignominie, soutint aisément jusqu'au bout son personnage;
«et si cette facile mort n'eût honoré sa vie, on douterait si Socrate,
«avec tout son esprit, fut autre chose qu'un sophiste. Il inventa,
«dit-on, la morale: d'autres avant lui l'avaient mise en pratique;
«il ne fit que dire ce qu'ils avaient fait; il ne fit que mettre en
«leçons leurs exemples. Aristide avait été juste avant que Socrate
«eût dit ce que c'était que justice; Léonidas était mort pour son
«pays avant que Socrate eût fait un devoir d'aimer la patrie;
«Sparte était sobre avant que Socrate eût loué la sobriété; avant
«qu'il eût défini la vertu, Sparte abondait en hommes vertueux.
«Mais où Jésus avait-il pris parmi les siens cette morale élevée et
«pure, dont lui seul a donné les leçons et l'exemple? Du sein du
«plus furieux fanatisme la plus haute sagesse se fit entendre, et la
«simplicité des plus héroïques vertus honora le plus vil de tous les
«peuples. La mort de Socrate, philosophant tranquillement avec
«ses amis, est la plus douce qu'on puisse désirer; celle de Jésus
«expirant dans les tourments, injurié, raillé, maudit de tout un
«peuple, est la plus horrible qu'on puisse craindre. Socrate pre-
«nant la coupe empoisonnée bénit celui qui la lui présente et qui
«pleure. Jésus, au milieu d'un supplice affreux, prie pour ses bour-
«reaux acharnés. Oui, si la vie et la mort de Socrate sont d'un
«sage, la vie et la mort de Jésus sont d'un Dieu.[1] Dirons-nous que
«l'histoire de l'Évangile est inventée à plaisir? Non, ce n'est pas
«ainsi qu'on invente; et les faits de Socrate, dont personne ne
«doute, sont moins attestés que ceux de Jésus-Christ. Au fond,

---

[(1)] Je remplis, selon ma coutume, les lacunes faites par M. de Beaumont; non
qu'absolument celles qu'il fait ici soient insidieuses comme en d'autres endroits,
mais parce que le défaut de suite et de liaison affaiblit le passage quand il est
tronqué, et aussi parce que mes persécuteurs supprimant avec soin tout ce que
j'ai dit de si bon cœur en faveur de la religion, il est bon de le rétablir à mesure
que l'occasion s'en trouve.

---

[1] 'Qu'est-ce que la mort d'un dieu? Est-ce parce qu'il sua sang et eau? On ne
sait ce que tu veux, tu ne le sais pas toi-même?' (Voltaire, *Marginalia*, p. 179).

«c'est reculer la difficulté sans la détruire. Il serait plus inconce-
«vable que plusieurs hommes d'accord eussent fabriqué ce livre,
«qu'il ne l'est qu'un seul en ait fourni le sujet. Jamais des auteurs
«juifs n'eussent trouvé ni ce ton ni cette morale; et l'Évangile a
«des caractères de vérité si grands, si frappants, si parfaitement
«inimitables, que l'inventeur en serait plus étonnant que le héros.

*Il serait difficile, M. T. C. F., de rendre un plus bel hommage à
l'authenticité de l'Évangile.*[1] Je vous sais gré, monseigneur, de cet
aveu; c'est une injustice que vous avez de moins que les autres.
Venons maintenant à la preuve négative qui vous fait dire *on
croirait*, au lieu d'*on croit.*

*Cependant l'auteur ne la croit qu'en conséquence des témoignages
humains.* Vous vous trompez, monseigneur: je la reconnais en conséquence de l'Évangile, et de la sublimité que j'y vois sans qu'on
me l'atteste. Je n'ai pas besoin qu'on m'affirme qu'il y a un Évangile, lorsque je le tiens. *Ce sont toujours des hommes qui lui rapportent ce que d'autres hommes ont rapporté.* Eh! point du tout; on
ne me rapporte point que l'Évangile existe, je le vois de mes propres
yeux; et quand tout l'univers me soutiendrait qu'il n'existe pas,
je saurais très bien que tout l'univers ment ou se trompe. *Que
d'hommes entre Dieu et lui!* Pas un seul. L'Évangile est la pièce qui
décide, et cette pièce est entre mes mains. De quelque manière
qu'elle y soit venue et quelque auteur qui l'ait écrite, j'y reconnais
l'esprit divin, cela est immédiat autant qu'il peut l'être;[1] il n'y a
point d'hommes entre cette preuve et moi; et, dans le sens où il y
en aurait, l'historique de ce saint livre, de ses auteurs, du temps
où il a été composé, etc., rentre dans les discussions de critique
où la preuve morale est admise. Telle est la réponse du vicaire
savoyard.

*Le voilà donc bien évidemment en contradiction avec lui-même:
le voilà confondu par ses propres aveux.* Je vous laisse jouir de toute
ma confusion. *Par quel étrange aveuglement a-t-il donc pu ajouter:*
«Avec tout cela ce même Évangile est plein de choses incroyables,
«de choses qui répugnent à la raison, et qu'il est impossible à tout
«homme sensé de concevoir ni d'admettre. Que faire au milieu de
«toutes ces contradictions? Être toujours modeste et circonspect,

---

(1) Mandement, § XVII.

---

[1] Rousseau's stress upon the immediacy and directness of authentic religious
experience is to be noted.

«respecter en silence[1] ce qu'on ne saurait ni rejeter ni comprendre, «et s'humilier devant le grand Être qui seul sait la vérité. Voilà le «scepticisme involontaire où je suis resté.» *Mais le scepticisme, M. T. C. F., peut-il donc être involontaire, lorsqu'on refuse de se soumettre à la doctrine d'un livre qui ne saurait être inventé par les hommes; lorsque ce livre porte des caractères de vérité si grands, si frappants, si parfaitement inimitables, que l'inventeur en serait plus étonnant que le héros? C'est bien ici qu'on peut dire que l'iniquité a menti contre elle-même.*[11]

Monseigneur, vous me taxez d'iniquité sans sujet; vous m'impu- tez souvent des mensonges, et vous n'en montrez aucun. Je m'im- pose avec vous une maxime contraire, et j'ai quelquefois lieu d'en user.

Le scepticisme du vicaire est involontaire par la raison même qui vous fait nier qu'il le soit. Sur les faibles autorités qu'on veut donner à l'Évangile, il le rejetterait par les raisons déduites aupa- ravant, si l'esprit divin qui brille dans la morale et dans la doctrine de ce livre ne lui rendait toute la force qui manque au témoignage des hommes sur un tel point. Il admet donc ce livre sacré avec toutes les choses admirables qu'il renferme, et que l'esprit humain peut entendre; mais quant aux choses incroyables qu'il y trouve, *lesquelles répugnent à sa raison, et qu'il est impossible à tout homme sensé de concevoir ni d'admettre*, il les *respecte en silence sans les comprendre ni les rejeter, et s'humilie devant le grand Être qui seul sait la vérité.* Tel est son scepticisme; et ce scepticisme est bien involon- taire, puisqu'il est fondé sur des preuves invincibles de part et d'autre, qui forcent la raison de rester en suspens. Ce scepticisme

---

[1] Pour que les hommes s'imposent ce respect et ce silence, il faut que quel- qu'un leur dise une fois les raisons d'en user ainsi. Celui qui connaît ces raisons peut les dire; mais ceux qui censurent et n'en disent point pourraient se taire. Parler au public avec franchise, avec fermeté, est un droit commun à tous les hommes, et même un devoir en toute chose utile: mais il n'est guère permis à un particulier d'en censurer publiquement un autre; c'est s'attribuer une trop grande supériorité de vertus, de talents, de lumières. Voilà pourquoi je ne me suis jamais ingéré de critiquer ni réprimander personne. J'ai dit à mon siècle des vérités dures, mais je n'en ai dit à aucun en particulier; et, s'il m'est arrivé d'attaquer et nommer quelques livres, je n'ai jamais parlé des auteurs vivants qu'avec toute sorte de bienséance et d'égards.[1] On voit comment ils me les rendent. Il me semble que tous ces messieurs, qui se mettent si fièrement en avant pour m'enseigner l'humilité, trouvent la leçon meilleure à donner qu'à suivre.

[11] Mandement, § XVII.

---

[1] Cf. *supra*, p. 236 n. 3.

est celui de tout chrétien raisonnable et de bonne foi,† qui ne veut savoir des choses du ciel que celles qu'il peut comprendre, celles qui importent à sa conduite, et qui rejette, avec l'Apôtre, *les questions peu sensées, qui sont sans instruction, et qui n'engendrent que les combats.*

D'abord vous me faites rejeter la révélation pour m'en tenir à la religion naturelle ; et premièrement je n'ai point rejeté la révélation. Ensuite vous m'accusez *de ne pas admettre même la religion naturelle, ou du moins de n'en pas reconnaître la nécessité :* et votre unique preuve est dans le passage suivant que vous rapportez : «Si «je me trompe, c'est de bonne foi ; cela suffit[1] pour que mon «erreur ne me soit pas imputée à crime : quand vous vous trompe- «riez de même, il y aurait peu de mal à cela». *C'est-à-dire*, conti- nuez-vous, *que, selon lui, il suffit de se persuader qu'on est en posses- sion de la vérité ; que cette persuasion, fût-elle accompagnée des plus monstrueuses erreurs, ne peut jamais être un sujet de reproche, qu'on doit toujours regarder comme un homme sage et religieux celui qui, adoptant les erreurs même de l'athéisme, dira qu'il est de bonne foi. Or, n'est-ce pas là ouvrir la porte à toutes les superstitions, à tous les systèmes fanatiques, à tous les délires de l'esprit humain?*[11]

Pour vous, monseigneur, vous ne pourrez pas dire ici comme le vicaire, *Si je me trompe, c'est de bonne foi,* car c'est bien évidem- ment à dessein qu'il vous plaît de prendre le change et de le donner à vos lecteurs : c'est ce que je m'engage à prouver sans réplique et je m'y engage aussi d'avance afin que vous y regardiez de plus près.

La Profession du vicaire savoyard est composée de deux parties : la première, qui est la plus grande, la plus importante, la plus remplie de vérités frappantes et neuves, est destinée à combattre le moderne matérialisme, à établir l'existence de Dieu et la religion naturelle avec toute la force dont l'auteur est capable. De celle-là ni vous ni les prêtres n'en parlez point, parce qu'elle vous est fort indifférente, et qu'au fond la cause de Dieu ne vous touche guère, pourvu que celle du clergé soit en sûreté.

La seconde, beaucoup plus courte, moins régulière, moins appro- fondie, propose des doutes et des difficultés sur les révélations en

[1] M. de Beaumont a mis : *Cela me suffit.*
[11] Mandement, § xviii.

---

† original draft from this point : Mais celui qui ne trouve rien qui l'arrête, celui dont la foi robuste ne doute de rien est un homme qui se trompe ou qui nous trompe ; c'est infailliblement un menteur ou un fou.

général, donnant pourtant à la nôtre sa véritable certitude dans la pureté, la sainteté de sa doctrine, et dans la sublimité toute divine de celui qui en fut l'auteur.[1] L'objet de cette seconde partie est de rendre chacun plus réservé dans sa religion à taxer les autres de mauvaise foi dans la leur, et de montrer que les preuves de chacune ne sont pas tellement démonstratives à tous les yeux, qu'il faille traiter en coupables ceux qui n'y voient pas la même clarté que nous. Cette seconde partie, écrite avec toute la modestie, avec tout le respect convenables, est la seule qui ait attiré votre attention et celle des magistrats. Vous n'avez eu que des bûchers et des injures pour réfuter mes raisonnements. Vous avez vu le mal dans le doute de ce qui est douteux; vous n'avez point vu le bien dans la preuve de ce qui est vrai.

En effet, cette première partie, qui contient ce qui est vraiment essentiel à la religion, est décisive et dogmatique. L'auteur ne balance pas, n'hésite pas; sa conscience et sa raison le déterminent d'une manière invincible; il croit, il affirme, il est fortement persuadé.

Il commence l'autre, au contraire, par déclarer que *l'examen qui lui reste à faire est bien différent; qu'il n'y voit qu'embarras, mystère, obscurité; qu'il n'y porte qu'incertitude et défiance; qu'il n'y faut donner à ses discours que l'autorité de la raison; qu'il ignore lui-même s'il est dans l'erreur, et que toutes ses affirmations ne sont ici que des raisons de douter.* Il propose donc ses objections, ses difficultés, ses doutes. Il propose aussi ses grandes et fortes raisons de croire; et de toute cette discussion résulte la certitude des dogmes essentiels, et un scepticisme respectueux sur les autres. A la fin de cette seconde partie, il insiste de nouveau sur la circonspection nécessaire en l'écoutant. *Si j'étais plus sûr de moi, j'aurais,* dit-il, *pris un ton dogmatique et décisif; mais je suis homme, ignorant, sujet à l'erreur: que pouvais-je faire? Je vous ai ouvert mon cœur sans réserve; ce que je tiens pour sûr, je vous l'ai donné pour tel; je vous ai donné mes doutes pour des doutes, mes opinions pour des opinions; je vous ai dit mes raisons de douter et de croire. Maintenant c'est à vous de juger.*

Lors donc que, dans le même écrit, l'auteur dit: *Si je me trompe, c'est de bonne foi, cela suffit pour que mon erreur ne me soit pas imputée à crime,* je demande à tout lecteur qui a le sens commun et quelque sincérité, si c'est sur la première ou sur la seconde partie

[1] Cf. *supra,* pp. 92, 195 and 264.

que peut tomber ce soupçon d'être dans l'erreur; sur celle où l'auteur affirme ou sur celle où il balance; si ce soupçon marque la crainte de croire en Dieu mal à propos, ou celle d'avoir à tort des doutes sur la révélation. Vous avez pris le premier parti contre toute raison, et dans le seul désir de me rendre criminel: je vous défie d'en donner aucun autre motif. Monseigneur, où sont, je ne dis pas l'équité, la charité chrétienne, mais le bon sens et l'humanité?

Quand vous auriez pu vous tromper sur l'objet de la crainte du vicaire, le texte seul que vous rapportez vous eût désabusé malgré vous; car lorsqu'il dit, *cela suffit pour que mon erreur ne me soit pas imputée à crime*, il reconnaît qu'une pareille erreur pourrait être un crime, et que ce crime lui pourrait être imputé s'il ne procédait pas de bonne foi. Mais quand il n'y aurait point de Dieu, où serait le crime, de croire qu'il y en a un? Et quand ce serait un crime, qui est-ce qui le pourrait imputer? La crainte d'être dans l'erreur ne peut donc ici tomber sur la religion naturelle, et le discours du vicaire serait un vrai galimatias dans le sens que vous lui prêtez. Il est donc impossible de déduire du passage que vous rapportez que *je n'admets pas la religion naturelle*, ou que *je n'en reconnais pas la nécessité:* il est encore impossible d'en déduire qu'*on doive toujours*, ce sont vos termes, *regarder comme un homme sage et religieux celui qui, adoptant les erreurs de l'athéisme, dira qu'il est de bonne foi:* et il est même impossible que vous ayez cru cette déduction légitime. Si cela n'est pas démontré, rien jamais ne saurait l'être, ou il faut que je sois un insensé.

Pour montrer qu'on ne peut s'autoriser d'une mission divine pour débiter des absurdités, le vicaire met aux prises un inspiré qu'il vous plaît d'appeler chrétien, et un raisonneur qu'il vous plaît d'appeler incrédule; et il les fait disputer chacun dans leur langage, qu'il désapprouve et qui, très sûrement, n'est ni le sien ni le mien. Là-dessus vous me taxez d'*une insigne mauvaise foi*,[1] et vous prouvez cela par l'ineptie des discours du premier. Mais si ces discours sont ineptes, à quoi donc le reconnaissez-vous pour chrétien? et si le raisonneur ne réfute que des inepties, quel droit avez-vous de le taxer d'incrédulité? S'ensuit-il des inepties que débite un inspiré que ce soit un catholique, et de celles que réfute un raisonneur que ce soit un mécréant? Vous auriez bien pu, monseigneur, vous dispenser de vous reconnaître à un langage si plein de bile et de déraison; car vous n'aviez pas encore donné votre mandement.

[1] Mandement, § XIX.

Si la raison et la révélation étaient opposées l'une à l'autre, il est constant, dites-vous, *que Dieu serait en contradiction avec lui-même.*[1] Voilà un grand aveu que vous nous faites là; car il est sûr que Dieu ne se contredit point. *Vous dites, ô impies, que les dogmes que nous regardons comme révélés combattent les vérités éternelles: mais il ne suffit pas de le dire.* J'en conviens; tâchons de faire plus.

Je suis sûr que vous pressentez d'avance où j'en vais venir. On voit que vous passez sur cet article des mystères comme sur des charbons ardents; vous osez à peine y poser le pied. Vous me forcez pourtant à vous arrêter un moment dans cette situation doulou-reuse: j'aurai la discrétion de rendre ce moment le plus court qu'il se pourra.

Vous conviendrez bien, je pense, qu'une de ces vérités éternelles qui servent d'éléments à la raison,† est que la partie est moindre que le tout; et c'est pour avoir affirmé le contraire que l'inspiré vous paraît tenir un discours plein d'inepties. Or, selon votre doctrine de la transsubstantiation, lorsque Jésus fit la dernière cène avec ses disciples, et qu'ayant rompu le pain il donna son corps à cha-cun d'eux, il est clair qu'il tint son corps entier dans sa main; et s'il mangea lui-même du pain consacré, comme il put le faire, il mit sa tête dans sa bouche.[1]

Voilà donc bien clairement, bien précisément, la partie plus grande que le tout, et le contenant moindre que le contenu. Que dites-vous à cela, monseigneur? Pour moi, je ne vois que M. le chevalier de Causans qui puisse vous tirer d'affaire.[2]

Je sais bien que vous avez encore la ressource de saint Augustin;

---

[1] Mandement, § xx.

---

† addition: et d'axiomes à la géométrie

---

[1] 'On a trouvé cette plaisanterie mauvaise, elle me paraît fort bonne.' (Voltaire, *Marginalia*, p. 181). In a letter to Helvétius (1 May 1763) Voltaire wrote: 'Jean-Jacques dit à mon gré une chose bien plaisante quoique géométrique dans sa lettre à Christophe pour prouver que dans notre secte la partie est plus grande que le tout. Il suppose que notre sauveur Jésus-Christ communie avec ses apôtres. En ce cas, dit-il, il est clair que Jésus met sa tête dans sa bouche. Il y a par-ci par-là de bons traits dans ce Jean-Jacques' (*Voltaire's Correspondence*, ed. Besterman, vol. LII, p. 42).

[2] De Mauléon de Causans, knight of Malta and famous soldier. After taking up the study of mathematics, he thought he had discovered how to square the circle, and then went on to explain by this theory original sin and the doctrine of the Trinity. He offered ten thousand francs to anybody who could prove him wrong. The wager was taken up, but the contest was finally banned by the king's order (M. Petitain's note).

mais c'est la même. Après avoir entassé sur la Trinité force discours inintelligibles, il convient qu'ils n'ont aucun sens; *mais*, dit
naïvement ce Père de l'Église, *on s'exprime ainsi, non pour dire
quelque chose, mais pour ne pas rester muet.*[1]

Tout bien considéré, je crois, monseigneur, que le parti le plus
sûr que vous ayez à prendre sur cet article, et sur beaucoup d'autres
est celui que vous avez pris avec M. de Montazet, et par la même
raison.[1]

*La mauvaise foi de l'auteur d'*Émile *n'est pas moins révoltante dans
le langage qu'il fait tenir à un catholique prétendu.*[ii] «Nos catho-
«liques, lui fait-il dire, font grand bruit de l'autorité de l'Église:
«mais que gagnent-ils à cela, s'il leur faut un aussi grand appareil
«de preuves pour cette autorité qu'aux autres sectes pour établir
«directement leur doctrine? L'Église décide que l'Église a droit
«de décider. Ne voilà-t-il pas une autorité bien prouvée?» *Qui
ne croirait, M. T. C. F., à entendre cet imposteur, que l'autorité de
l'Église n'est prouvée que par ses propres décisions, et qu'elle procède ainsi: Je décide que je suis infaillible, donc je le suis? Imputation calomnieuse. M. T. C. F.* Voilà, monseigneur, ce que vous
assurez: il nous reste à voir vos preuves. En attendant, oseriez-
vous bien affirmer que les théologiens catholiques n'ont jamais
établi l'autorité de l'Église par l'autorité de l'Église, *ut in se vir-
tualiter reflexam?* S'ils l'ont fait, je ne les charge donc pas d'une
imputation calomnieuse.

*La constitution du christianisme, l'esprit de l'*Évangile,[iii] *les
erreurs mêmes et la faiblesse de l'esprit humain, tendent à démontrer que l'Église établie par Jésus-Christ est une Église infaillible.*
Monseigneur, vous commencez par nous payer là de mots qui ne
nous donnent pas le change. Les discours vagues ne font jamais
preuve, et toutes ces choses qui tendent à démontrer ne démontrent
rien. Allons donc tout d'un coup au corps de la démonstration; le
voici:

---

[1] *Dictum est tamen tres personæ, non ut aliquid diceretur, sed ne taceretur.* (AUG.,
de Trinit., lib. V, cap. IX.)
[ii] Mandement, § XXI.
[iii] *Ibid.*

---

[1] Antoine Malvin de Montazet (1713–88) became the archbishop of Lyons in
1758. He was involved in public ecclesiastical dispute with the archbishop of
Paris in 1760. Cf. references in *OC*, IV, 1751–2.

Nous assurons que comme ce divin législateur a toujours enseigné la vérité, son Église l'enseigne aussi toujours.[1]

Mais qui êtes-vous, vous qui nous assurez cela pour toute preuve? Ne seriez-vous point l'Église ou ses chefs?† A vos manières d'argumenter, vous paraissez compter beaucoup sur l'assistance du Saint-Esprit. Que dites-vous donc, et qu'a dit l'imposteur? De grâce, voyez cela vous-même, car je n'ai pas le courage d'aller jusqu'au bout.

Je dois pourtant remarquer que toute la force de l'objection que vous attaquez si bien‡ consiste dans cette phrase que vous avez eu soin de supprimer à la fin du passage dont il s'agit: *Sortez de là, vous rentrez dans toutes nos discussions.*[1]

En effet, quel est ici le raisonnement du vicaire? Pour choisir entre les religions diverses, il faut, dit-il, de deux choses l'une: ou entendre les preuves de chaque secte et les comparer, ou s'en rapporter à l'autorité de ceux qui nous instruisent. Or le premier moyen suppose des connaissances que peu d'hommes sont en état d'acquérir; et le second justifie la croyance de chacun, dans quelque religion qu'il naisse. Il cite en exemple la religion catholique, où l'on donne pour loi l'autorité de l'Église, et il établit là-dessus ce second dilemme: Ou c'est l'Église qui s'attribue à elle-même cette autorité, et qui dit: *Je décide que je suis infaillible, donc je le suis;* et alors elle tombe dans le sophisme appelé cercle vicieux, ou elle prouve qu'elle a reçu cette autorité de Dieu, et alors il lui faut un aussi grand appareil de preuves pour montrer qu'en effet elle a reçu cette autorité, qu'aux autres sectes pour établir directement leur doctrine. Il n'y a donc rien à gagner pour la facilité de l'instruction, et le peuple n'est pas plus en état d'examiner les preuves de l'autorité de l'Église chez les catholiques, que la vérité de la doctrine chez les protestants. Comment donc se déterminera-t-il d'une manière raisonnable autrement que par l'autorité de ceux qui l'instruisent? Mais alors le Turc se déterminera de même. En quoi le Turc est-il plus coupable que nous? Voilà, monseigneur, le raisonnement auquel vous n'avez pas répondu, et auquel je doute

---

[1] *Ibid.* Cet endroit mérite d'être lu dans le Mandement même.

† ses membres
‡ la force du discours du Vicaire consiste...

[1] *v. supra*, p. 182.

qu'on puisse répondre.[1] Votre franchise épiscopale se tire d'affaire en tronquant le passage de l'auteur de mauvaise foi.†

Grâce au ciel, j'ai fini cette ennuyeuse tâche. J'ai suivi pied à pied vos raisons, vos citations, vos censures, et j'ai fait voir qu'autant de fois que vous avez attaqué mon livre, autant de fois vous avez eu tort. Il reste le seul article du gouvernement, dont je veux bien vous faire grâce, très sûr que quand celui qui gémit sur les misères du peuple, et qui les éprouve, est accusé par vous d'empoisonner les sources de la félicité publique, il n'y a point de lecteur qui ne sente ce que vaut un pareil discours. Si le traité du *Contrat social* n'existait pas, et qu'il fallût prouver de nouveau les grandes vérités que j'y développe,‡ les compliments que vous faites à mes dépens aux puissances seraient un des faits que je citerais en preuve, et le sort de l'auteur en serait un autre encore plus frappant. Il ne me reste plus rien à dire à cet égard; mon seul exemple a tout dit, et la passion de l'intérêt particulier ne doit point souiller les vérités utiles. C'est le décret contre ma personne, c'est mon livre brûlé par le bourreau, que je transmets à la postérité pour pièces justificatives: mes sentiments sont moins bien établis par mes écrits que par mes malheurs.

Je viens, monseigneur, de discuter tout ce que vous alléguez contre mon livre. Je n'ai pas laissé passer une de vos propositions sans examen: j'ai fait voir que vous n'avez raison dans aucun point, et je n'ai pas peur qu'on réfute mes preuves; elles sont au-dessus de toute réplique où règne le sens commun.

---

[1] C'est ici une de ces objections terribles auxquelles ceux qui m'attaquent se gardent bien de toucher. Il n'y a rien de si commode que de répondre avec des injures et de saintes déclamations, on élude aisément tout ce qui embarrasse. Aussi faut-il avouer qu'en se chamaillant entre eux les théologiens ont bien des ressources qui leur manquent vis-à-vis des ignorants, et auxquelles il faut alors suppléer comme ils peuvent. Ils se payent réciproquement de mille suppositions gratuites qu'on n'ose récuser quand on n'a rien de mieux à donner soi-même. Telle est ici l'invention de je ne sais quelle foi infuse, qu'ils obligent Dieu, pour les tirer d'affaire, de transmettre du père à l'enfant. Mais ils réservent ce jargon pour disputer avec les docteurs: s'ils s'en servaient avec nous autres profanes, ils auraient peur qu'on ne se moquât d'eux.

---

† after this paragraph but crossed out of MS: Je crois, monseigneur, que vous ne vous piquez pas d'être plus versé en politique qu'en théologie et après vous avoir suivi avec quelque avantage sur les matières de religion je pourrais me flatter au moins de vous suivre avec autant de succès en matière de gouvernement.

‡ instead of 'les grandes vérités' etc: ces noms spécieux de justice et de subordination serviront toujours d'instruments à la violence et d'armes à l'iniquité.

Cependant, quand j'aurais eu tort en quelques endroits, quand j'aurais eu toujours tort, quelle indulgence ne méritait point un livre où l'on sent partout, même dans les erreurs, même dans le mal qui peut y être, le sincère amour du bien et le zèle de la vérité; un livre où l'auteur, si peu affirmatif, si peu décisif,† avertit si souvent ses lecteurs de se défier de ses idées, de peser ses preuves, de ne leur donner que l'autorité de la raison; un livre qui ne respire que paix, douceur, patience, amour de l'ordre, obéissance aux lois en toute chose, et même en matière de religion; un livre enfin où la cause de la Divinité est si bien défendue, l'utilité de la religion si bien établie, où les mœurs sont si respectées, où l'arme du ridicule est si bien ôtée au vice, où la méchanceté est peinte si peu sensée, et la vertu si aimable? Eh! quand il n'y aurait pas un mot de vérité dans cet ouvrage, on en devrait honorer et chérir les rêveries comme les chimères les plus douces qui puissent flatter et nourrir le cœur d'un homme de bien. Oui, je ne crains point de le dire, s'il existait en Europe un seul gouvernement vraiment éclairé, un gouvernement dont les vues fussent vraiment utiles et saines, il eût rendu des honneurs publics à l'auteur d'*Émile*, il lui eût élevé des statues. Je connaissais trop les hommes pour attendre d'eux de la reconnaissance; je ne les connaissais pas assez, je l'avoue, pour en attendre ce qu'ils ont fait.‡

Après avoir prouvé que vous avez mal raisonné dans vos censures, il me reste à prouver que vous m'avez calomnié dans vos injures. Mais, puisque vous ne m'injuriez qu'en vertu des torts que vous m'imputez dans mon livre, montrer que mes prétendus torts ne sont que les vôtres, n'est-ce pas dire assez que les injures qui les suivent ne doivent pas être pour moi? Vous chargez mon ouvrage des épithètes les plus odieuses, et moi, je suis un homme abominable, un téméraire, un impie, un imposteur. Charité chrétienne, que vous avez un étrange langage dans la bouche des ministres de Jésus-Christ!

Mais vous qui m'osez reprocher des blasphèmes, que faites-vous quand vous prenez les apôtres pour complices des propos offen-

---

† dogmatique

‡ crossed out from MS: Les injures et les cris des prêtres sont ce qui m'a le moins surpris. Mais pour vous, Monseigneur, je vous estimais trop pour vous croire capable de les autoriser par votre exemple.

sants qu'il vous plaît de tenir sur mon compte?† A vous entendre, on croirait que saint Paul m'a fait l'honneur de songer à moi, et de prédire ma venue comme celle de l'Antéchrist. Et comment l'a-t-il prédite, je vous prie? Le voici: c'est le début de votre mandement.

Saint Paul a prédit, mes très chers frères, qu'il viendrait des jours périlleux, où il y aurait des gens amateurs d'eux-mêmes, fiers, superbes, blasphémateurs, impies, calomniateurs, enflés d'orgueil, amateurs de voluptés plutôt que de Dieu; des hommes d'un esprit corrompu et pervertis dans la foi.[1]

Je ne conteste assurément pas que cette prédiction de saint Paul ne soit très bien accomplie; mais s'il eût prédit au contraire qu'il viendrait un temps où l'on ne verrait point de ces gens-là, j'aurais été, je l'avoue, beaucoup plus frappé de la prédiction, et surtout de l'accomplissement.

D'après une prophétie si bien appliquée, vous avez la bonté de faire de moi un portrait dans lequel la gravité épiscopale s'égaye à des antithèses, et où je me trouve un personnage fort plaisant. Cet endroit, monseigneur, m'a paru le plus joli morceau de votre mandement; on ne saurait faire une satire plus agréable, ni diffamer un homme avec plus d'esprit.

Du sein de l'erreur (il est vrai que j'ai passé ma jeunesse dans votre Église) *il s'est élevé* (pas fort haut) *un homme plein du langage de la philosophie* (comment prendrais-je un langage que je n'entends point?) *sans être véritablement philosophe* (oh! d'accord, je n'aspirai jamais à ce titre, auquel je reconnais n'avoir aucun droit, et je n'y renonce assurément pas par modestie),[1] *esprit doué d'une multitude de connaissances* (j'ai appris à ignorer des multitudes de choses que je croyais savoir) *qui ne l'ont pas éclairé* (elles m'ont appris à ne pas penser l'être), *et qui ont répandu des ténèbres dans les autres esprits* (les ténèbres de l'ignorance valent mieux que la fausse lumière de l'erreur); *caractère livré aux paradoxes d'opinions et de conduite* (y a-t-il beaucoup à perdre à ne pas agir et penser comme tout le monde?), *alliant la simplicité des mœurs avec le faste des pensées* (la simplicité des mœurs élève l'âme; quant

---

[1] Mandement, 1.

† mais vous qui me reprochez tant mes blasphèmes, pensez-vous donc en être exempt quand vous osez prendre les apôtres mêmes pour complices de vos malhonnêtetés?

---

[1] Cf. *supra*, pp. 119, 139, 295.

au faste de mes pensées, je ne sais ce que c'est), *le zèle des maximes antiques avec la fureur d'établir des nouveautés* (rien de plus nouveau pour nous que des maximes antiques; il n'y a point à cela d'alliage, et je n'y ai point mis de fureur), *l'obscurité de la retraite avec le désir d'être connu de tout le monde* (monseigneur, vous voilà comme les faiseurs de romans, qui devinent tout ce que leur héros a dit et pensé dans sa chambre. Si c'est ce désir qui m'a mis la plume à la main, expliquez comment il m'est venu si tard, ou pourquoi j'ai tardé si longtemps à le satisfaire).† *On l'a vu invectiver contre les sciences qu'il cultivait* (cela prouve que je n'imite pas vos gens de lettres et que, dans mes écrits, l'intérêt de la vérité marche avant le mien), *préconiser l'excellence de l'Évangile* (toujours et avec le plus vrai zèle), *dont il détruisait les dogmes* (non, mais j'en prêchais la charité, bien détruite par les prêtres); *peindre la beauté des vertus, qu'il éteignait dans l'âme de ses lecteurs‡.* (Âmes honnêtes, est-il vrai que j'éteins en vous l'amour des vertus?)

Il s'est fait le précepteur du genre humain pour le tromper, le moniteur public pour égarer tout le monde, l'oracle du siècle pour achever de le perdre (je viens d'examiner comment vous avez prouvé tout cela). *Dans un ouvrage sur l'inégalité des conditions* (pourquoi des conditions? ce n'est là ni mon sujet ni mon titre), *il avait rabaissé l'homme jusqu'au rang des bêtes* (lequel de nous deux l'élève ou l'abaisse, dans l'alternative d'être bête ou méchant?). *Dans une autre production plus récente.*[1] *il avait insinué le poison de la volupté* (eh! que ne puis-je aux horreurs de la débauche substituer le charme de la volupté!§ Mais rassurez-vous, monseigneur; vos prêtres sont à l'épreuve de l'Héloïse, ils ont pour préservatif l'Aloïsia).[2]

---

† Instead of this sentence MS reads: Quand un homme doué de quelque talent passe sa jeunesse sans écrire et commence à quarante ans il faut qu'un autre motif que celui d'être connu lui fasse prendre la plume.

‡ MS addition: Est-ce ma faute si le désir de me nuire tourne en poison dans l'âme de tant de lecteurs tout ce que je dis de bien dans mes livres?

§ MS addition: si vos prêtres n'étaient pas plus continents du moins ils seraient plus honnêtes.

---

[1] i.e. *La Nouvelle Héloïse*.

[2] *Aloïsia* (1658) was an immoral novel in Latin by a Grenoble lawyer called Nicolas Chorier (1612–92). Its obscenity was mentioned by Bayle in his *Dictionnaire critique et historique*. 'Injure grossière et injuste' (Voltaire, *Marginalia*, p. 183). According to Rousseau's friend Moultou, Genevans like Jallabert and Mussard were also critical of this attack upon the clergy. 'Cela est un peu trop fort, ils craignent que cela ne blesse à Genève même.' (*CG*, IX, 205).

Dans celui-ci, il s'empare des premiers moments de l'homme afin d'établir l'empire de l'irréligion (cette imputation a déjà été examinée).†

‡Voilà, monseigneur, comment vous me traitez, et bien plus cruellement encore, moi que vous ne connaissez point, et que vous ne jugez que sur des ouï-dire. Est-ce donc là la morale de cet Évangile dont vous vous portez pour le défenseur? Accordons que vous voulez préserver votre troupeau du poison de mon livre: pourquoi des personnalités contre l'auteur? J'ignore quel effet vous attendez d'une conduite si peu chrétienne; mais je sais que défendre sa religion par de telles armes, c'est la rendre fort suspecte aux gens de bien.

Cependant, c'est moi que vous appelez téméraire. Eh! comment ai-je mérité ce nom, en ne proposant que des doutes, et même avec tant de réserve; en n'avançant que des raisons, et même avec tant de respect; en n'attaquant personne, en ne nommant personne? Et vous, monseigneur, comment osez-vous traiter ainsi celui dont vous parlez avec si peu de justice et de bienséance, avec si peu d'égard, avec tant de légèreté?

Vous me traitez d'impie!§ et de quelle impiété pouvez-vous m'accuser, moi qui jamais n'ai parlé de l'Être suprême que pour lui rendre la gloire qui lui est due, ni du prochain que pour porter tout le monde à l'aimer? Les impies sont ceux qui profanent indignement la cause de Dieu en la faisant servir aux passions des hommes. Les impies sont ceux qui, s'osant porter pour interprètes de la Divinité, pour arbitres entre elle et les hommes, exigent pour eux-mêmes les honneurs qui lui sont dus. Les impies sont ceux qui s'arrogent le droit d'exercer le pouvoir de Dieu sur la terre, et veulent ouvrir et fermer le ciel à leur gré. Les impies sont ceux qui font lire des libelles dans les églises. A cette idée horrible, tout mon sang s'allume, et des larmes d'indignation coulent de

---

† MS addition: Dans des matières si supérieures à la raison et où l'on trouve des preuves contradictoires, il faut apprendre à douter. Qui ne peut atteindre à la vérité peut du moins éviter l'erreur, et c'est ce qu'un homme sage doit toujours faire.

‡ MS variation: Vous me peignez longuement et publiquement, mais d'où me connaissez-vous? Est-il permis de peindre ainsi le caractère d'un homme en mal sur de simples ouï-dire, et d'en faire un portrait odieux sans s'assurer qu'il soit ressemblant? Ou vous connaissez bien mal la morale de cet Évangile dont vous vous portez pour le défenseur ou vous oubliez que je suis votre prochain. Vous voulez, dites-vous, préserver votre troupeau du poison...

§ MS addition: et vous ne songez pas qu'il y a plus d'impiété dans une de vos pages qu'il n'y en eut jamais dans tous mes écrits.

mes yeux. Prêtres du Dieu de paix, vous lui rendrez compte un jour, n'en doutez pas, de l'usage que vous osez faire de sa maison.

Vous me traitez d'imposteur! et pourquoi? Dans votre manière de penser, j'erre; mais où est mon imposture? Raisonner et se tromper, est-ce en imposer? Un sophiste même qui trompe sans se tromper n'est pas un imposteur encore, tant qu'il se borne à l'autorité de la raison, quoiqu'il en abuse. Un imposteur veut être cru sur sa parole, il veut lui-même faire autorité. Un imposteur est un fourbe qui veut en imposer aux autres pour son profit: et où est, je vous prie, mon profit dans cette affaire? Les imposteurs sont, selon Ulpien,[1] ceux qui font des prestiges, des imprécations, des exorcismes: or, assurément, je n'ai jamais rien fait de tout cela.

Que vous discourez à votre aise, vous autres hommes constitués en dignité! Ne reconnaissant de droits que les vôtres, ni de lois que celles que vous imposez, loin de vous faire un devoir d'être justes, vous ne vous croyez pas même obligés d'être humains. Vous accablez fièrement le faible, sans répondre de vos iniquités à personne: les outrages ne vous coûtent pas plus que les violences; sur les moindres convenances d'intérêt ou d'état, vous nous balayez devant vous comme la poussière.† Les uns décrètent et brûlent, les autres diffament et déshonorent sans droit, sans raison, sans mépris, même sans colère, uniquement parce que cela les arrange, et que l'infortuné se trouve sur leur chemin. Quand vous nous insultez impunément, il ne nous est pas même permis de nous plaindre; et si nous montrons notre innocence et vos torts, on nous accuse encore de vous manquer de respect.

Monseigneur, vous m'avez insulté publiquement: je viens de vous prouver que vous m'avez calomnié. Si vous étiez un particulier comme moi, que je pusse vous citer devant un tribunal équitable, et que nous y comparussions tous deux, moi avec mon livre et vous avec votre mandement, vous y seriez certainement déclaré coupable,‡ et condamné à me faire une réparation aussi publique que l'offense l'a été. Mais vous tenez un rang où l'on est dispensé d'être juste; et je ne suis rien. Cependant vous, qui professez l'Évangile, vous, prélat fait pour apprendre aux autres leur devoir,

---

† la boue
‡ certainement puni comme calomniateur

---

[1] Ulpian, famous Roman jurist (A.D. 170–228).

vous savez le vôtre en pareil cas. Pour moi, j'ai fait le mien, je n'ai plus rien à vous dire, et je me tais.

Daignez, monseigneur, agréer mon profond respect.

J.-J. ROUSSEAU

Môtiers, le 18 novembre, 1762

17

LETTRES ÉCRITES DE LA MONTAGNE
(1764)

ROUSSEAU'S ABDICATION of his citizenship made a considerable impression upon Genevan opinion and impelled to action many citizens and bourgeois who had long resented their exclusion from effective participation in the direction of public affairs. For many years a small and powerful oligarchy, consisting of a group of wealthy and influential families, had controlled the city by retaining key positions in the *Petit Conseil* and the *Conseil des Deux Cents*. Militant defenders of the bourgeois cause like Pierre Fatio and Micheli du Crest had earlier in the century affirmed the citizens' right of 'representation', but they had not succeeded in breaking the grip of an oligarchy that was becoming increasingly indifferent to the old Calvinistic values as it allowed itself to be seduced by the effects of wealth, luxury and French culture. Rousseau's abdication, however, helped to spark off a fresh series of 'representations' to the authorities, which included strong protests against the allegedly unjust condemnation of his person and his work. In August 1763 the powerful *procureur-général*, Jean-Robert Tronchin, made an official reply and soon afterwards published anonymously his *Lettres écrites de la Campagne*, which sought to justify the *Petit Conseil*'s action in resisting the demands of the *représentants*. By giving powerful support to the *Petit Conseil* the publication of the *Lettres* disconcerted those who had tried to defend Rousseau's cause, and the dissatisfied Genevans, feeling that they needed an equally effective and eloquent supporter of their cause, eventually asked Rousseau to intervene. The ultimate result was the publication of the *Lettres écrites de la Montagne* in December 1764.

Although the ultimate purpose of these *Lettres* was political rather than religious, Rousseau devoted most of the first part to a discussion of the religious issue; he not only tried to justify once again the *Profession de foi*, but he took the opportunity of defining the authentic Protestant position in the light of the principles of the Reformation as he understood them. Characteristically he defended the individual's right to use his conscience and reason as the basis of a free and unrestricted interpretation of Christian doctrine. All interpretations, he insisted, should be tolerated. (He thereby ignored the historical fact that the major Protestant bodies adhered to the doctrines of the Incarnation and were certainly not in favour of a merely subjective religious outlook.) In this respect Rousseau was probably much closer, as his recent editors point out, to the position of Pietism than to the authentic views of the Reformation. As well as devoting considerable space to a discussion of this wider issue, Rousseau also dealt at length with the specific question of miracles, which had received only summary treatment in earlier works. As a sustained and detailed discussion of a precise question, the letters devoted to this topic provide an interesting complement to Rousseau's other religious views. His main point was that miracles added nothing to the essential truth of Christianity, which could already be justified on 'natural' grounds; on the other hand, he believed they might be a serious obstacle to its acceptance by reasonable men.

Lettre I

[1]Pour savoir si j'ai écrit des livres pernicieux, il faut en examiner les principes, et voir ce qu'il en résulterait si ces principes étaient admis. Comme j'ai traité beaucoup de matières, je dois me restreindre à celles sur lesquelles je suis poursuivi, savoir, la religion et le gouvernement. Commençons par le premier article, à l'exemple des juges qui ne se sont pas expliqués sur le second.

On trouve dans l'*Émile* la profession de foi d'un prêtre catholique, et dans l'*Héloïse* celle d'une femme dévote.[2] Ces deux pièces s'accordent assez pour qu'on puisse expliquer l'une par l'autre, et de cet accord on peut présumer avec quelque vraisemblance que si l'auteur qui a publié les livres où elles sont contenues ne les adopte pas en entier l'une et l'autre, du moins il les favorise beaucoup. De ces deux professions de foi, la première, étant la plus étendue et la seule où l'on ait trouvé le corps du délit, doit être examinée par préférence.

Cet examen, pour aller à son but, rend encore un éclaircissement nécessaire; car remarquez qu'éclaircir et distinguer les propositions

---

[1] In the pages preceding the discussion of the religious issue Rousseau deals with the legal aspect of the attack upon his person and works. The present text, variants and notes are greatly indebted to *OC*, III, 693–754, 1585–1626.

[2] *V. supra*, pp. 91 f., for Julie's 'profession of faith'.

que brouillent et confondent mes accusateurs, c'est leur répondre. Comme ils disputent contre l'évidence, quand la question est bien posée, ils sont réfutés.

Je distingue dans la religion deux parties, outre la forme du culte qui n'est qu'un cérémonial. Ces deux parties sont le dogme et la morale. Je divise les dogmes encore en deux parties; savoir, celle qui, posant les principes de nos devoirs, sert de base à la morale, et celle qui, purement de foi, ne contient que des dogmes spéculatifs.

De cette division, qui me paraît exacte, résulte celle des sentiments sur la religion, d'une part en vrais, faux ou douteux, et de l'autre en bons, mauvais ou indifférents.

Le jugement des premiers appartient à la raison seule; et si les théologiens s'en sont emparés, c'est comme raisonneurs, c'est comme professeurs de la science par laquelle on parvient à la connaissance du vrai et du faux en matière de foi. Si l'erreur en cette partie est nuisible, c'est seulement à ceux qui errent, et c'est seulement un préjudice pour la vie à venir sur laquelle les tribunaux humains ne peuvent étendre leur compétence. Lorsqu'ils connaissent de cette matière, ce n'est plus comme juges du vrai et du faux, mais comme ministres des lois civiles qui règlent la forme extérieure du culte: il ne s'agit pas encore ici de cette partie; il en sera traité ci-après.

Quant à la partie de la religion qui regarde la morale, c'est-à-dire la justice, le bien public, l'obéissance aux lois naturelles et positives,[1] les vertus sociales et tous les devoirs de l'homme et du citoyen, il appartient au gouvernement d'en connaître: c'est en ce point seul que la religion rentre directement sous sa juridiction, et qu'il doit bannir, non l'erreur, dont il n'est pas juge, mais tout sentiment nuisible qui tend à couper le nœud social.

Voilà, monsieur, la distinction que vous avez à faire pour juger de cette pièce, portée au tribunal, non des prêtres, mais des magistrats. J'avoue qu'elle n'est pas toute affirmative. On y voit des objections et des doutes. Posons, ce qui n'est pas, que ces doutes soient des négations. Mais elle est affirmative dans sa plus grande partie; elle est affirmative et démonstrative sur tous les points fondamentaux de la religion civile; elle est tellement décisive sur

---

[1] The distinction between 'natural' and 'positive' is that between the 'original' and empirical aspects of human nature. Rousseau makes a similar distinction between *a priori* and specific political laws. Cf. *Émile*, Bk. V (*OC*, IV, 836).

tout ce qui tient à la Providence éternelle, à l'amour du prochain, à la justice, à la paix, au bonheur des hommes, aux lois de la société, à toutes les vertus,† que les objections, les doutes même, y ont pour objet quelque avantage; et je défie qu'on m'y montre un seul point de doctrine attaqué que je ne prouve être nuisible aux hommes, ou par lui-même ou par ses inévitables effets.

‡ La religion est utile et même nécessaire aux peuples. Cela n'est-il pas dit, soutenu, prouvé dans ce même écrit? Loin d'attaquer les vrais principes de la religion, l'auteur les pose, les affermit de tout son pouvoir; ce qu'il attaque, ce qu'il combat, ce qu'il doit combattre, c'est le fanatisme aveugle, la superstition cruelle, le stupide préjugé. Mais il faut, disent-ils, respecter tout cela. Mais pourquoi? Parce que c'est ainsi qu'on mène les peuples... Oui, c'est ainsi qu'on les mène à leur perte. La superstition est le plus terrible fléau du genre humain; elle abrutit les simples, elle persécute les sages, elle enchaîne les nations, elle fait partout cent maux effroyables: quel bien fait-elle? Aucun; si elle en fait, c'est aux tyrans; elle est leur arme la plus terrible, et cela même est le plus grand mal qu'elle ait jamais fait.

Ils disent qu'en attaquant la superstition je veux détruire la religion même: comment le savent-ils? Pourquoi confondent-ils ces deux causes, que je distingue avec tant de soin? Comment ne voient-ils point que cette imputation réfléchit contre eux dans toute sa force, et que la religion n'a point d'ennemis plus terribles que les défenseurs de la superstition? Il serait bien cruel qu'il fût si aisé d'inculper l'intention d'un homme, quand il est si difficile de la justifier. Par cela même qu'il n'est pas prouvé qu'elle est mauvaise, on la doit juger bonne: autrement qui pourrait être à l'abri des jugements arbitraires de ses ennemis? Quoi! leur simple affirmation fait preuve de ce qu'ils ne peuvent savoir; et la mienne, jointe à toute ma conduite, n'établit point mes propres sentiments? Quel moyen me reste donc de les faire connaître? Le bien que je sens dans mon cœur, je ne puis le montrer, je l'avoue; mais quel est l'homme abominable qui s'ose vanter d'y voir le mal qui n'y fut jamais?

---

† Elle est tellement décisive sur tout ce qui intéresse la gloire de Dieu, l'amour du prochain, le bonheur des hommes et le bien de la société à tous égards

‡ MS addition: Je défie qu'on prouve que les hommes me tourmentent pour autre chose si ce n'est parce que je voudrais qu'ils ne se rendissent pas misérables et méchants. Voilà le seul crime qu'on punit en moi.

Plus on serait coupable de prêcher l'irréligion, dit très bien M. d'Alembert,[1] plus il est criminel d'en accuser ceux qui ne la prêchent pas en effet. Ceux qui jugent publiquement de mon christianisme montrent seulement l'espèce du leur, et la seule chose qu'ils ont prouvée est qu'eux et moi n'avons pas la même religion. Voilà précisément ce qui les fâche : on sent que le mal prétendu les aigrit moins que le bien même. Ce bien qu'ils sont forcés de trouver dans mes écrits les dépite et les gêne ; réduits à le tourner en mal encore, ils sentent qu'ils se découvrent trop. Combien ils seraient plus à leur aise si ce bien n'y était pas !

Quand on ne me juge point sur ce que j'ai dit, mais sur ce qu'on assure que j'ai voulu dire, quand on cherche dans mes intentions le mal qui n'est pas dans mes écrits, que puis-je faire ? Ils démentent mes discours par mes pensées ; quand j'ai dit blanc, ils affirment que j'ai voulu dire noir ; ils se mettent à la place de Dieu pour faire l'œuvre du diable : comment dérober ma tête à des coups portés de si haut ?

Pour prouver que l'auteur n'a point eu l'horrible intention qu'ils lui prêtent, je ne vois qu'un moyen, c'est d'en juger sur l'ouvrage. Ah ! qu'on en juge ainsi, j'y consens ; mais cette tâche n'est pas la mienne, et un examen suivi sous ce point de vue serait de ma part une indignité. Non, monsieur, il n'y a ni malheur ni flétrissure qui puisse me réduire à cette abjection ; je croirais outrager l'auteur, l'éditeur, le lecteur même, par une justification d'autant plus honteuse qu'elle est plus facile ; c'est dégrader la vertu que montrer qu'elle n'est pas un crime, c'est obscurcir l'évidence que penser qu'elle est la vérité. Non, lisez et jugez vous-même. Malheur à vous si, durant cette lecture, votre cœur ne bénit pas cent fois l'homme vertueux et ferme qui ose instruire ainsi les humains ![2]

Eh ! comment me résoudrais-je à justifier cet ouvrage, moi qui crois effacer par lui les fautes de ma vie entière, moi qui mets les maux qu'il m'attire en compensation de ceux que j'ai faits, moi qui, plein de confiance, espère un jour dire au Juge suprême : « Daigne juger dans ta clémence un homme faible ; j'ai fait le mal sur la terre, mais j'ai publié cet écrit. »[3]

Mon cher monsieur, permettez à mon cœur gonflé d'exhaler de

---

[1] Cf. D'Alembert, *Œuvres* (Paris, 1818), IV, 307, 423.
[2] Rousseau frequently stressed his role as benefactor of the human race.
[3] Cf. the famous remark at the beginning of the *Confessions*: 'Je viendrai, ce livre à la main, me présenter devant le souverain juge' (*OC*, I, 5).

temps en temps ses soupirs; mais soyez sûr que, dans mes discussions, je ne mêlerai ni déclamations ni plaintes: je n'y mettrai pas même la vivacité de mes adversaires; je raisonnerai toujours de sang-froid. Je reviens donc.

Tâchons de prendre un milieu qui vous satisfasse et qui ne m'avilisse pas. Supposons un moment la profession de foi du vicaire adoptée en un coin du monde chrétien, et voyons ce qu'il en résulterait en bien et en mal. Ce ne sera ni l'attaquer ni la défendre; ce sera la juger par ses effets.

Je vois d'abord les choses les plus nouvelles sans aucune apparence de nouveauté; nul changement dans le culte, et de grands changements dans les cœurs, des conversions sans éclat, de la foi sans dispute, du zèle sans fanatisme, de la raison sans impiété; peu de dogmes et beaucoup de vertus; la tolérance du philosophe et la charité du chrétien.

Nos prosélytes auront deux règles de foi qui n'en font qu'une: la raison et l'Évangile;[1] la seconde sera d'autant plus immuable qu'elle ne se fondera que sur la première, et nullement sur certains faits, lesquels, ayant besoin d'être attestés, remettent la religion sous l'autorité des hommes.

Toute la différence qu'il y aura d'eux aux autres chrétiens est que ceux-ci sont des gens qui disputent beaucoup sur l'Évangile sans se soucier de le pratiquer, au lieu que nos gens s'attacheront beaucoup à la pratique,[2] et ne disputeront point.

Quand les chrétiens disputeurs viendront leur dire: «Vous vous dites chrétiens sans l'être; car pour être chrétiens, il faut croire en Jésus-Christ, et vous n'y croyez point»; les chrétiens paisibles leur répondront: «Nous ne savons pas bien si nous croyons en Jésus-Christ dans votre idée, parce que nous ne l'entendons pas; mais nous tâchons d'observer ce qu'il nous prescrit. Nous sommes chrétiens, chacuns[3] à notre manière: nous, en gardant sa parole; et vous, en croyant en lui. Sa charité veut que nous soyons tous frères: nous la suivons en vous admettant pour tels; pour l'amour de lui ne nous ôtez pas un titre que nous honorons de toutes nos forces et qui nous est aussi cher qu'à vous.»

Les chrétiens disputeurs insisteront sans doute. «En vous

---

[1] Cf. *supra*, p. 264: 'Je prends l'Écriture et la raison pour les uniques règles de ma croyance'.

[2] Another point often stressed by Rousseau. Cf. *supra*, p. 266: 'Je pense au contraire que l'essentiel de la religion consiste en pratique'.

[3] An unusual use of the plural of 'chacun', not acceptable today.

renommant de Jésus, il faudrait nous dire à quel titre. Vous gardez, dites-vous, sa parole; mais quelle autorité lui donnez-vous? Reconnaissez-vous la révélation? ne la reconnaissez-vous pas? Admettez-vous l'Évangile en entier? ne l'admettrez-vous qu'en partie? Sur quoi fondez-vous ces distinctions? Plaisants chrétiens, qui marchandent avec le maître, qui choisissent dans sa doctrine ce qu'il leur plaît d'admettre et de rejeter!»

A cela les autres diront paisiblement: «Mes frères, nous ne marchandons point; car notre foi n'est pas un commerce: vous supposez qu'il dépend de nous d'admettre ou de rejeter comme il nous plaît; mais cela n'est pas, et notre raison n'obéit point à notre volonté. Nous aurions beau vouloir que ce qui nous paraît faux nous parût vrai, il nous paraîtrait faux malgré nous. Tout ce qui dépend de nous est de parler selon notre pensée ou contre notre pensée, et notre seul crime est de ne vouloir pas vous tromper.

«Nous reconnaissons l'autorité de Jésus-Christ parce que notre intelligence acquiesce à ses préceptes et nous en découvre la sublimité. Elle nous dit qu'il convient aux hommes de suivre ces préceptes, mais qu'il était au-dessus d'eux de les trouver. Nous admettons la révélation comme émanée de l'esprit de Dieu, sans en savoir la manière, et sans nous tourmenter pour la découvrir; pourvu que nous sachions que Dieu a parlé, peu nous importe d'expliquer comment il s'y est pris pour se faire entendre. Ainsi, reconnaissant dans l'Évangile l'autorité divine, nous croyons Jésus-Christ revêtu de cette autorité; nous reconnaissons une vertu plus qu'humaine dans sa conduite, et une sagesse plus qu'humaine dans ses leçons.[1] Voilà ce qui est bien décidé pour nous. Comment cela s'est-il fait? Voilà ce qui ne l'est pas; cela nous passe. Cela ne vous passe pas, vous; à la bonne heure; nous vous en félicitons de tout notre cœur. Votre raison peut être supérieure à la nôtre; mais ce n'est pas à dire qu'elle doive nous servir de loi. Nous consentons que vous sachiez tout; souffrez que nous ignorions quelque chose.

«Vous nous demandez si nous admettons tous les enseignements qu'a donnés Jésus-Christ. L'utilité, la nécessité de la plupart de ces enseignements nous frappe, et nous tâchons de nous y conformer. Quelques-uns ne sont pas à notre portée, ils ont été donnés sans doute pour des esprits plus intelligents que nous.[2] Nous ne croyons

---

[1] Cf. *supra*, pp. 188–90.
[2] Cf. *supra*, p. 190, for a much stronger criticism of the irrational elements in the Gospels.

point avoir atteint les limites de la raison humaine, et les hommes plus pénétrants ont besoin de préceptes plus élevés.

«Beaucoup de choses dans l'Évangile passent notre raison, et même la choquent; nous ne les rejetons pourtant pas. Convaincus de la faiblesse de notre entendement, nous savons respecter ce que nous ne pouvons concevoir, quand l'association de ce que nous concevons nous le fait juger supérieur à nos lumières. Tout ce qui nous est nécessaire à savoir pour être saints nous paraît clair dans l'Évangile; qu'avons-nous besoin d'entendre le reste? Sur ce point nous demeurons ignorants, mais exempts d'erreurs, et nous n'en serons pas moins gens de bien; cette humble réserve elle-même est l'esprit de l'Évangile.

«Nous ne respectons pas précisément ce livre sacré comme livre, mais comme la parole et la vie de Jésus-Christ. Le caractère de vérité, de sagesse et de sainteté qui s'y trouve nous apprend que cette histoire n'a pas été essentiellement altérée;[1] mais il n'est pas démontré pour nous qu'elle ne l'ait point été du tout. Qui sait si les choses que nous n'y comprenons pas ne sont point des fautes glissées dans le texte? Qui sait si des disciples si fort inférieurs à leur maître l'ont bien compris et bien rendu partout? Nous ne décidons point là-dessus; nous ne présumons pas même, et nous ne vous proposons des conjectures que parce que vous l'exigez.

«Nous pouvons nous tromper dans nos idées, mais vous pouvez aussi vous tromper dans les vôtres. Pourquoi ne le pourriez-vous pas, étant hommes? Vous pouvez avoir autant de bonne foi que nous, mais vous n'en sauriez avoir davantage; vous pouvez être plus éclairés, mais vous n'êtes pas infaillibles. Qui jugera donc entre les deux partis? Sera-ce vous? cela n'est pas juste. Bien moins sera-ce nous, qui nous défions si fort de nous-mêmes. Laissons donc cette décision au juge commun qui nous entend; et, puisque nous sommes d'accord sur les règles de nos devoirs réciproques, supportez-nous sur le reste comme nous vous supportons. Soyons hommes de paix, soyons frères; unissons-nous dans l'amour de notre commun maître, dans la pratique des vertus qu'il nous prescrit. Voilà ce qui fait le vrai chrétien.

«Que si vous vous obstinez à nous refuser ce précieux titre après avoir tout fait pour vivre fraternellement avec vous, nous nous

---

[1] Où en seraient les simples fidèles, si l'on ne pouvait savoir cela que par des discussions de critique, ou par l'autorité des pasteurs? De quel front ose-t-on faire dépendre la foi de tant de science ou de tant de soumission?

consolerons de cette injustice, en songeant que les mots ne sont pas les choses, que les premiers disciples de Jésus ne prenaient pas le nom de chrétiens, que le martyr Étienne ne le porta jamais, et que, quand Paul fut converti à la foi de Christ, il n'y avait encore aucuns chrétiens [1] sur la terre.»

Croyez-vous, monsieur, qu'une controverse ainsi traitée sera fort animée et fort longue, et qu'une des parties ne sera pas bientôt réduite au silence quand l'autre ne voudra point disputer?

Si nos prosélytes sont maîtres du pays où ils vivent, ils établiront une forme de culte aussi simple que leur croyance, et la religion qui résultera de tout cela sera la plus utile aux hommes par sa simplicité même. Dégagée de tout ce qu'ils mettent à la place des vertus, et n'ayant ni rites superstitieux ni subtilités dans la doctrine, elle ira tout entière à son vrai but, qui est la pratique de nos devoirs. Les mots de *dévot* et d'*orthodoxe* y seront sans usage; la monotonie de certains sons articulés n'y sera pas la piété;[1] il n'y aura d'impies que les méchants, ni de fidèles que les gens de bien.

Cette institution une fois faite, tous seront obligés par les lois de s'y soumettre, parce qu'elle n'est point fondée sur l'autorité des hommes, qu'elle n'a rien qui ne soit dans l'ordre des lumières naturelles, qu'elle ne contient aucun article qui ne se rapporte au bien de la société, et qu'elle n'est mêlée d'aucun dogme inutile à la morale, d'aucun point de pure spéculation.

Nos prosélytes seront-ils intolérants pour cela? Au contraire, ils seront tolérants par principe; ils le seront plus qu'on ne peut l'être dans aucune autre doctrine, puisqu'ils admettront toutes les bonnes religions qui ne s'admettent pas entre elles, c'est-à-dire, toutes celles qui, ayant l'essentiel qu'elles négligent, font l'essentiel de ce qui ne l'est point. En s'attachant, eux, à ce seul essentiel, ils laisseront les autres en faire à leur gré l'accessoire, pourvu qu'ils ne le rejettent pas: ils les laisseront expliquer ce qu'ils n'expliquent point, décider ce qu'ils ne décident point. Ils laisseront à chacun ses rites, ses formules de foi, sa croyance; ils diront: «Admettez

---

[1] Ce nom leur fut donné quelques années après à Antioche pour la première fois.[2]

---

[1] Masson (II, 141 n. 6) suggests that the phrase may have been taken from Jakob Wegelin's *Dialogues par un ministre suisse*, Geneva, 1763, a copy of which had been sent to Rousseau on 1 October 1763 by his friend L. Usteri. On Rousseau's objection to merely verbal religion see *Religious Quest*, p. 39.

[2] Cf. *Acts*, XI, 26.

avec nous les principes des devoirs de l'homme et du citoyen; du reste, croyez tout ce qu'il vous plaira.»[1] Quant aux religions qui sont essentiellement mauvaises, qui portent l'homme à faire le mal, ils ne les toléreront point, parce que cela même est contraire à la véritable tolérance, qui n'a pour but que la paix du genre humain. Le vrai tolérant ne tolère point le crime; il ne tolère aucun dogme qui rende les hommes méchants.[2]

Maintenant supposons, au contraire, que nos prosélytes soient sous la domination d'autrui: comme gens de paix, ils seront soumis aux lois de leurs maîtres, même en matière de religion, à moins que cette religion ne fût essentiellement mauvaise; car alors, sans outrager ceux qui la professent, ils refuseraient de la professer. Ils leur diraient: «Puisque Dieu nous appelle à la servitude, nous voulons être de bons serviteurs, et vos sentiments nous empêcheraient de l'être; nous connaissons nos devoirs, nous les aimons, nous rejetons ce qui nous en détache; c'est afin de vous être fidèles que nous n'adoptons pas la loi de l'iniquité.»

Mais si la religion du pays est bonne en elle-même, et que ce qu'elle a de mauvais soit seulement dans des interprétations particulières, ou dans des dogmes purement spéculatifs, ils s'attacheront à l'essentiel, et toléreront le reste, tant par respect pour les lois que par amour pour la paix. Quand ils seront appelés à déclarer expressément leur croyance, ils le feront, parce qu'il ne faut point mentir; ils diront au besoin leur sentiment avec fermeté, même avec force; ils se défendront par la raison, si on les attaque. Du reste, ils ne disputeront point contre leurs frères; et, sans s'obstiner à vouloir les convaincre, ils leur resteront unis par la charité; ils assisteront à leurs assemblées, ils adopteront leurs formules, et, ne se croyant pas plus infaillibles qu'eux, ils se soumettront à l'avis du plus grand nombre en ce qui n'intéresse pas leur conscience et ne leur paraît pas importer au salut.

Voilà le bien, me direz-vous; voyons le mal. Il sera dit en peu de paroles. Dieu ne sera plus l'organe de la méchanceté des hommes. La religion ne servira plus d'instrument à la tyrannie des gens d'église et à la vengeance des usurpateurs; elle ne servira plus qu'à rendre les croyants bons et justes: ce n'est pas là le compte de ceux qui les mènent; c'est pis pour eux que si elle ne servait à rien.

[1] An important example of Rousseau's attempt to define the social essence of religion. Cf. *supra*, pp. 211 f.
[2] Cf. *supra*, p. 212; *CG*, IX, 94; *Religious Quest*, p. 86.

Ainsi donc la doctrine en question est bonne au genre humain et mauvaise à ses oppresseurs. Dans quelle classe absolue la faut-il mettre? J'ai dit fidèlement le pour et le contre; comparez et choisissez.

Tout bien examiné, je crois que vous conviendrez de deux choses: l'une que ces hommes que je suppose se conduiraient en ceci très conséquemment à la profession de foi du vicaire; l'autre que cette conduite serait non seulement irréprochable mais vraiment chrétienne, et qu'on aurait tort de refuser à ces hommes bons et pieux le nom de chrétiens, puisqu'ils le mériteraient parfaitement par leur conduite, et qu'ils seraient moins opposés par leurs sentiments à beaucoup de sectes qui le prennent, et à qui on ne le dispute pas, que plusieurs de ces mêmes sectes ne sont opposées entre elles. Ce ne seraient pas, si l'on veut, des chrétiens à la mode de saint Paul, qui était naturellement persécuteur,[1] et qui n'avait pas entendu Jésus-Christ lui-même; mais ce seraient des chrétiens à la mode de saint Jacques,[2] choisi par le maître en personne, et qui avait reçu de sa propre bouche les instructions qu'il nous transmet. Tout ce raisonnement est bien simple, mais il me paraît concluant.

Vous me demanderez peut-être comment on peut accorder cette doctrine avec celle d'un homme qui dit que l'Évangile est absurde et pernicieux à la société?[3] En avouant franchement que cet accord me paraît difficile, je vous demanderai à mon tour où est cet homme qui dit que l'Évangile est absurde et pernicieux. Vos messieurs m'accusent de l'avoir dit: et où? Dans le *Contrat social*, au chapitre de la religion civile. Voici qui est singulier! Dans ce même livre et dans ce même chapitre je pense avoir dit précisément le contraire; je pense avoir dit que l'Évangile est sublime, et le plus fort lien de la société.[(1)] Je ne veux pas taxer ces messieurs de mensonge; mais avouez que deux propositions si contraires dans le

---

[(1)] *Contrat social*, l. iv, chap. 8, p. 310–311 de l'édition in-8.

[1] Several *philosophes* held St. Paul responsible for the perversion of Christ's teaching. D'Alembert, for example, insisted on this point in his correspondence with Frederick the Great. Cf. Ronald Grimsley, *Jean d'Alembert, 1717–83* (Oxford, 1963), pp. 197–8.
[2] Masson (II, 141 n. 6) points out that this is another point made by Jakob Wegelin in his *Dialogues par un ministre suisse*. (Cf. *supra*, p. 321 n. 1.)
[3] The expression had been used by Tronchin in the *Lettres écrites de la Campagne* (cf. *OC*, III, 1592 n. 2).

même livre et dans le même chapitre doivent faire un tout bien extravagant.

N'y aurait-il point ici quelque nouvelle équivoque, à la faveur de laquelle on me rendît plus coupable ou plus fou que je ne suis? Ce mot de *société* présente un sens un peu vague: il y a dans le monde des sociétés de bien des sortes, et il n'est pas impossible que ce qui sert à l'une nuise à l'autre. Voyons: la méthode favorite de mes agresseurs est toujours d'offrir avec art des idées indéterminées; continuons pour toute réponse à tâcher de les fixer.

Le chapitre dont je parle est destiné, comme on le voit par le titre, à examiner comment les institutions religieuses peuvent entrer dans la constitution de l'État. Ainsi ce dont il s'agit ici n'est point de considérer les religions comme vraies ou fausses, ni même comme bonnes ou mauvaises en elles-mêmes, mais de les considérer uniquement par leurs rapports aux corps politiques, et comme parties de la législation.

Dans cette vue, l'auteur fait voir que toutes les anciennes religions, sans en excepter la juive, furent nationales dans leur origine, appropriées, incorporées à l'État, et formant la base, ou du moins faisant partie du système législatif.

Le christianisme, au contraire, est dans son principe une religion universelle, qui n'a rien d'exclusif, rien de local, rien de propre à tel pays plutôt qu'à tel autre. Son divin auteur, embrassant également tous les hommes dans sa charité sans bornes, est venu lever† la barrière qui séparait les nations, et réunir tout le genre humain dans un peuple de frères: «Car, en toute nation, celui qui le craint et qui s'adonne à la justice lui est agréable.»[1] Tel est le véritable esprit de l'Évangile.

Ceux donc qui ont voulu faire du christianisme une religion nationale et l'introduire comme partie constitutive dans le système de la législation, ont fait par là deux fautes nuisibles, l'une à la religion, et l'autre à l'État. Ils se sont écartés de l'esprit de Jésus-Christ, dont le règne n'est pas de ce monde: et, mêlant aux intérêts terrestres ceux de la religion, ils ont souillé sa pureté céleste, ils en ont fait l'arme des tyrans et l'instrument des persécuteurs. Ils n'ont pas moins blessé les saines maximes de la politique, puisqu'au lieu de simplifier la machine du gouvernement, ils l'ont composée, ils

---

[1] *Act.*, x, 35.

† renverser

lui ont donné des ressorts étrangers, superflus; et, l'assujettissant à deux mobiles différents, souvent contraires, ils ont causé les tiraillements qu'on sent dans tous les États chrétiens où l'on a fait entrer la religion dans le système politique.

Le parfait christianisme est l'institution sociale universelle; mais, pour montrer qu'il n'est point un établissement politique, et qu'il ne concourt point aux bonnes institutions particulières, il fallait ôter† les sophismes de ceux qui mêlent la religion à tout, comme une prise avec laquelle ils s'emparent de tout. Tous les établissements humains sont fondés sur les passions humaines, et se conservent par elles: ce qui combat et détruit les passions n'est donc pas propre à fortifier ces établissements. Comment ce qui détache les cœurs de la terre nous donnerait-il plus d'intérêt pour ce qui s'y fait? comment ce qui nous occupe uniquement d'une autre partie nous attacherait-il davantage à celle-ci?[1]

Les religions nationales sont utiles à l'État comme parties de sa constitution, cela est incontestable; mais elles sont nuisibles au genre humain, et même à l'État dans un autre sens: j'ai montré comment et pourquoi.

Le christianisme, au contraire, rendant les hommes justes, modérés, amis de la paix, est très avantageux à la société générale: mais‡ il énerve la force du ressort politique, il complique les mouvements de la machine, il rompt l'unité du corps moral; et ne lui étant pas assez approprié, il faut qu'il dégénère, ou qu'il demeure une pièce étrangère et embarrassante.

Voilà donc un préjudice et des inconvénients des deux côtés relativement au corps politique. Cependant il importe que l'État ne soit pas sans religion, et cela importe par des raisons graves, sur lesquelles j'ai partout fortement insisté: mais il vaudrait mieux encore n'en point avoir, que d'en avoir une barbare et persécutante, qui, tyrannisant les lois mêmes, contrarierait les devoirs du citoyen. On dirait que tout ce qui s'est passé dans Genève à mon égard n'est

---

† combattre

‡ mais il peut nuire à l'État par ses abus lorsqu'il en fait partie, et ses abus sont alors inévitables. Another variant: mais il ne saurait entrer comme partie constitutive dans le corps politique parce qu'il n'est ni peut être une religion particulière et nationale.

---

[1] This paragraph and the following section provide an interesting addition to Rousseau's earlier view of civil religion. For a discussion of the implications see Masson, II, 195–204, and the abundant notes and commentary by Robert Derathé in *OC*, III, *passim*; and *Religious Quest*, pp. 80 f.

fait que pour établir ce chapitre en exemple, pour prouver par ma propre histoire que j'ai très bien raisonné.

Que doit faire un sage législateur dans cette alternative? De deux choses l'une: la première, d'établir une religion purement civile, dans laquelle, renfermant les dogmes fondamentaux de toute bonne religion,† tous les dogmes vraiment utiles à la société, soit universelle, soit particulière, il omette tous les autres qui peuvent importer à la foi, mais nullement au bien terrestre,‡ unique objet de la législation:[1] car comment le mystère de la Trinité, par exemple, peut-il concourir à la bonne constitution de l'État? en quoi ses membres seront-ils meilleurs citoyens quand ils auront rejeté le mérite des bonnes œuvres? et que fait au lien de la société civile le dogme du péché originel? Bien que le vrai christianisme soit une institution de paix, qui ne voit que le christianisme dogmatique ou théologique est, par la multitude et l'obscurité de ses dogmes, surtout par l'obligation de les admettre, un champ de bataille toujours ouvert entre les hommes, et cela sans qu'à force d'interprétations et de décisions on puisse prévenir de nouvelles disputes sur les décisions mêmes?

L'autre expédient est de laisser le christianisme tel qu'il est dans son véritable esprit, libre, dégagé de tout lien de chair, sans autre obligation que celle de la conscience, sans autre gêne dans les dogmes que les mœurs et les lois. La religion chrétienne est, par la pureté de sa morale, toujours bonne et saine dans l'État, pourvu qu'on n'en fasse pas une partie de sa constitution, pourvu qu'elle y soit admise uniquement comme religion, sentiment, opinion, croyance; mais comme loi politique, le christianisme dogmatique est un mauvais établissement.

Telle est, monsieur, la plus forte conséquence qu'on puisse tirer de ce chapitre, où, bien loin de taxer le *pur Évangile*[(1)] d'être pernicieux à la société, je le trouve en quelque sorte trop sociable, embrassant trop tout le genre humain, pour une législation qui doit

---

[(1)] *Lettres écrites de la campagne*, p. 30.

---

† du christianisme
‡ à la société humaine

---

[1] Rousseau carefully restricts the extent of the State's right to intervene in the citizen's religious life. He here adds precise examples to the point already made in the *Contrat social*. Cf. *OC*, III, 468, and *supra*, pp. 211 f.

être exclusive;[1] inspirant l'humanité plutôt que le patriotisme, et tendant à former des hommes plutôt que des citoyens.[(1)] Si je me suis trompé, j'ai fait une erreur en politique; mais où est mon impiété?

La science du salut et celle du gouvernement[†] sont très différentes: vouloir que la première embrasse tout est un fanatisme de petit esprit: c'est penser comme les alchimistes, qui, dans l'art de faire de l'or, voient aussi la médecine universelle, ou comme les mahométans, qui prétendent trouver toutes les sciences dans l'Alcoran. La doctrine de l'Évangile n'a qu'un objet. C'est d'appeler et sauver tous les hommes; leur liberté, leur bien-être ici-bas n'y entre pour rien: Jésus l'a dit mille fois. Mêler à cet objet des vues terrestres, c'est altérer sa simplicité sublime, c'est souiller sa sainteté par des intérêts humains: c'est cela qui est vraiment une impiété.[‡]

Ces distinctions sont de tout temps établies: on ne les a confondues que pour moi seul. En ôtant des institutions nationales la religion chrétienne, je l'établis la meilleure pour le genre humain. L'auteur de *l'Esprit des lois* a fait plus, il a dit que la musulmane était la meilleure pour les contrées asiatiques.[2] Il raisonnait en politique, et moi aussi. Dans quel pays a-t-on cherché querelle, je

[(1)] C'est merveille de voir l'assortiment de beaux sentiments qu'on va nous entassant dans les livres; il ne faut pour cela que des mots, et les vertus en papier ne coûtent guère, mais elles ne s'agencent pas tout à fait ainsi dans le cœur de l'homme, et il y a loin des peintures aux réalités. Le patriotisme et l'humanité sont, par exemple, deux vertus incompatibles dans leur énergie, et surtout chez un peuple entier. Le législateur qui les voudra toutes deux n'obtiendra ni l'une ni l'autre: cet accord ne s'est jamais vu, il ne se verra jamais, parce qu'il est contraire à la nature, et qu'on ne peut donner deux objets à la même passion.

† gouvernement temporel

‡ MS addition: A quoi se réduit donc, Monsieur, quant à la religion le délit dont on m'accuse? Le voici. Je veux rendre au christianisme ce qu'il a d'essentiel, de vraiment divin, ce que tout le monde néglige, je veux lui ôter ce que les hommes y ont ajouté de nuisible en vue d'assouvir leurs passions. Voilà tout mon crime, et il doit être irrémissible auprès des tyrans.

[1] Cf. *CG*, IX, 265-6: 'L'esprit patriotique est un esprit exclusif'. This letter discusses the same problem as the one raised in the text. For Rousseau's attitude towards patriotism see A. Choulguine, 'Les origines de l'esprit national moderne et Jean-Jacques Rousseau', *Annales*, XXXVI (1937), 8-283.

[2] Cf. Book XXIV, Ch. 26.

ne dis pas à l'auteur, mais au livre?[(1)] Pourquoi donc suis-je coupable? ou pourquoi ne l'était-il pas?

Voilà, monsieur, comment, par des extraits fidèles, un critique équitable parvient à connaître les vrais sentiments d'un auteur et le dessein dans lequel il a composé son livre. Qu'on examine tous les miens par cette méthode, je ne crains point les jugements que tout honnête homme en pourra porter. Mais ce n'est pas ainsi que ces messieurs s'y prennent, ils n'ont garde,[1] ils n'y trouveraient pas ce qu'ils cherchent. Dans le projet de me rendre coupable à tout prix, ils écartent le vrai but de l'ouvrage; ils lui donnent pour but chaque erreur, chaque négligence échappée à l'auteur; et si par hasard il laisse un passage équivoque, ils ne manquent pas de l'interpréter dans le sens qui n'est pas le sien. Sur un grand champ couvert d'une moisson fertile, ils vont triant avec soin quelques mauvaises plantes, pour accuser celui qui l'a semé d'être un empoisonneur.[2]

Mes propositions ne pouvaient faire aucun mal à leur place; elles étaient vraies, utiles, honnêtes, dans le sens que je leur donnais. Ce sont leurs falsifications, leurs subreptions,[3] leurs interprétations frauduleuses qui les rendent punissables; il faut les brûler dans leurs livres, et les couronner dans les miens.

Combien de fois les auteurs diffamés et le public indigné n'ont-ils pas réclamé contre cette manière odieuse de déchiqueter un ouvrage, d'en défigurer toutes les parties, d'en juger sur des lambeaux enlevés çà et là, au choix d'un accusateur infidèle, qui produit le mal lui-même en le détachant du bien qui le corrige et l'explique, en détorquant partout le vrai sens! Qu'on juge La Bruyère ou La Rochefoucauld sur des maximes isolées, à la bonne

---

[(1)] Il est bon de remarquer que le livre de l'*Esprit des lois* fut imprimé pour la première fois à Genève, sans que les Scholarques y trouvassent rien à reprendre, et que ce fut un pasteur qui corrigea l'édition.[4]

---

[1] i.e. 'they take care not to do so'. Cf. K. Nyrop, *Grammaire historique de la langue française* (Copenhagen, 1930), VI, 42–3.

[2] According to J. D. Candaux, the Tronchins had actually made a collection of allegedly scandalous extracts from Rousseau's works (*OC*, III, 1595 n. 3).

[3] 'Subreption' is a legal term indicating the obtaining of something through fraud or misrepresentation.

[4] *L'Esprit des lois* by the Barrillots in 1748. The 'scholarques' were the officials responsible for the censorship of books at Geneva. Jacob Vernet was the 'pastor' who corrected the edition (cf. *OC*, III, 1595, from which this information is taken).

heure; encore serait-il juste de comparer et de compter. Mais, dans un livre de raisonnement, combien de sens divers ne peut pas avoir la même proposition, selon la manière dont l'auteur l'emploie et dont il la fait envisager! Il n'y a peut-être pas une de celles qu'on m'impute, à laquelle, au lieu où je l'ai mise, la page qui précède ou celle qui suit ne serve de réponse, et que je n'aie prise en un sens différent de celui que lui donnent mes accusateurs. Vous verrez, avant la fin de ces lettres, des preuves de cela qui vous surprendront.

Mais qu'il y ait des propositions fausses, répréhensibles, blâmables en elles-mêmes, cela suffit-il pour rendre un livre pernicieux? Un bon livre n'est pas celui qui ne contient rien de mauvais ou rien qu'on puisse interpréter en mal; autrement il n'y aurait point de bons livres: mais un bon livre est celui qui contient plus de bonnes choses que de mauvaises; un bon livre est celui dont l'effet total est de mener au bien, malgré le mal qui peut s'y trouver. Eh! que serait-ce, mon Dieu! si dans un grand ouvrage, plein de vérités utiles, de leçons d'humanité, de piété, de vertu, il était permis d'aller cherchant avec une maligne exactitude toutes les erreurs, toutes les propositions équivoques, suspectes, ou inconsidérées, toutes les inconséquences qui peuvent échapper dans le détail à un auteur surchargé de sa matière, accablé des nombreuses idées qu'elle lui suggère, distrait des unes par les autres et qui peut à peine assembler dans sa tête toutes les parties de son vaste plan: s'il était permis de faire un amas de toutes ses fautes, de les aggraver les unes par les autres, en rapprochant ce qui est épars, en liant ce qui est isolé; puis, taisant la multitude de choses bonnes et louables qui les démentent, qui les expliquent, qui les rachètent, qui montrent le vrai but de l'auteur, de donner cet affreux recueil pour celui de ses principes, d'avancer que c'est là le résumé de ses vrais sentiments, et de le juger sur un pareil extrait? Dans quel désert faudrait-il fuir, dans quel antre faudrait-il se cacher pour échapper aux poursuites de pareils hommes,† qui, sous l'apparence du mal, puniraient le bien, qui compteraient pour rien le cœur, les intentions, la droiture partout évidente, et traiteraient la faute la plus légère et la plus involontaire comme le crime d'un scélérat? Y a-t-il un seul livre au monde, quelque vrai, quelque bon, quelque excellent qu'il puisse être, qui pût échapper à cette infâme inquisition? Non, monsieur, il n'y en a pas un, pas un seul, non pas

† monstres

l'Évangile même; car le mal qui n'y serait pas, ils sauraient l'y mettre par leurs extraits infidèles, par leurs fausses interprétations.

«Nous vous déférons, oseraient-ils dire, un livre scandaleux, téméraire, impie, dont la morale est d'enricher le riche et de dépouiller le pauvre,[1] d'apprendre aux enfants à renier leur mère et leurs frères,[ii] de s'emparer sans scrupule du bien d'autrui,[iii] de n'instruire point les méchants, de peur qu'ils ne se corrigent et qu'ils ne soient pas pardonnés,[iv] de haïr père, mère, femme, enfants, tous ses proches;[v] un livre où l'on souffle partout le feu de la discorde,[vi] où l'on se vante d'armer le fils contre le père,[vii] les parents l'un contre l'autre,[viii] les domestiques contre leurs maîtres;[ix] où l'on approuve la violation des lois,[x] où l'on impose en devoir la persécution,[xi] où, pour porter les peuples au brigandage, on fait du bonheur éternel le prix de la force et la conquête des hommes violents.»[xii]

Figurez-vous une âme infernale analysant ainsi tout l'Évangile, formant de cette calomnieuse analyse, sous le nom de *Profession de foi évangelique* un écrit qui ferait horreur, et les dévots pharisiens prônant cet écrit d'un air de triomphe comme l'abrégé des leçons de Jésus-Christ. Voilà pourtant jusqu'où peut mener cette indigne méthode. Quiconque aura lu mes livres, et lira les imputations de ceux qui m'accusent, qui me jugent, qui me condamnent, qui me poursuivent, verra que c'est ainsi que tous m'ont traité.

Je crois vous avoir prouvé que ces messieurs ne m'ont pas jugé selon la raison. J'ai maintenant à vous prouver qu'ils ne m'ont pas jugé selon les lois. Mais laissez-moi reprendre un instant haleine. A quels tristes essais me vois-je réduit à mon âge! Devais-je apprendre si tard à faire mon apologie? Était-ce la peine de commencer?

Lettre II

J'ai supposé, monsieur, dans ma précédente lettre,[1] que j'avais commis en effet contre la foi les erreurs dont on m'accuse, et j'ai

---

[1] *Matth.*, XIII, 12; *Luc*, XIX, 26. [II] *Matth.*, XII, 48; *Marc*, III, 33.
[III] *Marc*, XI, 2; *Luc*, XIX, 30. [IV] *Marc*, IV, 12; *Jean*, XII, 40.
[V] *Luc*, XIV, 26. [VI] *Matth.*, X, 34; *Luc*, XII, 51, 52.
[VII] *Matth.*, X, 35; *Luc*, XII, 53. [VIII] *Ibid.* [IX] *Matth.*, X, 36.
[X] *Matth.*, XII, 2 et seq. [XI] *Luc*, XIV, 23. [XII] *Matth.*, XI, 12.

---

[1] Whereas the first letter has been concerned mainly with a justification of Rousseau's own position, the second concentrates on the views of the Genevan ministers; it tries to show that they have betrayed the true principles of the Reformation.

fait voir que ces erreurs, n'étant point nuisibles à la société, n'étaient pas punissables devant la justice humaine. Dieu s'est réservé sa propre défense† et le châtiment des fautes qui n'offensent que lui. C'est un sacrilège à des hommes de se faire les vengeurs de la Divinité, comme si leur protection lui était nécessaire. Les magistrats, les rois n'ont aucune autorité sur les âmes; et pourvu qu'on soit fidèle aux lois de la société dans ce monde, ce n'est point à eux de se mêler de ce qu'on deviendra dans l'autre, où ils n'ont aucune inspection. Si l'on perdait ce principe de vue, les lois faites pour le bonheur du genre humain en seraient bientôt le tourment; et, sous leur inquisition terrible, les hommes, jugés par leur foi plus que par leurs œuvres, seraient tous à la merci de quiconque voudrait les opprimer.[1]

Si les lois n'ont nulle autorité sur les sentiments des hommes en ce qui tient uniquement à la religion, elles n'en ont point non plus en cette partie sur les écrits où l'on manifeste ces sentiments. Si les auteurs de ces écrits sont punissables, ce n'est jamais précisément pour avoir enseigné l'erreur, puisque la loi ni ses ministres ne jugent pas de ce qui n'est précisément qu'une erreur. L'auteur des *Lettres écrites de la Campagne* paraît convenir de ce principe.[(I)] Peut-être même en accordant que «la politique et la philosophie pourront soutenir la liberté de tout écrire», le pousserait-il trop loin.[(II)] Ce n'est pas ce que je veux examiner ici.

Mais voici comment vos messieurs et lui tournent la chose pour autoriser le jugement rendu contre mes livres et contre moi.‡ Ils me jugent moins comme chrétien que comme citoyen; ils me regardent moins comme impie envers Dieu que comme rebelle aux lois; ils voient moins en moi le péché que le crime, et l'hérésie que la désobéissance. J'ai, selon eux, attaqué la religion de l'État; j'ai donc encouru la peine portée par la loi contre ceux qui l'attaquent. Voilà, je crois, le sens de ce qu'ils ont dit d'intelligible pour justifier leur procédé.

(I) «A cet égard, dit-il, p. 22, je retrouve assez mes maximes dans celles des représentations.» Il regarde comme «incontestable que personne ne peut être poursuivi pour ses idées sur la religion.»
(II) page 30.

† la vengeance
‡ pour couvrir leur inquisition

[1] Another important affirmation of the limits of the State's right to control the religious beliefs of its subjects.

Je ne vois à cela que trois petites difficultés: la première, de savoir quelle est cette religion de l'État; la seconde, de montrer comment je l'ai attaquée; la troisième, de trouver cette loi selon laquelle j'ai été jugé.

Qu'est-ce que la religion de l'État? C'est la sainte réformation évangélique. Voilà, sans contredit, des mots bien sonnants. Mais qu'est-ce, à Genève aujourd'hui, que la sainte réformation évangélique? Le sauriez-vous, monsieur, par hasard? En ce cas, je vous en félicite: quant à moi je l'ignore. J'avais cru le savoir ci-devant; mais je me trompais ainsi que bien d'autres, plus savants que moi sur tout autre point, et non moins ignorants sur celui-là.

Quand les réformateurs se détachèrent de l'Église romaine, ils l'accusèrent d'erreur; et, pour corriger cette erreur dans sa source, ils donnèrent à l'Écriture un autre sens que celui que l'Église lui donnait. On leur demanda de quelle autorité ils s'écartaient ainsi de la doctrine reçue: ils dirent que c'était de leur autorité propre, de celle de leur raison. Ils dirent que le sens de la Bible étant intelligible et clair à tous les hommes en ce qui était du salut, chacun était juge compétent de la doctrine, et pouvait interpréter la Bible, qui en est la règle, selon son esprit particulier; que tous s'accorderaient ainsi sur les choses essentielles; et que celles sur lesquelles ils ne pourraient s'accorder, ne l'étaient point.[1]

Voilà donc l'esprit particulier établi pour unique interprète de l'Écriture; voilà l'autorité de l'Église rejetée: voilà chacun mis, pour la doctrine, sous sa propre juridiction. Tels sont les deux points fondamentaux de la réforme: reconnaître la Bible pour règle de sa croyance, et n'admettre d'autre interprète du sens de la Bible que soi. Ces deux points combinés forment le principe sur lequel les chrétiens réformés se sont séparés de l'Église romaine: et ils ne pouvaient moins faire sans tomber en contradiction; car quelle autorité interprétative auraient-ils pu se réserver, après avoir rejeté celle du corps de l'Église?[2]

Mais, dira-t-on, comment, sur un tel principe, les réformés ont-ils pu se réunir? Comment, voulant avoir chacun leur façon de penser, ont-ils fait corps contre l'Église catholique? Ils le devaient

---

[1] This idea of the individual's right to interpret the Gospel as he pleases is the main point of Rousseau's interpretation of the Reformation. Its inaccuracy has been pointed out by J. D. Candaux in *OC*, III, 1597.

[2] A point often made by Roman Catholic critics who failed to take into account the Reformers' emphasis upon the importance of grace.

faire: ils se réunissaient en ceci, que tous reconnaissaient chacun d'eux comme juge compétent pour lui-même. Ils toléraient et ils devaient tolérer toutes les interprétations, hors une, savoir celle qui ôte la liberté des interprétations. Or cette unique interprétation qu'ils rejetaient était celle des catholiques. Ils devaient donc proscrire de concert Rome seule, qui les proscrivait également tous. La diversité même de leurs façons de penser sur tout le reste était le lien commun qui les unissait. C'étaient autant de petits États ligués contre une grande puissance, et dont la confédération générale n'ôtait rien à l'indépendance de chacun.

Voilà comment la réformation évangélique s'est établie, et voilà comment elle doit se conserver. Il est bien vrai que la doctrine du plus grand nombre peut être proposée à tous comme la plus probable ou la plus autorisée;† le souverain peut même la rédiger en formule et la prescrire à ceux qu'il charge d'enseigner, parce qu'il faut quelque ordre, quelque règle dans les instructions publiques, et qu'au fond l'on ne gêne en ceci la liberté de personne, puisque nul n'est forcé d'enseigner malgré lui: mais il ne s'ensuit pas de là que les particuliers soient obligés d'admettre précisément ces interprétations qu'on leur donne et cette doctrine qu'on leur enseigne. Chacun en demeure seul juge pour lui-même, et ne reconnaît en cela d'autre autorité que la sienne propre. Les bonnes instructions doivent moins fixer le choix que nous devons faire, que nous mettre en état de bien choisir. Tel est le véritable esprit de la réformation, tel en est le vrai fondement. La raison particulière y prononce, en tirant la foi de la règle commune qu'elle établit, savoir: l'Évangile; et il est tellement de l'essence de la raison d'être libre, que, quand elle voudrait s'asservir à l'autorité, cela ne dépendrait pas d'elle. Portez la moindre atteinte à ce principe, et tout l'évangélisme[1] croule à l'instant. Qu'on me prouve aujourd'hui qu'en matière de foi je suis obligé de me soumettre aux décisions de quelqu'un, dès demain je me fais catholique, et tout homme conséquent et vrai fera comme moi.

Or, la libre interprétation de l'Écriture emporte non seulement le droit d'en expliquer les passages, chacun selon son sens particulier, mais celui de rester dans le doute sur ceux qu'on trouve

† comme la plus raisonnable

---

[1] A neologism. J. D. Candaux (*OC*, III, 1599) suggests the following definition: 'Ensemble des doctrines qui, à l'opposé du catholicisme, fondent leur foi sur le seul Évangile'.

douteux, et celui de ne pas comprendre ceux qu'on trouve incompréhensibles. Voilà le droit de chaque fidèle, droit sur lequel ni les pasteurs ni les magistrats n'ont rien à voir. Pourvu qu'on respecte toute la Bible et qu'on s'accorde sur les points capitaux, on vit selon la réformation évangélique. Le serment des bourgeois de Genève[1] n'emporte rien de plus que cela.

Or, je vois déjà vos docteurs triompher sur ces points capitaux, et prétendre que je m'en écarte. Doucement, messieurs, de grâce; ce n'est pas encore de moi qu'il s'agit, c'est de vous. Sachons d'abord quels sont, selon vous, ces points capitaux; sachons quel droit vous avez de me contraindre à les voir où je ne les vois pas, et où peut-être vous ne les voyez pas vous-mêmes. N'oubliez point, s'il vous plaît, que me donner vos décisions pour les lois, c'est vous écarter de la sainte réformation évangélique, c'est en ébranler les vrais fondements: c'est vous qui, par la loi, méritez punition.

Soit que l'on considère l'état politique de votre république lorsque la réformation fut instituée, soit que l'on pèse les termes de vos anciens édits par rapport à la religion qu'ils prescrivent, on voit que la réformation est partout mise en opposition avec l'Église romaine, et que les lois n'ont pour objet que d'abjurer les principes, et le culte de celle-ci, destructifs de la liberté dans tous les sens.

Dans cette position particulière, l'État n'existait pour ainsi dire que par la séparation des deux Églises, et la république était anéantie si le papisme reprenait le dessus. Ainsi la loi qui fixait le culte évangélique n'y considérait que l'abolition du culte romain. C'est ce qu'attestent les invectives, même indécentes, qu'on voit contre celui-ci dans vos premières ordonnances, et qu'on a sagement retranchées dans la suite, quand le même danger n'existait plus: c'est ce qu'atteste aussi le serment du consistoire, lequel consiste uniquement à empêcher «toutes idolâtries, blasphèmes, dissolutions, et autres choses contrevenantes à l'honneur de Dieu et à la réformation de l'Évangile.» Tels sont les termes de l'ordonnance passée en 1562.[2] Dans la revue de la même ordonnance en 1576, on mit à la tête du serment *de veiller sur tous scandales*;[1] ce qui montre

---

[1] *Ordonn. ecclés.*, tit. III, art. 75.

[1] Tronchin had already referred to this 'oath': 'Le premier article du serment des Bourgeois les oblige à vivre selon la réformation du Saint Évangile'. (Cf. *OC*, III, 1600, n. 2).
[2] More precisely, 1561 (*OC*, III, 1600, n. 2).

que, dans la première formule du serment, on n'avait pour objet que la séparation de l'Église romaine. Dans la suite on pourvut encore à la police: cela est naturel quand un établissement commence à prendre de la consistance; mais enfin, dans l'une et dans l'autre leçon, ni dans aucun serment de magistrats, de bourgeois, de ministres, il n'est question ni d'erreur ni d'hérésie. Loin que ce fût là l'objet de la réformation ni des lois, c'eût été se mettre en contradiction avec soi-même. Ainsi vos édits n'ont fixé, sous ce mot de *réformation*, que les points controversés avec l'Église romaine.

Je sais que votre histoire, et celle en général de la réforme, est pleine de faits qui montrent une inquisition très sévère, et que, de persécutés, les réformateurs devinrent bientôt persécuteurs: mais ce contraste, si choquant dans toute l'histoire du christianisme, ne prouve autre chose dans la vôtre que l'inconséquence des hommes et l'empire des passions sur la raison.† A force de disputer contre le clergé catholique, le clergé protestant prit l'esprit disputeur et pointilleux. Il voulait tout décider, tout régler, prononcer sur tout; chacun proposait modestement son sentiment pour loi suprême à tous les autres: ce n'était pas le moyen de vivre en paix. Calvin, sans doute, était un grand homme; mais enfin c'était un homme, et, qui pis est, un théologien: il avait d'ailleurs tout l'orgueil du génie qui sent sa supériorité, et qui s'indigne qu'on la lui dispute.[1] La plupart de ses collègues étaient dans le même cas; tous en cela d'autant plus coupables qu'ils étaient plus inconséquents.

Aussi quelle prise n'ont-ils pas donnée en ce point aux catholiques, et quelle pitié n'est-ce pas de voir dans leurs défenses ces savants hommes, ces esprits éclairés qui raisonnaient si bien sur tout autre article, déraisonner si sottement sur celui-là! Ces contradictions ne prouvaient cependant autre chose, sinon qu'ils suivaient bien plus leurs passions que leurs principes. Leur dure

---

† mais cela ne prouve autre chose sinon que Calvin était inconséquent et comme tous les (théologiens) autres il employait la religion à servir son amour-propre, son ambition, sa haine et toutes ses passions. Si jamais la religion du Vicaire prévalait il y aurait une chose terrible, c'est qu'elle ne pourrait plus servir à tout cela. Comme ils doivent la haïr!

[1] Rousseau here modifies his fulsome eulogy of Calvin in the *Contrat social*. Cf. *OC*, III, 382 (note).

orthodoxie était elle-même une hérésie. C'était bien là l'esprit des réformateurs, mais ce n'était pas celui de la réformation.

La religion protestante est tolérante par principe, elle est tolérante essentiellement; elle l'est autant qu'il est possible de l'être, puisque le seul dogme qu'elle ne tolère pas est celui de l'intolérance. Voilà l'insurmontable barrière qui nous sépare des catholiques, et qui réunit les autres communions entre elles; chacune regarde bien les autres comme étant dans l'erreur; mais nulle ne regarde ou ne doit regarder cette erreur comme un obstacle au salut.[1]

Les réformés de nos jours, du moins les ministres, ne connaissent ou n'aiment plus leur religion. S'ils l'avaient connue et aimée, à la publication de mon livre ils auraient poussé de concert un cri de joie, ils se seraient tous unis avec moi qui n'attaquais que leurs adversaires: mais ils aimaient mieux abandonner leur propre cause que de soutenir la mienne; avec leur ton risiblement arrogant, avec leur rage de chicane et d'intolérance, ils ne savent plus ce qu'ils croient, ni ce qu'ils veulent, ni ce qu'ils disent.† Je ne les vois plus que comme de mauvais valets des prêtres, qui les servent moins par amour pour eux que par haine contre moi.[11] Quand ils auront bien disputé, bien chamaillé, bien ergoté, bien prononcé, tout au fort de leur petit triomphe, le clergé romain, qui maintenant rit et les laisse faire, viendra les chasser, armé d'arguments *ad hominem* sans réplique; et, les battant de leurs propres armes, il leur dira: «Cela va bien, mais à présent ôtez-vous de là, méchants intrus que vous êtes; vous n'avez travaillé que pour nous.» Je reviens à mon sujet.

L'Église de Genève n'a donc et ne doit avoir, comme réformée,

---

[1] De toutes les sectes du christianisme, la luthérienne me paraît la plus inconséquente. Elle a réuni comme à plaisir contre elle seule toutes les objections qu'elles se font l'une à l'autre. Elle est en particulier intolérante comme l'Église romaine; mais le grand argument de celle-ci lui manque: elle est intolérante sans savoir pourquoi.

[11] Il est assez superflu, je crois, d'avertir que j'excepte ici mon pasteur et ceux qui sur ce point pensent comme lui.

J'ai appris depuis cette note à n'excepter personne; mais je la laisse, selon ma promesse, pour l'instruction de tout honnête homme qui peut être tenté de louer des gens d'église. (Added to 1782 edition)

---

† MS addition: la fureur de l'intolérance fait que les protestants ne savent plus ce qu'ils disent; ils ne font plus que déraisonner.

aucune profession de foi précise, articulée, et commune à tous ses membres. Si l'on voulait en avoir une, en cela même on blesserait la liberté évangélique, on renoncerait au principe de la réformation, on violerait la loi de l'État. Toutes les Églises protestantes qui ont dressé des formules de profession de foi, tous les synodes qui ont déterminé des points de doctrine, n'ont voulu que prescrire aux pasteurs celle qu'ils devaient enseigner, et cela était bon et convenable. Mais si ces Églises et ces synodes ont prétendu faire plus par ces formules, et prescrire aux fidèles ce qu'ils devaient croire; alors, par de telles décisions, ces assemblées n'ont prouvé autre chose, sinon qu'elles ignoraient leur propre religion.

L'Église de Genève paraissait depuis longtemps s'écarter moins que les autres du véritable esprit du christianisme, et c'est sur cette trompeuse apparence que j'honorai ses pasteurs d'éloges dont je les croyais dignes; car mon intention n'était assurément pas d'abuser le public. Mais qui peut voir aujourd'hui ces mêmes ministres, jadis si coulants et devenus tout à coup si rigides, chicaner sur l'orthodoxie d'un laïque, et laisser la leur dans une si scandaleuse incertitude? On leur demande si Jésus-Christ est Dieu, ils n'osent répondre; on leur demande quels mystères ils admettent, ils n'osent répondre.† Sur quoi donc répondront-ils, et quels seront les articles fondamentaux, différents des miens, sur lesquels ils veulent qu'on se décide, si ceux-là n'y sont pas compris?[1]

Un philosophe[2] jette sur eux un coup d'œil rapide; il les pénètre, il les voit ariens, sociniens: il le dit, et pense leur faire honneur; mais il ne voit pas qu'il expose leur intérêt temporel, la seule chose qui généralement décide ici-bas de la foi des hommes.

Aussitôt, alarmés, effrayés, ils s'assemblent, ils discutent, ils s'agitent, ils ne savent à quel saint se vouer; et après force consulta-

---

† On leur demande si la trinité est quelque chose ou s'il n'est rien; ils n'osent répondre.

[1] It is true that by the eighteenth century the Church of Geneva had lost much of its old rigidity, the chief emphasis being placed upon morality rather than theology. Many ministers had been influenced by the spread of the 'philosophical' spirit from France and although they had not been won over to 'natural' religion, their theological orthodoxy seems to have been seriously affected.

[2] D'Alembert in his *Encyclopédie* article 'Genève' had described the ministers as 'Socinians', cf. *supra*, p. 73, n. 1.

tions,⁽¹⁾ délibérations, conférences, le tout aboutit à un amphi-
gouri où l'on ne dit ni oui ni non, et auquel il est aussi peu possible
de rien comprendre qu'aux deux plaidoyers de Rabelais.⁽ⁱⁱ⁾¹ La
doctrine orthodoxe n'est-elle pas bien claire, et ne la voilà-t-il pas
en de sûres mains?

Cependant, parce qu'un d'entre eux,² compilant force plaisan-
teries scolastiques, aussi bénignes qu'élégantes, pour juger mon
christianisme, ne craint pas d'abjurer le sien; tout charmés du savoir
de leur confrère, et surtout de sa logique, ils avouent son docte
ouvrage, et l'en remercient par une députation. Ce sont, en
vérité, de singulières gens que messieurs vos ministres! on ne sait
ni ce qu'ils croient, ni ce qu'ils ne croient pas; on ne sait pas
même ce qu'ils font semblant de croire: leur seule manière d'établir leur foi est d'attaquer celle des autres;³ ils sont comme les
jésuites, qui, dit-on, forçaient tout le monde à signer la constitution,⁴ sans vouloir la signer eux-mêmes. Au lieu de s'expliquer sur
la doctrine qu'on leur impute, ils pensent donner le change aux
autres Églises, en cherchant querelle à leur propre défenseur; ils
veulent prouver par leur ingratitude qu'ils n'avaient pas besoin de
mes soins, et croient se montrer assez orthodoxes en se montrant
persécuteurs.

De tout ceci je conclus qu'il n'est pas aisé de dire en quoi consiste à Genève aujourd'hui la sainte réformation. Tout ce qu'on
peut avancer de certain sur cet article, est qu'elle doit consister

---

⁽¹⁾ «Quand on est bien décidé sur ce qu'on croit, disait à ce sujet un journaliste,⁵
une profession de foi doit être bientôt faite.»

⁽ⁱⁱ⁾ Il y aurait peut-être eu quelque embarras à s'expliquer plus clairement sans
être obligé de se rétracter sur certaines choses.

---

¹ See *Pantagruel*, Ch. XI and XII. The 'plaidoyers' were by the lords
Baisecul and Humevesne before Pantagruel as judge.

² Jacob Vernes, who had published a refutation of the *Profession de foi:
Lettres sur le Christianisme de Jean-Jacques Rousseau*. J. D. Candaux (*OC*, III,
1604 n. 3) points out that the company of ministers had no need of a 'deputation'
to thank Vernes since he was already a member of that body, but that Rousseau
was certainly justified in calling attention to a sudden change of viewpoint on the
part of Vernes who had abandoned his earlier radicalism for a conservative
orthodoxy.

³ Rousseau's resentment against the ministers increased steadily with the
passing of time and was certainly exacerbated by the quarrel with M. de Montmollin.

⁴ i.e. the Bull *Unigenitus* (1713) against the Jansenists, cf. *supra*, p. 237, n. 1.

⁵ The precise source of this quotation is not known, although many journals of
the time, including Fréron's *Année littéraire*, gave publicity to the ministers'
'declaration'.

principalement à rejeter les points contestés à l'Église romaine par les premiers réformateurs, et surtout par Calvin. C'est là l'esprit de votre institution; c'est par là que vous êtes un peuple libre, et c'est par ce côté seul que la religion fait chez vous partie de la loi de l'État.[1]

De cette première question je passe à la seconde, et je dis: «Dans un livre où la vérité, l'utilité, la nécessité de la religion en général est établie avec la plus grande force, où, sans donner aucune exclusion, l'auteur préfère la religion chrétienne à tout autre culte, et la réformation évangélique à toute autre secte, comment se peut-il que cette même réformation soit attaquée?» Cela paraît difficile à concevoir. Voyons cependant.

J'ai prouvé ci-devant en général, et je prouverai plus en détail ci-après, qu'il n'est pas vrai que le christianisme soit attaqué dans mon livre.[2] Or, lorsque les principes communs ne sont pas attaqués, on ne peut attaquer en particulier aucune secte que de deux manières: savoir, indirectement, en soutenant les dogmes distinctifs de ses adversaires; ou directement, en attaquant les siens.

Mais comment aurais-je soutenu les dogmes distinctifs des catholiques, puisqu'au contraire ce sont les seuls que j'aie attaqués, et puisque c'est cette attaque même qui a soulevé contre moi le parti catholique, sans lequel il est sûr que les protestants n'auraient rien dit? Voilà, je l'avoue, une des choses les plus étranges dont on ait jamais ouï parler; mais elle n'en est pas moins vraie. Je suis confesseur de la foi protestante à Paris, et c'est pour cela que je le suis encore à Genève.

Et comment aurais-je attaqué les dogmes distinctifs des protestants, puisqu'au contraire ce sont ceux que j'ai soutenus avec le plus de force, puisque je n'ai cessé d'insister sur l'autorité de la raison en matière de foi, sur la libre interprétation des Écritures, sur la tolérance évangélique, et sur l'obéissance aux lois, même en matière de culte; tous dogmes distinctifs et radicaux de l'Église réformée et sans lesquels, loin d'être solidement établie, elle ne pourrait pas même exister?[(1)]

(1) J'exhorte tout lecteur équitable à relire et peser dans l'*Émile* ce qui suit immédiatement la Profession de foi du vicaire, et où je reprends la parole.

---

[1] Rousseau reiterates his oversimplified interpretation of the Reformation.
[2] If Rousseau does not attack Christianity directly in the *Profession de foi*, he does so indirectly by implying that its most characteristic dogmas (Incarnation, Redemption, etc.) are irrelevant to 'natural religion'.

Il y a plus: voyez quelle force la forme même de l'ouvrage ajoute aux arguments en faveur des réformés. C'est un prêtre catholique qui parle, et ce prêtre n'est ni un impie ni un libertin: c'est un homme croyant et pieux plein de candeur, de droiture, et, malgré ses difficultés, ses objections, ses doutes, nourrissant au fond de son cœur le plus vrai respect pour le culte qu'il professe; un homme qui, dans les épanchements les plus intimes, déclare qu'appelé dans ce culte au service de l'Église, il y remplit avec toute l'exactitude possible les soins qui lui sont prescrits; que sa conscience lui reprocherait d'y manquer volontairement dans la moindre chose; que dans le mystère qui choque le plus sa raison, il se recueille au moment de la consécration, pour la faire avec toutes les dispositions qu'exigent l'Église et la grandeur du sacrement; qu'il prononce avec respect les mots sacramentaux; qu'il donne à leur effet toute la foi qui dépend de lui; et que, quoi qu'il en soit de ce mystère inconcevable, il ne craint pas qu'au jour du jugement il soit puni pour l'avoir jamais profané en son cœur.[i]

Voilà comment parle et pense cet homme vénérable, vraiment bon, sage, vraiment chrétien, et le catholique le plus sincère† qui peut-être ait jamais existé.

Écoutez toutefois ce que dit ce vertueux prêtre à un jeune homme protestant qui s'était fait catholique, et auquel il donne des conseils. «Retournez dans votre patrie, reprenez la religion de vos pères, suivez-la dans la sincérité de votre cœur et ne la quittez plus: elle est très simple et très sainte; je la crois, de toutes les religions qui sont sur la terre, celle dont la morale est la plus pure et dont la raison se contente le mieux.»[ii]

Il ajoute un moment après: «Quand vous voudrez écouter votre conscience, mille obstacles vains disparaîtront à sa voix. Vous sentirez que, dans l'incertitude où nous sommes, c'est une inexcusable présomption de professer une autre religion que celle où l'on est né, et une fausseté de ne pas pratiquer sincèrement celle qu'on professe. Si l'on s'égare, on s'ôte une grande excuse au tribunal du souverain juge. Ne pardonnera-t-il pas plutôt l'erreur où l'on fut nourri que celle qu'on osa choisir soi-même?»[iii]

Quelques pages auparavant, il avait dit: «Si j'avais des protes-

---

[i] *Émile*, liv. IV.   [ii] *Ibid.*, p. 196 [*supra*, p. 195].
[iii] *Ibid.*, p. 195 [*supra*, p. 196].

† et le plus vrai

tants à mon voisinage ou dans ma paroisse, je ne les distinguerais point de mes paroissiens en ce qui tient à la charité chrétienne; je les porterais tous également à s'entr'aimer, à se regarder comme frères, à respecter toutes les religions, et à vivre en paix chacun dans la sienne. Je pense que solliciter quelqu'un de quitter celle où il est né, c'est le solliciter de mal faire, et par conséquent faire mal soi-même. En attendant de plus grandes lumières, gardons l'ordre public; dans tout pays respectons les lois, ne troublons point le culte qu'elles prescrivent, ne portons point les citoyens à la désobéissance; car nous ne savons point certainement si c'est un bien pour eux de quitter leurs opinions pour d'autres, et nous savons certainement que c'est un mal de désobéir aux lois.»[1]

Voilà, monsieur, comment parle un prêtre catholique dans un écrit où l'on m'accuse d'avoir attaqué le culte des réformés, et où il n'en est pas dit autre chose. Ce qu'on aurait pu me reprocher, peut-être, était une partialité outrée en leur faveur, et un défaut de convenance en faisant parler un prêtre catholique comme jamais prêtre catholique n'a parlé.[†] Ainsi j'ai fait en toute chose précisément le contraire de ce qu'on m'accuse d'avoir fait. On dirait que vos magistrats se sont conduits par gageure: quand ils auraient parié de juger contre l'évidence, ils n'auraient pu mieux réussir.

Mais ce livre contient des objections, des difficultés, des doutes! Et pourquoi non, je vous prie? Où est le crime à un protestant de proposer ses doutes sur ce qu'il trouve douteux, et ses objections sur ce qu'il en trouve susceptible? Si ce qui vous paraît clair me paraît obscur, si ce que vous jugez démontré ne me semble pas l'être, de quel droit prétendez-vous soumettre ma raison à la vôtre et me donner votre autorité pour loi, comme si vous prétendiez à l'infaillibilité du pape? N'est-il pas plaisant qu'il faille raisonner en catholique, pour m'accuser d'attaquer les protestants?

Mais ces objections et ces doutes tombent sur les points fondamentaux de la foi? Sous l'apparence de ces doutes on a rassemblé tout ce qui peut tendre à saper, ébranler et détruire les principaux fondements de la religion chrétienne?[2] Voilà qui change la thèse: et, si cela est vrai, je puis être coupable; mais aussi c'est un

[†] MS addition: Encore n'était-ce pas là, ce me semble, de quoi faire brûler mon livre à Genève et emprisonner l'auteur.

---

[1] Cf. supra, p. 193.
[2] These words echo the reply of the Petit Conseil to the first representations of the citizens and bourgeois (OC, III, 1605 n. 1).

mensonge, et un mensonge bien impudent de la part de gens qui ne savent pas eux-mêmes en quoi consistent les principes fondamentaux de leur christianisme. Pour moi, je sais très bien en quoi consistent les principes fondamentaux du mien, et je l'ai dit. Presque toute la profession de foi de la Julie est affirmative; toute la première partie de celle du vicaire est affirmative; la moitié de la seconde partie est encore affirmative; une partie du chapitre de la religion civile est affirmative; la lettre à M. l'archevêque de Paris est affirmative. Voilà, messieurs, mes articles fondamentaux; voyons les vôtres.

Ils sont adroits, ces messieurs; ils établissent la méthode de discussion la plus nouvelle et la plus commode pour des persécuteurs. Ils laissent avec art tous les principes de la doctrine incertains et vagues; mais un auteur a-t-il le malheur de leur déplaire, ils vont furetant dans ses livres quelles peuvent être ses opinions. Quand ils croient les avoir bien constatées, ils prennent les contraires† de ces mêmes opinions, et en font autant d'articles de foi: ensuite ils crient à l'impie, au blasphème, parce que l'auteur n'a pas d'avance admis dans ses livres les prétendus articles de foi qu'ils ont bâtis après coup pour le tourmenter.

Comment les suivre dans ces multitudes de points sur lesquels ils m'ont attaqué? comment rassembler tous leurs libelles? comment les lire? qui peut aller trier tous ces lambeaux, toutes ces guenilles, chez les fripiers de Genève ou dans le fumier du *Mercure de Neuchâtel*?[1] Je me perds, je m'embourbe au milieu de tant de bêtises. Tirons de ce fatras un seul article pour servir d'exemple, leur article le plus triomphant, celui pour lequel leurs prédicants[1] se sont mis en campagne, et dont ils ont fait le plus de bruit: les miracles.

J'entre dans un long examen. Pardonnez-m'en l'ennui, je vous supplie. Je ne veux discuter ce point si terrible que pour vous épargner ceux sur lesquels ils ont moins insisté.

Ils disent donc: «Jean-Jacques Rousseau n'est pas chrétien,

---

[1] Je n'aurais point employé ce terme, que je trouvais déprisant, si l'exemple du Conseil de Genève, qui s'en servait en écrivant au cardinal de Fleury, ne m'eût appris que mon scrupule était mal fondé.

---

† le contrepied

---

[1] The *Mercure de Neuchâtel* consisted of two monthly journals, the *Journal helvétique* and the *Nouvelliste suisse*, and made frequent—and increasingly unfavourable—comments on Rousseau and his work. (Note in *OC*, III, 1606. Cf. also J. S. Spink, *Rousseau et Genève*, pp. 188–90).

quoiqu'il se donne pour tel; car nous, qui certainement le sommes, ne pensons pas comme lui. Jean-Jacques Rousseau ne croit point à la révélation, quoiqu'il dise y croire; en voici la preuve:

«Dieu ne révèle pas sa volonté immédiatement à tous les hommes; il leur parle par ses envoyés, et ces envoyés ont pour preuve de leur mission les miracles. Donc quiconque rejette les miracles, rejette les envoyés de Dieu; et qui rejette les envoyés de Dieu rejette la révélation. Or Jean-Jacques Rousseau rejette les miracles.»[1]

Accordons d'abord et le principe et le fait comme s'ils étaient vrais: nous y reviendrons dans la suite. Cela supposé, le raisonnement précédent n'a qu'un défaut, c'est qu'il est fait directement contre ceux qui s'en servent: il est très bon pour les catholiques, mais très mauvais pour les protestants. Il faut prouver à mon tour.

Vous trouverez que je me répète souvent; mais qu'importe? Lorsqu'une même proposition m'est nécessaire à des arguments tout différents, dois-je éviter de la reprendre? Cette affectation serait puérile. Ce n'est pas de variété qu'ils s'agit, c'est de vérité, de raisonnements justes et concluants. Passez le reste, et ne songez qu'à cela.

Quand les premiers réformateurs commencèrent à se faire entendre, l'Église universelle était en paix; tous les sentiments étaient unanimes; il n'y avait pas un dogme essentiel débattu parmi les chrétiens.[2]

Dans cet état tranquille, tout à coup deux ou trois hommes élèvent leur voix, et crient dans toute l'Europe: «Chrétiens, prenez garde à vous, on vous trompe, on vous égare, on vous mène dans le chemin de l'enfer: le pape est l'antéchrist, le suppôt de Satan; son Église est l'école du mensonge. Vous êtes perdus si vous ne nous écoutez.»

A ces premières clameurs, l'Europe étonnée resta quelques moments en silence, attendant ce qu'il en arriverait. Enfin le clergé revenu de sa première surprise, et voyant que ces nouveaux venus se faisaient des sectateurs, comme s'en fait toujours tout homme qui dogmatise, comprit qu'il fallait s'expliquer avec eux. Il commença par leur demander à qui ils en avaient avec tout ce vacarme. Ceux-ci répondent fièrement qu'ils sont les apôtres de la vérité, appelés à réformer l'Église, et à ramener les fidèles de la voie de perdition où les conduisaient les prêtres.

[1] Rousseau is here summarizing the argument of Vernes's *Lettres*.
[2] A statement scarcely in accord with historical fact!

«Mais, leur répliqua-t-on, qui vous a donné cette belle commission, de venir troubler la paix de l'Église et la tranquillité publique?—Notre conscience, dirent-ils, la raison, la lumière intérieure, la voix de Dieu, à laquelle nous ne pouvons résister sans crime: c'est lui qui nous appelle à ce saint ministère, et nous suivons notre vocation.»

«Vous êtes donc envoyés de Dieu? reprirent les catholiques. En ce cas, nous convenons que vous devez prêcher, réformer, instruire, et qu'on doit vous écouter. Mais pour obtenir ce droit, commencez par nous montrer vos lettres de créance; prophétisez, guérissez, illuminez, faites des miracles, déployez les preuves de votre mission.»

La réplique des réformateurs est belle, et vaut bien la peine d'être transcrite.

«Oui, nous sommes les envoyés de Dieu; mais notre mission n'est point extraordinaire: elle est dans l'impulsion d'une conscience droite, dans les lumières d'un entendement sain. Nous ne vous apportons point une révélation nouvelle, nous nous bornons à celle qui vous a été donnée, et que vous n'entendez plus. Nous venons à vous, non pas avec des prodiges qui peuvent être trompeurs, et dont tant de fausses doctrines se sont étayées, mais avec les signes de la vérité et de la raison qui ne trompent point, avec ce livre saint, que vous défigurez et que nous vous expliquons. Nos miracles sont des arguments invincibles, nos prophéties sont des démonstrations: nous vous prédisons que si vous n'écoutez la voix de Christ, qui vous parle par nos bouches, vous serez punis comme des serviteurs infidèles, à qui l'on dit la volonté de leur maître, et qui ne veulent pas l'accomplir.»

Il n'était pas naturel que les catholiques convinssent de l'évidence de cette nouvelle doctrine, et c'est aussi ce que la plupart d'entre eux se gardèrent bien de faire. Or on voit que la dispute étant réduite à ce point ne pouvait plus finir, et que chacun devait se donner gain de cause: les protestants soutenant toujours que leurs interprétations et leurs preuves étaient si claires qu'il fallait être de mauvaise foi pour s'y refuser; et les catholiques, de leur côté, trouvant que les petits arguments de quelques particuliers, qui même n'étaient pas sans réplique, ne devaient pas l'emporter sur l'autorité de toute l'Église, qui, de tout temps, avait autrement décidé qu'eux les points débattus.

Tel est l'état où la querelle est restée. On n'a cessé de disputer sur la force des preuves; dispute qui n'aura jamais de fin, tant que les hommes n'auront pas tous la même tête. Mais ce n'était pas de cela qu'il s'agissait pour les catholiques. Ils prirent le change, et si, sans s'amuser à chicaner les preuves de leurs adversaires, ils s'en fussent tenus à leur disputer le droit de prouver, ils les auraient embarrassés, ce me semble.

«Premièrement, leur auraient-ils dit, votre manière de raisonner n'est qu'une pétition de principe; car si la force de vos preuves est le signe de votre mission, il s'ensuit, pour ceux qu'elles ne convainquent pas, que votre mission est fausse et qu'ainsi nous pouvons légitimement, tous tant que nous sommes, vous punir comme hérétiques, comme faux apôtres, comme perturbateurs de l'Église et du genre humain.

«Vous ne prêchez pas, dites-vous, des doctrines nouvelles: et que faites-vous donc en nous prêchant vos nouvelles explications? Donner un nouveau sens aux paroles de l'Écriture, n'est-ce pas établir une nouvelle doctrine? n'est-ce pas faire parler Dieu tout autrement qu'il n'a fait? Ce ne sont pas les sons, mais les sens des mots, qui sont révélés: changer ces sens reconnus et fixés par l'Église, c'est changer la révélation.

«Voyez de plus combien vous êtes injustes! Vous convenez qu'il faut des miracles pour autoriser une mission divine; et cependant vous, simples particuliers, de votre propre aveu, vous venez nous parler avec empire, et comme les envoyés de Dieu.[1] Vous réclamez l'autorité d'interpréter l'Écriture à votre fantaisie, et vous prétendez nous ôter la même liberté. Vous vous arrogez à vous seuls un droit que vous refusez et à chacun de nous, et à nous tous qui composons l'Église. Quel titre avez-vous donc pour soumettre ainsi nos

---

[1] Farel[1] déclara en propres termes, à Genève, devant le Conseil épiscopal qu'il était envoyé de Dieu; ce qui fit dire à l'un des membres du Conseil ces paroles de Caïphe: «Il a blasphémé: qu'est-il besoin d'autre témoignage? Il a mérité la mort.» Dans la doctrine des miracles, il en fallait un pour répondre à cela. Cependant Jésus n'en fit point en cette occasion, ni Farel non plus. Froment[2] déclara de même au magistrat qui lui défendait de prêcher, «qu'il valait mieux obéir à Dieu qu'aux hommes», et il continua de prêcher malgré la défense; conduite qui certainement ne pouvait s'autoriser que par un ordre exprès de Dieu.

---

[1] Guillaume Farel (1489–1565), one of the early Reformers and friend of Calvin, with whom he eventually quarrelled.

[2] Antoine Froment (1509–81), one of the early Genevan Reformers, was summoned to Geneva in 1532 by Guillaume Farel; he was the author of Les Actes et Gestes merveilleux de la cité de Genève (not published until 1854).

jugements communs à votre esprit particulier? Quelle insupportable suffisance de prétendre avoir toujours raison, et raison seuls contre tout le monde, sans vouloir laisser dans leur sentiment ceux qui ne sont pas du vôtre, et qui pensent avoir raison aussi![1] Les distinctions dont vous nous payez seraient tout au plus tolérables si vous disiez simplement votre avis, et que vous en restassiez là; mais point. Vous nous faites une guerre ouverte; vous soufflez le feu de toutes parts. Résister à vos leçons, c'est être rebelle, idolâtre, digne de l'enfer. Vous voulez absolument convertir, convaincre, contraindre même. Vous dogmatisez, vous prêchez, vous censurez, vous anathématisez, vous excommuniez, vous punissez, vous mettez à mort: vous exercez l'autorité des prophètes, et vous ne vous donnez que pour des particuliers. Quoi! vous novateurs, sur votre seule opinion, soutenus de quelques centaines d'hommes, vous brûlez vos adversaires! et nous, avec quinze siècles d'antiquité et la voix de cent millions d'hommes, nous aurons tort de vous brûler! Non, cessez de parler, d'agir en apôtres, ou montrez vos titres; ou, quand nous serons les plus forts, vous serez très justement traités en imposteurs.»

A ce discours, voyez-vous, monsieur, ce que nos réformateurs auraient eu de solide à répondre? Pour moi je ne le vois pas. Je pense qu'ils auraient été réduits à se taire ou à faire des miracles: triste ressource pour des amis de la vérité!

Je conclus de là qu'établir la nécessité des miracles en preuve de la mission des envoyés de Dieu qui prêchent une doctrine nouvelle, c'est renverser la réformation de fond en comble; c'est faire, pour me combattre, ce qu'on m'accuse faussement d'avoir fait.

Je n'ai pas tout dit, monsieur, sur ce chapitre; mais ce qui me reste à dire ne peut se couper, et ne fera qu'une trop longue lettre: il est temps d'achever celle-ci.

---

[1] Quel homme, par exemple, fut jamais plus tranchant, plus impérieux, plus décisif, plus divinement infaillible, à son gré, que Calvin,[1] pour qui la moindre opposition, la moindre objection qu'on osait lui faire, était toujours une œuvre de Satan, un crime digne du feu? ce n'est pas au seul Servet[2] qu'il en a coûté la vie pour avoir osé penser autrement que lui.

[1] Cf. *supra*, p. 335 n. 1.
[2] On Calvin's orders Servetus was put to death for heresy. However, executions for heresy in Geneva were comparatively few.

Lettre III

Je reprends, monsieur, cette question des miracles[1] que j'ai entrepris de discuter avec vous; et, après avoir prouvé qu'établir leur nécessité, c'était détruire le protestantisme, je vais chercher à présent quel est leur usage pour prouver la révélation.

Les hommes, ayant des têtes si diversement organisées, ne sauraient être affectés tous également des mêmes arguments, surtout en matière de foi. Ce qui paraît évident à l'un ne paraît pas même probable à l'autre; l'un par son tour d'esprit n'est frappé que d'un genre de preuves; l'autre ne l'est que d'un genre tout différent. Tous peuvent bien quelquefois convenir des mêmes choses, mais il est très rare qu'ils en conviennent par les mêmes raisons; ce qui, pour le dire en passant, montre combien la dispute en elle-même est peu sensée: autant vaudrait vouloir forcer autrui de voir par nos yeux.

Lors donc que Dieu donne aux hommes une révélation que tous sont obligés de croire, il faut qu'il l'établisse sur des preuves bonnes pour tous, et qui par conséquent soient aussi diverses que les manières de voir de ceux qui doivent les adopter.

Sur ce raisonnement, qui me paraît juste et simple, on a trouvé que Dieu avait donné à la mission de ses envoyés divers caractères qui rendent cette mission reconnaissable à tous les hommes, petits et grands, sages et sots, savants et ignorants. Celui d'entre eux qui a le cerveau assez flexible pour s'affecter à la fois de tous ces caractères est heureux sans doute; mais celui qui n'est frappé que de quelques-uns n'est pas à plaindre, pourvu qu'il en soit frappé suffisamment pour être persuadé.†

Le premier, le plus important, le plus certain de ces caractères, se tire de la nature de la doctrine, c'est-à-dire de son utilité, de sa beauté,[1] de sa sainteté, de sa vérité, de sa profondeur, et de toutes

---

[1] Je ne sais pourquoi l'on veut attribuer au progrès de la philosophie la belle morale de nos livres. Cette morale tirée de l'Évangile, était chrétienne avant d'être philosophique. Les chrétiens l'enseignent sans la pratiquer, je l'avoue;

---

† Following sentence crossed out in MS: N'oubliez pas, Monsieur, d'examiner toujours si j'arrange des mots bien cadencés, ou si je raisonne.

---

[1] This letter on miracles is one of Rousseau's most detailed discussions of a specific religious point. The rational criticism of miracles was a commonplace in Enlightenment thought and had already been treated by Bayle, Fontenelle, Hume, Voltaire, d'Alembert, Diderot, etc.

les autres qualités qui peuvent annoncer aux hommes les instructions de la suprême sagesse et les préceptes de la suprême bonté. Ce caractère est, comme j'ai dit, le plus sûr, le plus infaillible; il porte en lui-même une preuve qui dispense de toute autre:[1] mais il est le moins facile à constater; il exige, pour être senti, de l'étude, de la réflexion, des connaissances,† des discussions qui ne conviennent qu'aux hommes sages qui sont instruits et qui savent raisonner.

Le second caractère est dans celui des hommes choisis de Dieu pour annoncer sa parole; leur sainteté, leur véracité, leur justice, leurs mœurs pures et sans tache, leurs vertus inaccessibles aux passions humaines, sont, avec les qualités de l'entendement, la raison, l'esprit, le savoir, la prudence, autant d'indices respectables, dont la réunion, quand rien ne s'y dément, forme une preuve complète en leur faveur, et dit qu'ils sont plus que des hommes.[2] Ceci est le signe qui frappe par préférence les gens bons et droits, qui voient la vérité partout où ils voient la justice, et n'entendent la voix de Dieu que dans la bouche de la vertu. Ce caractère a sa certitude encore, mais il n'est pas impossible qu'il trompe; et ce n'est pas un prodige qu'un imposteur abuse les gens de bien, ni qu'un homme de bien s'abuse lui-même, entraîné par l'ardeur d'un zèle qu'il prendra pour de l'inspiration.

Le troisième caractère des envoyés de Dieu est une émanation de la puissance divine, qui peut interrompre et changer le cours de la nature à la volonté de ceux qui reçoivent cette émanation. Ce caractère est, sans contredit, le plus brillant des trois, le plus frappant, le plus prompt à sauter aux yeux; celui qui, se marquant par un effet subit et sensible, semble exiger le moins d'examen et de

mais que font de plus les philosophes, si ce n'est de se donner à eux-mêmes beaucoup de louanges, qui, n'étant répétées par personne autre, ne prouvent pas grand'chose, à mon avis?

Les préceptes de Platon sont souvent très sublimes; mais combien n'erre-t-il pas quelquefois, et jusqu'où ne vont pas ses erreurs! Quant à Cicéron, peut-on croire que, sans Platon, ce rhéteur eût trouvé ses *Offices*?[3] L'évangile seul est, quant à la morale, toujours sûr, toujours vrai, toujours unique, et toujours semblable à lui-même.

---

† du raisonnement

[1] One of Rousseau's essential points.

[2] Rousseau considered Jesus' life to be a particularly good example of this idea. Cf. *supra*, pp. 188 f.

[3] *De Officiis*, Cicero's well-known treatment of ethics.

discussion: par là ce caractère est aussi celui qui saisit spécialement le peuple, incapable de raisonnements suivis, d'observations lentes et sûres, et en toute chose esclave de ses sens:[1] mais c'est ce qui rend ce même caractère équivoque, comme il sera prouvé ci-après; et en effet, pourvu qu'il frappe ceux auxquels il est destiné, qu'importe qu'il soit apparent ou réel? C'est une distinction qu'ils sont hors d'état de faire; ce qui montre qu'il n'y a de signe vraiment certain que celui qui se tire de la doctrine, et qu'il n'y a par conséquent que les bons raisonneurs qui puissent avoir une foi solide et sûre: mais la bonté divine se prête aux faiblesses du vulgaire, et veut bien lui donner des preuves qui fassent pour lui.

Je m'arrête ici sans rechercher si ce dénombrement peut aller plus loin: c'est une discussion inutile à la nôtre; car il est clair que quand tous ces signes se trouvent réunis, c'en est assez pour persuader tous les hommes, les sages, les bons, et le peuple; tous, excepté les fous, incapables de raison, et les méchants, qui ne veulent être convaincus de rien.

Ces caractères sont des preuves de l'autorité de ceux en qui ils résident; ce sont les raisons sur lesquelles on est obligé de les croire. Quand tout cela est fait, la vérité de leur mission est établie; ils peuvent alors agir avec droit et puissance en qualité d'envoyés de Dieu. Les preuves sont les moyens; la foi due à la doctrine est la fin. Pourvu qu'on admette la doctrine, c'est la chose la plus vaine de disputer sur le nombre et le choix des preuves; et si une seule me persuade, vouloir m'en faire adopter d'autres est un soin perdu. Il serait du moins bien ridicule de soutenir qu'un homme ne croit pas ce qu'il dit croire, parce qu'il ne le croit pas précisément par les mêmes raisons que nous disons avoir de le croire aussi.

Voilà, ce me semble, des principes clairs et incontestables: venons à l'application. Je me déclare chrétien; mes persécuteurs disent que je ne le suis pas. Ils prouvent que je ne suis pas chrétien parce que je rejette la révélation; et ils prouvent que je rejette la révélation parce que je ne crois pas aux miracles.

Mais pour que cette conséquence fût juste, il faudrait de deux choses l'une: ou que les miracles fussent l'unique preuve de la révélation, ou que je rejetasse également les autres preuves qui l'attestent. Or il n'est pas vrai que les miracles soient l'unique preuve de la révélation; et il n'est pas vrai que je rejette les autres

[1] A distinction possibly borrowed from Malebranche, according to OC, III, 1610.

preuves, puisqu'au contraire on les trouve établies dans l'ouvrage même où l'on m'accuse de détruire la révélation.[1]

Voilà précisément à quoi nous en sommes. Ces messieurs, déterminés à me faire, malgré moi, rejeter la révélation, comptent pour rien que je l'admette sur les preuves qui me convainquent, si je ne l'admets encore sur celles qui ne me convainquent pas; et parce que je ne le puis, ils disent que je la rejette. Peut-on rien concevoir de plus injuste† et de plus extravagant?

Et voyez de grâce si j'en dis trop, lorsqu'ils me font un crime de ne pas admettre une preuve que non seulement Jésus n'a pas donnée, mais qu'il a refusée expressément.

Il ne s'annonça pas d'abord par des miracles, mais par la prédication. A douze ans il disputait déjà dans le temple avec les docteurs, tantôt les interrogeant, et tantôt les surprenant par la sagesse de ses réponses. Ce fut là le commencement de ses fonctions, comme il le déclara lui-même à sa mère et à Joseph.[11] Dans le pays, avant qu'il fît aucun miracle, il se mit à prêcher aux peuples le royaume des cieux;[111] et il avait déjà rassemblé plusieurs disciples sans être autorisé près d'eux d'aucun signe, puisqu'il est dit que ce fut à Cana qu'il fit le premier.[1v]

Quand il fit ensuite des miracles, c'était le plus souvent dans des occasions particulières, dont le choix n'annonçait pas un témoignage public, et dont le but était si peu de manifester sa puissance, qu'on ne lui en a jamais demandé pour cette fin qu'il ne les ait refusés. Voyez là-dessus toute l'histoire de sa vie; écoutez surtout sa propre déclaration: elle est si décisive que vous n'y trouverez rien à répliquer.

Sa carrière était déjà fort avancée, quand les docteurs, le voyant faire tout de bon le prophète au milieu d'eux, s'avisèrent de lui demander un signe. A cela qu'aurait dû répondre Jésus, selon vos

---

[1] Il importe de remarquer que le vicaire pouvait trouver beaucoup d'objections comme catholique, qui sont nulles pour un protestant. Ainsi le scepticisme dans lequel il reste ne prouve en aucune façon le mien, surtout après la déclaration très expresse que j'ai faite à la fin de ce même écrit. On voit clairement, dans mes principes, que plusieurs des objections qu'il contient portent à faux.

[11] *Luc*, II, 46, 47, 49.
[111] *Matth.*, IV, 17.
[1v] *Jean*, II, 11. Je ne puis penser que personne veuille mettre au nombre des signes publics de sa mission la tentation du diable et le jeûne de quarante jours.

---

† tyrannique

messieurs? «Vous demandez un signe, vous en avez eu cent. Croyez-vous que je sois venu m'annoncer à vous pour le Messie sans commencer par rendre témoignage de moi, comme si j'avais voulu vous forcer à me méconnaître et vous faire errer malgré vous? Non; Cana, le centenier, le lépreux, les aveugles, les paralytiques, la multiplication des pains, toute la Galilée, toute la Judée, déposent pour moi. Voilà mes signes: pourquoi feignez-vous de ne les pas voir?»

Au lieu de cette réponse que Jésus ne fit point, voici, monsieur, celle qu'il fit:

«La nation méchante et adultère demande un signe, et il ne lui en sera point donné.» Ailleurs il ajoute: «Il ne lui sera point donné d'autre signe que celui de Jonas le prophète.» Et leur tournant le dos, il s'en alla.[1]

Voyez d'abord, comment, blâmant cette manie des signes miraculeux,† il traite ceux qui les demandent; et cela ne lui arrive pas une fois seulement, mais plusieurs.[II] Dans le système de vos messieurs, cette demande était très légitime: pourquoi donc insulter ceux qui la faisaient?

Voyez ensuite à qui nous devons ajouter foi par préférence: d'eux, qui soutiennent que c'est rejeter la révélation chrétienne, que de ne pas admettre les miracles de Jésus pour les signes qui l'établissent; ou de Jésus lui-même, qui déclare qu'il n'a point de signe à donner.

Ils demanderont ce que c'est donc que le signe de Jonas le prophète. Je leur répondrai que c'est sa prédication aux Ninivites, précisément le même signe qu'employait Jésus avec les Juifs, comme il l'explique lui-même.[III] On ne peut donner au second passage qu'un sens qui se rapporte au premier; autrement Jésus se serait contredit. Or, dans le premier passage où l'on demande un miracle en signe, Jésus dit positivement qu'il n'en sera donné aucun. Donc le sens du second passage n'indique aucun signe miraculeux.

Un troisième passage, insisteront-ils, explique ce signe par la

---

[1] *Marc*, VIII, 12; *Matth.*, XVI, 4. Pour abréger j'ai fondu ensemble ces deux passages; mais j'ai conservé la distinction essentielle à la question.

[II] Conférez les passages suivants: *Matth.*, XII, 39, 41; *Marc*, VIII, 12; *Luc*, XI, 29; *Jean*, II, 18, 19; IV, 48; V, 34, 36, 39.

[III] *Matth.*, XII, 41; *Luc*, XI, 30, 32.

---

† sachant bien qu'un signe miraculeux n'est pas essentiel à la mission divine

résurrection de Jésus.[1] Je le nie; il l'explique tout au plus par sa mort. Or la mort d'un homme n'est pas un miracle; ce n'en est pas même un qu'après avoir resté trois jours dans la terre, un corps en soit retiré. Dans ce passage il n'est pas dit un mot de la résurrection. D'ailleurs quel genre de preuve serait-ce de s'autoriser durant sa vie sur un signe qui n'aura lieu qu'après sa mort? Ce serait vouloir ne trouver que des incrédules, ce serait cacher la chandelle sous le boisseau.[1] Comme cette conduite serait injuste, cette interprétation serait impie.

De plus l'argument invincible revient encore. Le sens du troisième passage ne doit pas attaquer le premier, et le premier affirme qu'il ne sera point donné de signe, point du tout, aucun. Enfin, quoi qu'il en puisse être, il reste toujours prouvé, par le témoignage de Jésus même, que, s'il a fait des miracles durant sa vie, il n'en a point fait en signe de sa mission.

Toutes les fois que les Juifs ont insisté sur ce genre de preuves, il les a toujours renvoyés avec mépris, sans daigner jamais les satisfaire. Il n'approuvait pas même qu'on prît en ce sens ses œuvres de charité. «Si vous ne voyez des prodiges et des miracles, vous ne croyez point», disait-il à celui qui le priait de guérir son fils.[11] Parle-t-on sur ce ton-là quand on veut donner des prodiges en preuves?

Combien n'était-il pas étonnant que, s'il en eût tant donné de telles, on continuât sans cesse à lui en demander? «Quel miracle fais-tu, lui disaient les Juifs, afin que, l'ayant vu, nous croyions à toi? Moïse donna la manne dans le désert à nos pères; mais toi, quelle œuvre fais-tu?»[111] C'est à peu près, dans le sens de vos messieurs, et laissant à part la majesté royale, comme si quelqu'un venait dire à Frédéric: «On te dit un grand capitaine; et pourquoi donc? Qu'as-tu fait qui te montre tel? Gustave vainquit à Leipsick, à Lutzen; Charles à Frawstadt, à Narva:[2] mais où sont tes monuments? quelle victoire as-tu remportée? quelle place as-tu prise? quelle marche as-tu faite? quelle campagne t'a couvert de gloire? de quel droit portes-tu le nom de grand?» L'impudence

---

[1] *Matth.*, XII, 40.   [11] *Jean*, IV, 48.   [111] *Jean*, VI, 30, 31 et suiv.

---

[1] Cf. *Matthew*, V, 15; *Mark*, IV, 21; *Luke*, XI, 33.
[2] Gustave Adolphus of Sweden won famous victories at Breitenfeld (Leipzig) in 1631 and at Lützen in 1632; Charles XII defeated the Russians at Narva in 1700 and the Saxons at Frauenstadt in 1706.

d'un pareil discours est-elle concevable? et trouverait-on sur la terre entière un homme capable de le tenir?

Cependant, sans faire honte à ceux qui lui en tenaient un semblable, sans leur accorder aucun miracle, sans les édifier au moins sur ceux qu'il avait faits, Jésus, en réponse à leur question, se contente d'allégoriser sur le pain du ciel.[1] Aussi, loin que sa réponse lui donnât de nouveaux disciples, elle lui en ôta plusieurs de ceux qu'il avait, et qui sans doute pensaient comme vos théologiens. La désertion fut telle qu'il dit aux douze: «Et vous, ne voulez-vous pas aussi vous en aller?»[2] Il ne paraît pas qu'il eût fort à cœur de conserver ceux qu'il ne pouvait retenir que par des miracles.

Les Juifs demandaient un signe du ciel. Dans leur système, ils avaient raison. Le signe qui devait constater la venue du Messie ne pouvait pour eux être trop évident, trop décisif, trop au-dessus de tout soupçon, ni avoir trop de témoins oculaires: comme le témoignage immédiat de Dieu vaut toujours mieux que celui des hommes, il était plus sûr d'en croire au signe même qu'aux gens qui disaient l'avoir vu; et pour cet effet le ciel était préférable à la terre.

Les Juifs avaient donc raison dans leur vue, parce qu'ils voulaient un Messie apparent et tout miraculeux. Mais Jésus dit, après le prophète,[3] que le royaume des cieux ne vient point avec apparence; que celui qui l'annonce ne débat point, ne crie point, qu'on n'entend point sa voix dans les rues. Tout cela ne respire pas l'ostentation des miracles; aussi n'était-elle pas le but qu'il se proposait dans les siens. Il n'y mettait ni l'appareil ni l'authenticité nécessaires pour constater de vrais signes, parce qu'il ne les donnait point pour tels. Au contraire, il recommandait le secret aux malades qu'il guérissait, aux boiteux qu'il faisait marcher, aux possédés qu'il délivrait du démon. L'on eût dit qu'il craignait que sa vertu miraculeuse ne fût connue: on m'avouera que c'était une étrange manière d'en faire la preuve de sa mission.

Mais tout cela s'explique de soi-même, sitôt que l'on conçoit que les Juifs allaient cherchant cette preuve où Jésus ne voulait point qu'elle fût. «Celui qui me rejettera, disait-il, [aura] qui le juge.» Ajoutait-il: «Les miracles que j'ai faits le condamneront?» Non; mais: «La parole que j'ai portée le condamnera.»[4] La preuve est donc dans la parole, et non pas dans les miracles.

On voit dans l'Évangile que ceux de Jésus étaient tous utiles;

---

[1] *John*, VI, 32–58.   [2] *John*, VI, 67.   [3] Isaiah; cf. *Matthew*, XII, 17–20.
[4] *John*, XII, 48.

mais ils étaient sans éclat, sans apprêt, sans pompe; ils étaient simples comme des discours, comme sa vie, comme toute sa conduite. Le plus apparent, le plus palpable qu'il ait fait, est sans contredit celui de la multiplication des cinq pains et des deux poissons qui nourrirent cinq mille hommes.[1] Non seulement ses disciples avaient vu le miracle, mais il avait pour ainsi dire passé par leurs mains; et cependant ils n'y pensaient pas, ils ne s'en doutaient presque pas. Concevez-vous qu'on puisse donner pour signes notoires au genre humain dans tous les siècles, des faits auxquels les témoins les plus immédiats font à peine attention?[(1)]

Et tant s'en faut que l'objet réel des miracles de Jésus fût d'établir la foi, qu'au contraire il commençait par exiger la foi avant que de faire le miracle. Rien n'est si fréquent dans l'Évangile. C'est précisément pour cela, c'est parce qu'un prophète n'est sans honneur que dans son pays, qu'il fit dans le sien très peu de miracles;[(ii)] il est dit même qu'il n'en put faire à cause de leur incrédulité.[(iii)] Comment! c'était à cause de leur incrédulité qu'il en fallait faire pour les convaincre, si ces miracles avaient eu cet objet; mais ils ne l'avaient pas: c'étaient simplement des actes de bonté, de charité, de bienfaisance, qu'il faisait en faveur de ses amis et de ceux qui croyaient en lui; et c'était dans de pareils actes que consistaient les œuvres de miséricorde, vraiment dignes d'être siennes, qu'il disait rendre témoignage de lui.[(iv)] Ces œuvres marquaient le pouvoir de bien faire plutôt que la volonté d'étonner; c'étaient des vertus[(v)] plus que des miracles. Et comment la suprême Sagesse eût-elle employé des moyens si contraires à la fin qu'elle se proposait? comment n'eût-elle pas prévu que les miracles dont elle appuyait l'autorité de ses envoyés produiraient un effet tout opposé; qu'ils feraient suspecter la vérité de l'histoire, tant sur les miracles que sur la mission, et que, parmi tant de solides preuves, celle-là ne ferait que rendre plus difficiles sur toutes les autres les gens éclairés et vrais? Oui, je le soutiendrai toujours,

---

[(1)] *Marc*, vi, 52. Il est dit que c'était à cause que leur cœur était stupide: mais qui s'oserait vanter d'avoir un cœur plus intelligent dans les choses saintes que les disciples choisis par Jésus?
[(ii)] *Matth.*, xiii, 58.
[(iii)] *Marc*, vi, 5.
[(iv)] *Jean*, x, 25, 32, 38.
[(v)] C'est le mot employé dans l'Écriture; nos traducteurs le rendent par celui de miracles.

---

[1] *Matthew*, XIV, 15–21; *Mark*, VI, 35–44; *Luke*, IX, 12–17; *John*, VI, 5–13.

l'appui qu'on veut donner à la croyance en est le plus grand obstacle : ôtez les miracles de l'Évangile, et toute la terre est aux pieds de Jésus-Christ.[1]

Vous voyez, monsieur, qu'il est attesté par l'Écriture même que dans la mission de Jésus-Christ les miracles ne sont point un signe tellement nécessaire à la foi qu'un n'en puisse avoir sans les admettre. Accordons que d'autres passages présentent un sens contraire à ceux-ci, ceux-ci réciproquement présentent un sens contraire aux autres, et alors je choisis, usant de mon droit, celui de ces sens qui me paraît le plus raisonnable et le plus clair. Si j'avais l'orgueil de vouloir tout expliquer, je pourrais, en vrai théologien, tordre et tirer chaque passage à mon sens ; mais la bonne foi ne me permet point ces interprétations sophistiques ;[1] suffisamment autorisé dans mon sentiment[ii] par ce que je comprends, je reste en paix sur ce que je ne comprends pas, et que

[1] Paul, prêchant aux Athéniens, fut écouté fort paisiblement jusqu'à ce qu'il leur parlât d'un homme ressuscité. Alors les uns se mirent à rire ; les autres lui dirent : «Cela suffit, nous entendrons le reste une autre fois.»[2] Je ne sais pas bien ce que pensent au fond de leurs cœurs ces bons chrétiens à la mode ; mais s'ils croient à Jésus par ses miracles, moi, j'y crois malgré ses miracles, et j'ai dans l'esprit que ma foi vaut mieux que la leur.

[ii] Ce sentiment ne m'est point tellement particulier, qu'il ne soit aussi celui de plusieurs théologiens dont l'orthodoxie est mieux établie que celle du clergé de Genève. Voici ce que m'écrivait là-dessus un de ces messieurs le 28 février 1764 :[3]

«Quoi qu'en dise la cohue des modernes apologistes du christianisme, je suis persuadé qu'il n'y a pas un mot dans les livres sacrés d'où l'on puisse légitimement conclure que les miracles aient été destinés à servir de preuves pour les hommes de tous les temps et de tous les lieux. Bien loin de là, ce n'était pas, à mon avis, le principal objet pour ceux qui en furent les témoins oculaires. Lorsque les Juifs demandaient des miracles à saint Paul, pour toute réponse il leur prêchait Jésus crucifié. A coup sûr, si Grotius, les auteurs de la société de Boyle,[4] Vernes, Vernet, etc., eussent été à la place de cet apôtre, ils n'auraient rien eu de plus pressé que d'envoyer chercher des tréteaux pour satisfaire à une demande qui cadre si bien avec leurs principes. Ces gens-là croient faire merveille avec leurs ramas d'arguments ; mais un jour on doutera, j'espère, s'ils n'ont pas été compilés par une société d'incrédules, sans qu'il faille être Hardouin[5] pour cela.»

Qu'on ne pense pas, au reste, que l'auteur de cette lettre soit mon partisan, tant s'en faut, il est un de mes adversaires. Il trouve seulement que les autres ne

---

[1] On the importance of sincerity, cf. *supra*, p. 121, and *Religious Quest*, pp. 41 f.
[2] *Acts*, XVII, 32.
[3] Ruivert. Cf. *CG*, IX, 346, and for the text of Ruivert's letter, J. S. Spink, op. cit., pp. 286–7.
[4] For Grotius, cf. *supra*, p. 207, n 3. Robert Boyle (1627–91), the famous chemist, left money for lectures in defence of Christianity against unbelievers.
[5] Jean Hardouin (1646–1729), a Jesuit well known for his clever paradoxes.

ceux qui me l'expliquent me font encore moins comprendre. L'autorité que je donne à l'Évangile, je ne la donne point aux interprétations des hommes, et je n'entends pas plus les soumettre à la mienne que me soumettre à la leur. La règle est commune et claire en ce qui importe; la raison qui l'explique est particulière, et chacun a la sienne, qui ne fait autorité que pour lui. Se laisser mener par autrui sur cette matière, c'est substituer l'explication au texte, c'est se soumettre aux hommes, et non pas à Dieu.

Je reprends mon raisonnement; et, après avoir établi que les miracles ne sont pas un signe nécessaire à la foi, je vais montrer, en confirmation de cela, que les miracles ne sont pas un signe infaillible, et dont les hommes puissent juger.

Un miracle est, dans un fait particulier, un acte immédiat de la puissance divine, un changement sensible dans l'ordre de la nature, une exception réelle et visible à ses lois. Voilà l'idée dont il ne faut pas s'écarter, si l'on veut s'entendre en raisonnant sur cette matière. Cette idée offre deux questions à résoudre.

La première: Dieu peut-il faire des miracles? c'est-à-dire peut-il déroger aux lois qu'il a établies? Cette question, sérieusement traitée, serait impie si elle n'était absurde: ce serait faire trop d'honneur à celui qui la résoudrait négativement que de le punir; il suffirait de l'enfermer. Mais aussi quel homme a jamais nié que Dieu pût faire des miracles? Il fallait être Hébreu pour demander si Dieu pouvait dresser des tables dans le désert.[1]

Seconde question: Dieu veut-il faire des miracles? C'est autre chose. Cette question en elle-même, et abstraction faite de toute autre considération, est parfaitement indifférente; elle n'intéresse en rien la gloire de Dieu, dont nous ne pouvons sonder les desseins. Je dirai plus: s'il pouvait y avoir quelque différence quant à la foi dans la manière d'y répondre, les plus grandes idées que nous puissions avoir de la sagesse et de la majesté divine seraient pour la négative; il n'y a que l'orgueil humain qui soit contre. Voilà jusqu'où la raison peut aller. Cette question, du reste, est purement

savent ce qu'ils disent. Il soupçonne peut-être pis; car la foi de ceux qui croient sur les miracles sera toujours très suspecte aux gens éclairés. C'était le sentiment d'un des plus illustres réformateurs: «Non satis tuta fides eorum qui miraculis nituntur.» (Bez., *in Joan.*, cap. II, v. 23.)[1]

---

[1] *Psalms*, LXXVIII, v. 19.
[2] The reference is to a work by the French Protestant, Théodore de Bèze (1519–1605), who became head of the Church of Geneva after Calvin's death. He wrote an important religious drama, *Abraham sacrifiant*.

oiseuse, et pour la résoudre il faudrait lire dans les décrets éternels; car, comme on verra tout à l'heure, elle est impossible à décider par les faits. Gardons-nous donc d'oser porter un œil curieux sur ces mystères. Rendons ce respect à l'essence infinie, de ne rien prononcer d'elle: nous n'en connaissons que l'immensité.

Cependant, quand un mortel vient hardiment nous affirmer qu'il a vu un miracle, il tranche net cette grande question: jugez si l'on doit l'en croire sur sa parole. Ils seraient mille, que je ne les en croirais pas.[1]

Je laisse à part le grossier sophisme d'employer la preuve morale à constater des faits naturellement impossibles, puisque alors le principe même de la crédibilité, fondé sur la possibilité naturelle, est en défaut. Si les hommes veulent bien, en pareil cas, admettre cette preuve dans des choses de pure spéculation, ou dans des faits dont la vérité ne les touche guère, assurons-nous qu'ils seraient plus difficiles s'il s'agissait pour eux du moindre intérêt temporel. Supposons qu'un mort vînt redemander ses biens à ses héritiers, affirmant qu'il est ressuscité, et requérant d'être admis à la preuve;[(1)] croyez-vous qu'il y ait un seul tribunal sur la terre où cela lui fût accordé? Mais, encore un coup, n'entamons pas ici ce débat; laissons aux faits toute la certitude qu'on leur donne, et contentons-nous de distinguer ce que le sens peut attester de ce que la raison peut conclure.

Puisqu'un miracle est une exception aux lois de la nature, pour en juger il faut connaître ces lois; et pour en juger sûrement, il faut les connaître toutes: car une seule qu'on ne connaîtrait pas pourrait, en certains cas inconnus aux spectateurs, changer l'effet de celles qu'on connaîtrait. Ainsi, celui qui prononce qu'un tel ou tel acte est un miracle déclare qu'il connaît toutes les lois de la nature, et qu'il sait que cet acte en est une exception.

Mais quel est ce mortel qui connaît toutes les lois de la nature? Newton ne se vantait pas de les connaître. Un homme sage, témoin d'un fait inouï, peut attester qu'il a vu ce fait, et l'on peut le croire: mais ni cet homme sage, ni nul autre homme sage sur la

---

[(1)] Prenez bien garde que, dans ma supposition, c'est une résurrection véritable, et non pas une fausse mort, qu'il s'agit de constater.

---

[1] Yet another reply to Jacob Vernes, and one that recalls Bayle's well-known attack upon the argument of universal consent in his *Pensées sur la comète*. (Note on *OC*. III, 1614).

terre n'affirmera jamais que ce fait, quelque étonnant qu'il puisse être, soit un miracle; car comment peut-il le savoir?

Tout ce qu'on peut dire de celui qui se vante de faire des miracles, est qu'il fait des choses fort extraordinaires: mais qui est-ce qui nie qu'il se fasse des choses fort extraordinaires? J'en ai vu, moi, de ces choses-là, et même j'en ai fait.[1]

L'étude de la nature y fait faire tous les jours de nouvelles découvertes: l'industrie humaine se perfectionne tous les jours. La chimie curieuse a des transmutations, des précipitations, des détonations, des explosions, des phosphores, des pyrophores,[1] des tremblements de terre, et mille autres merveilles à faire signer[2] mille fois le peuple qui les verrait. L'huile de gaïac[3] et l'esprit de nitre[4] ne sont pas des liqueurs fort rares; mêlez-les ensemble, et vous verrez ce qui en arrivera; mais n'allez pas faire cette épreuve dans une chambre, car vous pourriez bien mettre le feu à la

---

[1] J'ai vu à Venise, en 1743, une manière de sorts assez nouvelle, et plus étranges que ceux de Préneste.[5] Celui qui les voulait consulter entrait dans une chambre, et y restait seul s'il le désirait. Là, d'un livre plein de feuillets blancs, il en tirait un à son choix; puis tenant cette feuille il demandait, non à haute voix, mais mentalement, ce qu'il voulait savoir: ensuite il pliait sa feuille blanche, l'enveloppait, la cachetait, la plaçait dans un livre ainsi cachetée; enfin, après avoir récité certaines formules fort baroques, sans perdre son livre de vue, il en allait tirer le papier, reconnaître le cachet, l'ouvrir, et il trouvait sa réponse écrite.

Le magicien qui faisait ces sorts était le premier secrétaire de l'ambassadeur de France, et il s'appelait J.-J. Rousseau.[6]

Je me contentais d'être sorcier, parce que j'étais modeste; mais si j'avais eu l'ambition d'être prophète, qui m'eût empêché de le devenir?

---

[1] 'Pyrophores' are described in the *Encyclopédie* as chemical substances which catch fire when they are exposed to 'un air chargé de vapeurs aqueuses'; they are distinguished from 'phosphores' by the fact that these burn without the help of the humidity of the air, which is prejudicial to them.

[2] 'Cross themselves'. The use of 'signer' without the reflexive is unusual, Rousseau's text being the only case quoted by Littré under 'signer'.

[3] 'Guaiacum' is a plant which produces a health-giving resin; it is found in the West Indies.

[4] i.e. 'nitric acid'.

[5] At Praeneste was the great temple of Fortune, famous in antiquity both for its imposing structure and for its oracles. The modern town of Palestrina now stands on the site.

[6] Rousseau was secretary to the French ambassador in Venice from 1743 to 1744. In the *Confessions* (*OC*, I, 241) he says of this note: 'Ceux qui ont lu dans les *Lettres de la Montagne* ma magie de Venise trouveront, je m'assure, que j'avais de longue main une grande vocation pour être sorcier.' Voltaire had referred ironically to Rousseau's observations in his *Lettres sur les miracles*.

maison.[1] Si les prêtres de Baal[1] avaient eu M. Rouelle[2] au milieu d'eux, leur bûcher eût pris feu de lui-même, et Élie eût été pris pour dupe.

Vous versez de l'eau dans de l'eau, voilà de l'encre; vous versez de l'eau dans de l'eau, voilà un corps dur. Un prophète du collège d'Harcourt[3] va en Guinée, et dit au peuple: «Reconnaissez le pouvoir de celui qui m'envoie;† je vais convertir de l'eau en pierre.» Par des moyens connus du moindre écolier, il fait de la glace: voilà les nègres prêts à l'adorer.

Jadis les prophètes faisaient descendre à leur voix le feu du ciel: aujourd'hui les enfants en font autant avec un petit morceau de verre. Josué fit arrêter le soleil:[4] un faiseur d'almanachs va le faire éclipser; le prodige est encore plus sensible. Le cabinet de M. l'abbé Nollet[5] est un laboratoire de magie; les *Récréations mathématiques*‡[6] sont un recueil de miracles; que dis-je! les foires même en fourmilleront, les Briochés[7] n'y sont pas rares: le seul paysan de Nort-Hollande,[8] que j'ai vu vingt fois allumer sa chandelle avec son couteau, a de quoi subjuger tout le peuple, même à Paris; que pensez-vous qu'il eût fait en Syrie?

C'est un spectacle bien singulier que ces foires de Paris; il n'y en a pas une où l'on ne voie les choses les plus étonnantes, sans que le public daigne presque y faire attention; tant on est accoutumé aux choses étonnantes, et même à celles qu'on ne peut concevoir! On y voit, au moment que j'écris ceci, deux machines portatives séparées, dont l'une marche ou s'arrête exactement à la volonté de celui qui fait marcher ou arrêter l'autre. J'y ai vu une tête de bois qui parlait, et dont on ne parlait pas tant que de celle d'Albert le

---

[1] Il y a des précautions à prendre pour réussir dans cette opération et l'on me dispensera bien, je pense, d'en mettre ici le récipé.

† mon pouvoir surnaturel   ‡ d'Osanam

[1] I *Kings*, XVIII, 21–39.   [2] Cf. *supra*, p. 129, n. 2.
[3] Well-known educational establishment in Paris, which was run by the Jesuits.
[4] *Joshua*, X, 12–13.
[5] Jean-Antoine Nollet (1700–70) was a well-known physicist.
[6] Jacques Ozanam, *Récréations mathématiques et physiques* (Paris, 1694).
[7] Pierre Brioché (1567–1671) was a famous *bateleur* and is said to have been the inventor of puppets. His son, Jean, born about 1632, carried on his father's profession.
[8] 'Le Paysan de la Nort-Hollande' was one of the main attractions of the Saint-Germain fair (*OC*, III, 1616).

Grand.[1] J'ai vu même une chose plus surprenante; c'était force têtes d'hommes, de savants, d'académiciens, qui couraient aux miracles des convulsions, et qui en revenaient tout émerveillés.[2]

Avec le canon, l'optique, l'aimant, le baromètre, quels prodiges ne fait-on pas chez les ignorants? Les Européens avec leurs arts ont toujours passé pour des dieux parmi les barbares. Si dans le sein même des arts, des sciences, des collèges, des académies; si, dans le milieu de l'Europe, en France, en Angleterre, un homme fût venu, le siècle dernier, armé de tous les miracles de l'électricité que nos physiciens opèrent aujourd'hui, l'eût-on brûlé comme un sorcier, l'eût-on suivi comme un prophète? Il est à présumer qu'on eût fait l'un ou l'autre: il est certain qu'on aurait eu tort.

Je ne sais si l'art de guérir est trouvé, ni s'il se trouvera jamais: ce que je sais, c'est qu'il n'est pas hors de la nature. Il est tout aussi naturel qu'un homme guérisse qu'il l'est qu'il tombe malade; il peut tout aussi bien guérir subitement que mourir subitement. Tout ce qu'on pourra dire de certaines guérisons, c'est qu'elles sont surprenantes, mais non pas qu'elles sont impossibles: comment prouverez-vous donc que ce sont des miracles? Il y a pourtant, je l'avoue, des choses qui m'étonneraient fort si j'en étais le témoin: ce ne serait pas tant de voir marcher un boiteux qu'un homme qui n'avait point de jambes, ni de voir un paralytique mouvoir son bras qu'un homme qui n'en a qu'un reprendre les deux. Cela me frapperait encore plus, je l'avoue, que de voir ressusciter un mort; car enfin un mort peut n'être pas mort.[(1)] Voyez le livre de M. Bruhier.[3]

[(1)] «Lazare était déjà dans la terre.»[4] Serait-il le premier homme qu'on aurait enterré vivant? «Il y était depuis quatre jours.» Qui les a comptés? Ce n'est pas Jésus, qui était absent. «Il puait déjà.» Qu'en savez-vous? Sa sœur le dit, voilà toute la preuve. L'effroi, le dégoût en eût fait dire autant à toute autre femme, quand même cela n'eût pas été vrai. «Jésus ne fait que l'appeler, et il sort.» Prenez garde de mal raisonner. Il s'agissait de l'impossibilité physique; elle n'y est plus. Jésus faisait bien plus de façons dans d'autres cas qui n'étaient pas plus difficiles: voyez la note qui suit. Pourquoi cette différence, si tout était également

---

[1] Albertus Magnus (1193–1280) was a Dominican monk and an alchemist who was alleged to have sought the philosopher's stone. Cf. article 'Albert le Grand' in Bayle's *Dictionnaire historique et critique*.

[2] i.e. to the 'convulsions' which took place near the tomb of the 'deacon Pâris' (cf. *supra*, p. 292, n.l.).

[3] Bruhier d'Ablaincourt, *Dissertation sur l'incertitude des signes de la mort et l'abus des enterrements et embaumements précipités*, Paris, 1742–5.

[4] *John*, XI, 43.

Au reste, quelque frappant que pût me paraître un pareil spectacle, je ne voudrais pour rien au monde en être témoin; car que sais-je ce qu'il en pourrait arriver? Au lieu de me rendre crédule, j'aurais grand'peur qu'il ne me rendît que fou. Mais ce n'est pas de moi qu'il s'agit: revenons.

On vient de trouver le secret de ressusciter des noyés; on a déjà cherché celui de ressusciter les pendus: qui sait si, dans d'autres genres de morts, on ne parviendra pas à rendre la vie à des corps qu'on en avait crus privés? On ne savait jadis ce que c'était que d'abattre la cataracte; c'est un jeu maintenant pour nos chirurgiens.[1] Qui sait s'il n'y a pas quelque secret trouvable pour la faire tomber tout d'un coup? Qui sait si le possesseur d'un pareil secret ne peut pas faire avec simplicité ce qu'un spectateur ignorant va prendre pour un miracle, et ce qu'un auteur prévenu peut donner pour tel?[(1)] Tout cela n'est pas vraisemblable: soit; mais nous n'avons point de preuve que cela soit impossible, et c'est de l'impossibilité physique qu'il s'agit ici. Sans cela, Dieu, déployant à nos yeux sa puissance, n'aurait pu nous donner que des signes vraisemblables, de simples probabilités: et il arriverait de là que l'autorité des miracles n'étant fondée que sur l'ignorance de ceux pour qui ils auraient été faits, ce qui serait miraculeux pour un

miraculeux? Ceci peut être une exagération, et ce n'est pas la plus forte que saint Jean ait faite; j'en atteste le dernier verset de son Évangile.[2]

[(1)] On voit quelquefois, dans le détail des faits rapportés, une gradation qui ne convient point à une opération surnaturelle. On présente à Jésus un aveugle. Au lieu de le guérir à l'instant, il l'emmène hors de la bourgade: là il oint ses yeux de salive, il pose ses mains sur lui, après quoi il lui demande s'il voit quelque chose. L'aveugle répond qu'il voit marcher des hommes qui lui paraissent comme des arbres; sur quoi, jugeant que la première opération n'est pas suffisante, Jésus la recommence, et enfin l'homme guérit.[3]

Une autre fois, au lieu d'employer de la salive pure, il la délaye avec de la terre.[4]

Or je demande: à quoi bon tout cela pour un miracle? La nature dispute-t-elle avec son maître? a-t-il besoin d'effort, d'obstination, pour se faire obéir? a-t-il besoin de salive, de terre, d'ingrédients? a-t-il même besoin de parler, et ne suffit-il pas qu'il veuille? ou bien osera-t-on dire que Jésus, sûr de son fait, ne laisse pas d'user d'un petit manège de charlatan, comme pour se faire valoir davantage et amuser les spectateurs? Dans le système de vos messieurs, il faut pourtant l'un ou l'autre. Choisissez.

---

[1] Cf. article 'Cataracte' in the *Encyclopédie*.
[2] *John*, XXI, 25: 'And there are also many other things which Jesus did, the which if they should be written every one, I suppose even the world itself would not contain the books that should be written'.
[3] *Mark*, VIII, 22–26.   [4] *John*, IX, 6.

siècle ou pour un peuple ne le serait plus pour d'autres; de sorte que la preuve universelle étant en défaut, le système établi sur elle serait détruit. Non, donnez-moi des miracles qui demeurent tels, quoi qu'il arrive, dans tous les temps et dans tous les lieux. Si plusieurs de ceux qui sont rapportés dans la Bible paraissent être dans ce cas, d'autres aussi paraissent n'y pas être. Réponds-moi donc, théologien; prétends-tu que je passe le tout en bloc, ou si tu me permets le triage? Quand tu auras décidé ce point, nous verrons après.

Remarquez bien, monsieur, qu'en supposant tout au plus quelque amplification dans les circonstances, je n'établis aucun doute sur le fond de tous les faits. C'est ce que j'ai déjà dit, et qu'il n'est pas superflu de redire. Jésus, éclairé de l'esprit de Dieu, avait des lumières si supérieures à celles de ses disciples, qu'il n'est pas étonnant qu'il ait opéré des multitudes de choses extraordinaires où l'ignorance des spectateurs a vu le prodige qui n'y était pas. A quel point, en vertu de ces lumières, pouvait-il agir par des voies naturelles, inconnues à eux et à nous?[1] Voilà ce que nous ne savons point, et ce que nous ne pouvons savoir. Les spectateurs des choses merveilleuses sont naturellement portés à les décrire avec exagération. Là-dessus on peut, de très bonne foi, s'abuser soi-même en abusant les autres: pour peu qu'un fait soit au-dessus de nos lumières, nous le supposons au-dessus de la raison, et l'esprit voit enfin du prodige où le cœur nous fait désirer fortement d'en voir.

Les miracles sont, comme j'ai dit, les preuves des simples, pour qui les lois de la nature forment un cercle très étroit autour d'eux. Mais la sphère s'étend à mesure que les hommes s'instruisent et qu'ils sentent combien il leur reste encore à savoir. Le grand physicien voit si loin les bornes de cette sphère qu'il ne saurait discerner

---

[1] Nos hommes de Dieu veulent à toute force que j'aie fait de Jésus un imposteur.[1] Ils s'échauffent pour répondre à cette indigne accusation, afin qu'on pense que je l'ai faite; ils la supposent avec un air de certitude; ils y insistent, ils y reviennent affectueusement. Ah! si ces doux chrétiens pouvaient m'arracher à la fin quelque blasphème, quel triomphe, quel contentement, quelle édification pour leurs charitables âmes! avec quelle sainte joie ils apporteraient les tisons allumés au feu de leur zèle pour embraser mon bûcher!

---

[1] According to J. D. Candaux (*OC*, III, 1620, n. 2), Rousseau is referring to a remark in Vernes's *Lettres sur le Christianisme de M. J.-J. Rousseau*: either Jesus did miracles, as he said, or else he deceived people, in which case he was 'an impostor'.

un miracle au-delà. *Cela ne se peut* est un mot qui sort rarement de la bouche des sages; ils disent plus fréquemment: *je ne sais.*

Que devons-nous donc penser de tant de miracles rapportés par des auteurs, véridiques je n'en doute pas, mais d'une si crasse ignorance, et si pleins d'ardeur pour la gloire de leur maître? Faut-il rejeter tous ces faits? Non. Faut-il tous les admettre? Je l'ignore.[1] Nous devons les respecter sans prononcer sur leur nature, dussions-nous être cent fois décrétés. Car enfin l'autorité des lois ne peut s'étendre jusqu'à nous forcer de mal raisonner; et c'est pourtant ce qu'il faut faire pour trouver nécessairement un miracle où la raison ne peut voir qu'un fait étonnant.

Quand il serait vrai que les catholiques ont un moyen sûr pour eux de faire cette distinction, que s'ensuivrait-il pour nous?† Dans leur système, lorsque l'Église une fois reconnue a décidé qu'un tel fait est un miracle, il est un miracle; car l'Église ne peut se tromper. Mais ce n'est pas aux catholiques que j'ai à faire ici, c'est aux réformés. Ceux-ci ont très bien réfuté quelques parties de la Profession de foi du vicaire, qui, n'étant écrite que contre l'Église romaine, ne pouvait ni ne devait rien prouver contre eux.

---

[1] Il y en a dans l'Évangile qu'il n'est pas même possible de prendre au pied de la lettre sans renoncer au bon sens.[1] Tels sont, par exemple, ceux des possédés. On reconnaît le diable à son œuvre, et les vrais possédés sont les méchants; la raison n'en reconnaîtra jamais d'autres. Mais passons: voici plus.

Jésus demande à un groupe de démons comment il s'appelle.[2] Quoi? les démons ont des noms? les anges ont des noms? les purs esprits ont des noms? Sans doute pour s'entr'appeler entre eux ou pour entendre quand Dieu les appelle? Mais qui leur a donné ces noms? en quelle langue en sont les mots? quelles sont les bouches qui prononcent ces mots, les oreilles que leurs sons frappent? Ce nom, c'est *Légion*; car ils sont plusieurs, ce qu'apparemment Jésus ne savait pas. Ces anges, ces intelligences sublimes dans le mal comme dans le bien, ces êtres célestes qui ont pu se révolter contre Dieu, qui osent combattre ses décrets éternels, se logent en tas dans le corps d'un homme! Forcés d'abandonner ce malheureux, ils demandent de se jeter dans un troupeau de cochons; ils l'obtiennent; ces cochons se précipitent dans la mer. Et ce sont là les augustes preuves de la mission du Rédempteur du genre humain, les preuves qui doivent l'attester à tous les peuples de tous les âges, et dont nul ne saurait douter, sous peine de damnation! Juste Dieu! la tête tourne; on ne sait où l'on est. Ce sont donc là, messieurs, les fondements de votre foi? La mienne en a de plus sûrs, ce me semble.

---

† MS addition: Remarquez encore que mon raisonnement ne prouve point ici contre les catholiques.

---

[1] Cf. *supra*, p. 190: 'Ce même Évangile est plein de choses incroyables,...'
[2] *Matthew*, VIII, 28–34; *Mark*, V, 1–17; *Luke*, VIII, 26–37.

Les catholiques pourront de même réfuter aisément ces lettres, parce que je n'ai point à faire ici aux catholiques, et que nos principes ne sont pas les leurs. Quand il s'agit de montrer que je ne prouve pas ce que je n'ai pas voulu prouver, c'est là que mes adversaires triomphent.

De tout ce que je viens d'exposer, je conclus que les faits les plus attestés, quand même on les admettrait dans toutes leurs circonstances, ne prouveraient rien, et qu'on peut même y soupçonner de l'exagération dans les circonstances, sans inculper la bonne foi de ceux qui les ont rapportés. Les découvertes continuelles qui se font dans les lois de la nature, celles qui probablement se feront encore, celles qui resteront toujours à faire; les progrès passés, présents et futurs de l'industrie humaine; les diverses bornes que donnent les peuples à l'ordre des possibles, selon qu'ils sont plus ou moins éclairés : tout nous prouve que nous ne pouvons connaître ces bornes. Cependant il faut qu'un miracle, pour être vraiment tel, les passe. Soit donc qu'il y ait des miracles, soit qu'il n'y en ait pas, il est impossible au sage de s'assurer que quelque fait que ce puisse être en est un.

Indépendamment des preuves de cette impossibilité que je viens d'établir, j'en vois une autre non moins forte dans la supposition même : car, accordons qu'il y ait de vrais miracles, de quoi nous serviront-ils s'il y a aussi de faux miracles desquels il est impossible de les discerner ? Et faites bien attention que je n'appelle pas ici faux miracle un miracle qui n'est pas réel, mais un acte bien réellement surnaturel, fait pour soutenir une fausse doctrine. Comme le mot *miracle* en ce sens peut blesser les oreilles pieuses, employons un autre mot, donnons-lui le nom de *prestige;*[1] mais souvenons-nous qu'il est impossible aux sens humains de discerner un prestige d'un miracle.

La même autorité qui atteste les miracles atteste aussi les prestiges : et cette autorité prouve encore que l'apparence des prestiges ne diffère en rien de celle des miracles. Comment donc distinguer les uns des autres ? et que peut prouver le miracle, si celui qui le voit ne peut discerner, par aucune marque assurée et tirée de la chose même, si c'est l'œuvre de Dieu, ou si c'est l'œuvre du démon ? Il faudrait un second miracle pour certifier le premier.

Quand Aaron jeta sa verge devant Pharaon, et qu'elle fut changée

---

[1] Littré quotes other eighteenth-century examples of the use of this word in Rousseau's sense.

en serpent,[1] les magiciens jetèrent aussi leurs verges, et elles furent changées en serpents. Soit que ce changement fût réel des deux côtés, comme il est dit dans l'Écriture, soit qu'il n'y eût de réel que le miracle d'Aaron, et que le prestige des magiciens ne fût qu'apparent, comme le disent quelques théologiens, il n'importe; cette apparence était exactement la même; l'*Exode* n'y remarque aucune différence; et s'il y en eût eu, les magiciens se seraient gardés de s'exposer au parallèle, ou, s'ils l'avaient fait, ils auraient été confondus.

Or les hommes ne peuvent juger des miracles que par leurs sens; et si la sensation est la même, la différence réelle, qu'ils ne peuvent apercevoir, n'est rien pour eux. Ainsi le signe, comme signe, ne prouve pas plus d'un côté que de l'autre, et le prophète en ceci n'a pas plus d'avantage que le magicien. Si c'est encore là de mon beau style,[2] convenez qu'il en faut un bien plus beau pour le réfuter.

Il est vrai que le serpent d'Aaron dévora les serpents des magiciens:[3] mais, forcé d'admettre une fois la magie, Pharaon put fort bien n'en conclure autre chose sinon qu'Aaron était plus habile qu'eux dans cet art; c'est ainsi que Simon, ravi des choses que faisait Philippe, voulut acheter des apôtres le secret d'en faire autant qu'eux.[4]

D'ailleurs l'infériorité des magiciens était due à la présence d'Aaron: mais, Aaron absent, eux faisant les mêmes signes avaient droit de prétendre à la même autorité. Le signe en lui-même ne prouvait donc rien.

Quand Moïse changea l'eau en sang,[5] les magiciens changèrent l'eau en sang; quand Moïse produisit des grenouilles, les magiciens produisirent des grenouilles.[6] Ils échouèrent à la troisième plaie,[7] mais tenons-nous aux deux premières, dont Dieu même avait fait la preuve du pouvoir divin:[1] les magiciens firent aussi cette preuve-là.

Quant à la troisième plaie, qu'ils ne purent imiter, on ne voit

[1] *Exode*, VII, 17.

[1] *Exodus*, VII, 10.
[2] In the preface to the *Lettres* Rousseau had referred to contemporary remarks about 'son beau style'. Apart from the reactions of Genevan commentators, d'Alembert had also affirmed that Rousseau's style was the only valuable part of his work. Cf. also note in *OC*, III, 1620, and Grimsley, *d'Alembert*, p. 156.
[3] *Exodus*, VII, 12.   [4] *Acts*, VIII, 9–24.   [5] *Exodus*, VII, 20.
[6] *Ibid.*, VIII, 6–7.   [7] *Ibid.*, VIII, 14.

pas ce qui la rendait si difficile, au point de marquer *que le doigt de Dieu était là.* Pourquoi ceux qui purent produire un animal ne purent-ils produire un insecte? et comment, après avoir fait des grenouilles, ne purent-ils faire des poux? S'il est vrai qu'il n'y ait dans ces choses-là que le premier pas qui coûte,[1] c'était assurément s'arrêter en beau chemin.

Le même Moïse, instruit par toutes ces expériences, ordonne que si un faux prophète vient annoncer d'autres dieux, c'est-à-dire une fausse doctrine, et que ce faux prophète autorise son dire par des prédictions ou des prodiges qui réussissent, il ne faut point l'écouter, mais le mettre à mort.[2] On peut donc employer de vrais signes en faveur d'une fausse doctrine; un signe en lui-même ne prouve donc rien.

La même doctrine des signes par des prestiges est établie en mille endroits de l'Écriture. Bien plus; après avoir déclaré qu'il ne fera point de signes, Jésus annonce de faux Christs qui en feront; il dit «qu'ils feront de grands signes, des miracles capables de séduire les élus mêmes, s'il était possible».[1] Ne serait-on pas tenté, sur ce langage, de prendre les signes pour des preuves de fausseté?

Quoi! Dieu, maître du choix de ses preuves, quand il veut parler aux hommes, choisit par préférence celles qui supposent des connaissances qu'il sait qu'ils n'ont pas! Il prend pour les instruire la même voie qu'il sait que prendra le démon pour les tromper! Cette marche serait-elle donc celle de la Divinité? Se pourrait-il que Dieu et le diable suivissent la même route? Voilà ce que je ne puis concevoir.

Nos théologiens, meilleurs raisonneurs, mais de moins bonne foi que les anciens, sont fort embarrassés de cette magie: ils voudraient bien pouvoir tout à fait s'en délivrer, mais ils n'osent; ils sentent que la nier serait nier trop. Ces gens, toujours si décisifs, changent ici de langage; ils ne la nient ni ne l'admettent: ils prennent le parti de tergiverser, de chercher des faux-fuyants; à chaque pas ils s'arrêtent; ils ne savent sur quel pied danser.

Je crois, monsieur, vous avoir fait sentir où gît la difficulté. Pour que rien ne manque à sa clarté, la voici mise en dilemme.

[1] *Matth.*, XXIV, 24; *Marc*, XIII, 22.

---

[1] This well-known remark was made by Mme du Deffand to the Cardinal Polignac about St. Denis, who, after his decapitation, is said to have walked some distance holding his head in his hands!

[2] *Deuteronomy*, XIII, 1–5. Cf. also *supra*, p. 174 (i).

Si l'on nie les prestiges, on ne peut prouver les miracles, parce que les uns et les autres sont fondés sur la même autorité.

Et si l'on admet les prestiges avec les miracles, on n'a point de règle sûre, précise et claire, pour distinguer les uns des autres: ainsi les miracles ne prouvent rien.

Je sais bien que nos gens, ainsi pressés, reviennent à la doctrine; mais ils oublient bonnement que si la doctrine est établie, le miracle est superflu; et que si elle ne l'est pas, elle ne peut rien prouver.[1]

Ne prenez pas ici le change, je vous supplie; et de ce que je n'ai pas regardé les miracles comme essentiels au christianisme, n'allez pas conclure que j'ai rejeté les miracles. Non, monsieur, je ne les ai rejetés ni ne les rejette: si j'ai dit des raisons pour en douter, je n'ai point dissimulé les raisons d'y croire. Il y a une grande différence entre nier une chose et ne la pas affirmer, entre la rejeter et ne pas l'admettre; et j'ai si peu décidé ce point, que je défie qu'on trouve un seul endroit dans tous mes écrits où je sois affirmatif contre les miracles.[2]

Eh! comment l'aurais-je été malgré mes propres doutes, puisque partout où je suis, quant à moi, le plus décidé, je n'affirme rien encore. Voyez quelles affirmations peut faire un homme qui parle ainsi dès sa préface:[1]

«A l'égard de ce qu'on appellera la partie systématique, qui n'est autre chose ici que la marche de la nature, c'est là ce qui déroutera le plus les lecteurs; c'est aussi par là qu'on m'attaquera sans doute, et peut-être n'aura-t-on pas tort. On croira moins lire un traité d'éducation que les rêveries d'un visionnaire sur l'éducation. Qu'y faire? Ce n'est pas sur les idées d'autrui que j'écris, c'est sur les miennes. Je ne vois point comme les autres hommes; il y a longtemps qu'on me l'a reproché. Mais dépend-il de moi de me donner d'autres yeux et de m'affecter d'autres idées? Non; il dépend de moi de ne point abonder dans mon sens, de ne point croire être seul plus sage que tout le monde; il dépend de moi, non de changer

---

[1] Préface d'*Émile*, p. iv.

[1] Cf. *supra*, p. 174: 'Ainsi donc, après avoir prouvé la doctrine par le miracle, il faut prouver le miracle par la doctrine, de peur de prendre l'œuvre du démon pour l'œuvre de Dieu.'

[2] Rousseau's caution is to be noted. After seeming to cast doubt on miracles, he admits his uncertainty. Masson (*PF*, p. 329, n. 3) even suggests that Rousseau may have believed in them.

de sentiment, mais de me défier du mien: voilà tout ce que je puis faire, et ce que je fais. Que si je prends quelquefois le ton affirmatif, ce n'est point pour en imposer au lecteur; c'est pour lui parler comme je pense: pourquoi proposerais-je par forme de doute ce dont, quant à moi, je ne doute point? Je dis exactement ce qui se passe dans mon esprit.

«En exposant avec liberté mon sentiment, j'entends si peu qu'il fasse autorité, que j'y joins toujours mes raisons, afin qu'on les pèse et qu'on me juge. Mais quoique je ne veuille point m'obstiner à défendre mes idées, je ne me crois pas moins obligé de les proposer: car les maximes sur lesquelles je suis d'un avis contraire à celui des autres ne sont point indifférentes: ce sont de celles dont la vérité ou la fausseté importe à connaître, et qui font le bonheur ou le malheur du genre humain.»

Un auteur qui ne sait lui-même s'il n'est point dans l'erreur; qui craint que tout ce qu'il dit ne soit un tissu de rêveries; qui, ne pouvant changer de sentiments, se défie du sien; qui ne prend point le ton affirmatif pour le donner, mais pour parler comme il pense; qui, ne voulant point faire autorité, dit toujours ses raisons afin qu'on le juge, et qui même ne veut point s'obstiner à défendre ses idées; un auteur qui parle ainsi à la tête de son livre, y veut-il prononcer des oracles? veut-il donner des décisions? et, par cette déclaration préliminaire, ne met-il pas au nombre des doutes ses plus fortes assertions?

Et qu'on ne dise point que je manque à mes engagements en m'obstinant à défendre ici mes idées; ce serait le comble de l'injustice. Ce ne sont point mes idées que je defends, c'est ma personne. Si l'on n'eût attaqué que mes livres, j'aurais constamment gardé le silence; c'était un point résolu. Depuis ma déclaration faite en 1753,[1] m'a-t-on vu répondre à quelqu'un,[2] ou me taisais-je faute d'agresseurs? Mais quand on me poursuit, quand on me décrète, quand on me déshonore pour avoir dit ce que je n'ai pas dit, il faut bien, pour me défendre, montrer que je ne l'ai pas dit. Ce sont mes ennemis qui, malgré moi, me remettent la plume à la main. Eh! qu'ils me laissent en repos, et j'y laisserai le public, j'en donne de bon cœur ma parole.

---

[1] Cf. Letter to Fréron in November 1753 in *CC*, II, 239–44.
[2] The editors (*OC*, III, 1622 n. 2) point out that this is not strictly true, since Rousseau made a number of 'replies' to his critics.

Ceci sert déjà de réponse à l'objection rétorsive[1] que j'ai pré-venue, de vouloir faire moi-même le réformateur en bravant les opinions de tout mon siècle; car rien n'a moins l'air de bravade qu'un pareil langage, et ce n'est pas assurément prendre un ton de prophète que de parler avec tant de circonspection. J'ai re-gardé comme un devoir de dire mon sentiment en choses impor-tantes et utiles: mais ai-je dit un mot, ai-je fait un pas pour le faire adopter à d'autres? quelqu'un a-t-il vu dans ma conduite l'air d'un homme qui cherchait à se faire des sectateurs?

En transcrivant l'écrit particulier qui fait tant d'imprévus zélateurs de la foi,† j'avertis encore le lecteur qu'il doit se défier de mes jugements; que c'est à lui de voir s'il peut tirer de cet écrit quelques réflexions utiles; que je ne lui propose ni le sentiment d'autrui ni le mien pour règle, que je le lui présente à examiner.[2]

Et lorsque je reprends la parole, voici ce que j'ajoute encore à la fin:

«J'ai transcrit cet écrit, non comme une règle des sentiments qu'on doit suivre en matière de religion, mais comme un exemple de la manière dont on peut raisonner avec son élève pour ne point s'écarter de la méthode que j'ai tâché d'établir. Tant qu'on ne donne rien à l'autorité des hommes ni aux préjugés des pays où l'on est né, les seules lumières de la raison ne peuvent, dans l'insti-tution de la nature, nous mener plus loin que la religion naturelle, et c'est à quoi je me borne avec mon *Émile*. S'il en doit avoir une autre, je n'ai plus en cela le droit d'être son guide; c'est à lui seul de la choisir.»[3]

Quel est, après cela, l'homme assez impudent pour m'oser taxer d'avoir nié les miracles, qui ne sont pas même niés dans cet écrit? Je n'en ai pas parlé ailleurs.[(1)]‡

(1) J'en ai parlé depuis dans ma *Lettre* à M. de Beaumont,[4] mais, outre qu'on n'a rien dit sur cette *Lettre*, ce n'est pas sur ce qu'elle contient qu'on peut fonder les procédures faites avant qu'elle ait paru.

† qui (m'attire tant de persécuteurs) causa tous mes malheurs.
‡ Rousseau jotted down on the manuscript the following points which were not used in the final version:
Ma force n'est pas dans mes assertions, elle est dans mes raisons; mais avait-on jamais ouï dire que ce fût un crime de raisonner solidement?   (cont. on p. 370)

[1] Apparently a neologism meaning: 'Qui consiste à rétorquer': i.e. 'an objection which can be turned against its propounder'.
[2] Cf. *supra*, pp. 194–5.   [3] Cf. *Émile*, Bk. IV (*OC*, IV, 635).
[4] Cf. *supra*, pp. 284 f.

Quoi! parce que l'auteur d'un écrit publié par un autre y introduit un raisonneur qu'il désapprouve, et qui, dans une dispute, rejette les miracles, il s'ensuit de là que non seulement l'auteur de cet écrit mais l'éditeur rejette aussi les miracles? Quel tissu de témérités! Qu'on se permette de telles présomptions dans la chaleur d'une querelle littéraire, cela est très blâmable et trop commun; mais les prendre pour des preuves dans les tribunaux! Voilà une jurisprudence à faire trembler l'homme le plus juste et le plus ferme qui a le malheur de vivre sous de pareils magistrats.

L'auteur de la Profession de foi fait des objections tant sur l'utilité que sur la réalité des miracles, mais ces objections ne sont point des négations. Voici là-dessus ce qu'il dit de plus fort: «C'est l'ordre inaltérable de la nature qui montre le mieux l'Être suprême. S'il arrivait beaucoup d'exceptions, je ne saurais plus qu'en penser; et pour moi je crois trop en Dieu pour croire à tant de miracles si peu dignes de lui.»[1]

Or, je vous prie, qu'est-ce que cela dit? Qu'une trop grande multitude de miracles les rendrait suspects à l'auteur; qu'il n'admet point indistinctement toute sorte de miracles, et que sa foi en Dieu lui fait rejeter tous ceux qui ne sont pas dignes de Dieu. Quoi donc! celui qui n'admet pas tous les miracles rejette-t-il tous les miracles et faut-il croire à tous ceux de la légende pour croire l'ascension de Christ?

Pour comble, loin que les doutes contenus dans cette seconde partie de la Profession de foi puissent être pris pour des négations, les négations, au contraire, qu'elle peut contenir ne doivent être prises que pour des doutes. C'est la déclaration de l'auteur, en la commençant, sur les sentiments qu'il va combattre. «Ne donnez, dit-il, à mes discours que l'autorité de la raison. J'ignore si je suis dans l'erreur. Il est difficile, quand on discute, de ne pas prendre quelquefois le ton affirmatif; mais souvenez-vous qu'ici toutes mes affirmations ne sont que des raisons de douter.»[2] Peut-on parler plus positivement?

Quant à moi, je vois des faits attestés dans les saintes Écritures:

L'amour-propre irrité de ces gens-là les rend furieux; je défends mieux leur parti qu'eux-mêmes. Voilà le crime irrémissible qu'ils ne me le pardonneront jamais.

Car remarquez que dans toutes ces contestations théologiques mes persécuteurs comptent toujours Dieu pour rien: ce n'est pas de lui qu'il s'agit dans leur religion et ils ne veulent pas qu'il s'en agisse dans la mienne.

---

[1] v. supra, p. 173.   [2] v. supra, pp. 167–8.

cela suffit pour arrêter sur ce point mon jugement. S'ils étaient ailleurs, je rejetterais ces faits, ou je leur ôterais le nom de miracle; mais parce qu'ils sont dans l'Écriture, je ne les rejette point. Je ne les admets pas non plus, parce que ma raison s'y refuse, et que ma décision sur cet article n'intéresse point mon salut. Nul chrétien judicieux ne peut croire que tout soit inspiré dans la Bible, jusqu'aux mots et aux erreurs. Ce qu'on doit croire inspiré est tout ce qui tient à nos devoirs;† car pourquoi Dieu aurait-il inspiré le reste? Or la doctrine des miracles n'y tient nullement; c'est ce que je viens de prouver. Ainsi le sentiment qu'on peut avoir en cela n'a nul trait au respect qu'on doit aux livres sacrés.

D'ailleurs, il est impossible aux hommes de s'assurer que quelque fait que ce puisse être est un miracle;[1] c'est encore ce que j'ai prouvé. Donc, en admettant tous les faits contenus dans la Bible, on peut rejeter les miracles sans impiété, et même sans inconséquence. Je n'ai pas été jusque-là.

Voilà comment vos messieurs tirent des miracles, qui ne sont pas certains, qui ne sont pas nécessaires, qui ne prouvent rien, et que je n'ai pas rejetés, la preuve évidente que je renverse les fondements du christianisme, et que je ne suis pas chrétien.

L'ennui vous empêcherait de me suivre si j'entrais dans le même détail sur les autres accusations qu'ils entassent pour tâcher de couvrir par le nombre l'injustice de chacune en particulier. Ils m'accusent, par exemple, de rejeter la prière. Voyez le livre, et vous trouverez une prière dans l'endroit même dont il s'agit.[1] L'homme pieux qui parle[ii] ne croit pas, il est vrai, qu'il soit

[1] Si ces messieurs disent que cela est décidé dans l'Écriture, et que je dois reconnaître pour miracle ce qu'elle me donne pour tel, je réponds que c'est ce qui est en question, et j'ajoute que ce raisonnement de leur part est un cercle vicieux; car puisqu'ils veulent que le miracle serve de preuve à la révélation, ils ne doivent pas employer l'autorité de la révélation pour constater le miracle.

[ii] Un ministre de Genève,[2] difficile assurément en christianisme, dans les jugements qu'il porte du mien, affirme que j'ai dit, moi J.-J. Rousseau, que je ne priais pas Dieu: il l'assure en tout autant de termes, cinq ou six fois de suite, et toujours en me nommant. Je veux porter respect à l'Église; mais oserais-je lui demander où j'ai dit cela? Il est permis à tout barbouilleur de papier de déraisonner et de bavarder tant qu'il veut; mais il n'est pas permis à un bon chrétien d'être un calomniateur public.[3]

† la science du salut

[1] v. supra, p. 166: 'Source de justice...'   [2] Vernes.
[3] Rousseau commented upon this note and its effect on Vernes in the *Confessions* (*OC*, I, 632). Cf. also *Religious Quest*, pp. 7 and 29.

absolument nécessaire de demander à Dieu telle ou telle chose en particulier;⁽¹⁾ il ne désapprouve point qu'on le fasse. Quant à moi, dit-il, je ne le fais pas, persuadé que Dieu est un bon père, qui sait mieux que ses enfants ce qui leur convient. Mais ne peut-on lui rendre aucun autre culte aussi digne de lui? Les hommages d'un cœur plein de zèle, les adorations, les louanges, la contemplation de sa grandeur, l'aveu de notre néant, la résignation à sa volonté, la soumission à ses lois, une vie pure et sainte; tout cela ne vaut-il pas bien des vœux intéressés et mercenaires? Près d'un Dieu juste, la meilleure manière de demander est de mériter d'obtenir. Les anges qui le louent autour de son trône le prient-ils? Qu'auraient-ils à lui demander? Ce mot de *prière* est souvent employé dans l'Écriture pour *hommage, adoration;* et qui fait le plus est quitte du moins. Pour moi, je ne rejette aucune des manières d'honorer Dieu; j'ai toujours approuvé qu'on se joignît à l'Église qui le prie: je le fais; le prêtre savoyard le faisait lui-même.⁽¹¹⁾ L'écrit si violemment attaqué est plein de tout cela. N'importe: je rejette, dit-on, la prière; je suis un impie à brûler. Me voilà jugé.

Ils disent encore que j'accuse la morale chrétienne de rendre tous nos devoirs impraticables en les outrant. La morale chrétienne est celle de l'Évangile; je n'en reconnais point d'autre, et c'est en ce sens aussi que l'entend mon accusateur, puisque c'est des imputations où celle-là se trouve comprise, qu'il conclut, quelques lignes après, que c'est par dérision que j'appelle l'Évangile divin.⁽¹¹¹⁾

Or voyez si l'on peut avancer une fausseté plus noire, et montrer une mauvaise foi plus marquée, puisque, dans le passage de mon

---

⁽¹⁾ «Quand vous prierez, dit Jésus, priez ainsi.»¹ Quand on prie avec des paroles, c'est bien fait de préférer celles-là; mais je ne vois point ici l'ordre de prier avec des paroles. Une autre prière est préférable, c'est d'être disposé à tout ce que Dieu veut. «Me voici, Seigneur, pour faire ta volonté.»² De toutes les formules, l'Oraison dominicale est, sans contredit, la plus parfaite; mais ce qui est plus parfait encore est l'entière résignation aux volontés de Dieu. «Non point ce que je veux, mais ce que tu veux.»³ Que dis-je? c'est l'Oraison dominicale elle-même. Elle est tout entière dans ces paroles: «Que ta volonté soit faite.» Toute autre prière est superflue et ne fait que contrarier celle-là. Que celui qui pense ainsi se trompe, cela peut être. Mais celui qui publiquement l'accuse à cause de cela de détruire la morale chrétienne, et de n'être pas chrétien, est-il un fort bon chrétien lui-même?
⁽¹¹⁾ *Émile*, t. III, p. 185. ⁽¹¹¹⁾ *Lettres écrites de la campagne*, p. 11.

---

¹ *Matthew*, VI, 9; *Luke*, XI, 2. ² *Hebrews*, X, 7. ³ *Matthew*, XXVI, 39.

livre où ceci se rapporte, il n'est pas même possible que j'aie voulu parler de l'Évangile.

Voici, monsieur, ce passage; il est dans le quatrième tome d'*Émile*, page 64. «En n'asservissant les honnêtes femmes qu'à de tristes devoirs, on a banni du mariage tout ce qui pouvait le rendre agréable aux hommes. Faut-il s'étonner si la taciturnité qu'ils voient régner chez eux les en chasse, ou s'ils sont peu tentés d'embrasser un état si déplaisant? A force d'outrer tous les devoirs, le christianisme les rend impraticables et vains: à force d'interdire aux femmes le chant, la danse, et tous les amusements du monde, il les rend maussades, grondeuses, insupportables dans leurs maisons.»

Mais où est-ce que l'Évangile interdit aux femmes le chant et la danse? où est-ce qu'il les asservit à de tristes devoirs? Tout au contraire, il y est parlé des devoirs des maris, mais il n'y est pas dit un mot de ceux des femmes. Donc on a tort de me faire dire de l'Évangile ce que je n'ai dit que des jansénistes, des méthodistes,[1] et d'autres dévots d'aujourd'hui, qui font du christianisme une religion aussi terrible et déplaisante,[(1)] qu'elle est agréable et douce sous la véritable loi de Jésus-Christ.

Je ne voudrais pas prendre le ton du P. Berruyer,[2] que je n'aime guère, et que je trouve même de très mauvais goût; mais je ne puis m'empêcher de dire qu'une des choses qui me charment dans le caractère de Jésus n'est pas seulement la douceur des mœurs, la simplicité, mais la facilité, la grâce, et même l'élégance. Il ne fuyait ni les plaisirs ni les fêtes, il allait aux noces, il voyait les

[(1)] Les premiers réformés donnèrent d'abord dans cet excès avec une dureté qui fit bien des hypocrites; et les premiers jansénistes ne manquèrent pas de les imiter en cela. Un prédicateur de Genève, appelé Henri de la Marre,[3] soutenait en chaire que c'était pécher que d'aller à la noce plus joyeusement que Jésus-Christ n'était allé à la mort. Un curé janséniste soutenait de même que les festins des noces étaient une invention du diable. Quelqu'un lui objecta là-dessus que Jésus y avait pourtant assisté, et qu'il avait même daigné y faire son premier miracle pour prolonger la gaieté du festin. Le curé, un peu embarrassé, répondit en grondant: «Ce n'est pas ce qu'il fit de mieux.»

---

[1] This term seems to have been first used in France in 1761.

[2] Joseph-Isaac Berruyer (1681–1758), a Jesuit who was well known for his *Histoire du peuple de Dieu* (1728), often reprinted. His attempt to adapt sacred history to contemporary taste aroused a good deal of criticism.

[3] Henri de la Marre was a Genevan pastor who had been deprived of his functions at Geneva in 1546 but continued his ministry in the nearby villages of Choulex and Gex (*OC*, III, 1625 n. 4).

femmes, il jouait avec les enfants, il aimait les parfums, il mangeait chez les financiers. Ses disciples ne jeûnaient point; son austérité n'était point fâcheuse. Il était à la fois indulgent et juste, doux aux faibles et terrible aux méchants. Sa morale avait quelque chose d'attrayant, de caressant, de tendre, il avait le cœur sensible, il était homme de bonne société. Quand il n'eût pas été le plus sage des mortels, il en eût été le plus aimable.

Certains passages de saint Paul, outrés ou mal entendus, ont fait bien des fanatiques, et ces fanatiques ont souvent défiguré et déshonoré le christianisme. Si l'on s'en fût tenu à l'esprit du maître, cela ne serait pas arrivé. Qu'on m'accuse de n'être pas toujours de l'avis de saint Paul; on peut me réduire à prouver que j'ai quelquefois raison de n'en pas être; mais il ne s'ensuivra jamais de là que ce soit par dérision que je trouve l'Évangile divin. Voilà pourtant comment raisonnent mes persécuteurs.

Pardon, monsieur; je vous excède avec ces longs détails, je le sens, et je les termine: je n'en ai déjà que trop dit pour ma défense, et je m'ennuie moi-même de répondre par des raisons à des accusations sans raison.

18

LETTERS TO A DOUBTER

In spite of the very radical way in which he tried to establish
the essential principles of his 'natural religion', Rousseau adopted
a conservative and even timid attitude towards practical religious
problems. This is clearly brought out in the advice he gave to those
doubting persons who consulted him about their loss of faith in
Christian beliefs. Rousseau did not think that the refusal to accept
traditional Christian doctrines should make a man leave the
Church. A priest, he believed, could continue to exercise his
functions for their moral value alone. In this respect Rousseau's
advice to Carondelet is in accord with the attitude adopted by the
Vicaire savoyard.[1]

A. M. l'abbé de Carondelet à Paris

Môtiers, le 6 janvier 1764

Quoi! Monsieur, vous avez renvoyé vos portraits de famille et
vos titres! vous vous êtes défait de votre cachet! voilà bien plus de
prouesses que je m'en aurais fait à votre place. J'aurais laissé les
portraits où ils étaient; j'aurais gardé mon cachet parce que je
l'avais; j'aurais laissé moisir mes titres dans leur coin, sans m'imaginer même que tout cela valût la peine d'en faire un sacrifice:
mais vous êtes pour les grandes actions; je vous en félicite de tout
mon cœur.

A force de me parler de vos doutes, vous m'en donnez d'inquié-
tants sur votre compte; vous me faites douter s'il y a des choses
dont vous ne doutiez pas: ces doutes mêmes, à mesure qu'ils
croissent, vous rendent tranquille; vous vous y reposez comme
sur un oreiller de paresse. Tout cela m'effraierait beaucoup pour
vous, si vos grands scrupules ne me rassuraient. Ces scrupules
sont assurément respectables comme fondés sur la vertu; mais
l'obligation d'avoir de la vertu, sur quoi la fondez-vous?[2] Il serait
bon de savoir si vous êtes bien décidé sur ce point: si vous l'êtes, je

---

[1] The text of the letters has been taken from *CG*, X, 289–91 and 339–42.
[2] Virtue, for Rousseau, has ultimately to be related to religion.

me rassure. Je ne vous trouve plus si sceptique que vous affectez de l'être; et quand on est bien décidé sur les principes de ses devoirs, le reste n'est pas une si grande affaire. Mais, si vous ne l'êtes pas, vos inquiétudes me semblent peu raisonnées. Quand on est si tranquille dans le doute de ses devoirs, pourquoi tant s'affecter du parti qu'ils nous imposent?

Votre délicatesse sur l'état ecclésiastique est sublime ou puérile, selon le degré de vertu que vous avez atteint. Cette délicatesse est sans doute un devoir pour quiconque remplit tous les autres; et qui n'est faux ni menteur en rien dans ce monde ne doit pas l'être même en cela. Mais je ne connais que Socrate et vous à qui la raison pût passer un tel scrupule; car à nous autres hommes vulgaires il serait impertinent et vain d'en oser avoir un pareil. Il n'y a pas un de nous qui ne s'écarte de la vérité cent fois le jour dans le commerce des hommes en choses claires, importantes, et souvent préjudiciables; et dans un point de pure spéculation dans lequel nul ne voit ce qui est vrai ou faux, et qui n'importe ni à Dieu ni aux hommes,[1] nous nous ferions un crime de condescendre aux préjugés de nos frères, et de dire oui où nul n'est en droit de dire non! Je vous avoue qu'un homme qui, d'ailleurs n'étant pas un saint, s'aviserait tout de bon d'un scrupule que l'abbé de Saint-Pierre[2] et Fénelon n'ont pas eu, me deviendrait par cela seul très suspect. Quoi! dirais-je en moi-même, cet homme refuse d'embrasser le noble état d'officier de morale[3], un état dans lequel il peut être le guide et le bienfaiteur des hommes, dans lequel il peut les instruire, les soulager, les consoler, les protéger, leur servir d'exemple, et cela pour quelques énigmes auxquelles ni lui ni nous n'entendons rien, et qu'il n'avait qu'à prendre et donner pour ce qu'elles valent, en ramenant sans bruit le christianisme à son véritable objet! Non, conclurais-je, cet homme ment, il nous trompe, sa fausse vertu n'est point active, elle n'est que de pure ostentation; il faut être un hypocrite soi-même pour oser taxer d'hypocrisie détestable ce qui n'est au fond qu'un formulaire indifférent en lui-même, mais consacré par les lois. Sondez bien votre cœur, Monsieur, je vous en conjure: si vous y trouvez cette

---

[1] According to Rousseau, purely abstract metaphysical ideas (including 're-vealed' Christian doctrines) are incomprehensible to the mind and irrelevant to morality.

[2] On the abbé de Saint-Pierre v. supra, p. 78, n. 1.

[3] This expression, borrowed from the abbé de Saint-Pierre, sums up Rousseau's view of the priest's function. Cf. also supra, pp. 78, 193.

raison telle que vous me la donnez, elle doit vous déterminer, et je vous admire. Mais souvenez-vous bien qu'alors si vous n'êtes le plus digne des hommes, vous aurez été le plus fou.

A la manière dont vous me demandez des préceptes de vertu, l'on dirait que vous la regardez comme un métier. Non, Monsieur, la vertu n'est que la force de faire son devoir dans les occasions difficiles;[1] et la sagesse, au contraire, est d'écarter la difficulté de nos devoirs. Heureux celui qui, se contentant d'être homme de bien, s'est mis dans une position à n'avoir jamais besoin d'être vertueux! Si vous n'allez à la campagne que pour y porter le faste de la vertu, restez à la ville. Si vous voulez à toute force exercer les grandes vertus, l'état de prêtre vous les rendra souvent nécessaires; mais si vous vous sentez les passions assez modérées, l'esprit assez doux, le cœur assez sain pour vous accommoder d'une vie égale, simple et laborieuse, allez dans vos terres, faites-les valoir, travaillez vous-même, soyez le père de vos domestiques, l'ami de vos voisins, juste et bon envers tout le monde: laissez là vos rêveries métaphysiques,[2] et servez Dieu dans la simplicité de votre cœur; vous serez assez vertueux.

Je vous salue, Monsieur, de tout mon cœur.

J. J. ROUSSEAU

Au reste, je vous dispense, Monsieur, du secret qu'il vous plaît de m'offrir, je ne sais pourquoi. Je n'ai pas, ce me semble, dans ma conduite, l'air d'un homme fort mystérieux.

A. M. l'abbé de Carondelet

A Môtiers, le 4 mars 1764

J'ai parcouru, Monsieur, la longue lettre où vous m'exposez vos sentiments sur la nature de l'âme et sur l'existence de Dieu. Quoique j'eusse résolu de ne plus rien lire sur ces matières, j'ai cru vous devoir une exception pour la peine que vous avez prise, et dont il ne m'est pas aisé de démêler le but. Si c'est d'établir

---

[1] On virtue as strength v. supra, p. 99, infra, p. 391, and Émile, Bk. V (OC, IV, 817).

[2] Like most of the philosophes Rousseau tends to use this word pejoratively to mean 'abstract', 'unreal'. Cf. Religious Quest, pp. 36 f.

13—R.R.W.

entre nous un commerce de dispute, je ne saurais en cela vous complaire; car je ne dispute jamais, persuadé que chaque homme a sa manière de raisonner qui lui est propre en quelque chose, et qui n'est bonne en tout à nul autre que lui. Si c'est de me guérir des erreurs où vous me jugez être, je vous remercie de vos bonnes intentions; mais je n'en puis faire aucun usage, ayant pris depuis longtemps mon parti sur ces choses-là. Ainsi, Monsieur, votre zèle philosophique est à pure perte avec moi, et je ne serai pas plus votre prosélyte que votre missionnaire. Je ne condamne point vos façons de penser; mais daignez me laisser les miennes, car je vous déclare que je n'en veux pas changer.

Je vous dois encore des remerciements du soin que vous prenez dans la même lettre de m'ôter l'inquiétude que m'avaient donnée les premières sur les principes de la haute vertu dont vous faites profession. Sitôt que ces principes vous paraissent solides, le devoir qui en dérive doit avoir pour vous la même force que s'ils l'étaient en effet: ainsi mes doutes sur leur solidité n'ont rien d'offensant pour vous; mais je vous avoue que, quant à moi, de tels principes me paraîtraient frivoles; et, sitôt que je n'en admettrais pas d'autres, je sens que dans le secret de mon cœur ceux-là me mettraient fort à l'aise sur les vertus pénibles qu'ils paraîtraient m'imposer: tant il est vrai que les mêmes raisons ont rarement la même prise en diverses têtes, et qu'il ne faut jamais disputer de rien!

D'abord l'amour de l'ordre, en tant que cet ordre est étranger à moi, n'est point un sentiment qui puisse balancer en moi celui de mon intérêt propre;[1] une vue purement spéculative ne saurait dans le cœur humain l'emporter sur les passions; ce serait à ce qui est moi préférer ce qui m'est étranger: ce sentiment n'est pas dans la nature. Quant à l'amour de l'ordre[2] dont je fais partie, il ordonne tout par rapport à moi, et comme alors je suis seul le centre de cet ordre, il serait absurde et contradictoire qu'il ne me fît pas rapporter toutes choses à mon bien particulier. Or la vertu suppose un combat contre nous-mêmes, et c'est la difficulté de la victoire qui en fait le mérite; mais, dans la supposition, pourquoi ce combat? Toute raison, tout motif y manque. Ainsi point de vertu possible par le seul amour de l'ordre.

[1] On Rousseau's view of 'interest' see the letter to d'Offreville *supra*, pp. 95 f.

[2] On the theme of 'order', *v. supra*, pp. 146, 152, 165 *et passim*.

Le sentiment intérieur est un motif très puissant sans doute; mais les passions et l'orgueil l'altèrent et l'étouffent de bonne heure dans presque tous les cœurs. De tous les sentiments que nous donne une conscience droite, les deux plus forts et les seuls fondements de tous les autres sont celui de la dispensation d'une providence et celui de l'immortalité de l'âme: quand ces deux-là sont détruits, je ne vois plus ce qui peut rester.[1] Tant que le sentiment intérieur me dirait quelque chose, il me défendrait, si j'avais le malheur d'être sceptique, d'alarmer ma propre mère des doutes que je pourrais avoir.

L'amour de soi-même est le plus puissant, et, selon moi, le seul motif qui fasse agir les hommes.[2] Mais comment la vertu, prise absolument et comme un être métaphysique,[3] se fonde-t-elle sur cet amour-la? c'est ce qui me passe. Le crime, dites-vous, est contraire à celui qui le commet; cela est toujours vrai dans mes principes, et souvent très faux dans les vôtres. Il faut distinguer alors les tentations, les positions, l'espérance plus ou moins grande qu'on a qu'il reste inconnu ou impuni. Communément le crime a pour motif d'éviter un grand mal ou d'acquérir un grand bien; souvent il parvient à son but. Si ce sentiment n'est pas naturel, quel sentiment pourra l'être? Le crime adroit jouit dans cette vie de tous les avantages de la fortune et même de la gloire. La justice et les scrupules ne font ici-bas que des dupes. Ôtez la justice éternelle et la prolongation de mon être après cette vie, je ne vois plus dans la vertu qu'une folie à qui l'on donne un beau nom. Pour un matérialiste l'amour de soi-même n'est que l'amour de son corps. Or quand Regulus[4] allait, pour tenir sa foi, mourir dans les tourments à Carthage, je ne vois point ce que l'amour de son corps faisait à cela.

Une considération plus forte encore confirme les précédentes; c'est que, dans votre système, le mot même de vertu ne peut avoir aucun sens; c'est un son qui bat l'oreille, et rien de plus. Car enfin, selon vous, tout est nécessaire: où tout est nécessaire, il n'y a point de liberté; sans liberté, point de moralité dans les actions; sans la moralité des actions, où est la vertu? Pour moi, je ne le vois pas. En parlant du sentiment intérieur je devais mettre au

---

[1] As elsewhere, Rousseau links up morality and natural religion.
[2] On *amour de soi*, *v. supra*, pp. 139 n. 5, 163 n. 1.
[3] Cf. *supra*, p. 377 n. 2.
[4] On Regulus cf. *supra*, p. 158 n. 3.

premier rang celui du libre arbitre;[1] mais il suffit de l'y renvoyer d'ici.

Ces raisons vous paraîtront très faibles, je n'en doute pas; mais elles me paraissent fortes à moi; et cela suffit pour vous prouver que, si par hasard je devenais votre disciple, vos leçons n'auraient fait de moi qu'un fripon. Or un homme vertueux comme vous ne voudrait pas consacrer ses peines à mettre un fripon de plus dans le monde, car je crois qu'il y a bien autant de ces gens-là que d'hypocrites, et qu'il n'est pas plus à propos de les y multiplier.

Au reste je dois avouer que ma morale est bien moins sublime que la vôtre, et je sens que ce sera beaucoup même si elle me sauve de votre mépris. Je ne puis disconvenir que vos imputations d'hypocrisie ne portent un peu sur moi. Il est très vrai que sans être en tout du sentiment de mes frères, et sans déguiser le mien dans l'occasion, je m'accommode très bien du leur: d'accord avec eux sur les principes de nos devoirs, je ne dispute point sur le reste, qui me paraît très peu important. En attendant que nous sachions certainement qui de nous a raison, tant qu'ils me souf-friront dans leur communion je continuerai d'y vivre avec un véritable attachement. La vérité pour nous est couverte d'un voile, mais la paix et l'union sont des biens certains.

Il résulte de toutes ces réflexions que nos façons de penser sont trop différentes pour que nous puissions nous entendre, et que par conséquent un plus long commerce entre nous ne peut qu'être sans fruit. Le temps est si court et nous en avons besoin pour tant de choses, qu'il ne faut pas l'employer inutilement. Je vous sou-haite, Monsieur, un bonheur solide, la paix de l'âme, qu'il me semble que vous n'avez pas, et je vous salue de tout mon cœur.

J. J. ROUSSEAU

---

[1] On the link between 'inner feeling' and 'freedom', v. *supra*, pp. 150 ff.

19

LETTER TO M. DE FRANQUIÈRES
(1769)

THE LONG letter to Franquières, about whom nothing is known save that he had already written to Rousseau on several occasions (Masson suggests that he was 'un gentilhomme du Dauphiné'), serves as an appropriate conclusion to Rousseau's religious writings since it was his last serious effort to give a systematic and coherent account of his views. It is true that he returned to the history of his religious opinions in the *Rêveries*, but in that work he stressed their relevance to the development of his personal life rather than their philosophical content and meaning. This letter is all the more remarkable as it was written at a time when Rousseau was still suffering from acute psychological stress—a fact which does not prevent it from being a striking and eloquent summary of his religious views.[1]

A. M. de Franquières

A Bourgoin, le 15 janvier 1769

Je sens, Monsieur, l'inutilité du devoir que je remplis en répondant à votre dernière lettre; mais c'est un devoir enfin que vous m'imposez et que je remplis de bon cœur quoique mal, vu les distractions de l'état où je suis.

Mon dessein, en vous disant ici mon opinion sur les principaux points de votre lettre, est de vous la dire avec simplicité et sans chercher à vous la faire adopter. Cela serait contre mes principes et même contre mon goût. Car je suis juste; et comme je n'aime point qu'on cherche à me subjuguer, je ne cherche non plus à subjuguer personne. Je sais que la raison commune est très bornée; qu'aussitôt qu'on sort de ses étroites limites, chacun a la sienne qui n'est propre qu'à lui, que les opinions se propagent par les

---

[1] A 'critical' version of the text is to be found in Masson, *PF*, pp. 513–26, and *OC*, IV, 1133–47.

opinions, non par la raison, et que quiconque cède au raisonnement d'un autre, chose déjà très rare, cède par préjugé, par autorité, par affection, par paresse, rarement, jamais peut-être, par son
propre jugement.

Vous me marquez, Monsieur, que le résultat de vos recherches
sur l'auteur des choses est un état de doute. Je ne puis juger de
cet état parce qu'il n'a jamais été le mien.[1] J'ai cru dans mon enfance par autorité, dans ma jeunesse par sentiment, dans mon
âge mûr par raison; maintenant je crois parce que j'ai toujours cru.
Tandis que ma mémoire éteinte ne me remet plus sur la trace de
mes raisonnements, tandis que ma judiciaire[2] affaiblie ne me permet plus de les recommencer, les opinions qui en ont résulté me
restent dans toute leur force; et sans que j'aie la volonté ni le
courage de les mettre derechef en délibération, je m'y tiens en
confiance et en conscience, certain d'avoir apporté dans la vigueur
de mon jugement à leurs discussions toute l'attention et la bonne
foi dont j'étais capable. Si je me suis trompé, ce n'est pas ma faute,
c'est celle de la nature, qui n'a pas donné à ma tête une plus grande
mesure d'intelligence et de raison. Je n'ai rien de plus aujourd'hui;
j'ai beaucoup de moins. Sur quel fondement recommencerais-je
donc à délibérer? Le moment presse; le départ approche. Je
n'aurais jamais le temps ni la force d'achever le grand travail
d'une refonte.† Permettez qu'à tout événement j'emporte avec moi
la consistance et la fermeté d'un homme, non les doutes découra-
geants et timides d'un vieux radoteur.[3]

A ce que je puis me rappeler de mes anciennes idées, à ce que
j'aperçois de la marche des vôtres, je vois que, n'ayant pas suivi
dans nos recherches la même route, il est peu étonnant que nous
ne soyons pas arrivés à la même conclusion. Balançant les preuves
de l'existence de Dieu avec les difficultés, vous n'avez trouvé
aucun des côtés assez prépondérant pour vous décider, et vous êtes
resté dans le doute. Ce n'est pas comme cela que je fis: j'examinai
tous les systèmes sur la formation de l'univers que j'avais pu connaître; je méditai sur ceux que je pouvais imaginer; je les comparai
tous de mon mieux; et je me décidai, non pour celui qui ne m'of-

† réforme

---

[1] For Rousseau belief, not doubt, is man's natural inclination, cf. *supra*, p. 120,
and *Religious Quest*, p. 40.
[2] i.e. 'judgement'.
[3] Cf. *supra*, p. 195, and *OC*, I, 1018, for the same point.

frait point de difficultés, car ils m'en offraient tous, mais pour celui qui me paraissait en avoir le moins: je me dis que ces difficultés étaient dans la nature de la chose, que la contemplation de l'infini passerait toujours les bornes de mon entendement; que, ne devant jamais espérer de concevoir pleinement le système de la nature, tout ce que je pouvais faire était de le considérer par les côtés que je pouvais saisir; qu'il fallait savoir ignorer en paix tout le reste; et j'avoue que, dans ces recherches, je pensai comme les gens dont vous parlez qui ne rejettent pas une vérité claire ou suffisamment prouvée pour les difficultés qui l'accompagnent, et qu'on ne saurait lever. J'avais alors, je l'avoue, une confiance si téméraire, ou du moins une si forte persuasion, que j'aurais défié tout philosophe de proposer aucun autre système intelligible sur la nature, auquel je n'eusse opposé des objections plus fortes, plus invincibles que celles qu'il pouvait m'opposer sur le mien; et alors il fallait me résoudre à rester sans rien croire comme vous faites, ce qui ne dépendait pas de moi, ou mal raisonner, ou croire comme j'ai fait.[1]

Une idée qui me vint il y a trente ans a peut-être plus contribué qu'aucune autre à me rendre inébranlable: supposons, me disais-je, le genre humain vieilli jusqu'à ce jour dans le plus complet matérialisme, sans que jamais idée de divinité ni d'âme soit entrée dans aucun esprit humain; supposons que l'athéisme philosophique ait épuisé tous ses systèmes pour expliquer la formation et la marche de l'univers par le seul jeu de la matière et du mouvement nécessaire, mot auquel, du reste, je n'ai jamais rien conçu: dans cet état, Monsieur, excusez ma franchise, je supposais encore ce que j'ai toujours vu, et ce que je sentais devoir être, qu'au lieu de se reposer tranquillement dans ces systèmes, comme dans le sein de la vérité, leurs inquiets partisans cherchaient sans cesse à parler de leur doctrine, à l'éclaircir, à l'étendre, à l'expliquer, la pallier, la corriger, et, comme celui qui sent trembler sous ses pieds la maison qu'il habite, à l'étayer de nouveaux arguments. Terminons enfin ces suppositions par celle d'un Platon, d'un Clarke,[2] qui, se levant tout d'un coup au milieu d'eux, leur eût dit: Mes amis, si vous eussiez commencé l'analyse de cet univers par celle

---

[1] Cf. *Rêveries* (3rd Promenade), *OC*, I, 1016–8, for Rousseau's account of the origin of the *Profession de foi*.
[2] Rousseau had already expressed his admiration for Clarke in the *Profession de foi*. Cf. *supra*, p. 124, and *Religious Quest*, pp. 11, 46, 50.

de vous-mêmes, vous eussiez trouvé dans la nature de votre être la
clef de la constitution de ce même univers, que vous cherchez en
vain sans cela; qu'ensuite, leur expliquant la distinction des deux
substances, il leur eût prouvé par les propriétés mêmes de la
matière que, quoi qu'en dise Locke, la supposition de la matière
pensante est une véritable absurdité,[1] qu'il leur eût fait voir quelle
est la nature de l'être vraiment actif et pensant; et que, de l'établissement de cet être qui juge, il fût enfin remonté aux notions
confuses mais sûres de l'Être suprême: qui peut douter que, frappés
de l'éclat, de la simplicité, de la vérité, de la beauté de cette ravissante idée, les mortels, jusqu'alors aveugles, éclairés des premiers
rayons de la Divinité, ne lui eussent offert par acclamation leurs
premiers hommages, et que les penseurs surtout et les philosophes
n'eussent rougi d'avoir contemplé si longtemps les dehors de cette
machine immense, sans trouver, sans soupçonner même la clef de
sa constitution; et, toujours grossièrement bornés par leurs sens,
de n'avoir jamais su voir que matière où tout leur montrait qu'une
autre substance donnait la vie à l'univers et l'intelligence à l'homme.
C'est alors, Monsieur, que la mode eût été pour cette nouvelle philosophie; que les jeunes gens et les sages se fussent trouvés d'accord
qu'une doctrine si belle, si sublime, si douce et si consolante pour
tout homme juste, eût réellement excité tous les hommes à la
vertu; et que ce beau mot d'*humanité*, rebattu maintenant jusqu'à
la fadeur, jusqu'au ridicule, par les gens du monde les moins
humains, eût été plus empreint dans les cœurs que dans les livres.
Il eût donc suffi d'une simple transposition de temps pour faire
prendre tout le contrepied à la mode philosophique, avec cette
différence que celle d'aujourd'hui, malgré son clinquant de
paroles, ne nous promet pas une génération bien estimable, ni des
philosophes bien vertueux.

Vous objectez, Monsieur, que si Dieu eût voulu obliger les
hommes à le connaître, il eût mis son existence en évidence à tous
les yeux. C'est à ceux qui font de la foi en Dieu un dogme nécessaire au salut de répondre à cette objection, et ils y répondent par
la révélation. Quant à moi, qui crois en Dieu sans croire cette foi
nécessaire, je ne vois pas pourquoi Dieu se serait obligé de nous la
donner. Je pense que chacun sera jugé non sur ce qu'il a cru, mais
sur ce qu'il a fait, et je ne crois point qu'un système de doctrine
soit nécessaire aux œuvres, parce que la conscience en tient lieu.

[1] Cf. *supra*, p. 82 n. 1.

Je crois bien, il est vrai, qu'il faut être de bonne foi dans sa croyance, et ne pas s'en faire un système favorable à nos passions. Comme nous ne sommes pas tout intelligence, nous ne saurions philosopher avec tant de désintéressement que notre volonté n'influe un peu sur nos opinions: l'on peut souvent juger des secrètes inclinations d'un homme par ses sentiments purement spéculatifs; et, cela posé, je pense qu'il se pourrait bien que celui qui n'a pas voulu croire fût puni pour n'avoir pas cru.

Cependant je crois que Dieu s'est suffisamment révélé aux hommes et par ses œuvres et dans leurs cœurs;[1] et s'il y en a qui ne le connaissent pas, c'est, selon moi, parce qu'ils ne veulent pas le connaître, ou parce qu'ils n'en ont pas besoin.

Dans ce dernier cas est l'homme sauvage et sans culture qui n'a fait encore aucun usage de sa raison;[2] qui, gouverné seulement par ses appétits, n'a pas besoin d'autre guide, et qui, ne suivant que l'instinct de la nature, marche par des mouvements toujours droits. Cet homme ne connaît pas Dieu, mais il ne l'offense pas. Dans l'autre cas, au contraire, est le philosophe qui, à force de vouloir exalter son intelligence, de raffiner, de subtiliser[3] sur ce qu'on pensa jusqu'à lui, ébranle enfin tous les axiomes de la raison simple et primitive, et, pour vouloir toujours savoir plus et mieux que les autres, parvient à ne rien savoir du tout. L'homme à la fois raisonnable et modeste,† dont l'entendement exercé, mais borné, sent ses limites et s'y renferme, trouve dans ces limites la notion de son âme et celle de l'auteur de son être, sans pouvoir passer au-delà pour rendre ces notions claires, et contempler d'aussi près l'une et l'autre que s'il était lui-même un pur esprit. Alors, saisi de respect, il s'arrête, et ne touche point au voile, content de savoir que l'Être immense est dessous. Voilà jusqu'où la philosophie est utile à la pratique; le reste n'est plus qu'une spéculation oiseuse pour laquelle l'homme n'a point été fait, dont le raisonneur modéré s'abstient, et dans laquelle n'entre point l'homme vulgaire. Cet homme, qui n'est ni une brute ni un prodige, est l'homme proprement dit, moyen entre les deux extrêmes, et qui compose les

† modéré

---

[1] This is the essential basis of Rousseau's 'natural religion' and explains his rejection of revelation as superfluous.

[2] Rousseau had given a portrait of the savage in his *Discours sur l'origine de l'inégalité*.

[3] Cf. *supra*, p. 125 n. 1, and *OC*, I, 1018 ('subtilités métaphysiques'), and I, 1021 ('les sophismes d'une subtile métaphysique').

dix-neuf vingtièmes† du genre humain; c'est à cette classe nombreuse de chanter le psaume *Cœli enarrant,*[1] et c'est elle en effet qui le chante. Tous les peuples de la terre connaissent et adorent Dieu; et, quoique chacun l'habille à sa mode, sous tous ces vêtements divers on trouve pourtant toujours Dieu. Le petit nombre d'élite qui a de plus hautes prétentions de doctrine, et dont le génie ne se borne pas au sens commun, en veut un plus transcendant: ce n'est pas de quoi je le blâme; mais qu'il parte de là pour se mettre à la place du genre humain, et dire que Dieu s'est caché aux hommes parce que lui, petit nombre, ne le voit plus, je trouve en cela qu'il a tort. Il peut arriver, j'en conviens, que le torrent de la mode et le jeu de l'intrigue étendent la secte philosophique, et persuadent un moment à la multitude qu'elle ne croit plus en Dieu; mais cette mode passagère ne peut durer; et, comme qu'on s'y prenne,[2] il faudra toujours à la longue un Dieu à l'homme; enfin quand, forçant la nature des choses, la Divinité augmenterait pour nous d'évidence, je ne doute pas que dans le nouveau lycée on n'augmentât en même raison de subtilité pour la nier. La raison prend à la longue le pli que le cœur lui donne; et, quand on veut penser en tout autrement que le peuple, on en vient à bout tôt ou tard.

Tout ceci, Monsieur, ne vous paraît guère philosophique, ni à moi non plus; mais, toujours de bonne foi avec moi-même,[3] je sens se joindre à mes raisonnements, quoique simples, le poids de l'assentiment intérieur. Vous voulez qu'on s'en défie; je ne saurais penser comme vous sur ce point, et je trouve, au contraire, dans ce jugement interne une sauvegarde‡ naturelle contre les sophismes de ma raison. Je crains même qu'en cette occasion vous ne confondiez les penchants secrets de notre cœur qui nous égarent, avec ce dictamen plus secret, plus interne encore, qui réclame et murmure contre ces décisions intéressées, et nous ramène en dépit de nous sur la route de la vérité.[4] Ce sentiment intérieur est celui de la nature elle-même, c'est un appel de sa part contre les sophismes de la raison; et ce qui le prouve est qu'il ne parle jamais plus fort

---

† trois quarts ‡ un contrepoids

[1] Psalm XIX.
[2] i.e. 'de quelque façon qu'on s'y prenne'. Cf. *supra,* p. 198 n 1.
[3] Another *leitmotif* of Rousseau's philosophical and religious outlook.
[4] As in the *Profession de foi,* Rousseau insists that conscience is a special kind of feeling, not an intellectual judgement. Cf. also *supra,* pp. 95 f., for his view of 'interest'.

que quand notre volonté cède avec le plus de complaisance aux jugements qu'il s'obstine à rejeter. Loin de croire que qui juge d'après lui soit sujet à se tromper, je crois que jamais il ne nous trompe, et qu'il est la lumière† de notre faible entendement lorsque nous voulons aller plus loin que ce que nous pouvons concevoir.

Et après tout, combien de fois la philosophie elle-même, avec toute sa fierté, n'est-elle pas forcée de recourir à ce jugement interne qu'elle affecte de mépriser? N'était-ce pas lui seul qui faisait marcher Diogène pour toute réponse devant Zénon qui niait le mouvement?¹ n'était-ce pas par lui que toute l'antiquité philosophique répondait aux pyrrhoniens?² N'allons pas si loin; tandis que toute la philosophie moderne rejette les esprits, tout d'un coup l'évêque Berkeley s'élève et soutient qu'il n'y a point de corps.³ Comment est-on venu à bout de répondre à ce terrible logicien? Ôtez le sentiment intérieur, et je défie tous les philosophes modernes ensemble de prouver à Berkeley qu'il y a des corps. Bon jeune homme, qui me paraissez si bien né, de la bonne foi, je vous en conjure, et permettez que je vous cite ici un auteur qui ne vous sera pas suspect, celui des *Pensées philosophiques*.⁴ Qu'un homme vienne vous dire que, projetant au hasard une multitude de caractères d'imprimerie, il a vu *l'Énéide* tout arrangée résulter de ce jet: convenez qu'au lieu d'aller vérifier cette merveille vous lui répondrez froidement: Monsieur, cela n'est pas impossible, mais vous mentez. En vertu de quoi, je vous prie, lui répondrez-vous ainsi?

Eh! qui ne sait que, sans le sentiment interne, il ne resterait bientôt plus de traces de vérité sur la terre, que nous serions tous successivement le jouet des opinions les plus monstrueuses, à mesure que ceux qui les soutiendraient auraient plus de génie,

---

† l'état

¹ Zeno the Eleatic (born *c*. 490 B.C.), disciple of Parmenides, was famous for his paradoxes concerning the alleged impossibility of motion (the moving arrow and the story of Achilles and the tortoise). Diogenes the Cynic (*c*. 413–323 B.C.) taught men to follow nature in order to secure happiness. The story of his refutation of Zeno became very famous. Such was his disdain for humanity that, when he was seen walking at midday in the streets of Athens, with a lantern, he told inquirers that he was 'looking for a man'.

² i.e. 'sceptics'. (Pyrrho was the Greek philosopher of the fourth century B.C. who denied that man could find truth.)

³ George Berkeley's idealism had made a considerable impact on the *philosophes* and called attention in particular to the difficulty of proving the existence of matter and the external world.

⁴ Diderot. Cf. *supra*, pp. 46, 69, where Rousseau discusses the same point.

d'adresse et d'esprit; et qu'enfin, réduits à rougir de notre raison même, nous ne saurions bientôt plus que croire ni que penser?

Mais les objections... Sans doute il y en a d'insolubles pour nous, et beaucoup, je le sais; mais encore un coup, donnez-moi un système où il n'y en ait pas, ou dites-moi comment je dois me déterminer. Bien plus, par la nature de mon système, pourvu que mes preuves directes soient bien établies, les difficultés ne doivent pas m'arrêter, vu l'impossibilité où je suis, moi être mixte, de raisonner exactement sur les esprits purs et d'en observer suffisamment la nature. Mais vous, matérialiste, qui me parlez d'une substance unique, palpable, et soumise par sa nature à l'inspection des sens, vous êtes obligé non seulement de ne me rien dire que de clair, de bien prouvé, mais de résoudre toutes mes difficultés d'une façon pleinement satisfaisante, parce que nous possédons vous et moi tous les instruments nécessaires à cette solution. Et, par exemple, quand vous faites naître la pensée des combinaisons de la matière, vous devez me montrer sensiblement ces combinaisons et leur résultat par les seules lois de la physique et de la mécanique, puisque vous n'en admettez point d'autres. Vous, épicurien,[1] vous composez l'âme d'atomes subtils. Mais qu'appelez-vous *subtils*, je vous prie? Vous savez que nous ne connaissons point de dimensions absolues, et que rien n'est petit ou grand que relativement à l'œil qui le regarde. Je prends par supposition un microscope suffisant, et je regarde un de vos atomes: je vois un grand quartier de rocher crochu; de la danse et de l'accrochement de pareils quartiers j'attends de voir résulter la pensée. Vous, moderniste,† vous me montrez une molécule organique: je prends mon microscope, et je vois un dragon grand comme la moitié de ma chambre: j'attends de voir se mouler et s'entortiller de pareils dragons jusqu'à ce que je voie résulter du tout un être non seulement organisé, mais intelligent, c'est-à-dire un être non agrégatif et qui soit rigoureusement un, etc. Vous me marquiez, Monsieur, que le monde s'était fortuitement arrangé comme la république romaine: pour que la parité fût juste, il faudrait que la république romaine n'eût pas été composée avec des hommes, mais avec des morceaux de bois.

† Réformiste (?)

[1] This aspect of Epicurus' philosophy formed the basis of Lucretius' famous poem *De Rerum Natura*.

Montrez-moi clairement et sensiblement la génération purement matérielle du premier être intelligent, je ne vous demande rien de plus.[1]

Mais si tout est l'œuvre d'un être intelligent, puissant, bienfaiteur, d'où vient le mal sur la terre?[2] Je vous avoue que cette difficulté si terrible ne m'a jamais beaucoup frappé, soit que je ne l'aie pas bien conçue, soit qu'en effet elle n'ait pas toute la solidité qu'elle paraît avoir. Nos philosophes se sont élevés contre les entités métaphysiques,[3] et je ne connais personne qui en fasse tant. Qu'entendent-ils par le *mal*? qu'est-ce que le *mal* en lui-même? où est le *mal* relativement à la nature et à son auteur? L'univers subsiste; l'ordre y règne et s'y conserve; tout y périt successivement, parce que telle est la loi des êtres matériels et mus; mais tout s'y renouvelle, et rien n'y dégénère, parce que tel est l'ordre de son auteur, et cet ordre ne se dément point. Je ne vois aucun mal à tout cela; mais quand je souffre, n'est-ce pas un mal? quand je meurs, n'est-ce pas un mal? Doucement; je suis sujet à la mort, parce que j'ai reçu la vie; il n'y avait pour moi qu'un moyen de ne point mourir, c'était de ne jamais naître. La vie est un bien positif, mais fini, dont le terme s'appelle mort. Le terme du positif n'est pas le négatif, il est zéro. La mort nous est terrible, et nous appelons cette terreur un mal. La douleur est encore un mal pour celui qui souffre, j'en conviens; mais la douleur et le plaisir étaient les seuls moyens d'attacher un être sensible et périssable à sa propre conservation, et ces moyens sont ménagés avec une bonté digne de l'Être suprême. Au moment même que j'écris ceci, je viens encore d'éprouver combien la cessation subite d'une douleur aiguë est un plaisir vif et délicieux. M'oserait-on dire que la cessation du plaisir le plus vif soit une douleur aiguë? La douce jouissance de la vie est permanente;[4] il suffit, pour la goûter, de ne pas souffrir. La douleur n'est qu'un avertissement importun, mais nécessaire, que ce bien qui nous est si cher est en péril. Quand je regardais de près à tout cela, je trouvai, je prouvai peut-être que le sentiment de la mort et celui de la douleur est presque nul dans

---

[1] On Rousseau's preoccupation with the need to refute materialism cf. *Profession de foi, passim,* and *Religious Quest,* p. 56.
[2] Cf. *supra,* pp. 33 f., 145 f.; and *Religious Quest,* pp. 56, 64, 124 f.
[3] Cf. *supra,* p. 379 n. 3.
[4] Cf. supra, pp. 145, 149, 163, for this important aspect of Rousseau's philosophy. Cf. also *Religious Quest,* esp. pp. 52, 65.

l'ordre de la nature. Ce sont les hommes qui l'ont aiguisé; sans leurs raffinements insensés, sans leurs institutions barbares, les maux physiques ne nous atteindraient, ne nous affecteraient guère, et nous ne sentirions point la mort.[1]

Mais le mal moral! autre ouvrage de l'homme, auquel Dieu n'a d'autre part que de l'avoir fait libre, et en cela semblable à lui. Faudra-t-il donc s'en prendre à Dieu des crimes des hommes et des maux qu'ils leur attirent? faudra-t-il, en voyant un champ de bataille, lui reprocher d'avoir créé tant de jambes et de bras cassés?

Pourquoi, direz-vous, avoir fait l'homme libre, puisqu'il devait abuser de sa liberté? Ah! M., s'il exista jamais un mortel qui n'en ait pas abusé, ce mortel seul honore plus l'humanité que tous les scélérats qui couvrent la terre ne la dégradent. Mon Dieu! donne-moi des vertus, et me place un jour auprès des Fénelon, des Caton, des Socrate. Que m'importera le reste du genre humain? Je ne rougirai point d'avoir été homme.

Je vous l'ai dit, Monsieur, il s'agit ici de mon sentiment, non de mes preuves, et vous ne le voyez que trop. Je me souviens d'avoir jadis rencontré sur mon chemin cette question de l'origine du mal, et de l'avoir effleurée; mais vous n'avez point lu ces rabâche-ries, et moi je les ai oubliées: nous avons très bien fait tous les deux. Tout ce que je sais est que la facilité que je trouvais à les résoudre venait de l'opinion que j'ai toujours eue de la coexistence éternelle de deux principes: l'un actif, qui est Dieu; l'autre passif, qui est la matière, que l'être actif combine et modifie avec une pleine puis-sance, mais pourtant sans l'avoir créée et sans la pouvoir anéantir. Cette opinion m'a fait huer des philosophes à qui je l'ai dite; ils l'ont décidée absurde et contradictoire. Cela peut être, mais elle ne m'a pas paru telle, et j'y ai trouvé l'avantage d'expliquer sans peine et clairement à mon gré tant de questions dans lesquelles ils s'embrouillent, entre autres celle que vous m'avez proposée ici comme insoluble.

Au reste, j'ose croire que mon sentiment, peu pondérant sur toute autre matière, doit l'être un peu sur celle-ci; et, quand vous connaîtrez mieux ma destinée, quelque jour vous direz peut-être en pensant à moi: Quel autre a droit d'agrandir la mesure qu'il a trouvée aux maux que l'homme souffre ici-bas?

Vous attribuez à la difficulté de cette même question, dont le

---

[1] A point developed at length in the *Discours sur l'origine de l'inégalité*.

fanatisme et la superstition ont abusé, les maux que les religions ont causés sur la terre.

Cela peut être, et je vous avoue même que toutes les formules en matière de foi ne me paraissent qu'autant de chaînes d'iniquité, de fausseté, d'hypocrisie, et de tyrannie. Mais ne soyons jamais injustes; et pour aggraver le mal, n'ôtons pas le bien. Arracher toute croyance en Dieu du cœur des hommes, c'est y détruire toute vertu. C'est mon opinion, Monsieur: peut-être elle est fausse; mais, tant que c'est la mienne, je ne serai point assez lâche pour vous la dissimuler.

Faire le bien est l'occupation la plus douce d'un homme bien né: sa probité, sa bienfaisance, ne sont point l'ouvrage de ses principes, mais celui de son bon naturel; il cède à ses penchants en pratiquant la justice, comme le méchant cède aux siens en pratiquant l'iniquité. Contenter le goût qui nous porte à bien faire est bonté, mais non pas vertu.

Ce mot de vertu signifie *force*.[1] Il n'y a point de vertu sans combat; il n'y en a point sans victoire. La vertu ne consiste pas seulement à être juste, mais à l'être en triomphant de ses passions, en régnant sur son propre cœur. Titus, rendant heureux le peuple romain, versant partout les grâces et les bienfaits, pouvait ne pas perdre un seul jour et n'être pas vertueux; il le fut certainement en renvoyant Bérénice. Brutus faisant mourir ses enfants pouvait n'être que juste. Mais Brutus était un tendre père: pour faire son devoir il déchira ses entrailles, et Brutus fut vertueux.

Vous voyez ici d'avance la question remise à son point. Ce divin simulacre dont vous me parlez s'offre à moi sous une image qui n'est pas ignoble, et je crois sentir à l'impression que cette image fait dans mon cœur la chaleur qu'elle est capable de produire. Mais ce simulacre enfin n'est encore qu'une de ces entités métaphysiques[2] dont vous ne voulez pas que les hommes se fassent des dieux; c'est un pur objet de contemplation. Jusqu'où portez-vous l'effet de cette contemplation sublime? Si vous ne voulez qu'en tirer un nouvel encouragement pour bien faire, je suis d'accord avec vous; mais ce n'est pas de cela qu'il s'agit. Supposons votre cœur honnête en proie aux passions les plus terribles, dont

---

[1] The idea of 'virtue' as 'strength' was already to be found in the first *Discours*. The distinction between 'virtue' and 'goodness' was an important theme in the later works. Cf. *supra*, pp. 99 and 377 n. 1.

[2] Cf. *supra*, p. 377 n. 2.

vous n'êtes pas à l'abri, puisque enfin vous êtes homme. Cette
image, qui dans le calme s'y peint si ravissante, n'y perdra-t-elle
rien de ses charmes, et ne s'y ternira-t-elle point au milieu des
flots? Écartons la supposition décourageante et terrible des périls
qui peuvent tenter la vertu mise au désespoir; supposons seulement qu'un cœur trop sensible brûle d'un amour involontaire
pour la fille ou la femme de son ami; qu'il soit maître de jouir d'elle
entre le ciel qui n'en voit rien, et lui qui n'en veut rien dire à
personne; que sa figure charmante l'attire† ornée de tous les attraits de la beauté et de la volupté: au moment où ses sens enivrés
sont prêts à se livrer à leurs délices, cette image abstraite de la
vertu viendra-t-elle disputer‡ son cœur à l'objet réel qui le frappe?
lui paraîtra-t-elle en cet instant la plus belle? l'arrachera-t-elle des
bras de celle qu'il aime pour se livrer à la vaine contemplation d'un
fantôme qu'il sait être sans réalité? finira-t-il comme Joseph, et
laissera-t-il son manteau?[1] Non, Monsieur; il fermera les yeux et
succombera. Le croyant, direz-vous, succombera de même. Oui,
l'homme faible; celui, par exemple, qui vous écrit; mais donnez-
leur à tous deux le même degré de force, et voyez la différence du
point d'appui.

Le moyen, Monsieur, de résister à des tentations violentes
quand on peut leur céder sans crainte en se disant: A quoi bon
résister? Pour être vertueux, le philosophe a besoin de l'être aux
yeux des hommes, mais sous les yeux de Dieu le juste est bien
fort; il compte cette vie, et ses biens, et ses maux, et toute sa
gloriole pour si peu de chose! il aperçoit tant au-delà! Force invincible de la vertu, nul ne te connaît que celui qui sent tout son
être, et qui sait qu'il n'est pas au pouvoir des hommes d'en
disposer! Lisez-vous quelquefois la *République* de Platon? voyez
dans le second dialogue avec quelle énergie l'ami de Socrate, dont
j'ai oublié le nom,[2] lui peint le juste accablé des outrages de la
fortune et des injustices des hommes, diffamé, persécuté, tourmenté, en proie à tout l'opprobre du crime, et méritant tous les
prix de la vertu, voyant déjà la mort qui s'approche, et sûr que la
haine des méchants n'épargnera pas sa mémoire, quand ils ne
pourront plus rien sur sa personne. Quel tableau décourageant, si

---

† le frappe   ‡ arracher

[1] *Genesis*, XXXIX, 12.   [2] It was Glaucon.

rien pouvait décourager la vertu! Socrate lui-même effrayé s'écrie, et croit devoir invoquer les dieux avant de répondre; mais sans l'espoir d'une autre vie il aurait mal répondu pour celle-ci. Toutefois dût-il finir pour nous à la mort, ce qui ne peut être si Dieu est juste, et par conséquent s'il existe, l'idée seule de cette existence serait encore pour l'homme† un encouragement à la vertu, et une consolation dans ses misères, dont manque celui qui, se croyant isolé dans cet univers, ne sent au fond de son cœur aucun confident de ses pensées. C'est toujours une douceur dans l'adversité d'avoir un témoin qu'on ne l'a pas méritée; c'est un orgueil vraiment digne de la vertu de pouvoir dire à Dieu: Toi qui lis dans mon cœur, tu vois que j'use en âme forte et en homme juste de la liberté que tu m'as donnée. Le vrai croyant, qui se sent partout sous l'œil éternel,[1] aime à s'honorer à la face du ciel d'avoir rempli ses devoirs sur la terre.

Vous voyez que je ne vous ai point disputé ce simulacre que vous m'avez présenté pour unique objet des vertus du sage. Mais, mon cher Monsieur, revenez maintenant à vous, et voyez combien cet objet est inalliable,[2] incompatible avec vos principes. Comment ne sentez-vous pas que cette même loi de la nécessité qui seule règle, selon vous, la marche du monde et tous les événements, règle aussi toutes les actions des hommes, toutes les pensées de leurs têtes, tous les sentiments‡ de leurs cœurs; que rien n'est libre, que tout est forcé, nécessaire, inévitable; que tous les mouvements§ de l'homme, dirigés par la matière aveugle, ne dépendent de sa volonté que parce que sa volonté même dépend de la nécessité; qu'il n'y a par conséquent ni vertus, ni vices, ni mérite, ni démérite, ni moralité dans les actions humaines; et que ces mots d'honnête homme ou de scélérat doivent être pour vous totalement vides de sens? Ils ne le sont pas toutefois, j'en suis très sûr; votre honnête cœur en dépit de vos arguments réclame contre votre triste philosophie; le sentiment de la liberté, le charme de la vertu, se font sentir à vous malgré vous. Et voilà comment de toutes parts cette forte et salutaire voix du sentiment intérieur[3] rappelle‖ au

---

† le juste   ‡ mouvements   § sentiments   ‖ ramène

[1] On the theme of the 'eye' and the 'look' see *Religious Quest*, pp. 108 f., 114.
[2] i.e. 'which cannot be alloyed'.
[3] Rousseau again returns to a fundamental point already discussed earlier in the letter and elsewhere.

sein de la vérité et de la vertu tout homme que sa raison mal conduite égare. Bénissez, Monsieur, cette sainte et bienfaisante voix qui vous ramène aux devoirs de l'homme, que la philosophie à la mode finirait par vous faire oublier. Ne vous livrez à vos arguments que quand vous les sentez d'accord avec le dictamen de votre conscience; et, toutes les fois que vous y sentirez de la contradiction, soyez sûr que ce sont eux qui vous trompent.

Quoique je ne veuille pas ergoter avec vous ni suivre pied à pied vos deux lettres, je ne puis cependant me refuser un mot à dire sur le parallèle du sage hébreu et du sage grec.[1] Comme admirateur de l'un et de l'autre, je ne puis guère être suspect de préjugés en parlant d'eux. Je ne vous crois pas dans le même cas; je suis peu surpris que vous donniez au second tout l'avantage; vous n'avez pas assez fait connaissance avec l'autre, et vous n'avez pas pris assez de soin pour dégager ce qui est vraiment à lui de ce qui lui est étranger et qui le défigure à vos yeux, comme à ceux de bien d'autres gens qui, selon moi, n'y ont pas regardé de plus près que vous. Si Jésus fût né à Athènes, et Socrate à Jérusalem, que Platon et Xénophon eussent écrit la vie du premier, Luc et Matthieu celle de l'autre, vous changeriez beaucoup de langage; et ce qui lui fait tort dans votre esprit est précisément ce qui rend son élévation d'âme plus étonnante et plus admirable, savoir, sa naissance en Judée, chez le plus vil peuple qui peut-être existât alors; au lieu que Socrate, né chez le plus instruit et le plus aimable, trouva tous les secours dont il avait besoin pour s'élever aisément au ton qu'il prit. Il s'éleva contre les sophistes, comme Jésus contre les prêtres; avec cette différence que Socrate imita souvent ses antagonistes, et que, si sa belle et douce mort n'eût honoré sa vie, il eût passé pour un sophiste comme eux. Pour Jésus, le vol sublime que prit sa grande âme l'éleva toujours au-dessus de tous les mortels; et depuis l'âge de douze ans jusqu'au moment qu'il expira dans la plus cruelle ainsi que dans la plus infâme de toutes les morts, il ne se démentit pas un moment. Son noble projet était de relever son peuple, d'en faire derechef un peuple libre et digne de l'être; car c'était par là qu'il fallait commencer. L'étude profonde qu'il fit de la loi de Moïse, ses efforts pour en réveiller l'enthousiasme et l'amour dans les cœurs, montrèrent son but, autant qu'il

---

[1] On the comparison of Jesus and Socrates cf. *supra*, p. 189, and *Religious Quest*, pp. 72–3. Clearly this eulogy of Jesus and the reference to him as a 'divine man' do not involve any acceptance of his divinity.

était possible, pour ne pas effaroucher les Romains. Mais ses vils et lâches compatriotes, au lieu de l'écouter, le prirent en haine précisément à cause de son génie et de sa vertu qui leur reprochaient leur indignité. Enfin ce ne fut qu'après avoir vu l'impossibilité d'exécuter son projet qu'il l'étendit dans sa tête, et que, ne pouvant faire par lui-même une révolution chez son peuple, il voulut en faire une par ses disciples dans l'univers. Ce qui l'empêcha de réussir dans son premier plan, outre la bassesse de son peuple, incapable de toute vertu, fut la trop grande douceur de son propre caractère: douceur qui tient plus de l'ange et du dieu que de l'homme, qui ne l'abandonna pas un instant, même sur la croix, et qui fait verser des torrents de larmes à qui sait lire sa vie comme il faut à travers les fatras dont ces pauvres gens l'ont défigurée. Heureusement ils ont respecté et transcrit fidèlement ses discours qu'ils n'entendaient pas: ôtez quelques tours orientaux ou mal rendus, on n'y voit pas un mot qui ne soit digne de lui; et c'est là qu'on reconnaît l'homme divin, qui, de si piètres disciples, a fait pourtant, dans leur grossier mais fier enthousiasme, des hommes éloquents et courageux.

Vous m'objectez qu'il a fait des miracles.[1] Cette objection serait terrible, si elle était juste; mais vous savez, Monsieur, ou du moins vous pourriez savoir que, selon moi, loin que Jésus ait fait des miracles, il a déclaré très positivement qu'il n'en ferait point et a marqué un très grand mépris pour ceux qui en demandaient.

Que de choses me resteraient à dire! Mais cette lettre est énorme; il faut finir: voilà la dernière fois que je reviendrai sur ces matières. J'ai voulu vous complaire, Monsieur; je ne m'en repens point: au contraire, je vous remercie de m'avoir fait reprendre un fil d'idées presque effacées, mais dont les restes peuvent avoir pour moi leur usage dans l'état où je suis.

Adieu, Monsieur; souvenez-vous quelquefois d'un homme que vous auriez aimé, je m'en flatte, quand vous l'auriez mieux connu, et qui s'est occupé de vous dans des moments où l'on ne s'occupe guère que de soi-même.

RENOU[2]

---

[1] On miracles, v. *supra*, pp. 347 f.
[2] In order to avoid attracting attention to himself Rousseau, at the suggestion of the Prince de Conti, adopted this name soon after his return to France in 1768.

A Monquin, le 25 mars 1769

Le voilà, Monsieur, ce misérable radotage que mon amour-propre humilié vous a fait si longtemps attendre, faute de sentir qu'un amour-propre beaucoup plus noble devait m'apprendre à surmonter celui-là. Qu'importe que mon verbiage vous paraisse misérable, pourvu que je sois content du sentiment qui me l'a dicté. Sitôt que mon meilleur état m'a rendu quelques forces, j'en ai profité pour le relire et vous l'envoyer. Si vous avez le courage d'aller jusqu'au bout, je vous prie après cela de vouloir bien me le renvoyer, sans me dire ce que vous en aurez pensé, et que je comprends de reste. Je vous salue, Monsieur, et vous embrasse de tout mon cœur.

RENOU

BIBLIOGRAPHY

The following works are relevant to the study of Rousseau's religion:

BROOME, J. H., *Rousseau: A Study of His Thought* (London, 1963).

BURGELIN, P., *La Philosophie de l'existence de J.-J. Rousseau* (Paris, 1952).

BURGELIN, P., *Jean-Jacques Rousseau et la religion de Genève* (Geneva, 1962).

DERATHÉ, R., *Le Rationalisme de Rousseau* (Paris, 1948).

DERATHÉ, R., 'Jean-Jacques Rousseau et le Christianisme', in *Revue de Métaphysique et de Morale*, LIII (1948), pp. 379–414.

GREEN, F. C., *Jean-Jacques Rousseau* (Cambridge, 1955).

GRIMSLEY, R., *Jean-Jacques Rousseau, A Study in Self-awareness* (Cardiff, 1961).

GRIMSLEY, R., *Rousseau and the Religious Quest* (Oxford, 1968).

GUÉHENNO, J., *Jean-Jacques*, 3 vols. (Paris, 1940–52). New edition in 2 vols. entitled *Jean-Jacques, Histoire d'une conscience* (1962). English translation entitled *Jean-Jacques Rousseau*, by J. and D. Weightman, 2 vols. (London, 1966).

HENDEL, C. W., *Jean-Jacques Rousseau, Moralist*, 2 vols. (New York, O.U.P., 1934).

MASSON, P.-M., *La Religion de J.-J. Rousseau*, 3 vols. (Paris, 1916).

MAY, G., *Rousseau par lui-même* (Paris, 1961). ...

RAYMOND, M., *J.-J. Rousseau: La Quête de soi et la rêverie* (Paris, 1962).

SCHINZ, A., *La Pensée de Jean-Jacques Rousseau* (Paris, 1962).

SCHINZ, A., *La Pensée religieuse de J.-J. Rousseau et ses récents interprètes* (Paris, 1927).

SPINK, J. S., *Rousseau et Genève* (Paris, 1934).

STAROBINSKI, J., *Jean-Jacques Rousseau, la transparence et l'obstacle* (Paris, 1957).

THOMAS, J. F., *Le Pélagianisme de Jean-Jacques Rousseau* (Paris, 1956).

VALLETTE, G., *Jean-Jacques Rousseau genevois* (Paris, 1908).

WRIGHT, E. H., *The Meaning of Rousseau* (Oxford, 1929).

INDEX